Catarina Schmidt Arcangeli

JAMES SIMON

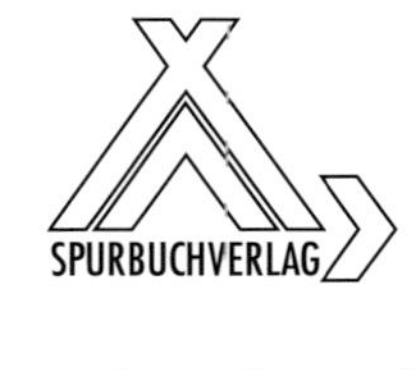

Spurbuchverlag

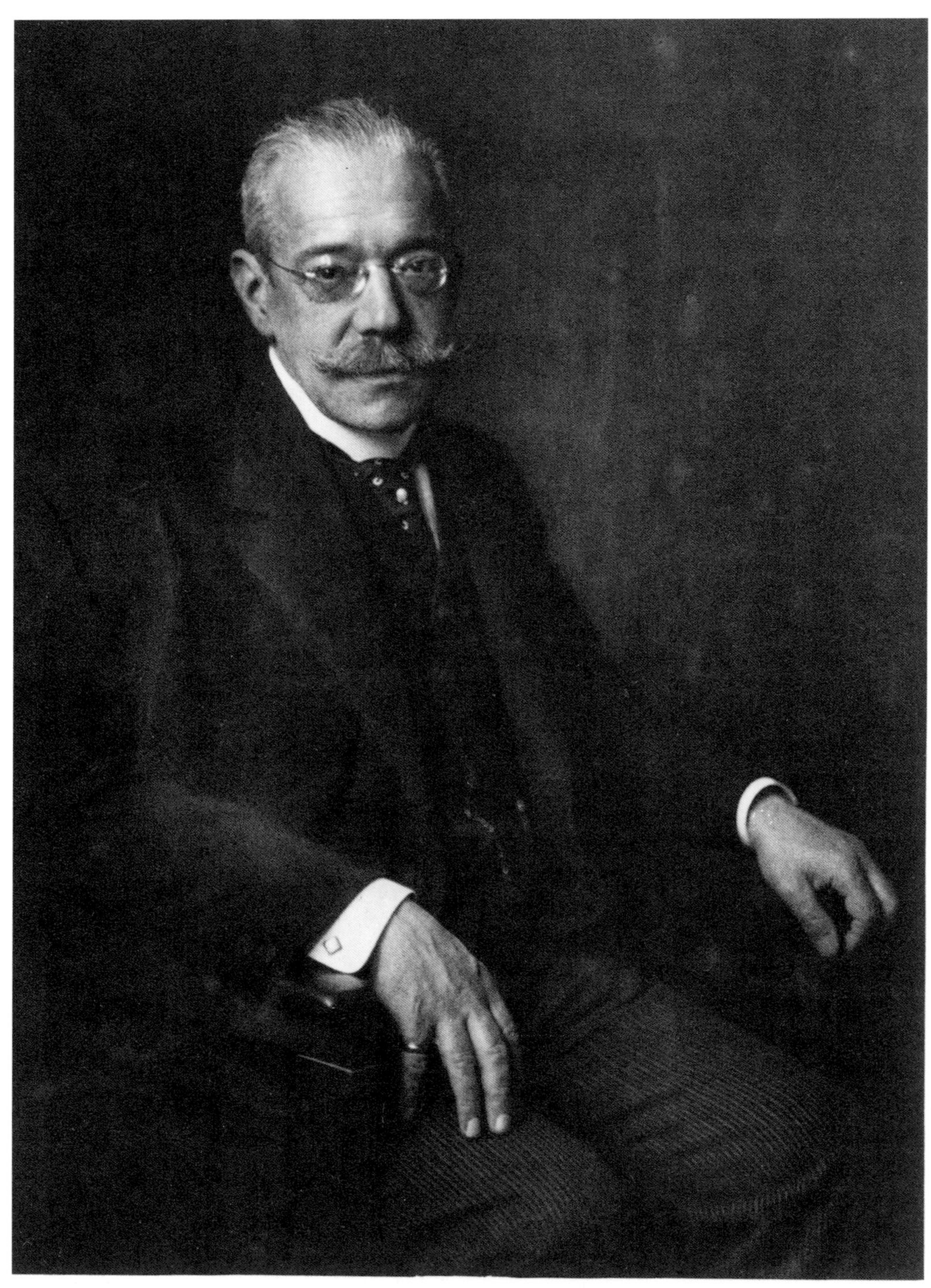

PHOT. DÜHRKOPP

Dr. James Simon.

Catarina Schmidt Arcangeli

JAMES SIMON

Berlins größter Kunstmäzen

BIOGRAPHISCHE SKIZZEN

Mit einem Vorwort von Wolfgang Wolters

Bibliografische Information der Deutschen Nationalbibliothek

Die Deutsche Nationalbibliothek verzeichnet diese Publikation in der Deutschen Nationalbibliografie; detaillierte bibliografische Daten sind im Internet über http://dnb.dnb.de abrufbar.

1. Auflage, August 2021

info@spurbuch.de
www.spurbuch.de

Ausführung: pth-mediaberatung GmbH, Würzburg
Umschlaggestaltung und Layout: Anke von Schalscha-Ehrenfeld

ISBN 978-3-88778-603-8

Inhaltsverzeichnis

Vorwort

Vor Ihnen liegt ein fesselndes, ideen- und faktenreiches Buch über James Simon, den jüdischen Philanthropen und Mäzen der Berliner Museen, aber auch über Sammeln und Sammler, den internationalen Kunsthandel und nicht zuletzt über den nicht unerheblichen Einfluss, den Kaiser Wilhelm II. auf Sammler, die Berliner Museen und die Erforschung des Orients nahm.

James Simon, „Mäzen, Wohltäter, Patriot und jüdischer Weltbürger“ ist nach Jahrzehnten des Vergessens und Verdrängens wieder ins Bewusstsein zurückgekehrt. Die Zeit, in der sein Name im Hauptstadt-Radio englisch ausgesprochen wurde, ist vorbei. Wie frustrierend es war, für die Erinnerung an den zu Unrecht Vergessenen zu streiten, wissen seine Verehrer.

Für James Simon war Reichtum zuallererst Verpflichtung zu sozialem Engagement, dem er ein Drittel seines beträchtlichen Einkommens widmete. Seine groß gedachten Projekte, die er zusammen mit befreundeten Berliner Familien wie der Verlegerfamilie Mosse oder Franz von Mendelssohn mit Erfolg realisierte, galten oft den Schwächsten der Gesellschaft. Nicht nur die Ziele des von ihm geförderten „Vereins zum Schutz der Kinder vor Misshandlung und Ausnutzung“ sind heute noch brandaktuell. Simon war kein „sponsor“, nie strebte er einen „return“ für sein Engagement an. Sprichwörtlich bescheiden im Auftreten verfolgte er unbeirrt sein Ziel, mit seinem klug erworbenen Reichtum dem Gemeinwohl zu dienen.

Auch wenn der Erwerb und die Stiftung von Kunstwerken vor dem Hintergrund seines sozialen Engagements eher nachrangig waren, verdanken fast alle Abteilungen der Berliner Museen seinem Mäzenatentum wesentliche Teile ihres Bestands an Meisterwerken. Bilder, Skulpturen, Medaillen, dazu Gegenstände aus fast allen Bereichen des „Kunstgewerbes“, darunter Orientteppiche und Majoliken, wurden von ihm mit Hingabe und klug gesammelt und gestiftet. Von Fachleuten gut beraten wurde er früh zum Kenner.

Die Legate von James Simon an die Berliner Museen stehen im Mittelpunkt dieses Buchs, das auch Vorlieben und Verdienste anderer Sammler beschreibt und so ein Bild der unglaublich reichen Berliner Sammlerlandschaft zeichnet. Die Häuser dieser Sammler waren Schatzkammern, von denen einige öffentlich zugänglich waren. Die Kunst der Renaissance, aber auch die der Niederländer des 17. Jahrhunderts wurden hier neben Impressionisten gezeigt, wobei Simon in enger Absprache mit den Museen manches Stück erwarb, um es diesen bald darauf zu schenken. Sein Wunsch, in einem Museumsraum einige seiner Geschenke zu versammeln – nie forderte er ein eigenes Museum – wurde erfüllt. Nach 1933 als Teil der von den Nazis gewollten *damnatio memoriae* verschwand jedoch auch diese anschauliche Erinnerung. Schwer wiegt, dass dieser Raum nach 1945 nicht rekonstruiert oder neu eingerichtet wurde. Erst vor wenigen Jahren hat hier ein Umdenken eingesetzt. Die Taufe des Eingangsgebäudes der Museumsinsel auf seinen Namen und die Einrichtung eines Raums im Bode-Museum brachen mit dieser peinlichen, auch weil bruchlosen Tradition.

Bereits in der Schule hatte Simon den Orient für sich entdeckt. Mit der später von ihm gegründeten Deutschen Orient-Gesellschaft förderte er Grabungen in mehreren Ländern, wobei er in einigen Fällen, um politisch motivierten Komplikationen aus dem Weg zu gehen, diese in Eigenverantwortung finanzierte und durchführen ließ. Die Büste der Nofretete, derzeit für viele die größte Attraktion der Berliner Museen, wurde vom Archäologen Ludwig Borchardt bei einer von James Simon finanzierten Grabung gefunden und blieb zuerst einmal in der Wohnung des Eigentümers. Dass er diesen Schatz umgehend den Museen schenkte, ist vermutlich nicht allen Bewunderern dieses Werkes bewusst.

Einer der Protagonisten des Buches ist Wilhelm von Bode, der Generaldirektor der Berliner Museen. Als Museumsmann von herausragender Kompetenz begeisterte und bedrängte er „seine“ Sammler, Werke höchster Qualität für die Berliner Museen zu sammeln. Die zentrale Rolle von Fachleuten wie Hugo von Tschudi und Max J. Friedländer, denen es in engster Zusammenarbeit mit den Sammlern gelang, den hohen Rang der Berliner Museen noch einmal zu steigern, wird nicht vergessen.

Auf fast jeder Seite dieses engagierten Buches wird der unheilbare Verlust deutlich, den die Vertreibung und Beraubung der jüdischen Sammler nicht nur für das kulturelle Berlin bis heute bedeutet. James Simons ebenso umfassendes wie einfallsreiches Engagement für die Schwachen der Gesellschaft, denen er sich nahe fühlte, und sein Eintreten für die Kunst und die Berliner Museen bleiben sein Vermächtnis.

Wolfgang Wolters

Prolog

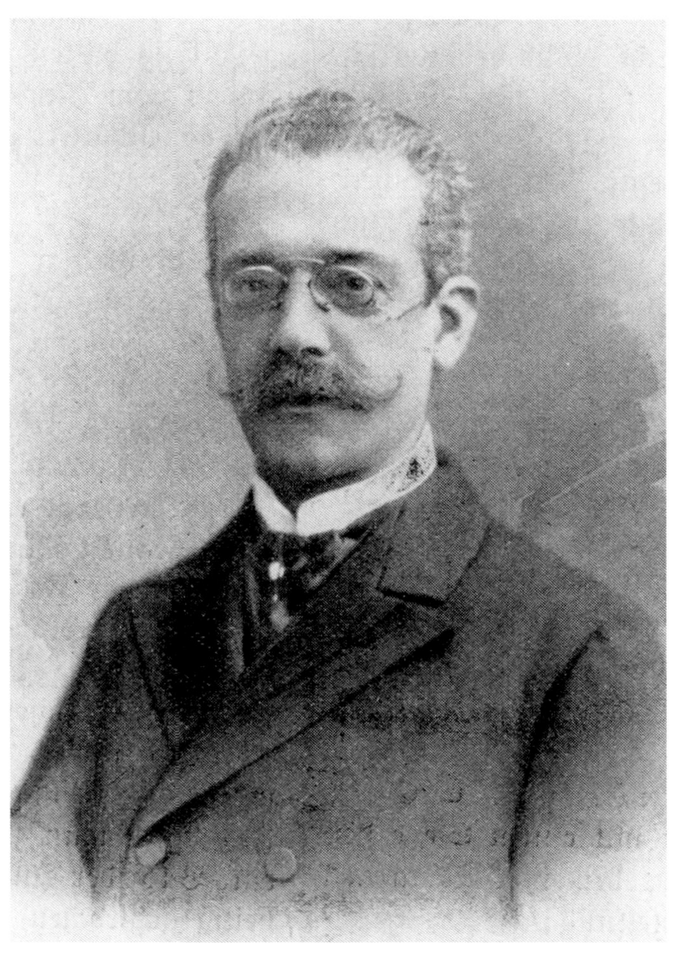

Abb. 1 | James Simon, um 1880

James Simon ist unbestritten der bedeutendste unter den Mäzenen der Berliner Museen und erfuhr zu seinen Lebzeiten große Anerkennung, wie schon der berühmte Ausspruch Kaiser Wilhelms II. zeigt: „Das ist ein Mann, der nicht nach Orden und Ehren strebt. Er tut alles nur um der Sache willen.“[1]

Die Leitung des familiären Textilunternehmens *Gebrüder Simon* verschaffte James Simon die notwendige finanzielle Freiheit, ohne die ihm das Sammeln von Kunst, die Unterstützung von Wohltätigkeitsvereinen und die Förderung der Archäologie im Vorderen Orient nicht möglich gewesen wäre (Abb. 1).

Das Sammeln von Kunstwerken war bei James Simon, im Unterschied zu anderen Mäzenen immer an den Akt des Schenkens gebunden. Dabei beschränkte er sich nicht, wie sonst bei Stiftungen üblich, auf eine kleine Auswahl von Kunstwerken aus seiner Sammlung, er schenkte vielmehr Hunderte von Objekten, eine bis dahin und auch später unerreichte Dimension. Bei dem Erwerb von Kunstwerken wusste er aus sehr unterschiedlichen Kulturkreisen und Gattungen auszuwählen und verfuhr dabei stets professionell. James Simon ging bei seinen Ankäufen, wie aus seiner Arbeit in der Firma gewohnt, analytisch und mit genauer Beobachtung vor, denn zweifellos spielte der Preis eines Kunstwerks für ihn eine ebenso wichtige Rolle wie die Qualität. Entscheidend für den Ankauf eines Objektes war dennoch nicht allein der Marktwert, sondern die Tatsache, dass das jeweilige Werk etwas in Simons Innerstem

1 Matthes 2000, S. 9, zitiert nach Feder 1971, S. 287.

anrühren musste. Wie er mit eigenen Worten beschreibt, war er immer auch „... mit dem Herzen dabei ... aus innerer Neigung und nicht aus äußeren Anlässen Sammler."[2]

Die vorliegenden biographischen Skizzen stellen die Bedeutung von James Simon als Sammler in den Mittelpunkt, vor allem vor dem Hintergrund seines sozialen Umfelds und dem Netz von gesellschaftlichen Kontakten zu Unternehmern, Bankiers, zu Museumsdirektoren und Kunsthändlern, das er sich im Laufe der Jahre auf einzigartige Weise geschaffen hatte. Um Simons Kunstverständnis besser beleuchten zu können, erweist es sich als unabdingbar, die Rolle des Generaldirektors der Berliner Museen Wilhelm von Bode[3] genauer ins Visier zu nehmen, der vor allem die Interessen „seines" Museums im Auge behielt und private Sammlungen immer wieder als seine „Schöpfungen" betrachtete. Das Wechselverhältnis zwischen Bode und Simon, diesen beiden so unterschiedlichen Persönlichkeiten, wird daher auch im Mittelpunkt der Überlegungen zum Sammeln und zum Mäzenatentum stehen. Ein besonderes Augenmerk muss zweifellos auf die Beziehung zwischen James Simon und Kaiser Wilhelm II. gerichtet werden, zwei Persönlichkeiten, die unterschiedlicher nicht hätten sein können und die sich dennoch gegenseitig bewunderten.

Der größte Berliner Mäzen – zwischen *damnatio memoriae* und später Würdigung

Die Vielfalt der Interessen von James Simon – Kunst, Wissenschaft und soziales Engagement – suchte man bereits anlässlich seines 80. Geburtstages 1931 mit einer Publikation zu würdigen. Der Publizist und Journalist am *Berliner Tageblatt* Ernst Feder,[4] ein Freund Simons, sowie der Leiter der Staatlichen Museen für Deutsche Volkskunde, Konrad Hahm,[5] waren sich seinerzeit darin einig, dass man wohl kaum einen einzelnen Autor mit dieser Aufgabe beauftragen könnte, da die Bedeutung von James Simon so viele unterschiedliche Bereiche beträfe, die ein Einzelner nur schwer bewältigen könnte. Die Gründe für das letztendliche Scheitern dieses Unternehmen liegen im Dunkeln, doch darf man vermuten, dass die ausdrückliche Würdigung eines jüdischen Mäzens schon um 1931 politisch nicht mehr opportun war. James Simon stirbt

2 Simon-Bode 2020, S. 235, Brief-Nr. 201, Brief vom 2.10.1904.

3 Wilhelm von Bode (1845-1929), von 1892-1906 Direktor der Skulpturensammlung und der Gemäldegalerie an den Berliner Museen; von 1906-1920 Generaldirektor der Berliner Museen. Sein wichtigstes Projekt war die Einrichtung des 1904 eröffneten Kaiser-Friedrich-Museums. Kaiser Wilhelm II. verlieh Bode 1914 den erblichen Adelstitel.

4 Ernst Feder (1881-1964) war Jurist und Ressortleiter für Innenpolitik am „Berliner Tageblatt", er emigrierte 1933 in die Schweiz, nach Paris und später nach Brasilien. 1957 kehrte er nach Deutschland zurück.

5 Konrad Hahm (1892-1943) war ein deutscher Volkskundler, der 1933 in die NSDAP eintrat und von 1935-1943 Direktor der Staatlichen Museen für Deutsche Volkskunde war.

1932 noch vor der Machtergreifung der Nazis. Danach beginnt eine lange Zeit des Vergessens: Im November 1938 wird jeder Hinweis auf seinen Namen in den Berliner Museen gelöscht, im August 1939 wird das James-Simon-Kabinett aufgelöst, obgleich er in seinen Schenkungsurkunden stets ausdrücklich verfügt hatte, dass die Objekte seiner Sammlung innerhalb des Museums in einem eigenen Raum für mindestens hundert Jahre ausgestellt werden sollten.

Bedauerlicherweise war der Name James Simon auch nach 1945 in der Öffentlichkeit weitgehend unbekannt. Zwar hatten die Freunde Ernst Feder und Walter Andrae[6] 1951 anlässlich des 100. Geburtstags von James Simon noch einmal den Versuch unternommen, eine Publikation über ihn auf den Weg zu bringen, doch wurde auch dieses Unterfangen niemals realisiert.[7]

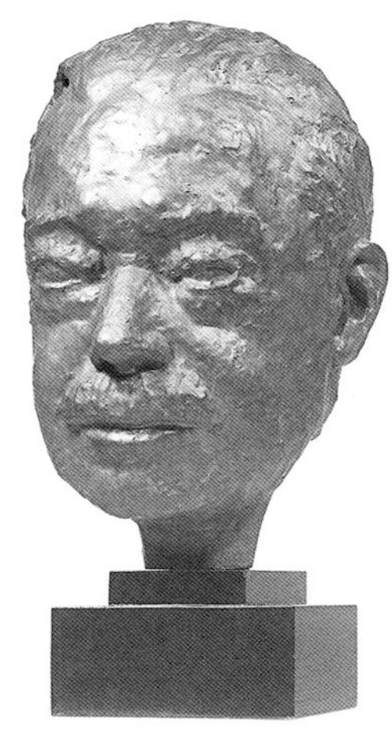

Abb. 2 | Tina Haim-Wentscher, James Simon, Bronze, Berlin, Neues Museum

Es verwundert umso mehr, dass die Erinnerung an diesen großzügigsten Mäzen, den die Museen in Berlin jemals hatten, so zaghaft war und im Wesentlichen nur in einem kleinen Kreis von Spezialisten wachgehalten wurde. Beispielsweise war der Name James Simon in Fachkreisen der Vorderasiatischen Archäologie und in der Ägyptologie bekannt, da ihm die Gründung der Deutschen Orient-Gesellschaft (1898) sowie die Finanzierung zahlreicher Ausgrabungen im Vorderen Orient und in Ägypten zu verdanken ist.

Die Museen in West- und Ostberlin suchten Simon durch bescheidene Einzelpublikationen zu würdigen. In der Gemäldegalerie in Berlin-Dahlem widmete man James Simon 1964 eine kleine Ausstellung, von 1973-1976 richtete man dort einen Raum ein, in dem einige Exponate aus seiner ersten und zweiten Schenkung neben der von der Bildhauerin Tina Haim-Wentscher[8] gegossenen Bronzebüste von James Simon (Abb. 2) ausgestellt waren. Ab 1976 wurden die Kunstwerke wieder in der chronologisch geordneten Dauerausstellung präsentiert, nun waren es nur noch die über das Museum verstreuten Objekte, wie die *Madonna mit dem schlafenden Christuskind* (Abb. 66) von Andrea Mantegna und das *Bildnis eines jungen Mannes* (Abb. 68) von Giovanni Bellini, ursprünglich im James-Simon-Kabinett, die an den großen Mäzen erinnerten.[9]

In der Öffentlichkeit war der Name James Simon jedoch weiterhin kein Begriff. Erst Jahre nach der Wiedervereinigung Deutschlands und damit verbunden einer besseren Zugänglichkeit aller Archive in Berlin-West und -Ost, wurde im Jahr 2000 eine vorzügliche und alle Facetten von Simons

6 Zu Walter Andrae (1875-1956) siehe Kapitel „James Simon und der Orient".
7 Matthes 2000, S. 11.
8 Tina Haim-Wentscher (1887-1974) wurde in Istanbul geboren, studierte und lebte in Berlin, wo sie eine enge Freundschaft mit Käthe Kollwitz verband. 1933 Emigration nach China, Indonesien und Malaysia. 1940 wurde sie als *Enemy Alien* nach Australien deportiert, nach ihrer Freilassung 1942 blieb sie in Melbourne. 1920 wurde sie von James Simon beauftragt, zwei Kopien der Nofretete-Büste anzufertigen.
9 Zur Geschichte des James-Simon-Kabinetts vgl. Rowley 2020, S. 31-59.

Wirken aufgreifende Biographie von dem Historiker Olaf Matthes veröffentlicht.[10] Diese wissenschaftliche Publikation kann nach wie vor als Grundlage für die Beschäftigung mit James Simon gelten. Ebenso bedeutend war das Engagement von Bernd Schultz, dem es zu verdanken ist, dass die überragende Bedeutung von James Simon wieder in das Blickfeld der Öffentlichkeit gerückt wurde; dazu gehört nicht nur die von ihm herausgegebene Publikation über James Simon,[11] in der die Spannweite der Schenkungen an zahlreiche Berliner Museen an wichtigen Fallbeispielen gezeigt wird, sondern vor allem auch die von Bernd Schultz und Peter Raue gegründete James-Simon-Stiftung, mit der man die Erinnerung an die Bedeutung dieses Sammlers durch einen alle zwei Jahre verliehenen Preis wachhalten möchte. Im Mai 2006 veranlasste die James-Simon-Stiftung, Gedenktafeln für James Simon an den einstigen Wohnorten anzubringen: in der Kaiserallee 23 (heute Bundesallee) und an der zerstörten Villa der Familie Simon in der Tiergartenstraße 15a (heute Adresse Landesvertretung von Baden-Württemberg). Auch eine Straße sowie ein Teil des nahe am Bode-Museum gelegenen Monbijouparks führen seit 2007 seinen Namen. Seit 2012 trägt das Stadtbad Mitte den Namen „James Simon". Diesen Initiativen ist es auch zu verdanken, dass man in Berlin am 12. Juli 2019 den Neubau, die von dem englischen Architekten David Chipperfield entworfene „James-Simon-Galerie" eröffnete und mit dieser Eingangshalle zur Museumsinsel dem engagiertesten und großzügigsten Mäzen der Museen ein bleibendes Denkmal setzte. Im Sommer 2019 ist es gelungen, in einem Raum des Bode-Museums das James-Simon-Kabinett in Anlehnung an die ursprüngliche Präsentation von 1904 wieder einzurichten, wenngleich man dabei auf eine Reihe der seinerzeit ausgestellten Exponate, die als Kriegsverlust von 1945 gelten, verzichten musste.[12]

10 Matthes 2000.
11 Schultz 2006.
12 Vgl. Rowley 2020, S. 31-59.

Jugend und Familie

Kindheit und Jugend

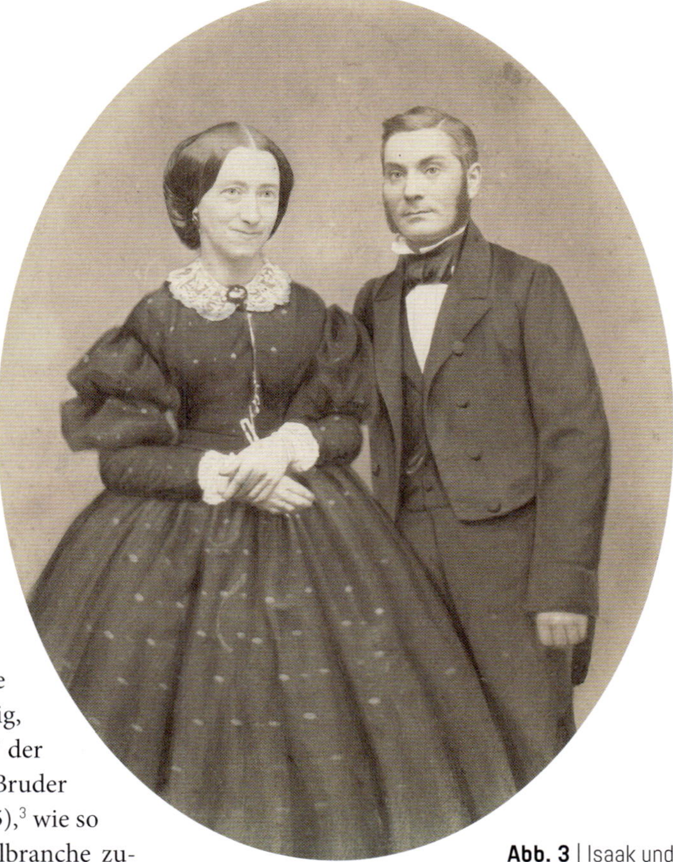

Abb. 3 | Isaak und Adolphine Simon, um 1847

Wie für viele Söhne aus der Wirtschaftselite des ausgehenden 19. Jahrhunderts, so war auch der Werdegang von Henri James Simon, der am 17. September 1851 in Berlin geboren wurde, vorgezeichnet. Die aus der Kleinstadt Pyritz in Hinterpommern (heute Pyrzyce, Woiwodschaft Westpommern) stammende Familie Symonius nahm 1812 den Namen Simon an.[1] Die Familie war seit 1838 in Berlin ansässig, wo sich Isaak Simon (Abb. 3),[2] der Vater von James, und sein Bruder Louis (Lewin) Simon (Abb. 4, 5),[3] wie so viele Zugewanderte, der Textilbranche zuwandten. Etwa zur selben Zeit gründete Joachim Liebermann – Großonkel des Malers Max – 1835 gemeinsam mit seinen Söhnen Benjamin Joachim, Philipp und Joseph Joachim die Manufakturwarenhandlung *Liebermann & Söhne*.[4]

Isaak Simon hatte 1842 das Berliner Bürgerrecht erworben und muss mittlerweile durch seine Tätigkeit im Textilbereich so erfolgreich gewesen sein, dass er 1847 Adolphine,[5] die Tochter eines aus Posen stammenden Kaufmanns namens Isaac Hirsch Heilborn heiratete. Das Ehepaar hatte fünf Kinder: Nach der Geburt von Helene (1849-1925), dem einzigen Sohn Henri James (1851-1932) kamen noch Bertha (1855-1932), Elise (1856-?, Todesdatum unbekannt) und Martha (1858-1943) auf die Welt.

Warum wählte man die Vornamen Henri James? Waren es die englischen Verwandten der Mutter Adolphine in Bradford, die die Eltern dazu inspirierten? Oder wollte man

1 Vgl. Herz 1936, S. 127, mit Hinweis auf die Familie Simon in Pyritz und den Großvater von James Simon, Wolf Marcus Simon (1784-1866).

2 Isaak Simon (1816-1890) und sein Bruder waren spätestens um 1838 von Pyritz nach Berlin gekommen.

3 Louis (Lewin) Simon (1828-1903) heiratete Ida geb. Lehwess (1838-1906), die Tochter des Berliner Bäckermeisters Eduard Lehwess (1805-1861). Er wurde 1887 Kommerzienrat und 1898 Geheimer Kommerzienrat.

4 Simon 1997, S. 48f.; Joachim Liebermann (1778-1853) war 1823 mit seinen Söhnen Benjamin Joachim (1806-1890), Philipp (1810-1878) und Joseph Joachim (1812-1883) von Märkisch Friedland (Schlesien) nach Berlin gezogen.

5 Adolphine Hirsch Heilborn (1820-1902).

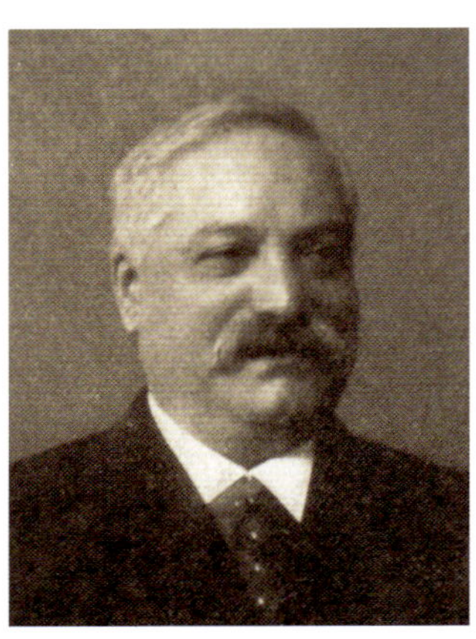

Abb. 4 | Louis Simon, um 1890

vielleicht einem englischen Geschäftspartner damit die Ehre erweisen?[6] In jedem Fall war die Wahl der englischen Vornamen ein Zeichen dafür, dass die Familie Simon aus Pyritz nach ihrer Übersiedelung in die Großstadt nun vor allem Fortschrittlichkeit anstrebte und der Name Henri James stand auf hervorragende Weise für beides: für Eleganz und Internationalität. Später sollte er sich nur noch James nennen.

Die Firma *Gebrüder Simon, Leinwand Niederlage und Baumwollwaren Fabrik* wurde erst 1852, also ein Jahr nach James' Geburt von Isaak und Louis Simon gegründet und hatte ab 1869 ihren Sitz in dem eigens dafür errichteten Gebäude in der Klosterstraße 80-82, heute in Berlin-Mitte (Abb. 6).

In der Zeit des Sezessionskrieges von 1861-1865 in den Vereinigten Staaten, in der es weltweit zu einer Verknappung an Baumwolle kam, die sich auch in Preußen bemerkbar machte, zahlten sich die großen Lagerbestände der Brüder Simon aus, die man zum fünffachen Preis verkaufte. Diese Firmenstrategie führte zu enormen Gewinnen. Nun durften sich auch die *Gebrüder Simon* zu den bedeutendsten Familienunternehmen Berlins zählen. Die danach stetig anwachsenden Gewinne der Firma waren vor allem Louis Simon zu verdanken, der das Unternehmen leitete.[7] Man darf annehmen, dass es James, einziger Sohn von Isaak, seit seiner Jugend als seine Pflicht ansah, in diesem Familienunternehmen mitzuarbeiten.[8] Auf die gut florierende Firma war man in der Familie Simon zu Recht stolz. Der Wohlstand war eine Garantie für soziale Anerkennung, u. a. die Erlangung des Wahlrechtes, die Wahl des Wohnsitzes oder die Heirat. Viele der durch den Textilhandel reich gewordenen Berliner Familien erwarteten, dass der einmal erwirtschaftete Reichtum durch die Söhne bzw. Schwiegersöhne erhalten und möglichst noch gesteigert wurde. Auch James und sein Cousin Eduard fühlten sich dem Familienbetrieb verständlicherweise sehr verpflichtet.

Aus der Schulzeit, die James zunächst an der Königstädtischen Realschule, seit 1861 auf dem renommierten humanistischen Gymnasium *Zum Grauen Kloster* absolvierte, hört man immer wieder von vielen durch Krankheit verursachten Fehltagen, die durch seine schwache Konstitution bedingt waren (Abb. 7).[9] Dennoch ließ er sich nicht davon abbringen, seine Lehrlingszeit in der Familienfirma ohne jegliche Vergünstigungen abzulegen – dazu gehörte natürlich auch das Tragen schwerer Lasten wie Stapel von Baumwolle. Ein Jahr nach seinem 1869 bestandenen Abitur ging James als Volontär nach

6 Vgl. zu dieser Gewohnheit Heinrich Heine, dessen Vater den Vornamen seines Sohnes Heinrich in „Harry" anglisierte. Dazu Heinrich Heine, Memoiren, in: Sämtliche Werke, Band II, München 1969, S. 829: „Mr. Harry war meines Vaters Geschäftsführer (Korrespondent) in Liverpool [...] Weil nun der Freund meines Vaters, der sich auf den Einkauf von Velveteens [samtartige Stoffe] am besten verstand, den Namen Harry führte, erhielt auch ich diesen Namen, und Harry ward ich genannt in der Familie und bei Hausfreunden und Nachbarn."

7 Matthes 2000, S. 34.

8 Auch Louis Liebermann (1819-1894), der Vater des Malers Max (1847-1935), hatte ähnliche Ambitionen für seine Söhne, die Firma wurde jedoch von Georg (1844-1926), dem älteren Bruder von Max übernommen.

9 James wurde als einziger von fünf Geschwistern auf ein humanistisches Gymnasium geschickt, auf dem er Griechisch, Latein und Hebräisch lernte, aber auch Musikunterricht (Violine) und zusätzlichen Privatunterricht erhielt, vgl. Matthes 2011, S. 18; ders., 2019, S. 14ff.

Bradford (England), wo er in der Baumwollfirma eines Verwandten seiner Mutter Adolphine arbeitete. Hier widersetzte er sich jedoch dem Wunsch des Vaters in England zu bleiben, er wollte nach Berlin zurückkehren, eine Stadt, mit der er sich zeit seines Lebens zutiefst verbunden fühlte.[10]

Dem 1869 eigenhändig verfassten Lebenslauf, den James anlässlich seines Abiturs am *Grauen Kloster* anfertigen musste, entnimmt man einiges.[11] Die Ausbildung an dieser Schule hatte sehr früh sein Interesse an Altertumswissenschaften, an Geschichte und vor allem an der Kunst geweckt. James Simon erwähnt, dass ihn besonders Latein und Griechisch sowie die „Werke des Altherthums“ faszinierten. Auch während der Ferien, die er meist in Pyritz verbrachte, spielte das Lesen der antiken Autoren und damit ein besseres Verständnis der Alten Geschichte eine entscheidende Rolle. Unter den modernen Sprachen war ihm die italienische am nächsten, die ihn noch vor der englischen begeisterte; tatsächlich legte er letztere nach der Prima ab. Der in den 1860er Jahren tätige Schuldirektor des *Grauen Klosters* Friedrich Bellermann verfügte, wie James noch im Alter bemerkt, über eine hervorragende Bildung und muss seine Schüler nachhaltig beeinflusst haben: Er war Gräzist, Orientalist und Kunstfreund und gerade diese Interessen sollten auch Simon sein Leben lang faszinieren; er war stets darum bemüht, seine Kenntnisse auf diesen Gebieten systematisch zu erweitern.[12] Es ist vermutet worden, dass Bellermann dem Gymnasiasten James auch von den neuesten Entwicklungen in der Vorderasiatischen Archäologie berichtete: Den Entdeckungen durch die englischen und französischen Archäologen in Nordmesopotamien, vor allem aber von den Expeditionen und Funden des englischen Archäologen Austen Henry Layard in Ninive.[13] Nachhaltig wurde die Öffentlichkeit durch die Präsentation der Fundstücke in den Museen, wie dem Louvre in Paris oder dem British Museum in London, beeindruckt.

Der Abiturient Simon schreibt in seinem Lebenslauf, dass er nicht abgeneigt wäre, Philologie zu studieren, doch fügt er gleichzeitig hinzu: „… aber der Wahl dieses Fachs stehen bedeutende Hindernisse entgegen.“[14] Meint er damit die familiären Verpflichtungen, so wenn er bemerkt: „Es war von je her der Wunsch meines Vaters, mich in sein Geschäft eintreten zu sehen […]“?[15] Und an anderer Stelle heißt es, dass sein Vater und seine Familie es wünschten, dass er als einziger Sohn die Firma fortführen solle. Es scheint fast so, als wollte sich Simon

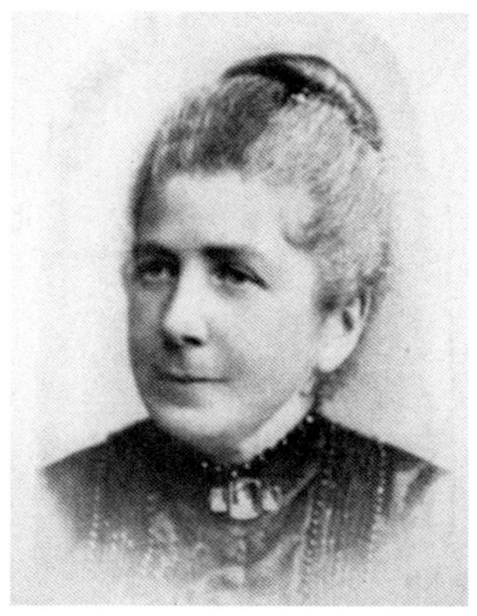

Abb. 5 | Ida Simon, geb. Lehwess, um 1905

10 Matthes 2000, S. 29, Anm. 60.
11 Der eigenhändige Lebenslauf James Simons abgedruckt bei Matthes 2000, S. 327f.
12 Matthes 2000, S. 27; ders., 2019, S. 14, 16.
13 Austen Henry Layard (1817-1894) hatte seit den 1845er Jahren Expeditionen nach Nimrud und Kuyunjik (Ninive), aber auch nach Südmesopotamien (Babylon) unternommen; vgl. Matthes 2000, S. 27; ders., 2011, S. 18f.
14 Matthes 2000, S. 328.
15 Ebd., S. 327.

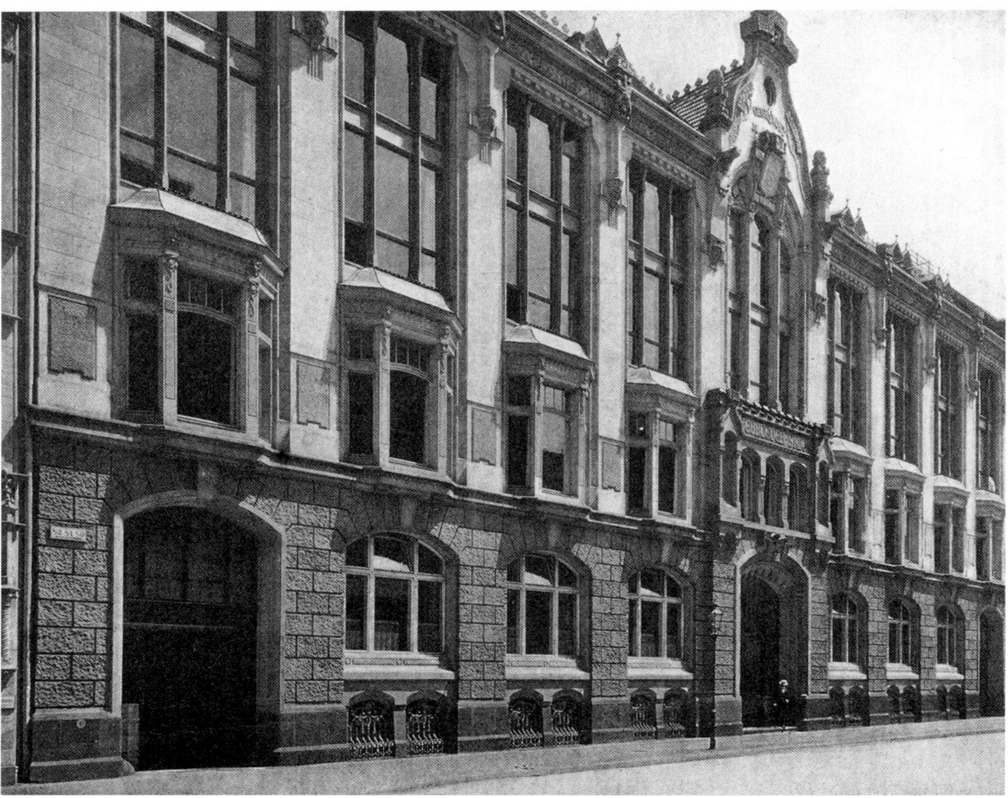

Abb. 6 | Stammhaus der Firma *Gebrüder Simon*, Berlin, Klosterstraße 80-82

selbst davon überzeugen in den „Kaufmannsstand" einzutreten. Doch war es tatsächlich immer sein Wunsch gewesen, als Geschäftsmann tätig zu sein oder darf man annehmen, dass er sich dem Willen seiner Familie nur fügte?[16] Beinahe ein halbes Jahrhundert später äußert er sich in einem biographischen Abriss von 1909 noch einmal darüber: „Ich fühlte mich am meisten zum Studium der alten Sprachen und der Geschichte hingezogen, doch war die Neigung nicht so stark, dass es mich besondere Überwindung gekostet hätte, dem Wunsche meines Vaters zu entsprechen, der mich, den einzigen Sohn, gern zum Mitarbeiter in dem Geschäft […] haben wollte."[17]

Vielleicht gibt der Zeitgenosse und angeheiratete Verwandte von James Simon, der Maler Max Liebermann, eine Vorstellung von der Generation dieser Väter um 1870: „In dem Bewußtsein, nur das Beste der Seinigen im Auge zu haben, duldete er die Auflehnung gegen seinen Willen ebenso wenig, wie er zugeben wollte, dass eines anderen Meinung, vor allem die der Kinder, richtiger sein könnte, als seine eigene […]", so hat es der Biograph Erich Hancke, der Liebermann

16 Ebd., S. 328.
17 Dokument zuerst abgedruckt in der *Allgemeinen Zeitung des Judentums* Nr. 4 vom 28. Januar 1910, zitiert bei Matthes 2000, S. 328.

noch zu Lebzeiten kannte, in seiner Monographie von 1913 überliefert.[18]

Simon sollte sich später gegenüber seinen Freunden äußern, dass er gerne studiert hätte und ein guter Wissenschaftler geworden wäre.[19] Es ist bemerkenswert, dass sich bereits bei dem Abiturienten Simon eine große Bescheidenheit erkennen lässt, die für ihn Zeit seines Lebens charakteristisch sein wird, so wenn er schreibt: „Ich glaube ferner nicht, genug Anlage zu besitzen, um auf diesem Felde etwas Hervorragendes zu leisten."[20] Und er fügt dann hinzu, dass das Studium der Philologie schwieriger sei als andere. Der Nachsatz, dass man „dabei zu einer selbständigen Stellung spät oder gar nicht gelangen" würde, könnte auch auf die Tatsache anspielen, dass es für einen jüdischen Bürger um 1870 schwierig war, eine Universitätslaufbahn einzuschlagen.[21]

Für deutsche Juden mit einer akademischen Ausbildung war es äußerst schwierig, an der Universität wie auch im Militär- oder Verwaltungsapparat Preußens Karriere zu machen, wenngleich es keine Vorschriften gab, die sie formal ausgeschlossen hätten. Man könnte diese Haltung als einen behördlichen Antisemitismus bezeichnen. Denn es war für einen jüdischen Deutschen kaum möglich, eine leitende Stellung in der Armee oder im Beamtentum zu erlangen.

Man muss in diesem Zusammenhang daran erinnern, dass die Folgen der nach dem Wiener Börsenkrach von 1873 lang anhaltenden wirtschaftlichen Stagnation tiefgreifende gesellschaftliche Veränderungen mit sich brachten. Das Deutsche Reich war nach der „Konjunkturüberhitzung der Gründerjahre"[22] von der gesamteuropäischen Wirtschaftskrise besonders betroffen. Angesichts der „Großen Depression" stiegen auch die sozialen Nöte und versetzten nicht nur die politischen Richtungen, insbesondere den Liberalismus, sondern auch alle anderen Institutionen in Schwierigkeiten. Indem der Nationalismus seine Bindung an die bürgerlich-liberale Richtung verlor, entstand somit ein Klima der sozialen Aggression und man machte nun die deutschen Juden für die wirtschaftliche Fehlentwicklung und die gesellschaftliche Krise verantwortlich. Das Jahrzehnt der Emanzipation, das von 1860-1870 andauerte und das eine zaghafte Gleichstellung der Juden in der Gesellschaft mit sich brachte, die sich allerdings nie wirklich gefestigt hatte, war nun endgültig vorüber.

Die ablehnende Haltung gegenüber jüdischen Mitbürgern wuchs stetig an, und zwar nicht mehr nur wegen religiöser

18 Vgl. Bröhan 2002, S. 14.
19 SBPK Nachlass Walter Andrae, Nr. 325.
20 Matthes 2000, S. 328.
21 Diese ablehnende Haltung gegenüber jüdischen Bürgern machte sich schon bald nach dem Emanzipationsedikt von 1812 bemerkbar, als z. B. Friedrich Rühs (1781-1820), seit 1810 Professor für Geschichte an der Friedrich-Wilhelms-Universität in Berlin, mit antijüdischen Äußerungen hervortrat; er sprach so z. B. den deutschen Juden das Bürgerrecht ab, falls sie nicht bereit wären, zum Christentum überzutreten.
22 Rürop 1976, S. 27.

Unterschiede, Sitten und Gebräuche, sondern sie wurde zunehmend aus rassistischen Hetzreden motiviert. Die unangenehme Stimmung in Berlin wurde durch den Journalisten Otto Glagau[23] und seine in der *Gartenlaube* von 1874/1875 erschienene Artikelserie „Der Börsen- und Gründungsschwindel in Berlin", aber auch durch den Berliner Hofprediger Adolf Stoecker[24] und die von ihm 1878 gegründete „Christlich Soziale Arbeiterpartei" weiter angefacht.[25] Dieser Antisemitismus steigerte sich schließlich 1879 in Gestalt des Historikers und Publizisten Heinrich von Treitschke[26] und seiner Hasstiraden gegen jüdische Bürger in dem Aufsatz „Unsere Aussichten".[27] Damit wurde der Berliner Antisemitismusstreit ausgelöst, dem der von George Davidsohn gegründete *Berliner Börsen-Courier* entschieden entgegentrat.[28]

Die Zeit eines modernen Antisemitismus hatte begonnen, der um 1880/1881 sehr schnell viele Teile der deutschen Gesellschaft durchsetzte, ohne dass eine klare Gegenbewegung zu erkennen gewesen wäre. Diese Tendenzen brachten auch deutsche Juden in Schwierigkeiten, wie es der Politiker und Philosoph Eduard Bernstein[29] beschreibt, der auf eine weit verbreitete Haltung innerhalb dieser Gesellschaftsgruppe hinweist: Und zwar das Bewusstsein der gesellschaftlichen Sonderstellung sowie die eigene zwiespältige Haltung gegenüber dem Judentum.[30] Wenngleich die Mehrheit der jüdischen Bürger auch gegen Ende des 19. Jahrhunderts nicht aus der jüdischen Gemeinde austreten wollte, so suchte insbesondere die Ober- und Mittelschicht eine Assimilierung innerhalb der deutschen Gesellschaft und wurde plötzlich mit dieser unangenehmen Entwicklung konfrontiert. Der jüdische Religionshistoriker Gershom Scholem[31] definiert die Lebensform der assimilierten Juden in Deutschland angesichts des zunehmenden Antisemitismus als eine „Art des Selbstbetrugs" und schreibt dazu: „Es gab da ... etwas Bewußtes, in dem sich der Wunsch nach Selbstaufgabe und zugleich doch nach menschlicher Würde und Treue zu sich selbst dialektisch verschränkten."[32]

Doch der Versuch der Assimilierung, das Pflichtgefühl gegenüber dem preußischen Staat – später dem deutschen Kaiserreich – und eine vorzügliche Ausbildung waren in der deutschen Gesellschaft nicht ausreichend, um eine vollständige Emanzipation zu erlangen.[33] Daher bestand die Aussicht auf einen Erfolg nur dann, wenn man selbständig tätig war, sei es als Kaufmann, Arzt oder Anwalt. Für die Mitglieder der Wirtschaftselite, zu der auch James Simons Familie gehörte,

23 Otto Glagau (1839-1892) war ein deutscher Journalist und Schriftsteller, der der antisemitischen „Berliner Bewegung" angehörte, die sich in den 1880er Jahren formierte.
24 Adolf Stoecker (1835-1909) war ein evangelischer Pfarrer und Politiker, der zu der antisemitischen „Berliner Bewegung" zählte.
25 Dazu Simon 1997, S. 102f.
26 Heinrich von Treitschke (1834-1896) war von 1871-1884 Mitglied des Reichstages.
27 Simon 1997, S. 102f.
28 Davidsohn 2020, S. 7. George Davidsohn (1835-1897), seit 1868-1876 Besitzer des *Berliner Börsen-Couriers*, war der ältere Bruder des Historikers und Privatgelehrten Robert Davidsohn (1853-1937), ein Freund von James Simon.
29 Eduard Bernstein (1850-1932) wurde in Berlin geboren, nach Aufenthalten in Zürich und London, wo er mit Friedrich Engels in Kontakt stand, war er als überzeugter Sozialdemokrat (USPD, SPD) zwischen 1902-1928 immer wieder Mitglied des Reichstages in Berlin.
30 Simon 1997, S. 103f.; Bernstein 1994, S. 142-152.
31 Gershom Scholem (1897-1982) wurde in Berlin geboren und wanderte 1923 nach Palästina aus, 1925 richtete man an der gerade eröffneten Hebräischen Universität in Jerusalem für ihn die Professur für jüdische Mystik ein.
32 Scholem 1977, S. 38.
33 Mosse 1976, S. 34-68, S. 96-176.

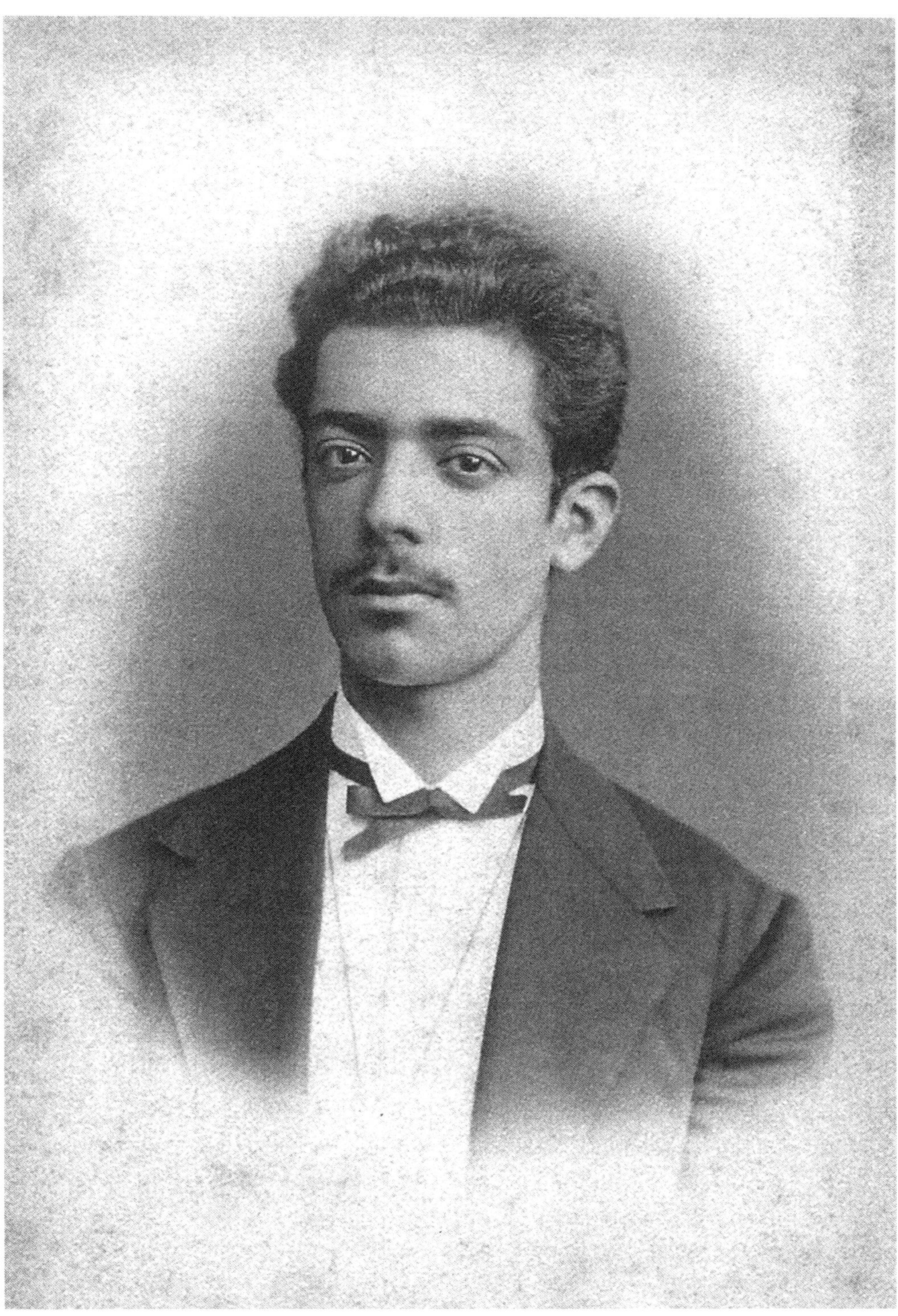

Abb. 7 | James Simon als Abiturient 1869

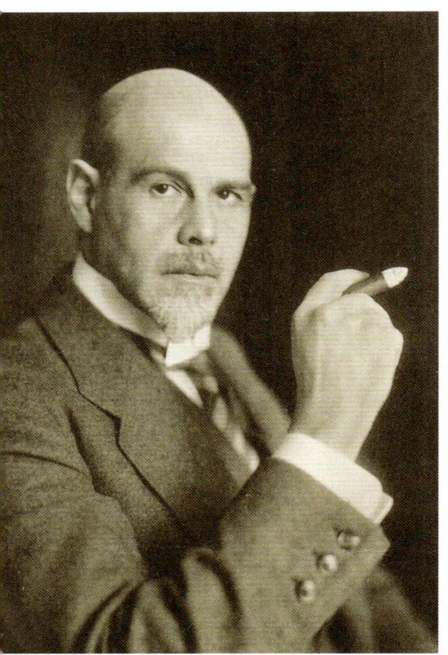

Abb. 8 | Walther Rathenau als Wiederaufbauminister, 1921

spielte diese Sonderstellung der deutschen Juden jedoch eine geringere Rolle: Sie waren eine Minderheit, die über erfolgreiche Wirtschaftsunternehmen beachtlichen Wohlstand und damit einen Status erworben hatten, der ihre Unabhängigkeit garantierte. Dennoch war sich auch die Wirtschaftselite ihrer Sonderstellung wohl bewusst: Als einer der berühmtesten Persönlichkeiten aus diesem Kreis dürfte Walther Rathenau[34] (Abb. 8) gelten, der, wenngleich er als eine Ausnahmeerscheinung betrachtet werden muss, die Zerrissenheit der jüdischen Minderheit wie kaum ein anderer in den verschiedenen Phasen seines Lebens durchlaufen hat.[35] Seine immer wieder zitierten Worte beschreiben dieses Gefühl der Sonderstellung treffend: „In den Jugendjahren eines jeden deutschen Juden gibt es einen schmerzlichen Augenblick, an den er sich zeitlebens erinnert: wenn ihm zum ersten Male voll bewußt wird, daß er als Bürger zweiter Klasse in die Welt getreten ist und keine Tüchtigkeit und kein Verdienst ihn aus dieser Lage befreien kann."[36]

Wirtschaftlicher Aufstieg der Familie Simon

Die erste Hälfte des 19. Jahrhunderts war die Zeit der vielen Zuwanderer nach Berlin, so wie Isaak und Louis Simon aus Pyritz in Westpommern, die Liebermanns aus dem pommerschen Märkisch Friedland oder die Familie Mosse aus Graetz in Posen nach Berlin zogen. Die freien, nicht an den Standort gebundenen Berufe mit meist bescheidenen Einkommen, erlaubten diesen Familien die Abwanderung in den Westen. Zwar waren die Beweggründe vieler jüdischer Familien individuell verschieden, aber die immer schlechter werdenden Wirtschaftsverhältnisse in den genannten Provinzen machten eine Übersiedelung nach Berlin oft notwendig. In der Hauptstadt des Königreichs Preußens und späteren Reichshauptstadt waren die Bedingungen für eine Erwerbstätigkeit vielversprechend, vor allem im Sektor der prosperierenden Konfektionsbranche – Bekleidungsgewerbe und Textilindustrie –, dazu kam natürlich die ehrgeizige und in ökonomischer Hinsicht risikofreudige Einstellung des jüdischen Bevölkerungsanteils.[37] Die „bravouröse Akkulturation und der soziale Aufstieg" der zugewanderten jüdischen Familien dauerten oft nicht einmal eine Generation.[38]

34 Walter Rathenau (1867-1922) war ein deutscher Industrieller, Politiker und Schriftsteller und mit James Simon bekannt. Rathenau erhielt 1922 das Amt des Außenministers, noch im gleichen Jahr wurde er am 24. Juni von Rechtsextremisten in Berlin-Grunewald ermordet.
35 Volkov 2012, S. 129-138.
36 Rathenau 1922, S. 188; schon zitiert bei Schütz 2010, S. 28 und Becker 2019, S. 32. Walther Rathenau nimmt zweifellos eine Sonderstellung ein, sein kurzer Text „Höre Israel", der 1897 unter einem Pseudonym in Maximilian Hardens Zeitschrift *Die Zukunft* erschienen war, ist ein Angriff auf die deutschen Juden, denen er die Unfähigkeit sich zu assimilieren vorwirft; dennoch distanziert er sich später stark von seiner eigenen Schrift, die von innerjüdischem Antisemitismus geprägt war. Er sollte den Text auch später nicht in seine gesammelten Schriften aufnehmen, vgl. Picht 1997, S. 117-128. Sehr aufschlussreich dazu Volkov 2012, S. 35-64.
37 Kraus 1999, S. 152-155.
38 Ebd., S. 155.

Der Aufschwung der Berliner Textilindustrie, insbesondere der baumwollverarbeitende Sektor, setzte schon in den 1820er Jahren ein. Die Baumwollveredelung, d.h. das Bedrucken von Kattunen, wurde zu einem besonders lukrativen Gewerbezweig. Bereits um 1850 war Berlin der wichtigste Standort der deutschen Textildruckerei und ersetzte zunehmend die importierte englische Ware. Joseph Liebermann,[39] dessen Unternehmen für den Handel mit Baumwolle und Seide bekannt war, konnte sich bereits 1839 gegenüber dem preußischen König Friedrich Wilhelm III. rühmen, er sei „der Liebermann, der die Engländer vom Kontinent vertrieben habe".[40]

James Simon wurde in einer Zeit geboren, als sich Berlin noch Landeshauptstadt Preußens nannte und bis 1861 von König Friedrich Wilhelm IV. regiert wurde. Es war eine Zeit des Umbruchs, in der sich die Stadt in einer Phase größter Expansion befand, die vor allem auf die Veränderungen im Wirtschaftssystem zurückzuführen war. Von der auf rein handwerklicher Basis beruhenden Ökonomie verlief die Entwicklung hin zu einem modernen Fabrikationswesen. Die im Jahre 1850 begründete Berliner Industrie- und Handelskammer wies bereits in ihrem ersten Jahresbericht von 1850-1851 auf die Fortschritte hin, „welche der Handel und die Industrie Berlins in den letzten Jahren mit so überraschender Schnelligkeit gemacht hatten".[41] Der Wollhandel spielte neben dem Getreidehandel eine große Rolle; zudem war der Großwarenhandel mit Materialien wie Metall oder Kohle ein zukunftsversprechendes Gewerbe. Zwar gab es noch keine Großbanken, aber seit Anfang des 18. Jahrhunderts konnte man in Berlin die Geschäfte über Privatbanken abwickeln und seit 1800 existierten das Bankhaus Mendelssohn & Co. oder das 1803 gegründete Bankhaus S. Bleichröder.[42] Ab 1856 – James war gerade erst fünf Jahre alt – entstanden die Großbanken, aber erst 1870 die Deutsche Bank und ein Jahr später die Dresdner Bank.

Zwei Jahre nach dem Abitur von James Simon wurde Berlin zur Reichshauptstadt und Wilhelm Friedrich Ludwig von Preußen zum Kaiser Wilhelm I. ernannt. Die Stadt erlebte nun einen noch rasanteren wirtschaftlichen Aufschwung und wurde von einer bemerkenswerten sozialen Umwälzung erfasst, die lange andauern sollte.

Vier Jahre nach dem Umzug der Familie Simon sollte James 1876 Juniorpartner seines Onkels Louis im Familienunternehmen werden, eine Entscheidung, die sich offenbar

39 Joseph Liebermann (1783-1860) war der Großvater des Malers Max Liebermann.
40 Siehe Simon 1997, S. 51.
41 Dietrich 1961, S. 184.
42 Samuel Bleichröder (1779-1855) hatte das Bankhaus S. Bleichröder 1803 gegründet, seit 1830 war er zum Hauptkorrespondenten der Rothschild-Banken avanciert. Sein Sohn Gerson von Bleichröder (1822-1893) wurde 1872 als erster nicht getaufter Jude in den Adelsstand erhoben; seine Bedeutung beschränkte sich nicht nur auf die Vergabe von Staatsanleihen, sondern auch auf seine wichtige beratende Rolle bei Vermögensfragen des seit 1871 regierenden Reichskanzlers Otto von Bismarck (1815-1898).

nicht ganz ohne den Widerstand von Louis vollziehen sollte, denn er war es doch, der als eigentlicher Leiter und als die „Seele" der Firma galt, wie schon Zeitgenossen feststellten.[43] Sein Bruder Isaak war hingegen vor allem für den Umgang mit Kunden verantwortlich. Der Großhandel von Leinen und Baumwolltextilien wurde seit den 1880er Jahren als reines Lagergeschäft betrieben, d. h. man besorgte den Einkauf von großen Mengen von Baumwollgeweben sehr unterschiedlicher Verarbeitungsstufen, um sie dann an den Einzelhandel weiterzuverkaufen. Die Verkaufsphilosophie des Unternehmens erwies sich dabei als erstaunlich weitsichtig: Bei großem Umsatz von Leinen- und Baumwolltextilien konnten die Einkaufspreise und entsprechend die Weiterverkaufspreise niedrig gehalten werden. Die Firmendevise lautete: Großer Umsatz bei niedrigen Preisen und geringen Unkosten. In der Branche wurden die Simons zum konkurrenzlos billigen Anbieter und viele der Kunden, insbesondere andere Firmen, gerieten in ein für die Simons lukratives Abhängigkeitsverhältnis, das lange anhalten sollte. Die Firma der *Gebrüder Simon* erlitt auch nach dem sogenannten Wiener Börsenkrach im Jahr 1873 keine wirtschaftlichen Einbußen, sondern konnte daraus Nutzen ziehen. Das internationale Geschäftsnetz der Firma wurde immer weiter ausgebaut und erreichte bis zum Beginn des Ersten Weltkriegs seine größte Ausdehnung.

Man wird sich vor diesem Hintergrund gut vorstellen können, dass James Simon die einmal von seiner Familie erarbeiteten Gewinne durch eine kluge Strategie weiter ausbauen wollte. Sein Eintritt in den Familienbetrieb bedeutete finanzielle Sicherheit und ermöglichte ihm überhaupt erst, wenn auch als jüdischer Bürger nur bedingt, eine bedeutende gesellschaftliche Position einzunehmen, immerhin wurden die Simons zu dieser Zeit schon die „Bankiers der Textilwirtschaft" genannt.[44]

Als James 1876 in das Familienunternehmen eintrat, begann die Phase seiner größten Expansion. Zwölf Jahre später sollte Eduard Georg Simon,[45] der Sohn von Louis Simon, als Teilhaber in der Firma mitarbeiten. Eduard war zwischen 1887 und 1888 während seiner Ausbildungszeit in den Vereinigten Staaten und konnte dort wichtige Kenntnisse im Sektor der Baumwollproduktion und deren Vertrieb gewinnen. Das in den USA gewonnene Wissen zur Verkaufsstrategie hat offensichtlich zu einer Veränderung in der Firmenstrategie geführt, denn man wandte sich auch der Baumwollveredelung

43 Fürstenberg 1931, S. 22; Matthes 2000, S. 34.
44 Fürstenberg 1931, S. 20; Matthes 2000, S. 34 und ders., in: Matthes 2017, S. 10, Anm. 6.
45 Eduard Georg Simon (1864-1929) wählte 1929, nachdem der wirtschaftliche Niedergang der Firma *Gebrüder Simon* unabwendbar war, den Freitod. Er hatte um 1890 Luise Therese Werther (1875-ca. 1943/44) geheiratet. Sie ging 1933 eine Scheinehe mit einem Norweger ein, doch nach der Zerbombung ihrer Wohnung um 1943/44 nahm sie sich das Leben. Ihr Vater Wilhelm Theodor Werther (1835-1880) war seit 1879 Verwaltungsratsmitglied der 1871 gegründeten Berliner Producten- und Handelsbank; er war mit Anna Friedemann (1842-1923) verheiratet, Tochter des Geheimrates Friedemann, Mitinhaber des Berliner Bankhauses N. Helfft & Co., das sich Unter den Linden Nr. 6 befand. Alle Hinweise in Matthes 2017, S. 29f.

zu. Es ist bezeichnend, dass die *Gebrüder Simon* nach 1890 die Rohbaumwolle, die vornehmlich im Elsass oder auch in Süddeutschland gewebt wurde, nun den dort ansässigen Druckereien zum Färben oder Mustern überließ. Auf diese Weise gelangten Produkte in die Firma, die bereits veredelt waren und daher auch den Umsatz steigerten. Die Preise für diese Produkte blieben allerdings, sehr zum Vorteil der Kunden, gleich. Augenscheinlich war also Eduards Rolle durch dieses innovative Verfahren innerhalb des Familienunternehmens bedeutender als man bisher vermutet hatte.[46]

Nach dem Tod von Isaak 1890 wurde James Simon zweiter Hauptgesellschafter im Familienunternehmen, sein Onkel Louis hatte sich schon weitgehend aus der Firma zurückgezogen, 1900 sollte er sich völlig zurückziehen und verstarb 1903. Während sich Eduards Verdienste auf die Umsatz- und Gewinnsteigerung durch die Baumwollveredelung beschränkten, war James der Verantwortliche für das Geschäftsnetz von abhängigen Unternehmen. Das zunehmende Florieren der Firma war nicht zuletzt seinem ausgeprägten Geschäftssinn zu verdanken. Die Jahre kurz vor dem Ersten Weltkrieg dürften zu den erfolgreichsten des Unternehmens gehören. Gleichzeitig versuchte man die jüngere Generation, wie James' Sohn Heinrich (1880-1946) oder Eduards Sohn Theodor (1897-1965), mit in die Firma einzubinden. Der Erste Weltkrieg unterbrach jedoch jäh jede weitere Entwicklung – alle Einnahmen schrumpften plötzlich – und das Unternehmen sollte sich auch nach 1918 nicht mehr erholen. Die Inflation um 1923 und firmentechnische Fehlentscheidungen führten schließlich zum Niedergang der einst so erfolgreichen Firma. Das Grundprinzip sollte laut James Simon weiterhin gelten: „So lange wie ‚Gebrüder Simon' Waren zu verkaufen haben, verkaufen wir! Und wir verkaufen zum normalen Preis. Die Kunden, die am Geschäft Schlange stehen, haben uns während der letzten 70 Jahre vertraut. Wir sind keine Betrüger."[47] Mittlerweile kauften dieselben Kunden schon längst nicht mehr direkt bei den *Gebrüdern Simon*, sondern vertrauten nun Zwischenhändlern. Trotz aller Rettungsversuche schied James Simon 1927 aus der Familienfirma aus, sein Vetter Eduard und dessen Sohn Theodor unternahmen vergeblich den Versuch, das Unternehmen an den Konzern Karstadt zu verkaufen und im Jahr 1931 ging es schließlich Konkurs.

46 Matthes 2000, S. 40, wo James die bedeutendere Rolle zugewiesen wird und dagegen ders. in: Matthes 2017, S. 12f., wo er Eduards Verdienste als ebenbürtig bezeichnet.
47 Schon zitiert bei Matthes 2017, S. 17, nach Feder 1965, S. 13.

Der Zug in den Westen – Das Tiergartenviertel

Wie wichtig bereits Isaak Simon die soziale Anerkennung war, zeigt sich auch daran, dass er schon 1866 vom Stadtzentrum in den Berliner Westen umsiedelte; 1872 zog die Familie Simon in das noble Tiergartenviertel, zunächst in eine Etagenwohnung in der Tiergartenstraße 26a und 1886 in die eigens von Carl Schwatlo[48] entworfene Villa im Neorenaissancestil in der Tiergartenstraße 15a (Abb. 9).[49] Der Wohnsitz war ein Aushängeschild für den sozialen und wirtschaftlichen Aufstieg, denn während viele zugewanderte jüdische Familien in den 1860er Jahren das Zentrum und die nördliche Vorstadt Berlins bevorzugten, zogen die zu Wohlstand gelangten Unternehmer in den Berliner Westen, eine Tendenz, die bis ins frühe 20. Jahrhundert anhalten sollte.[50] Noch 1895 bemerkt Alfred Kerr[51] ironisch: „Der Berliner Westen – diese elegante Kleinstadt, in welcher alle Leute wohnen, die etwas können, etwas sind und etwas haben und sich dreimal so viel einbilden, als sie können, sind und haben [...]".[52]

Nun wollte man den erwirtschafteten Wohlstand auch durch ein prachtvolles privates Ambiente zeigen, das Kunstsammlungen in großem Stil vorführen sollte. Den repräsentativen Rahmen boten die neu erbauten Villen im Tiergartenviertel (Abb. 10, 10a). Wer in Berlin etwas auf sich hielt, erwarb dort ein Grundstück, so z. B. Emil Rathenau, der Begründer der *Allgemeinen Electrizitäts-Gesellschaft* (AEG)[53], der ebenfalls seit den 1860er Jahren ein Haus in der Viktoriastraße 3-4 besaß – mit der Rathenau-Familie wurde James Simon später durch seine Heirat verwandt. Auch Max Liebermann hatte, bevor er sein Elternhaus am Pariser Platz bezog, nach seiner Heirat 1884 in der Bendlerstraße im Tiergartenviertel gewohnt, ein Haus, das seinem Vetter Emil Rathenau gehörte. Neben Bankiers, wie Benoit Oppenheim d.Ä.,[54] dem wohlhabenden Rentier Markus Kappel[55] oder dem Großunternehmer Eduard Arnhold,[56] zog es auch Künstler oder Kunsthistoriker wie Max J. Friedländer[57] – alle gut mit James Simon befreundet – in dieses Viertel. Diese Tendenz sollte noch lange anhalten, denn auch der Kunsthändler Alfred Flechtheim[58] zog in den Tiergarten.

Als das Ehepaar Simon, das zunächst in der Regentenstraße, später in der Bellevuestraße gewohnt hatte, im Jahr

48 Carl Schwatlo (1831-1884) errichtete verschiedene Postämter in Berlin und das von Moritz Mannheimer finanzierte jüdische Altersheim in der Schönhauser Allee 22.

49 Matthes 2000, S. 22-23. Zum Tiergartenviertel siehe Schmidt 1981 und Bedoire 2004.

50 Die Bezirke im Norden und im Osten Berlins waren den Kleinbürgern und Arbeitern vorbehalten, wo die Wohnungsnot ständig wuchs, vgl. Kerr 1997, S. 629.

51 Alfred Kerr (1867-1948) war ein deutscher Journalist, Schriftsteller und Theaterkritiker; er emigrierte 1933 nach London und verstarb 1948 in Hamburg.

52 Kerr 1997, S. 5. Aber auch Alfred Kerr zog in den Berliner Westen, dessen Prosperität er trotz seiner ironischen Bemerkungen letztendlich bewunderte.

53 Emil Rathenau (1838-1915) war ein deutscher Maschinenbauingenieur und Industrieller. Er hatte 1883 die „Deutsche Edison-Gesellschaft für angewandte Electrizität" gegründet, die nach 1887 in „Allgemeine Electrizitäts-Gesellschaft" (AEG) umbenannt wurde.

54 Benoit Oppenheim d. Ä. (1842-1931) war ein deutscher Bankier und Kunstsammler, der vor allem auf mittelalterliche Skulptur spezialisiert war.

55 Markus Kappel (1839-1919) war Bankier und Kunstsammler, vor allem der holländischen und flämischen Malerei des 17. Jahrhunderts.

56 Eduard Arnhold (1849-1925) war ein Großindustrieller, der sein Vermögen vor allem im Kohlehandel gemacht hatte. Er war Philanthrop, Mäzen und Kunstsammler und unterstützte u. a. das Kunsthistorische Institut in Florenz, die Biblioteca Hertziana und die Villa Massimo in Rom, die deutschen Künstlern den Aufenthalt in Rom ermöglichen sollte.

57 Max J. Friedländer (1867-1958) war ein deutscher Kunsthistoriker, der seit 1896 Assistent von Wilhelm von Bode an der Gemäldegalerie in Berlin war, 1904 Zweiter Direktor der Gemäldegalerie, 1908 Direktor des Kupferstichkabinetts und seit 1924 Erster Direktor der Gemäldegalerie in Berlin bis zu seiner Zwangspensionierung 1933. 1938 emigrierte er nach Amsterdam. Friedländer gilt als einer der größten Kenner der altniederländischen Malerei des 15. Jahrhunderts.

58 Alfred Flechtheim (1878-1937) war Kunsthändler der Moderne und Inhaber bedeutender Galerien in Düsseldorf und Berlin.

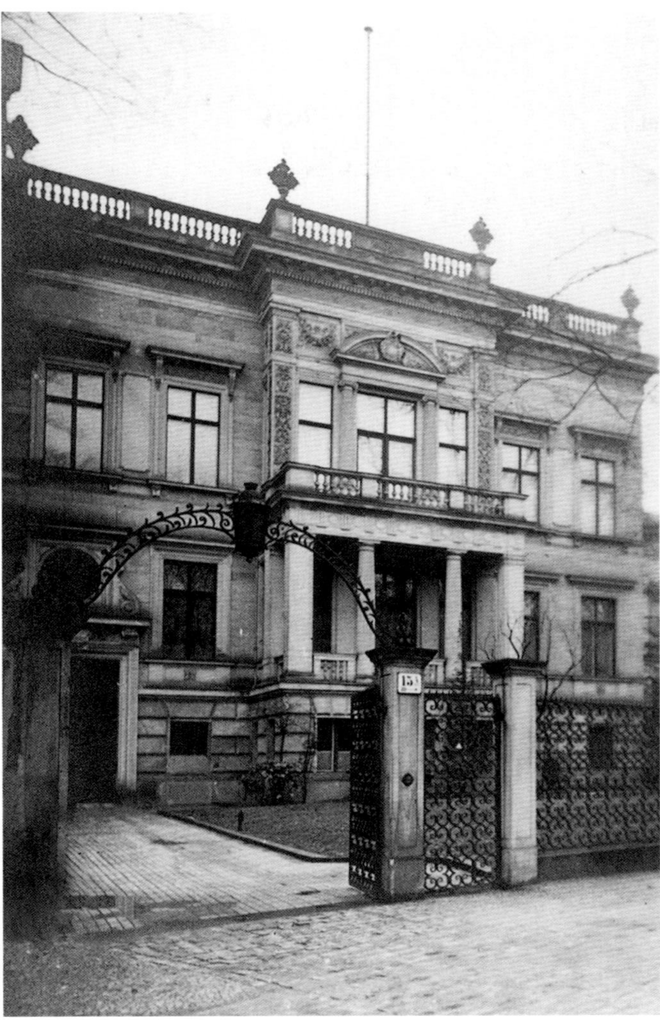

Abb. 9 (links) | Villa James Simon, Berlin-Tiergarten, Tiergartenstraße 15a

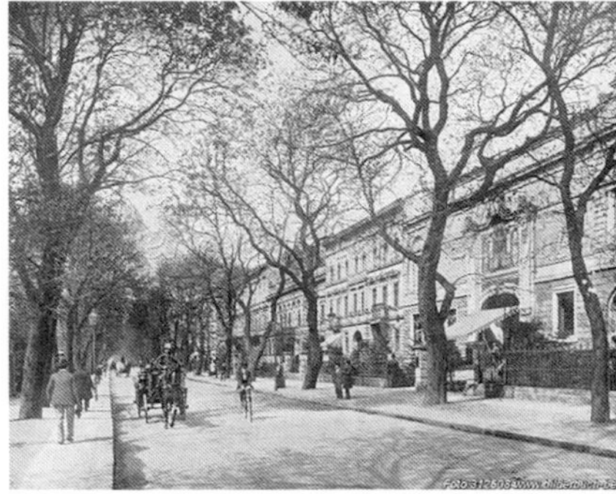

Abb. 10 | Berlin-Tiergarten, Bellevuestraße

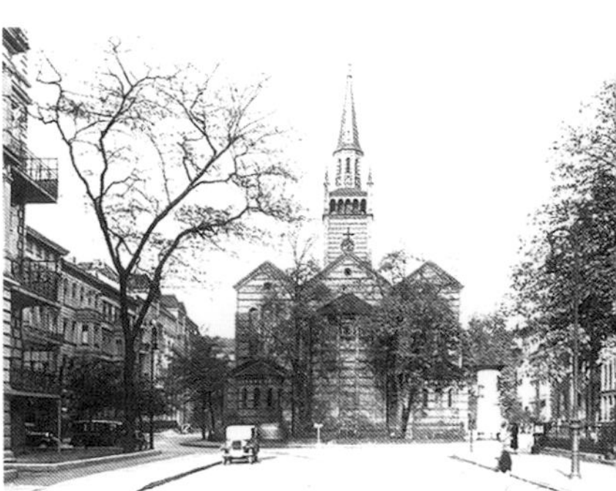

Abb. 10a | Berlin-Tiergarten, Matthäikirche

1886 in die obere Etage der elterlichen Villa in der Tiergartenstraße 15a zog, wohnte es in unmittelbarer Nachbarschaft zu der Villa von Adolph Liebermann,[59] dem Onkel von Agnes Reichenheim. 1872 hatte Liebermann das prächtige Anwesen in der Tiergartenstraße 16, die „Villa Liebermann", vom Architekten Christian Heidecke[60] im Stil der Neorenaissance erbauen lassen. Danach sollte die Villa sehr schnell „zum Inbegriff der Tiergartenvilla der Berliner Geldaristokratie und deren Streben nach Darstellung erworbenen Reichtums"[61] werden. Paul Lindau[62] beschreibt in seinem Roman „Der Zug nach dem Westen" (1886) die in die Tiergartenstraße gezogene jüdische Familie Wilprecht, bei dem Kommerzienrat Maximilian

59 Adolph Liebermann (1829-1893) wurde in Berlin geboren und war Mitinhaber der Textilfabriken der Familie Liebermann.
60 Christian Heidecke (1837-1925) war seit 1857 in Berlin tätig und errichtete auch viele andere Villen in der Tiergartenstraße, so z. B. für den Bankier Valentin Weisbach, Nr. 3a und für Georg Liebermann Nr. 4; für Franz und Margarete Oppenheim entwarf Heidecke die Villa Oppenheim in Berlin-Charlottenburg. – Nach dem Tod seiner Frau 1880 verkaufte Adolph Liebermann die Villa an seinen Schwager Ferdinand Reichenheim (1831-1923), der ein Onkel von Agnes Simon war.
61 Schmidt 1981, S. 247.
62 Paul Lindau (1839-1919) stammte aus Magdeburg und übersiedelte 1871 nach Berlin. Er war dort als Schriftsteller, Journalist und Theaterleiter tätig.

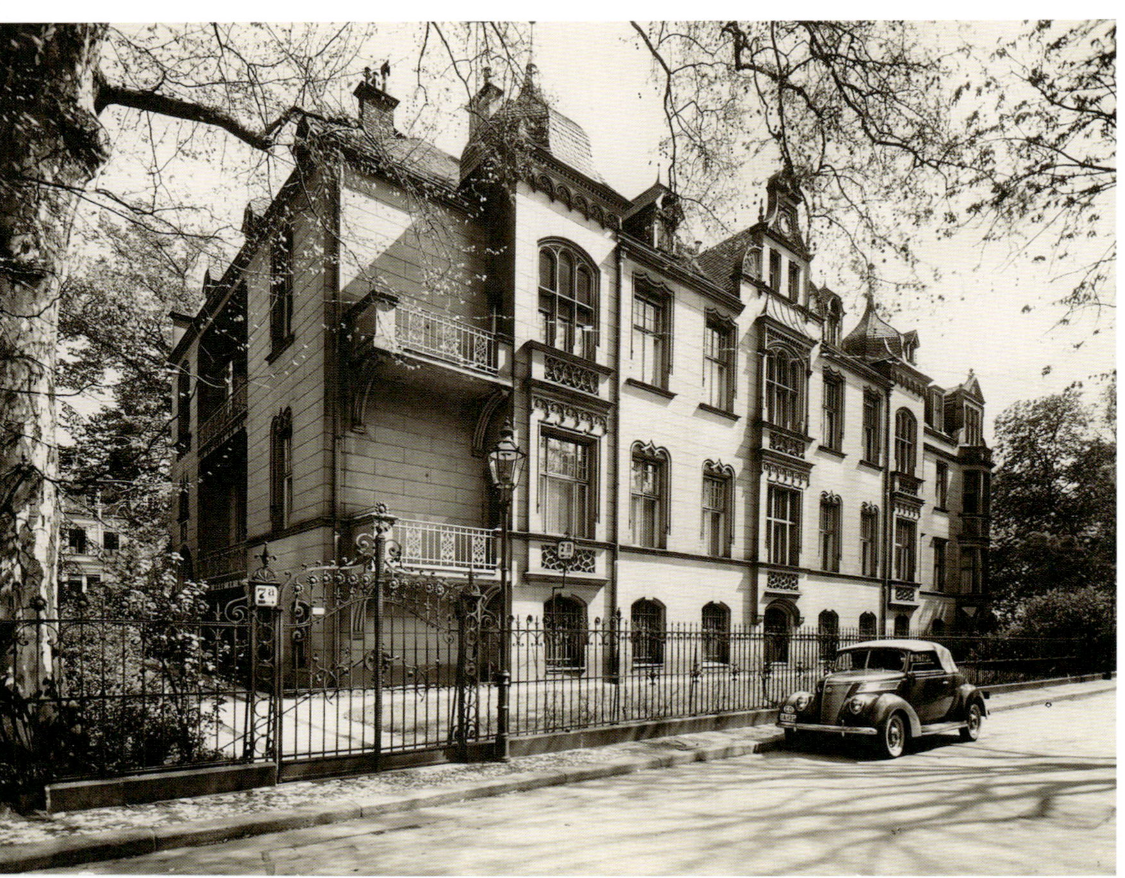

Abb. 11 | Villa Max Reichenheim, Berlin-Tiergarten, Tiergartenstraße 17a

Wilprecht ließ er sich offenbar von Adolph Liebermann inspirieren.[63] Berühmt war die Villa für die bedeutende Sammlung zeitgenössischer Maler, darunter Werke von Arnold Böcklin, Gustav Richter oder Adolf Menzel. So ließen es sich auch der Kronprinz Friedrich Wilhelm und seine Gemahlin Victoria im Beisein ihres Sohnes, des späteren Kaisers Wilhelm II., nicht nehmen, dem Privatsammler Liebermann einen Besuch abzustatten, um das *Eisenwalzwerk* (1872-1875) von Adolf Menzel zu besichtigen.[64] Hier liegen offenbar die Anfänge einer Gewohnheit, die der spätere Kaiser mit seinen wiederholten Besuchen bei Berliner Privatsammlern beibehalten sollte. Nur wenige Jahre später wird Prinz Wilhelm, im Dreikaiserjahr 1888, nach einer traurigen Vorgeschichte die Thronfolge antreten.

Auch andere Mitglieder der Familie Simon waren im Tiergartenviertel ansässig: Louis Simon wohnte an der Ecke Bellevue- und Lennéstraße, Eduard Simon zunächst in der

63 Lindau 1903, 10. Auflage, S. 1-13.
64 Simon 1997, S. 56.

Matthäikirchstraße 32, seit 1901 in der Viktoriastraße 7 in der von Alfred Messel[65] errichteten Villa.[66] Ein Bruder von Agnes Simon, der Augenarzt Max Reichenheim wohnte mit seiner Familie in der Tiergartenstraße 17a (Abb. 11).

Die Heirat mit Agnes Reichenheim und das jüdische Großbürgertum in Berlin

Als die Familie Simon 1838 nach Berlin umsiedelte, blickte die jüdische Gemeinde auf eine konfliktreiche Zeit zurück, die man vermutlich aus Pyritz gar nicht kannte. Schon 1791 wollte der preußische König Friedrich Wilhelm II. nach seinem Amtsantritt die Rechte jüdischer Bürger zeitgemäßer gestalten und damit den Nachbarstaaten angleichen; viele Juden in Preußen schöpften daraufhin Hoffnung auf ein gleichberechtigtes Leben, denn ihre Situation innerhalb der Gesellschaft war nach wie vor sehr schwierig. Man sprach nicht gern darüber, geschweige denn über das Judentum, doch über die Vorurteile und Anfeindungen hatte bereits Moses Mendelssohn geklagt, der seine Ansichten normalerweise aus dem offiziellen Diskurs heraushielt. So schrieb er 1762: „Welche Erniedrigung für unsere Nation! Welche übertriebene Verachtung!“[67] Und sein Urenkel Sebastian Hensel[68] beschrieb ein Jahrhundert später die zahllosen Demütigungen jüdischer Bürger um 1750: „Hier war ihnen das Wohnen in Eckhäusern verboten, dort wurden ihnen nur eine bestimmte Anzahl Heirathen erlaubt, überall aber belastete man sie außer den allgemeinen Staatssteuern noch mit den verschiedenartigsten Abgaben …“.[69]

Doch schon in den 1780er Jahren hatte sich innerhalb der jüdischen Gemeinde eine Spaltung abgezeichnet, und zwar zwischen den „modernen“ Mitgliedern, die an der Aufklärungsbewegung, der *Haskala*, orientiert waren, und den eng an die Tradition gebundenen jüdischen Bürgern. Bei steigender Aussicht auf Gleichberechtigung sollten sich die Gegensätze zwischen reformerischen und traditionellen Mitgliedern der jüdischen Gemeinde bis ins frühe 19. Jahrhundert weiter verschärfen. Schließlich wurde die Diskussion durch das Emanzipationsedikt von 1812, in dem die preußischen Juden zu Staatsbürgern gemacht wurden, weiter angefacht. Mit dem Edikt war die Gleichstellung von jüdischen Bürgern zwar

65 Alfred Messel (1853-1909) hatte neben seinen Villenbauten vor allem durch die Warenhausbauten des Konzerns Wertheim in der Oranienburger Straße (1894) und in der Leipziger Straße/Leipziger Platz (1903-1906) große Bedeutung erlangt.
66 Vgl. Matthes 2017, S. 39.
67 Hertz 2010, S. 68, Brief an Aaron Gumpertz im Juni 1754 in: Moses Mendelssohn, Gesammelte Schriften, Jubiläumsausgabe Stuttgart 1971, Band 11, S. 10. Mendelssohn war immer wieder, so auch von dem Theologen Lavater, aufgefordert worden zu konvertieren.
68 Sebastian Hensel (1830-1898) war Gutsbesitzer, Unternehmer und Autor, Sohn des Malers und Porträtisten Wilhelm Hensel (1794-1861) und seiner Frau Fanny geb. Mendelssohn-Bartholdy (1805-1847).
69 Hensel 1891, S. 1.

unvollständig, dennoch war zumindest eine Regelung der rechtlichen Gleichberechtigung erreicht. Viele der jüdischen Bürger suchten nun eine noch stärkere Assimilation an die Gesellschaft, was sich in Namensänderungen, vor allem aber in einer Welle von Konversionen äußerte und als das starke Bemühen nach Loyalität gegenüber dem Staat Preußen gewertet werden kann,[70] von den Orthodoxen in der Gemeinde jedoch als Zerstörung des Judentums angesehen wurde.[71] Berühmte Persönlichkeiten des kulturellen Lebens in Berlin konvertierten, so ließ z. B. Abraham Mendelssohn [Bartholdy][72] seine Kinder, darunter Fanny und Felix Mendelssohn-Bartholdy, taufen; auch Heinrich Heine konvertierte, der die Taufe zwar als „Entréebillet zur europäischen Kultur“[73] bezeichnete, sich dennoch sein Leben lang dabei sehr zwiespältig fühlte. Die Taufe sollte eigentlich die Voraussetzung für seine Karriere als Juraprofessor werden, doch noch Jahrzehnte später äußert er sich darüber: „Ich bereue sehr, daß ich mich getauft habe; ich seh noch gar nicht ein, daß es mir seitdem besser gegangen sei: im Gegenteil ich habe seitdem nichts als Unglück.“[74]

Innerhalb des jüdischen Patriziats war die Konversion von jeher umstritten; das gilt auch für die Heirat, denn die Eheschließung zwischen getauften und jüdischen Bürgern blieb nicht ohne Folgen für das Erbrecht. Von Isaak und Louis Simon ist wenig über ihre Einstellung zum Judentum bekannt geworden, man kann nur feststellen, dass beide Brüder sowie ihre Söhne James und Eduard nicht orthodox waren, sich dennoch der jüdischen Gemeinde eng verbunden fühlten und damit auch weder die Konversion noch die Heirat in nichtjüdische Familien in Erwägung zogen. Vermutlich hat sich Eduard Simon, im Unterschied zu James, taufen lassen, da er ein „Einjähriges“ im zweiten Garde-Dragoner-Regiment mit dem Unteroffizierspatent abschloss, was nur getaufte Juden absolvieren durften.[75]

Die soziale Anerkennung war für ein Mitglied des jüdisch-deutschen Großbürgertums engstens an die Heirat in eine andere, ebenso wichtige oder, wie im Fall von James Simon, noch bedeutendere Familie geknüpft. Dabei wurde sehr genau darauf geachtet, dass man sich innerhalb derselben sozialen Gruppe verheiratete, fast keiner der Textilunternehmer ehelichte Mitglieder aus der adligen Oberschicht oder aus der mittelständischen Schicht, wie die der Handwerker oder der Beamten.

Abb. 12 | Agnes Simon, geb. Reichenheim, um 1879

70 Viele wohlhabende jüdische Bürger avancierten nun zu den sog. „Hofjuden“: Ihr Reichtum wurde mit Rechten, wie dem Wahlrecht oder dem Bekleiden von städtischen Ämtern, belohnt; siehe Hertz 2010, S. 141.

71 Das Konvertieren bedeutete zudem ein immer stärker schwindendes Steueraufkommen für die jüdische Gemeinde, vgl. Hertz 2010, S. 145. Zur Konversion in Preußen vgl. Clark 1995.

72 Abraham Mendelssohn [Bartholdy] (1776-1835), der Sohn von Moses Mendelssohn, leitete zwischen 1804 bis 1820 das von ihm und seinem Bruder Joseph gegründete Bankhaus Mendelssohn & Co in Berlin.

73 Hertz 2010, S. 261.

74 Brief an Moses Moser vom 9. Januar 1826, zitiert schon bei Hertz 2010, S. 261.

75 Matthes 2000, S. 39.

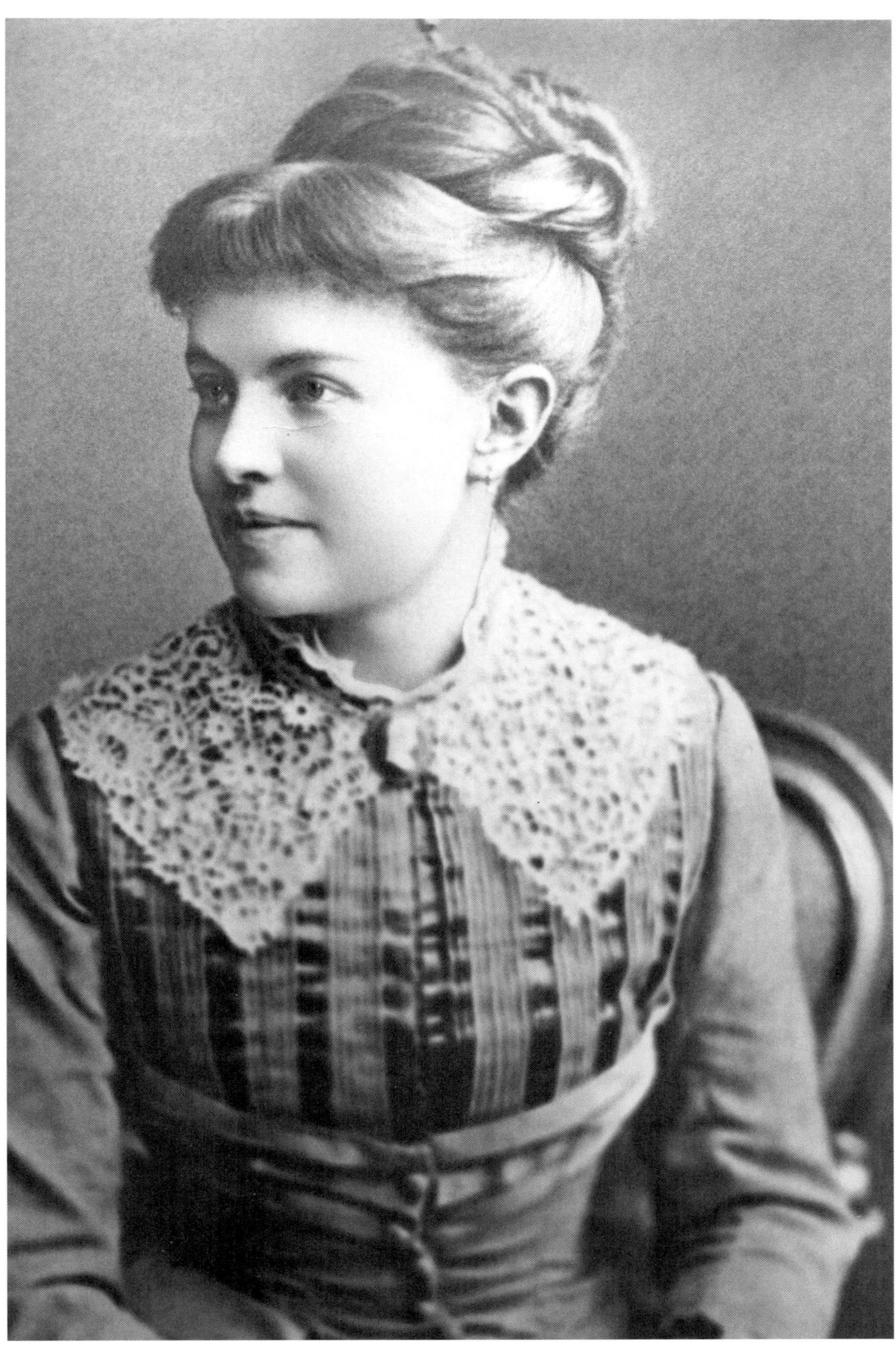

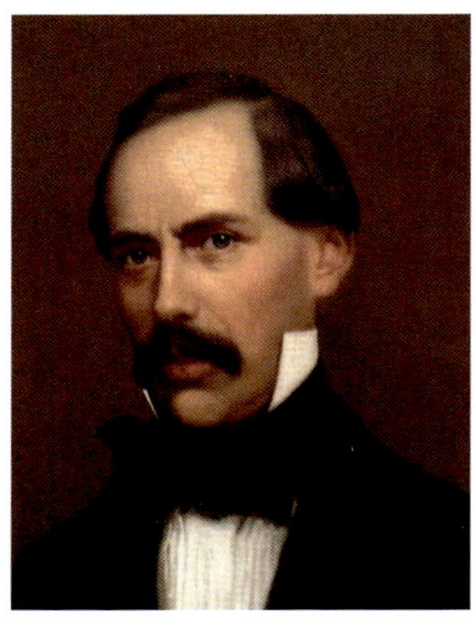

Abb. 13 | Leonor Reichenheim. Privatbesitz

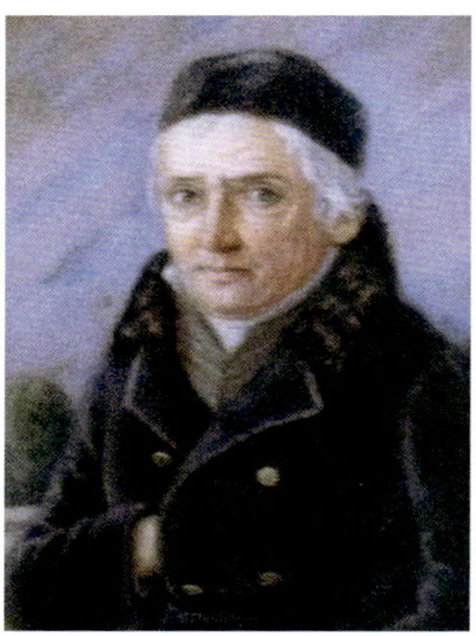

Abb. 14 | Nathanael Reichenheim. Privatbesitz

Die Familie Reichenheim

Drei Jahre nachdem James zum Juniorpartner der *Gebrüder Simon* geworden war, heiratete er 1879 Agnes Reichenheim[76] (Abb. 12) und wurde damit ein Mitglied dieser hoch angesehenen Familie, durch die sich sein Prestige innerhalb der Berliner Gesellschaft entscheidend steigern sollte. Die Reichenheims gehörten zu den bedeutenden Familien der jüdischen Unternehmerschicht in Berlin und waren mit allen wichtigen Familien des Großbürgertums verwandt, so mit den Mendelssohns, den Liebermanns, den Rathenaus oder den Oppenheims.

Wie die Verbindung zu den Reichenheims zustande gekommen war, wissen wir nicht: War James Simon bereits in Bradford mit ihnen in Verbindung getreten? Die Firma Nathanael Reichenheim & Sohn[77] besaß seit 1852 eine Importfiliale in Bradford und es könnte sein, dass James bereits dort zu den Mitgliedern des „Little Germany" in Bradford Kontakte hatte. Nachweise dafür fehlen jedoch.[78]

Nicht auszuschließen ist, dass sich Isaak Simon und der zukünftige Schwiegervater von James, Leonor Reichenheim[79] (Abb. 13) schon früher begegnet sind. Leonor Reichenheim war seit 1839 Teilhaber des von seinem Vater Nathanael[80] (Abb. 14, 15) gegründeten Unternehmens. Durch den Kauf von preußischen Maschinen-Baumwollwebereien und Spinnereien in Wüstegiersdorf (Kreis Waldenburg) 1846 avancierte Leonor Reichenheim zu den bedeutendsten Textilindustriellen Schlesiens. Der Familienbetrieb der Reichenheims war schon lange vor dem Unternehmen der *Gebrüder Simon* zu hohem Ansehen und zu einem beachtlichen Wohlstand gelangt. Von Anfang an richtete man für die Arbeiter der Firma Nathanael Reichenheim Unterstützungskassen, ein Sparprämiensystem, eine Schule, ein Waisenhaus, Arbeiterwohnungen und eine Feinbäckerei ein, die für den großen Wohltätigkeitssinn der Familie sprechen.[81]

Leonor heiratete 1840 die Kaufmannstochter Helena Arndt[82] (Abb. 16) und hatte neun Kinder, darunter auch Agnes, die Ehefrau von James Simon. Die Ambitionen des Schwiegervaters gingen jedoch über die Leitung des Familienunternehmens hinaus, denn 1858 wurde er in das preußische Abgeordnetenhaus gewählt und danach noch dreimal wiedergewählt; 1861 war er Mitbegründer der Fortschrittspartei und ab 1867 Mitglied der Nationalliberalen Partei, wobei er sich besonders

76 Agnes Reichenheim (1852-1929).
77 Vater von seinem späteren Schwiegervater Leonor Reichenheim.
78 Die Firma Reichenheim wurde 1882 in Bradford wieder aufgelöst, vgl. Nachricht in *The London Gazette*, Januar 1882, S. 291.
79 Leonor Reichenheim (1814-1868) war Großindustrieller und ab 1858 bis 1868 Mitglied des preußischen Abgeordnetenhauses.
80 Nathanael Reichenheim (1776-1852) war ein Kaufmann, verheiratet war er mit Zipora Cäcilie Reichenheim (1785-1858) geb. Lippert (Libbert); sie hatten elf Kinder.
81 Hamburger 1968, S. 21.
82 Helena Arndt (1821-1892).

für die Gewerbefreiheit einsetzte und zu einem entschiedenen Gegner der Sozialisten wurde, aber im preußischen Verfassungskonflikt auch konträr gegenüber dem Reichskanzler Otto von Bismarck stand. Leonor Reichenheim wird als ein kluger Kaufmann und Industrieller der frühkapitalistischen Zeit bezeichnet, dessen „sachliche Arbeit im Parlament nicht durch einen Überschuß an politischem Temperament in den Augen der Gegner entwertet wird.“[83]

Nach dem Preußisch-Österreichischen Krieg 1866 entschied sich Leonor Reichenheim dennoch für die Politik Bismarcks und wurde zum Befürworter der Nationalliberalen Partei. 1868 ist er in Berlin gestorben. Es muss in diesem Zusammenhang daran erinnert werden, dass auch James' Vater Isaak Simon der Fortschrittspartei angehörte, die er mit Spenden unterstützte.[84] Daher ist zwar nicht zu beweisen, dennoch nicht ganz auszuschließen, dass sich Leonor Reichenheim und Isaak Simon seinerzeit in der Fortschrittspartei kennengelernt haben.

Leonor Reichenheims Kinder wurden gut verheiratet, so vermählte sich sein Sohn Max, der ein erfolgreicher Arzt für Augenheilkunde war, mit Martha,[85] der Tochter des Berliner Kohlemagnaten Caesar Wollheim, dessen Geschäfte Eduard Arnhold, ein Freund von James Simon, übernehmen sollte.[86] Der Bruder von Agnes, Georg Reichenheim, war Chemiker und Fabrikbesitzer und heiratete zunächst Margarete Eisner,[87] die Tochter des Fabrikbesitzers Isidor (Issak) Eisner. Nach dem Tod Georgs heiratete Margarete 1907 den Bankier und Chemiker Franz Oppenheim (Abb. 17), dessen erste Frau Else Wollheim ebenfalls eine Tochter von Caesar Wollheim war.[88]

Die Verwandtschaft von James Simons Frau Agnes mit so vielen bedeutenden jüdischen Familien des Großbürgertums war beachtlich: die Verbindung mit den Liebermanns kam bereits durch die Ehe von ihrem Onkel Ferdinand Reichenheim[89] mit Fanny Liebermann zustande, der Tochter von Joseph Liebermann und damit einer Tante des Malers Max.

Agnes Simon war daher auch mit den Rathenaus verwandt: Joseph Liebermanns Tochter Teibchen (Therese) hatte Moritz Rathenau geheiratet,[90] sie waren die Eltern von Emil Rathenau, dem Begründer der AEG. Sein Cousin Carl Theodor Liebermann[91] hatte sich hingegen mit Antonie Amalie Reichenheim[92] vermählt.

James Simon dürfte von Leonor Reichenheim ebenfalls als eine „gute Partie“ angesehen worden sein. Durch die Heirat in

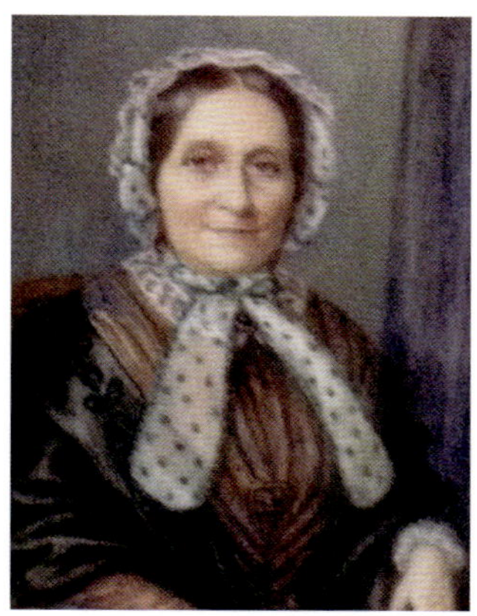

Abb. 15 | Zipora Cäcilie Reichenheim, geb. Libbert, Ehefrau von Nathanael Reichenheim. Privatbesitz

83 Hamburger 1968, S. 220.

84 Vermutlich gehörte er nach 1884 der linksliberalen Deutschen Freisinnigen Partei an.

85 Max Reichenheim (1853-1924) war verheiratet mit Martha Reichenheim (1857-1942), Tochter von Caesar Wollheim (1814-1882).

86 Die Schwägerin von Agnes Simon, Hermine Feist-Wollheim (1855-1933), Tochter von Caesar Wollheim, war eine der bedeutendsten Sammlerinnen von wertvollem Porzellan.

87 Georg Reichenheim (1842-1903), verheiratet mit Margarete Reichenheim, geb. Eisner (1857-1935). Sie heiratete 1907 in zweiter Ehe Franz Oppenheim (1852-1929), der in erster Ehe mit Else Wollheim (1858-1904) verheiratet war.

88 Der Ehe mit Else Oppenheim entstammt u. a. die Tochter Martha Enole Oppenheim (1882-1971), die den Juristen und Diplomaten Ernst von Simson (1876-1941) heiratete; sie waren die Eltern des Kunsthistorikers Otto von Simson (1912-1993).

89 Ferdinand Reichenheim (1817-1902) war verheiratet mit Fanny Reichenheim geb. Liebermann (1831-1924).

90 Teibchen (Therese) (1815-1895) war mit Moritz Rathenau (1799-1871), einem Unternehmer in Berlin, verheiratet.

91 Carl Theodor Liebermann (1841-1914) war ein deutscher Chemiker.

92 Antonie Amalie Reichenheim (1850-1916).

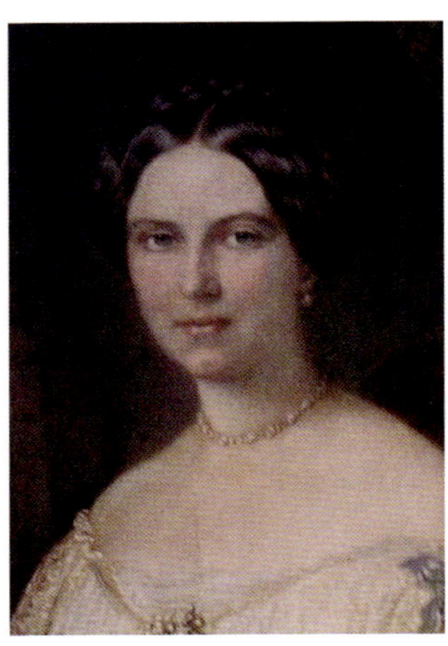

Abb. 16 | Helene Reichenheim, geb. Arndt, Ehefrau von Leonor Reichenheim. Gemälde Privatbesitz

diese bedeutende Berliner Familie des Großindustriellen verfügte James Simon also über vielfältige sehr prestigeträchtige Kontakte, die sich sowohl im geschäftlichen Bereich als auch bei seinem sozialen und kulturellen Engagement als mehr als hilfreich herausstellen sollten.

Das Großbürgertum, das bedeutende wirtschaftliche Erfolge zu verbuchen hatte, zeichnete sich, wie die Liebermanns oder die Reichenheims, durch ein hohes Niveau der Akkulturation aus. Bereits Moses Mendelssohn sah in der Bildung die einzige und beste Möglichkeit der gesellschaftlichen Einbindung: „Er [Moses] stellte zuerst in sich das Musterbild eines gebildeten Juden auf; er machte dies den Christen anziehend genug, um ihm alle Kreise zu eröffnen …“[93]

Die Aneignung einer profunden Bildung war, wie die Wohltätigkeit, im 19. Jahrhundert ein großes Anliegen des jüdisch-deutschen Bürgertums. Ein Zeichen dafür war die Gründung der verschiedenen jüdischen Vereine auf diesen Gebieten. Besonders auf Akkulturation bedacht waren natürlich die Salons, so wie die der Rahel Varnhagen von Ense[94] oder der Henriette Herz,[95] aber auch der im November 1819 gegründete *Verein für Cultur und Wissenschaft der Juden,*[96] wo man einen Weg zwischen Erhaltung der Tradition und radikaler Assimilation suchte. Dass eine vorzügliche Bildung immer auch der sozialen Anerkennung dienen sollte, blieb um 1870 ein grundlegendes Anliegen des deutsch-jüdischen Großbürgertums; dazu gehörte nicht nur die Pflege einer außerordentlichen Musikkultur, sondern vor allem auch die Liebe zu den Bildenden Künsten.

James heiratete eine Frau, die ebenfalls von Hause aus eine ausgesucht hohe Bildung sowie die Leidenschaft für das Sammeln von Kunstwerken mitbrachte. Von Leonor Reichenheim ist zwar keine Nachricht überliefert, die die Existenz einer Kunstsammlung bestätigen würde, aber man dürfte wegen der Sammelleidenschaft seiner Kinder zumindest vermuten, dass er bereits ein großes Interesse an Kunstobjekten besaß: Nicht nur Agnes, sondern auch ihr Bruder Georg und seine Ehefrau Margarete Reichenheim (spätere Oppenheim) waren leidenschaftliche Sammler. Georg konzentrierte sich vor allem auf das Sammeln von Kunstgewerbe, also der *objets de vitrine*, aber auch von Gemälden und Skulpturen. Georg Reichenheim war mit dem Museumsdirektor Wilhelm von Bode bekannt, der ihn auch später einen „Kunstfreund von ungewöhnlichem Qualitätssinn“ nennt und seine Sammlung von Metallarbei-

93 Hensel 1880, S. 6.
94 Rahel Varnhagen von Ense, geb. Levin (1771-1833), war Schriftstellerin und Salonnière, die in Berlin geboren wurde, vgl. Arendt 1997.
95 Henriette Julie Herz (1764-1847), in Berlin geboren, war eine der bedeutendsten Salonnièren der Berliner Frühromantik.
96 Hertz 2010, S. 233.

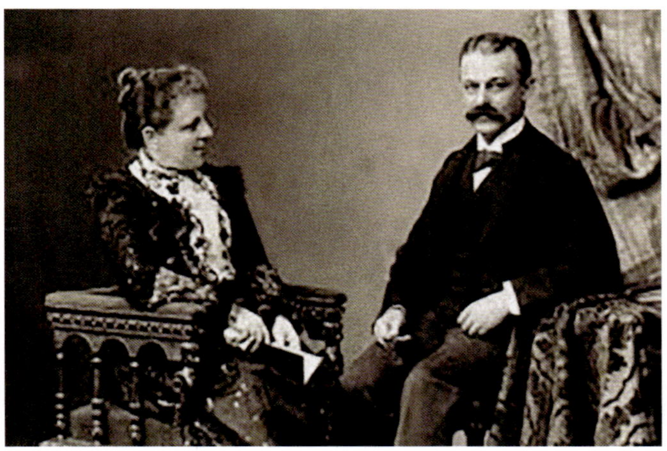

Abb. 17 | Margarete und Franz Oppenheim

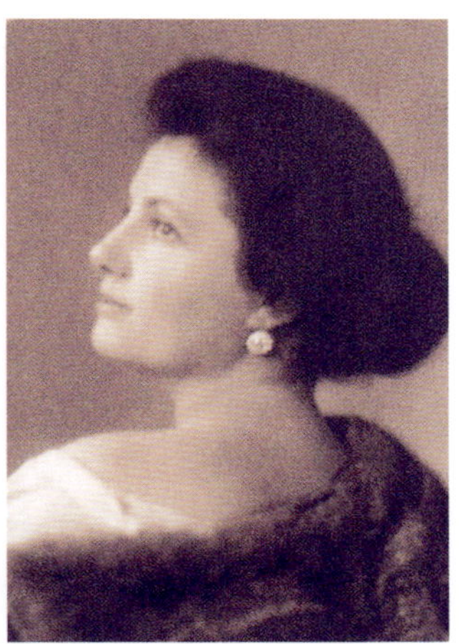

Abb. 18 | Charlotte Reichenheim, um 1925

ten, Kristall und Porzellan, Uhren, Vasen, Pokalen, Fächern und Kleinskulpturen als „in ihrer Art eine der gewähltesten in Deutschland" bezeichnet.[97] Noch Max J. Friedländer sollte Georg Reichenheim später in seinen Erinnerungen als selbständigen Sammler, wörtlich „frei von Bodes Einfluß" charakterisieren.[98]

Georgs Frau Margarete teilte diese Leidenschaft und war, folgt man den Äußerungen von Zeitgenossen wie Charlotte Haber, bereits vor ihrer Heirat eine ambitionierte Sammlerin.[99] Georg Reichenheim wandte sich beispielsweise mit der Bitte an Bode, er wolle eine Blei-Medaille erwerben, „da sie meiner Frau gefällt".[100] Auch nach dem Tod ihres Mannes sammelte Margarete weiterhin Kleinplastiken, Textilien, Majolika und Porzellan, doch ihre eigentliche Bedeutung erlangte sie schließlich durch ihre bedeutende Sammlung von impressionistischen Gemälden, die sie seit 1904 unter Beratung des Kunsthändlers Paul Cassirer zusammengestellt hatte, darunter zwanzig Gemälde von Paul Cézanne, der ersten bedeutenden Sammlung dieses Künstlers in Deutschland, aber auch Gemälde von Vincent van Gogh und Édouard Manet, alles Werke, die zur Ausstattung der Wannsee-Villa der Oppenheims zählten.[101] Diese Begeisterung für die Moderne sollte später auch ihre Tochter Charlotte Reichenheim (Abb. 18) teilen, die mit dem Bankier Paul Mendelssohn-Bartholdy[102] verheiratet war und zu einer bedeutenden Sammlerin der modernen Kunstszene um 1900 avancierte.[103]

97 Bode 1922/23, S. 7; Girardet 1997, Bd. 2, S. 200f.
98 Friedländer 1967, S. 75.
99 Augustin/Ludewig 2016, S. 79f.
100 Brief vom 12.10.1893 SMB PK ZA, NL Bode, Nr. 4381, bereits zitiert bei Augustin/Ludewig 2016, S. 81.
101 Augustin/Ludewig 2016, S. 81-87. Die Villa Oppenheim (Am Großen Wannsee 43-45) wurde nach der Hochzeit vom Architekten Alfred Messel in der Villenkolonie am Wannsee erbaut; tragischerweise wurde die Villa nach der Enteignung 1933 zum Haus der Wannseekonferenz.
102 Charlotte Reichenheim (1877-1946) heiratete den Bankier Paul Mendelssohn-Bartholdy (1875-1935); er war Teilhaber des Familienbankhauses *Mendelssohn & Co.* Er war vor allem durch seine Sammlung von Gemälden Picassos hervorgetreten und emigrierte 1933 in die Schweiz.
103 Charlotte Reichenheims Schwiegervater, der Bankier Ernst von Mendelssohn-Bartholdy (1846-1909), war ein bedeutender Förderer der Berliner Museen um 1900, vgl. Jahn 2018.

Noch andere Sammler kamen James Simon durch die Heirat näher, so der Unternehmer Oscar Huldschinsky,[104] dessen Tochter Susanne mit Otto Reichenheim, einem Neffen von Agnes verheiratet war. Huldschinsky zählte zu den wichtigsten Repräsentanten der schlesischen Schwerindustrie und galt, wie Wilhelm von Bode feststellte, als einer der ersten wichtigen Sammler von antiker Kunst in Berlin.[105]

104 Oscar Huldschinsky (1846-1931) wurde in Breslau geboren und war Teilhaber in der von seinem Vater Salomon gegründeten Firma S. Huldschinsky & Söhne, die im Steinkohlenbergbau und in der Eisenindustrie Schlesiens führend war. In den 1870er Jahren siedelte Oscar Huldschinsky nach Berlin über. 1890/1891 ließ er seine Villa am Großen Wannsee erbauen, in der er auch seine bedeutende Kunstsammlung aufbewahrte. Sein Sohn Paul Huldschinsky (1889-1947) war Innenarchitekt und konnte 1939 in die USA emigrieren; er richtete die Villa von Thomas Mann in Pacific Palisades ein und erhielt 1945 gemeinsam mit anderen einen Oscar für das beste Szenenbild in dem Film „Gaslight" von George Cukor.
105 Bode/Gaethgens/Paul 1997, I, S. 369f.

Das Teilen des Reichtums – die „beste Form der Wohltätigkeit“[1]

James Simons soziales Engagement: Philanthropie und Pflichtgefühl?

Die gemeinsamen Interessen aller angeheirateten Verwandten beschränkten sich keineswegs nur auf die Leitung der Familienunternehmen oder die Leidenschaft des Sammelns, gleichzeitig war auch ihr soziales Engagement beispielhaft. Die reichen Berliner Familien aus der jüdischen Gemeinde engagierten sich von jeher auf dem sozialen Sektor: Gerade die Familien Liebermann und Reichenheim waren für ihre aktive Rolle in der jüdischen Wohlfahrt in Berlin bekannt. Sie zählten zu den Mitgliedern der *Chewra Kadischa* (Beerdigungsbruderschaft), die im 17. Jahrhundert gegründet worden war und als der Wohlfahrtsverein schlechthin galt: Man kümmerte sich dort nicht nur um die Beerdigungen, sondern vor allem auch um die Armenfürsorge. Die Familie Liebermann war allein mit sieben Familienmitgliedern vertreten, die große Spendenbeiträge leisteten, darunter Benjamin Joachim und Philipp Liebermann sowie ihr Bruder Louis Liebermann, der Vater von Max Liebermann. Besonders engagiert war die Familie Liebermann bei der Unterstützung des ersten jüdischen Waisenhauses für Knaben, das 1833 in der Rosenstraße von Baruch Auerbach[2] gegründet worden war. Die Familie Liebermann war außerdem stark in der Gemeindesynagoge engagiert, ohne jedoch orthodox zu sein.

Einer der ersten und wichtigsten Vereine war der Verein *Gesellschaft der Freunde*, der 1792 in Berlin gegründet wurde. Diesem Verein schlossen sich sowohl die der Aufklärung zugeneigten Mitglieder der jüdischen Gemeinschaft als auch konservative Kräfte an; die gesamte Mitgliedschaft wollte jedoch die alten Werte des Judentums nie ganz aufgeben, so übernahm man z. B. auch die Wohltätigkeitsaufgaben der alten *Chewra Kadischa*.[3] Nicht vergessen darf man, dass die *Gesellschaft der Freunde* im Kreis der jüdischen Gemeinde gegründet worden war und sich ausschließlich aus Juden zusammensetzte, die dieser Gemeinde angehörten, darunter viele,

1 Arnhold 1928, S. 285.
2 Baruch Auerbach (1793-1864) war ein deutscher Pädagoge, der 1844 in Berlin ein Waisenhaus für Mädchen gründete. Auch nach seinem Tod 1864 wurden die Baruch Auerbach'schen *Waisen-Erziehungs-Anstalten für jüdische Knaben und Mädchen* 1887 in einem Gebäude in Berlin in der Schönhauser Allee zusammengefasst; es existierte bis 1942, danach wurden die letzten Waisen in das Rigaer Ghetto deportiert. Das Gebäude wurde 1945 zerstört.
3 Vgl. Panwitz 2007, S. 35ff. über andere traditionelle Vereine, die der jüdischen Gemeinde viel enger verbunden waren als die *Gesellschaft der Freunde*.

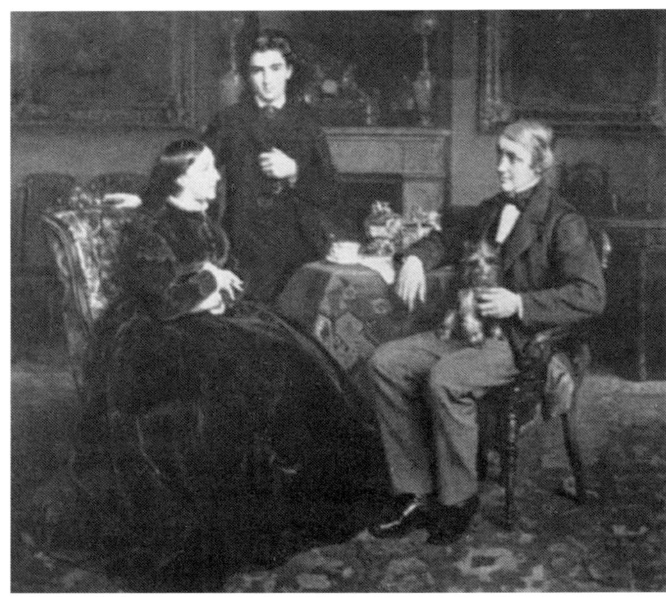

Abb. 19 | Moritz und Sara Reichenheim, geb. Prins, mit dem Adoptivsohn Arthur Prins-Reichenheim (stehend)

die eine liberal-jüdische Haltung einnahmen.[4] In der *Gesellschaft der Freunde* verpflichtete man sich zur Unterstützung von Hilfsbedürftigen, die in Not geraten waren, den Kranken und Beerdigungen.

Die Mitgliedschaft in diesem Verein wurde aber auch als Zeichen bürgerlicher Gesellschaftsfähigkeit gewertet. Neben Joseph Liebermann und seinen Söhnen Louis und Benjamin, sowie den Enkeln Emil Rathenau und Max Liebermann waren auch zahlreiche Mitglieder der Familie Reichenheim in den Mitgliederlisten verzeichnet, u. a. Leonor, seine Brüder Louis, Moritz und Ferdinand Reichenheim. Carl Fürstenberg,[5] der kurz nach 1868 in die Firma *Gebrüder Simon* eintrat, war ebenfalls Mitglied der *Gesellschaft der Freunde*, zu der mehr und mehr Mitglieder der Berliner Wirtschaftselite zählten. Fürstenberg, der dem Privatbankhaus S. Bleichröder angehörte, avancierte später zum Bankier und war auch im engeren Kreis um Kaiser Wilhelm II. überaus beliebt.[6] Aus der Familie Simon werden erst James und sein Cousin Eduard Georg Simon als Mitglieder in der *Gesellschaft der Freunde* geführt und man darf vermuten, dass dies auf Anregung der Familie von Agnes Reichenheim geschah.

Es wird James sehr entgegengekommen sein, dass sich auch die Familie seiner Frau für Stiftungen Notleidender einsetzte, nicht nur die Firma seines Schwiegervaters war in Berlin für das Waisenhaus seiner Arbeiter und andere karitative

4 Ebd., S. 134.
5 Carl Fürstenberg (1850-1933) stammte aus Danzig und ging 1868 nach Berlin, seit 1871-1883 war er beim Bankhaus S. Bleichröder, wo er zum geschäftsführenden Gesellschafter avancierte. Die 1856 gegründete Berliner Handels-Gesellschaft entwickelte sich unter Fürstenberg zu einer der führenden Industrie- und Investmentbanken Deutschlands. Sie finanzierte u. a. die 1883 von Emil Rathenau gegründete „Deutsche Edison-Gesellschaft für angewandte Electrizität", später umbenannt in „Allgemeine Electrizitäts-Gesellschaft" (AEG).
6 Panwitz 2007, S. 178.

Einrichtungen bekannt, auch der Onkel von Agnes, Ferdinand Reichenheim, stiftete gemeinsam mit seiner Ehefrau Fanny Liebermann ein Mädchenheim, während sein Bruder, der Wollstofffabrikant Moritz Reichenheim und dessen Ehefrau Sara (Abb. 19) am 8.5.1872 am Weinbergsweg 13 unweit der Schönhauserallee in Berlin-Mitte das erste jüdische Waisenhaus, das *Reichenheimsche Waisenhaus*, eröffneten.[7]

Doch wichtige Vorbilder für das soziale Engagement fand James Simon bereits in der eigenen Familie: seine Mutter Adolphine hatte ihren Sohn immer wieder auf das soziale Elend in der stetig wachsenden Metropole Berlin hingewiesen.[8] Auch von väterlicher Seite sind wir unterrichtet, dass das Kind James während seiner Ferienaufenthalte in Pyritz Zeuge war, wie seine Großmutter vor dem Sabbat Lebensmittel an Arme verteilte oder obdachlose Kinder bei sich aufnahm.[9] Diese Eindrücke dürften für sein späteres soziales Engagement eine entscheidende Rolle gespielt haben.

Das Teilen des Reichtums hatte schon Isaak Simon verinnerlicht, der selbst hart für seinen Wohlstand arbeiten musste. So weiß man, dass er viele heute nicht mehr feststellbare Ehrenämter innehatte, die auf Spenden im sozialen sowie im kulturellen Bereich schließen lassen. Sein erworbenes Ansehen bei der Berliner Kaufmannschaft wurde schließlich auch belohnt, indem man ihn am 19. November 1877 zum Kommerzienrat ernannte. Als Begründung für die Verleihung einer so bedeutenden Auszeichnung wurde seine „Opferwilligkeit trotz seines großen Reichthums" angegeben.[10] James wird sich diese altruistische Haltung seines Vaters zum Vorbild genommen haben.

Auch die Gebefreudigkeit seines Onkels Louis Simon war bekannt, der allerdings als Spender kaum hervortreten wollte, wie es der Handelsminister Ludwig Brefeld[11] unter Kaiser Wilhelm II. beschreibt: „Sein reiches Wohlthun pflegt er im Stillen zu üben, ohne damit zu prunken."[12] Die Spenden von Louis Simon betrafen nicht nur karitative Einrichtungen wie Krankenhäuser, sondern auch die Wissenschaft und die Künste, denn seit 1886/87 spendete er gemeinsam mit seinem Bruder Isaak Geld für das Ägyptische Museum. Louis Simon sollte 1886 auch die erste archäologische Expedition nach Uruk und Ur im Süden Mesopotamiens mit 300.000 Mark finanzieren.[13] Am 15. April 1898 verlieh man ihm schließlich den Titel eines Geheimen Kommerzienrates.[14]

7 Moritz Reichenheim (1815-1872), verheiratet mit Sara Reichenheim, geb. Prins (1815-1881). Das *Reichenheimsche Waisenhaus* wurde 1870-1872 von dem Architekten Friedrich Hitzig erbaut, aber 1939 aufgelöst; danach wurde dort für kurze Zeit ein Altersheim untergebracht, der Zwangsverkauf erfolgte 1942; noch im selben Jahr wurde das Gebäude durch Bombenangriffe zerstört. Über den Verbleib der 42 Waisenkinder, die 1942 dort noch verzeichnet waren, ist bis heute nichts bekannt geworden. – Der Adoptivsohn von Moritz und Sara Reichenheim, Arthur Prins-Reichenheim (ca. 1820-1885?) wird auch als Spender „des gärtnerischen Schmucks" der Ausstellung von Gemälden alter Meister aus Berliner Privatbesitz 1883 genannt, vgl. Katalog der Ausstellung von Kunstwerken des Mittelalters und der Renaissance aus Berliner Privatbesitz, Akademie der Künste, Berlin 1898, S. V.

8 Matthes 2011, S. 19.

9 Matthes 2000, S. 103.

10 Ebd., S. 99.

11 Ludwig Brefeld (1837-1907) war von 1896 bis 1901 Handelsminister unter Kaiser Wilhelm II.

12 Matthes 2000, S. 101.

13 Andrae 1952, S. 38-44, schon bei Matthes 2000, S.100. Angeregt wurden die Brüder von Adolf Erman, seit 1885 Direktor des Ägyptischen Museums.

14 Matthes 2000, S. 101.

Die Simons und das Gebot der *Tzedakah* (Gerechtigkeit)

Die Gründe für das Teilen und Spenden bei Isaak und Louis Simon sind vor dem Hintergrund des Verhaltens vieler jüdischer Bürger und Unternehmer dieser Zeit zu sehen. Für die Tatsache, dass diese Bevölkerungsschicht überproportional als Schenker und Stifter hervortrat, kann bis heute keine eindeutige Erklärung gegeben werden. Allerdings ist auffällig, dass die besondere Bereitschaft zur Wohltätigkeit und zum mäzenatischen Handeln, zur Förderung von Bildung und Wissenschaften im jüdischen Großbürgertum weitaus stärker verbreitet war als im nicht-jüdischen. Dies gibt Anlass zur Vermutung, dass die Beweggründe mit Geboten des Judentums in Zusammenhang stehen.

Ohne die Wohltätigkeitspraxis des jüdischen Großbürgertums auf Anweisungen aus talmudischer Überlieferung beziehen zu wollen, kann man doch nicht ganz ausschließen, dass beispielsweise das Gebot der *Tzedakah* (Gerechtigkeit), eines der wichtigen Konzepte des Judentums, auch den Brüdern Simon vertraut war. Wohltätigkeit ist im Judentum eines der religiösen Gebote, also eine der 613 *Mizwot*, in der das Anrecht der Armen zur Geltung kommt. Armut wird im jüdischen Glauben, im Gegensatz zu christlichen Glaubensvorstellungen, als Erzübel angesehen. Das Konzept der *Tzedakah* gilt als oberstes moralisches Gebot, in dem man Reichtum als eine Gabe Gottes ansieht und der Besitzer – gleich einem Verwalter des Wohlstandes – zum Teilen ermahnt werden soll.[15] Die *Tzedakah* findet sich bereits in den 13 Glaubenssätzen des Rabbiners und Philosophen Maimonides, wurde über die Jahrhunderte tradiert und war, wie neuere Untersuchungen zeigen, auch dem größten Teil des deutsch-jüdischen Großbürgertums um 1890 zumindest als identitätsstiftendes Gedankengut bekannt.[16] Der Interpretation von Maimonides zufolge sind acht Grade der Wohltätigkeit zu unterscheiden, und den zweithöchsten erreicht man dabei, wenn man, wie Louis und später James Simon, im Stillen schenkt und gibt. Eine besondere Pflicht ist es, dass sich Spender und Beschenkter gegenseitig nicht kennen, denn durch die Anonymität der Schenkungen wird der Empfänger nicht beschämt. Besonders hoch angesehen ist derjenige, der zu Lebzeiten gibt, nicht der, der durch Testamentsverfügungen verteilt, darin

15 Zu dem komplexen Begriff der *Tzedakah* als Teil des jüdischen Gesetzes, der *Halakah*, siehe Adelson 1975 und Dagan 1997, S. 58. Eine der wichtigsten Definitionen der *Tzedakah* gibt der Philosoph und Rabbiner Maimonides (Moshe Ben Maimon, 1135-1204) in Mishnet Torah, Kapitel 10:7-14. Vgl. Kraus 1999, S. 400-408 zu möglichen anderen Motivationen der Spenden von jüdischen Mäzenen.
16 Vgl. Dorrmann 2002, S. 104.

besteht auch ein großer Unterschied zur christlichen Vorstellung der Armenversorgung und der Wohltätigkeit. Die *Tzedakah* des Teilens und Schenkens beinhaltet also immer eine Form von moralischer Verpflichtung, eine Notwendigkeit, die dem Gemeinwohl dienen soll. Und dieses Gebot des Teilens bzw. Schenkens wurde gerade um 1890 auch auf den Bereich von Bildung und Wissenschaft ausgeweitet, eine kulturelle *Tzedakah* also, die die Allgemeinheit an der Kultur teilhaben lässt, so wie es beispielsweise durch die Einrichtung von Schulen, die Förderung von Kunst oder Musik möglich ist.

Die Familie Simon betrachtete sich, wie so viele wohlhabende jüdisch-deutsche Bürger, nicht mehr als streng orthodox, sondern sah das Judentum als selbstverständlichen Teil ihrer Identität an.[17] Damit hängt natürlich auch eine zunehmende Offenheit zusammen, die sich nach der Aufklärung immer mehr als allgemeingültiges Gedankengut verbreitete. Vielleicht handelte die Familie von James Simon also nicht nur aus dem traditionellen Gebot der *Tzedakah* heraus, sondern folgte außerdem einer allgemein verbreiteten philanthropischen Haltung, die in der Aufklärung verwurzelt ist und als deren berühmtester Vertreter Moses Mendelssohn gelten darf. Besonders deutlich spiegelt sich diese Haltung in seinem bekannten Ausspruch wider: „... nach Wahrheit forschen, Schönheit lieben, Gutes wollen, das Beste tun."[18]

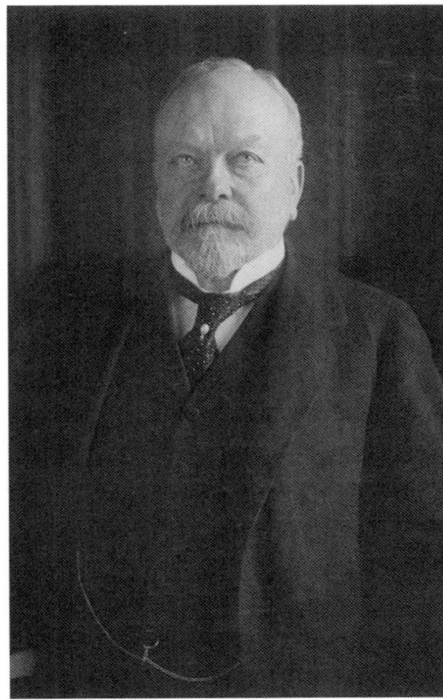

Abb. 20 | Rudolf Mosse, um 1910

James Simon und die Kinder

Die vielfältigen philanthropischen Aktivitäten von James Simon, die hier nur angedeutet werden können, haben ihren Ursprung in der jüdischen Tradition, die von seiner eigenen Familie ebenso wie von der seiner Ehefrau Agnes gelebt wurden und nicht zuletzt in seinem Freundeskreis verbreitet waren. So rief z. B. Emilie Mosse, die Ehefrau seines Freundes Rudolf Mosse[19] (Abb. 20), dem Begründer des *Berliner Tageblatts*, 1885 den *Verein Mädchenhort* ins Leben und konnte auch James Simon als Gründungsmitglied gewinnen, seine erste nachweisbare Aktivität in einem Wohltätigkeitsverein.[20] Rudolf Mosse war, wie viele andere Mitglieder dieser Familie, durch soziale Stiftungen hervorgetreten; wenngleich es zunächst darum ging, die „jüdische Gemeinschaft durch Abfederung sozialer Notlagen zu erhalten",[21] so blieb es jedoch nicht bei den innerkonfessionellen Spenden an die jüdische Gemeinde, denn

17 Dies galt aber auch für das kleine und mittlere jüdische Bürgertum, das meist aus Pommern, Posen oder Schlesien nach Berlin zugewandert war und das zunehmend eine Assimilation mit der Lebensart seiner Umgebung anstrebte, vgl. dazu Scholem 2017, S. 9-32.

18 Es handelt sich um ein Briefzitat von Mendelssohn an Abbt aus dem Jahr 1782, Nachweise des Briefzitats bei Panwitz 2007, S. 21, der gleichzeitig darauf hinweist, dass dieses Zitat zum Wahlspruch der *Gesellschaft der Freunde* werden sollte.

19 Rudolf Mosse (1843-1920) war ein bedeutender deutscher Verleger und Firmengründer in Berlin. Er gründete 1867 *Rudolf Mosse Zeitungs-Annoncen-Expedition* oder ab 1872 Zeitungen wie das *Berliner Tageblatt*.

20 Matthes 2000, S. 103; ders., 2011, S. 28; und ders., 2019, S. 24. Zu Emilie Mosse (1851-1924) vgl. Kraus 1999, S. 307-313.

21 Kraus 1999, S. 397.

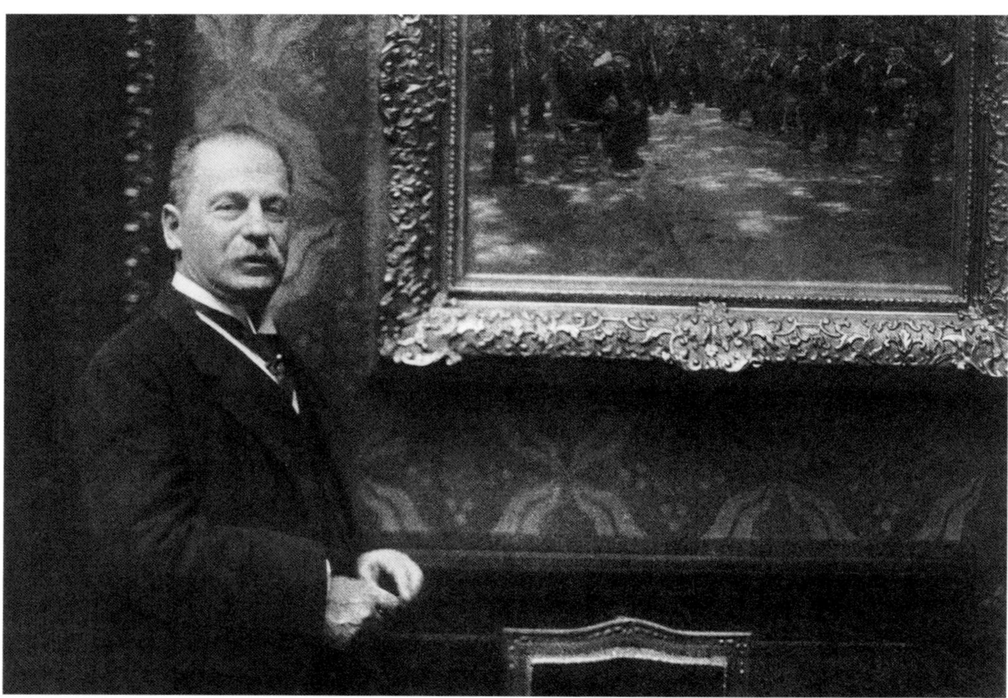

Abb. 21 | Eduard Arnhold in seiner Gemäldegalerie, um 1905

Mosse stiftete, wie im Falle der Erziehungsanstalt für Kinder, dem sog. *Mosse Stift* in Berlin-Wilmersdorf auch großzügig ohne konfessionelle Beschränkung, da das Stift für christliche wie für jüdische Kinder offen war. Die Spendentätigkeit der Familie Mosse war daher nicht von streng orthodoxen Auffassungen geprägt, sondern von einer liberalen Haltung, bei der man sich als Deutsch-Akkulturierter genauso wie als Jude fühlte.[22]

Ein weiterer enger Freund Simons war durch das Spenden an Wohltätigkeitsvereine hervorgetreten, der Unternehmer und Kunstsammler Eduard Arnhold (Abb. 21), der in gut 60 Wohltätigkeitsvereinen als Mitglied verzeichnet wurde.[23] Seine frühesten Spenden gehen dabei vor allem an Einrichtungen der jüdischen Gemeinde Berlins, wie Alters- und Witwenheime sowie Waisenhäuser. Gegen Ende des 19. Jahrhunderts setzte er sich immer stärker auch für nichtkonfessionelle Hilfsbedürftige ein. Der liberal denkende Arnhold und seine Ehefrau Johanna zeigten dabei ein besonderes Interesse an der Unterstützung von Kindern und Jugendlichen: „Sein Hauptinteresse in der Karitas galt der jungen Generation, den Kindern."[24] Das Ehepaar gründete daher 1906 anlässlich der eigenen Silberhochzeit ein Erziehungsheim für Mädchen, das

22 Ebd., S. 394-399.
23 Dorrmann 2002, S. 100f.; Becker 2019, S. 55f.
24 Arnhold 1928, S. 285.

Johannaheim in Werftpfuhl bei Werneuchen nordöstlich von Berlin, das 1907 eröffnet wurde. Eduard Arnhold, der ganz in der Nähe das Rittergut Hirschfelde gekauft hatte, engagierte sich dort auch persönlich für die kulturelle Ausbildung der Zöglinge. Dazu gehörten Einladungen zu seiner Kunstsammlung nach Berlin-Tiergarten oder in die Villa nach Wannsee und schießlich auch Theateraufführungen im Heim.[25]

Familien wie die Mosses, die Simons oder die Rathenaus riefen soziale Einrichtungen ins Leben, mit denen in der Zeit der sich rasant entwickelnden Industriegesellschaft ein Ausgleich zu dem Defizit der sozialen Förderungen von Seiten des Staates gesucht wurde.[26] Gleichzeitig wollte man natürlich durch die soziale Fürsorge ein bürgerliches Gegengewicht zu den sozialdemokratischen Parolen bieten, die einem Unternehmer um 1890 als ständige Bedrohung galten.

Auch James Simon, der selbst drei Kinder hatte, Helene (1880-1965), Heinrich (1885-1946) und Marie-Luise (1886-1900), die geistig behindert war und sehr früh verstarb, richtete sein besonderes Augenmerk auf die Fürsorge für Kinder. Nach dem Tod seines Schwiegervaters Leonor Reichenheim wurde er 1890 an dessen Stelle Kuratoriumsmitglied des *Reichenheimschen Waisenhauses*. Bei seiner Tätigkeit als Stifter wohltätiger Vereine galt seine besondere Sorge den Waisen oder Kindern, deren Eltern mittellos waren und die nicht einmal die Gelegenheit hatten, aus ihren düsteren Hinterhöfen in den Arbeiterbezirken Berlins, wie dem Wedding, in die Natur zu gelangen. Daher hatte Simon nach eigener Aussage ein großes Interesse daran, Ferienkolonien für Kinder zu gründen, so etwa in dem Ostseebadeort Kolberg (heute Kolobrzeg, Polen), wo er 1895 das erste Ferienheim gründete, in dem alljährlich 600 arme Kinder aus Berlin aufgenommen werden konnten.[27] Schon 1881 hatte der Berliner Kaufmann Nachmann Oppenheim[28] die *Kinderheilstätte Siloah* in Kolberg eingerichtet und James Simon war dort Mitglied des jüdischen Kurhospitals.

Als Vorsitzender des *Vereins für Ferienkolonien*, der 1900 gegründet wurde, richtete er immer wieder Bitten um Spenden an den Berliner Magistrat, auch während des Ersten Weltkrieges, als er u. a. im *Berliner Tageblatt* seines Freundes Rudolf Mosse und in der *Vossischen Zeitung* Spendenaufrufe organisierte. Selbst bei Kriegsende, als die wirtschaftliche Lage in Deutschland durch die Inflation auch für James Simon zunehmend bedrohlicher wurde, suchte er alle Aktivitäten für die Kinder weiterhin zu finanzieren. Auf Anregung seines

25 Ebd., S. 115-129, 286-296 mit zahlreichen Briefen der Zöglinge. Johanna Arnhold, geb. Arnthal (1859-1929) förderte Künstlerinnen wie Käthe Kollwitz, nach dem Tod ihres Mannes gründete sie den *Eduard-Arnhold-Hilfsfonds für Künstler*.
26 Vgl. ebd., S. 400-452.
27 Matthes 2019, S. 24.
28 Nachmann Oppenheim (1808-1873).

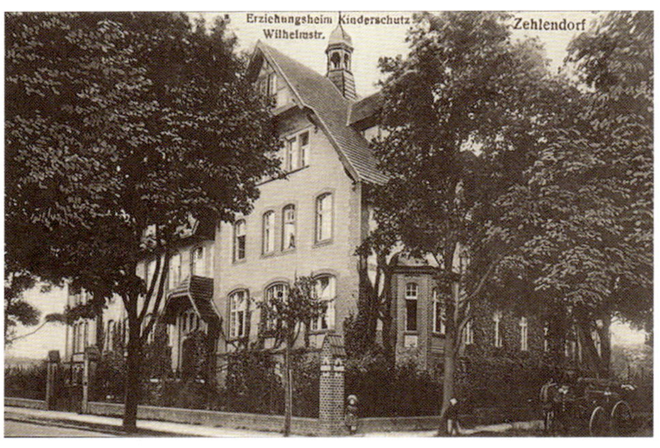

Abb. 22 | Haus Kinderschutz, Berlin-Zehlendorf, ehem. Wilhelmstr., heute Claszeile 57

Freundes Franz von Mendelssohn[29] trat Simon dem *Verein zum Schutz der Kinder vor Misshandlung und Ausnutzung* als stellvertretender Vorsitzender bei. Gemeinsam mit Franz von Mendelssohn finanzierte er in Berlin-Zehlendorf (ehem. Wilhelmstraße, heute Claszeile 57) den Bau eines eigens dafür zur Verfügung gestellten Gebäudes, das *Haus Kinderschutz*, das 1906 eröffnet wurde (Abb. 22). Immer wieder richtete Simon auch Gesuche um Spendenmittel an die staatlichen Behörden. Auf diese Weise wollte er an die eigentlichen Pflichten des Staates erinnern, der dem Kinderschutz noch viel zu wenig Beachtung schenkte. Bezeichnend ist, dass sich Simon dabei auch bei Kaiser Wilhelm II. für hilfsbedürftige Kinder einsetzte und dieser auf seine Bitten hin tatsächlich dazu bereit war, 1903 das *Kaiser-Wilhelm-Kinderheim* in Ahlbeck/Usedom zu finanzieren, das 1913 anlässlich des 25. Jahrestages seiner Thronbesteigung eröffnet wurde.[30]

Das soziale Engagement Simons konzentrierte sich vornehmlich auf private Anstalten und Institutionen, u. a. 13 Vereine, Komitees, Kuratorien und Stiftungen, für die er weitaus größere Geldbeträge zur Verfügung stellte als er für seine private Kunstsammlung ausgab.

Neben seinem Engagement in konfessionsübergreifenden Vereinen nahm die Unterstützung des *Hilfsvereins deutscher Juden*, den sein enger Freund Paul Nathan[31] (Abb. 23) im Jahr 1901 gegründet hatte, eine ganz besondere Bedeutung ein.[32] Hier hatte Simons mäzenatisches Handeln einen anderen Stellenwert, denn von den schrecklichen Lebensbedingungen der jüdischen Bevölkerung im Zarenreich und in anderen osteuropäischen Ländern wie Rumänien tief erschüttert, fühlte er sich wie viele bedeutende jüdische Persönlichkeiten dazu verpflichtet, diesen Notleidenden Hilfestellung zu leisten. Der *Hilfsverein* sollte nicht nur den von Pogromen bedrohten Menschen aus Osteuropa die Auswanderung nach Übersee ermöglichen, sondern auch die in Palästina lebenden Juden durch Aufbauarbeit unterstützen. Dabei muss daran erinnert werden, dass Palästina und der Libanon, in denen der *Hilfsverein* tätig war, seinerzeit noch Teile des Osmanischen Reiches waren.

29 Franz von Mendelssohn (1865-1935) war Jurist und Bankier und trat in das Familienunternehmen *Bankhaus Mendelssohn & Co* ein.
30 Matthes 2019, S. 25-26.
31 Paul Nathan (1857-1927) war ein deutscher Journalist und Sozialpolitiker. 1901 gründete er den *Hilfsverein der deutschen Juden*, 1907 machte er seine erste Palästinareise und setzte sich dort sehr für die Siedler ein.
32 Jahr 2018, S. 170.

Wie stark James Simon der *Hilfsverein* am Herzen lag, kommt auch darin zum Ausdruck, dass er gemeinsam mit Paul Nathan nach Ausbruch des Ersten Weltkrieges eigens nach Russland reiste, um sich dort vor Ort ein Bild von der Lage der jüdischen Bevölkerung zu machen. Die Aktionen des *Hilfsvereins* ermöglichten es in den von den Mittelmächten besetzten Teilen Osteuropas, bis zu drei Millionen Menschen zu helfen.[33]

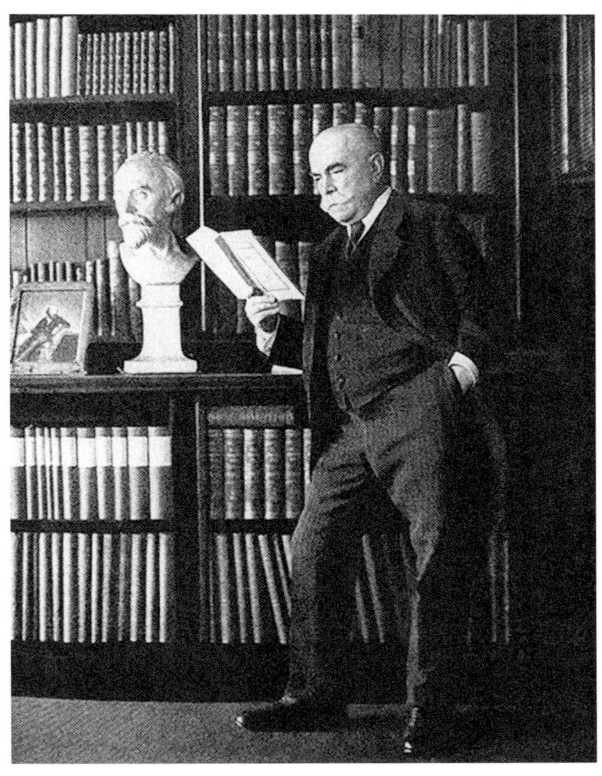

Abb. 23 | Paul Nathan in seiner Bibliothek mit der Büste von Ludwig Bernburger, 1917

Während sich einige Unternehmer wie Emil Rathenau oder Carl Fürstenberg bewusst von allen jüdischen Einrichtungen fernhielten, zählten sowohl Eduard Arnhold, Rudolf Mosse wie auch James Simon zu den Unternehmern, die sich zwar als liberal denkende Bürger verstanden, aber dennoch dem Judentum zeitlebens verbunden waren.

James Simon zeigte auch mit seiner Unterstützung für die Juden in Palästina mittels des *Hilfsvereins*, dass ihm die Förderung von Kindern besonders am Herzen lag. So wurden dank seiner Initiative Kindergärten, Schulen und Lehrerseminare gegründet und in Haifa die erste Technische Hochschule, das *Technikum*, eingerichtet, das Simon bis zu der nach 1912 einsetzenden langsamen Auflösung des Osmanischen Reiches aktiv unterstützte (Abb. 24).[34] Die überlieferten Dokumente zeigen, dass es Nathan wie Simon bei dem *Technikum* darum ging, eine konfessionsübergreifende Institution (auch Moslems und Christen waren an der Hochschule zugelassen) zu gründen. Dass ihr Engagement für das *Technikum* sowie für alle Bildungseinrichtungen in Palästina auch im Hinblick auf eine Art kulturpatriotische Haltung der deutschen Juden zu beurteilen war, wurde von den Zionisten nicht immer wohlwollend aufgenommen. So war in Palästina bereits die französische Hilfsorganisation der *Alliance Israélite Universelle* tätig, die für die Verbreitung der französischen Sprache und Kultur sorgte, und die deutschen Juden suchten daher wiederum durch die Förderung der deutschen Sprache und Kultur mittels

33 Ebd., S.181.
34 Diese Initiativen wurden auch von der zionistischen Bewegung in Palästina als bedeutend eingeschätzt, vgl. Matthes 2019, S. 31.

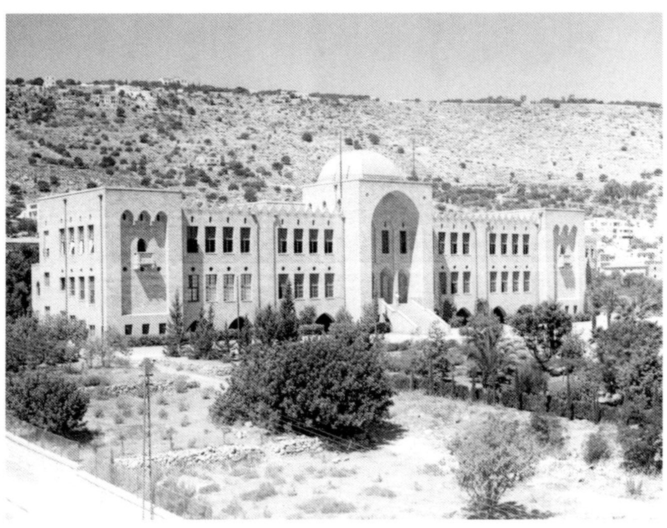

Abb. 24 | Haifa, *Technikum*, Israel Institute for Technology, 1934

deutscher Schulen einen gewissen Ausgleich zu schaffen, der letztendlich im Einklang mit den Interessen deutscher Außenpolitik stand, wie Christoph Jahr treffend bemerkt: „Unter Nathans Regie baute der Hilfsverein in kurzer Zeit ein umfangreiches Netzwerk an Schulen und Kindergärten bis zu Lehrerseminaren auf, das moderne reformpädagogische Ansätze verfolgte und diese in das entstehende Israel importierte."[35] Die humanitären Aktivitäten in Palästina zeigten, dass man zuallererst die Lebensverhältnisse der jüdischen Bürger zu verbessern suchte, gleichzeitig war aber die Verbreitung der deutschen Kultur um 1900 auch der deutschen Außenpolitik höchst willkommen. So erhöhten sich die Chancen des *Hilfsvereins*, in manchen Fällen eine finanzielle Unterstützung von Seiten des Auswärtigen Amtes zu erhalten. Auch in diesem Zusammenhang erwies sich Simon als wichtiger diplomatischer Mittelsmann, der das Auswärtige Amt über die Aktivitäten des *Hilfsvereins* unterrichtete und gelegentlich Gesuche um finanzielle Hilfe stellte.[36] Doch gerade diese politischen Kontakte sollten ihm und seinem Freund Paul Nathan immer wieder von Seiten der zionistischen Bewegung zum Vorwurf gemacht werden, so z. B., sie hätten die jüdischen Interessen nur im Hinblick auf die deutsche Außenpolitik gefördert.[37]

Paul Nathan war, wie viele andere Freunde von James Simon, ein liberal Denkender, der sich keineswegs als im Geiste von Theodor Herzl der zionistischen Bewegung nahestehend verstand.[38] Er war der Gesinnung nach freilich offen für jede Strömung, so auch gegenüber den Zionisten, die sich ihrerseits jedoch im Verlauf der Jahre bis zum Ersten Weltkrieg immer ablehnender gegenüber dem *Hilfsverein* verhalten sollten.[39] Darin spiegelt sich die schwierige Situation und die ganze Tragik der Arbeit des *Hilfsvereins* in Palästina wider.[40] Die Ergebnisse der Arbeit des *Hilfsvereins* in Palästina waren jedoch beeindruckend, denn bis zum Ausbruch des Ersten Weltkrieges konnte 200.000 Menschen geholfen werden.[41]

35 Jahr 2018, S. 183f., Zitat ebd., S. 187.
36 Matthes 2019 , S. 31.
37 Jahr 2018, S. 194, mit dem Hinweis, dass Nathan eng mit Zionisten wie Schmarja Levin zusammengearbeitet hatte, dass er der zionistischen Bewegung dennoch als Gegner galt.
38 Ebd., S. 13.
39 Ebd., S. 193-207.
40 Ebd., S. 198; Matthes 2019, S. 35.
41 Matthes 2000, S. 31.

Leidenschaftliche Sammler und berechnende Kenner

Berliner Sammler vor James Simon

Die Liebe zur Kunst zählte wie die Begeisterung für die Antike und für die Musik von Jugend an zu den wichtigsten Interessen von James Simon, die er als einen persönlichen Ausgleich zu seinen offiziellen Aufgaben suchte.[1] Die von ihm selbst zitierte Leidenschaft für das Sammeln könnte nach der Heirat mit Agnes Reichenheim und den dadurch entstandenen Familienbeziehungen, wo das Sammeln von Kunst zum „guten Ton" gehörte, zusätzlich inspiriert worden sein. Man wird auch bedenken müssen, dass Agnes bei ihrer Heirat eine bedeutende Mitgift erhalten haben dürfte, die vielleicht zusätzlich als Kapital für das Sammeln in der Familie Simon eingesetzt wurde – zumindest in den 1880er Jahren, als James zu sammeln begann. Zudem waren die äußeren Bedingungen durch die gute Konjunkturlage Deutschlands sehr vorteilhaft und boten vielen Unternehmern ausgezeichnete finanzielle Möglichkeiten. Die Museumspolitik in Berlin leistete schließlich selbst einen bedeutenden Beitrag für die steigende Nachfrage bei privaten Sammlern.

Das private Sammeln von Kunst im großen Stil war jedoch schon lange vor der Reichsgründung in Berlin verbreitet, daran soll hier kurz einnert werden. So zeigten damals einige Sammler, wie der englische Kaufmann Edward Solly[2] (Abb. 25), großes Engagement für die Berliner Museen. Nach den Napoleonischen Befreiungskriegen wurde Italien um 1815 zu einem Eldorado für Kunstagenten und Sammler, wo Solly, der Berlin seit 1813 zu seiner Wahlheimat gewählt hatte, Tausende von Gemälden erstehen konnte.[3] Solly hatte durch den Handel mit Rohstoffen zwischen England und den Häfen im Ostseeraum ein beachtliches Kapital erworben, das auch die wichtigste Voraussetzung für sein Sammeln bildete.[4] Der englische Kaufmann spezialisierte sich, vermutlich dem Trend der englischen Sammler folgend, vor allem aber auch wegen des günstigen Marktwertes auf italienische Gemälde des 15. und 16. Jahrhunderts. Nachdem er 1836 wieder nach London

1 Matthes 2000, S. 30 und S. 282 mit Hinweis auf die entsprechenden Briefstellen.
2 Edward Solly (1776-1844) war ein britischer Kaufmann, der die väterliche Firma seit 1813 in Berlin vertrat. Er zählt zu den bedeutendsten Kunstsammlern des frühen 19. Jahrhunderts .
3 Zu Solly zuletzt Schmidt Arcangeli 2015 und 2019; Bibliographie zu Solly bei Skwirblies 2009, S. 71.
4 Sollys Reichtum war durch den Handel mit Holz, Getreide und Textilrohstoffen entstanden; er konnte durch das Umgehen der von Napoleon verhängten Kontinentalsperre (1806) große Profite machen.

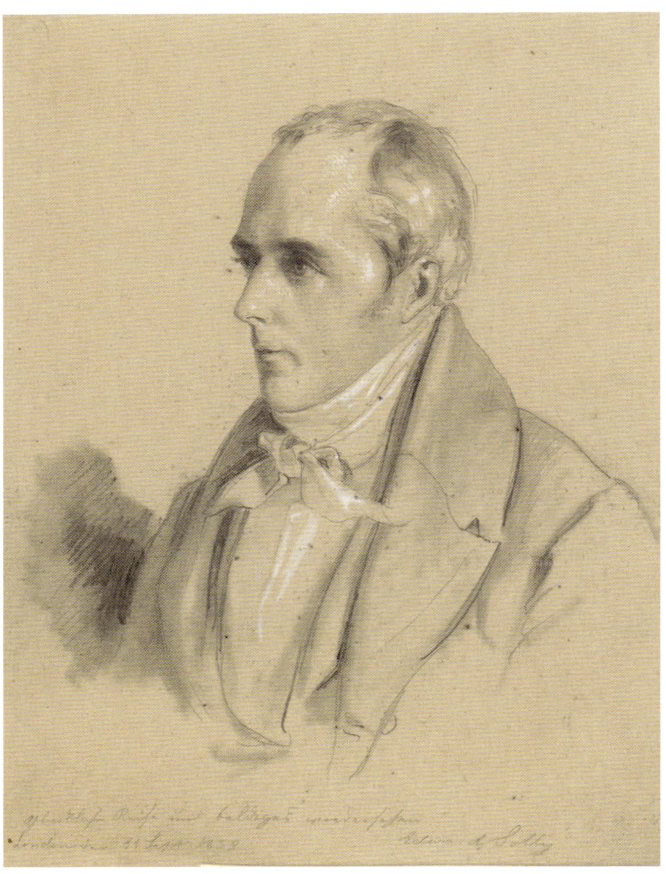

Abb. 25 | Wilhelm Hensel, Porträt Edward Solly, 1838, Zeichnung. Berlin, Kupferstichkabinett

zurückgekehrt war, konstatierte er, seine Sammlung sei mit den Ratschlägen der wichtigsten Kenner und Professoren für Kunstgeschichte in Berlin entstanden.[5] Auch James Simon sollte ein halbes Jahrhundert später ganz am Anfang seiner Sammeltätigkeit immer wieder den Rat von Kennern, insbesondere die des Museumsdirektors Wilhelm von Bode einholen, wenn es um den Ankauf eines Kunstobjektes ging. Aber wie später Simon, verließ sich auch Solly nicht allein auf das Urteil anderer, sondern handelte letztendlich selbständig und im Vertrauen auf sein eigenes Gespür für Qualität und für die Preise auf dem Kunstmarkt.

Über die Gründe, die Solly zu seiner intensiven Sammeltätigkeit bewegt hatten, ist wenig bekannt geworden: Vermutlich spielte sein Bemühen um Anerkennung und um soziales Prestige keine unwesentliche Rolle, denn seine gute Vernetzung innerhalb der Berliner Gesellschaft und bei Hof war stadtbekannt. Allerdings ging es ihm im Unterschied zu anderen Sammlern seiner Zeit weder um die Präsentation seiner Privatsammlung als Galerie im eigenen Wohnhaus, noch strebte er eine Vermischung von Wohn- und Sammlungsstil an. Angesichts der immensen Zahl von erworbenen Kunstwerken war es ihm lediglich möglich, die Gemälde in seiner Wohnung in der Berliner Wilhelmstraße zu stapeln.

Als Solly nach 1816 in finanzielle Not geriet und schließlich zu einem weit unter dem Wert liegenden Verkauf seiner Sammlung an den preußischen König gezwungen war, ging es ihm jedoch ähnlich wie später James Simon mit seinen Schenkungen darum, das Konvolut der Gemälde, das bis heute

5 „...I purchased under the advice of the principal connoisseurs and professors of art at Berlin.", in: Dietl 1993, Band I, S. 50.

einen großen Teil der Berliner Gemäldesammlung ausmacht, als Ganzes an die Königlichen Museen zu veräußern, anstatt die Kunstwerke auf Auktionen in London in alle Welt zu zerstreuen.[6]

In der Zeit der Verhandlungen, die um den Verkauf an den königlichen Hof geführt wurden, beauftragte man zwei Freunde Goethes, den preußischen Staatsrat Friedrich Schultz[7] und den Architekten Karl Friedrich Schinkel damit, die Sammlung Solly nach Schulen zu ordnen und zu inventarisieren. Es ist auffällig, wie aufmerksam Goethe, der selbst großes Interesse an Sammlern wie Franz Ferdinand Wallraf[8] in Köln oder den Gebrüdern Boisserée[9] in Heidelberg hatte, diese Umstände von Weimar aus verfolgte. So forderte er auch seinen Sohn August[10] und dessen Ehefrau Ottilie auf, als sie 1819 in Berlin zu Besuch waren, die Sammlung Solly anzuschauen und schickte so gewissermaßen „mehrere Paare Augen nach Berlin".[11]

Die Sammlung Sollys war seit 1819 auf Anfrage der Öffentlichkeit zugänglich. August von Goethe beschrieb seinem Vater den Eindruck vom Chaos in Sollys Wohnung und notierte in seinem Reisetagebuch zu den Gemälden: „Denken Sie sich eine Zusammenhäufung von circa 8-9 Tausend Bildern wovon höchstens Vierhundert aufgestellt sind die übrigen ... über einander gehäuft in 30-40 Zimmern in Küchen Remisen und so weiter aufgehäuft, daß die Decken brechen möchten ... "[12] Doch schon der Staatsrat Schultz bemerkte dazu, dass die Sammlung nur dem Laien als Chaos erschiene, es würde System hinter Sollys „Anhäufung" von Gemälden stecken. Die Ordnung nach Schulen und eine angemessene Präsentation erhielten zahlreiche Gemälde Sollys jedoch erst nach 1821, also nach dem Erwerb des Konvoluts, das aus der Privatschatulle des preußischen Königs Friedrich Wilhelms III. für das 1830 neu eröffnete Museum am Lustgarten finanziert wurde.

Schon Solly, wenngleich Engländer, hatte sich, wie später James Simon, dem Staat Preußen stets sehr verpflichtet gefühlt und war seit den Schlachten von Jena/Auerstedt und Waterloo für sein immer stärkeres politisches Engagement sowie seinen engen Kontakt zu Regierungskreisen bekannt. Kurz vor dem Verkauf seiner Sammlung schrieb Solly im September 1821 in einem Brief an den Minister Altenstein, dass er seine Sammlung nie im Sinne eines Kunsthändlers „behandelt" hätte, denn es wäre nach all den gebrachten Opfern sein Wunsch gewesen, die Sammlung als Ganzes in Berlin ausgestellt zu sehen, dafür würde er auch jeden Preis des Königs akzeptieren.[13]

6 Herrmann 2002, S. 202-208; S. 204: „Solly was saved on the brunk of bankruptcy by a payment for his collection ... 500.000 gold Thaler. This included 200.000 Thaler in compensation for the loss of his fleet. He calculated that, in all, his collection had cost him $ 7540. 000 of which he recovered only two-thirds."

7 Friedrich Schultz (1761-1834) war ein deutscher Jurist und Philologe und ein enger Freund Goethes.

8 Franz Ferdinand Wallraf (1748-1824) war ein Botaniker, Mathematiker, Priester und Kunstsammler. Er machte die Stadt Köln 1818 zur Universalerbin seiner bedeutenden Kunstsammlung.

9 Johann Sulpiz Dominikus Boisserée (1783-1854) war ein deutscher Sammler und Architekturhistoriker, gemeinsam mit seinem Bruder Melchior Hermann Boisserée (1786-1851) begann er ab 1804 eine bedeutende Kunstsammlung von altdeutschen und altniederländischen Gemälden aufzubauen.

10 August von Goethe (1789-1830) hatte nach einem Jurastudium 1817 Ottilie von Pogwisch (1796-1872) geheiratet. Auf Wunsch seines Vaters wurde er dessen Briefpartner, er führte Stammbücher und Reisetagebücher, so u. a. nach Berlin und nach Italien. Er verstarb 1830 in Rom.

11 Maaz 2009, S. 115.

12 Goethe 2007, S. 78; Skwirblies 2009, S. 73. Auch der Berliner Akademieprofessor Ernst Heinrich Toelken bemerkte 1820/21: „Die meist kolossalen, auf Holz ausgeführten besseren Gemälde waren [...] auf hölzernen, schräg ansteigenden Gerüsten befestigt, zwischen denen und der Wand ein beträchtlicher Zwischenraum von 2-3 Fuß übrigblieb." GStA I.HA Rep. 89, del 11.1.1828, siehe in Skwirblies 2009, S. 76.

13 „I never intended to act like a dealer with my collection, and as it was to purpose of all my sacrifices to see the collection as a whole exhibited in Berlin, I will accept any price His Majesty will determine to bet the right one.". Siehe Dietl 1993, S. 53.

Tatsächlich fand er einen Preis angemessen, der nur zwei Drittel des Wertes betrug, zu dem der Sammler die Werke ursprünglich erworben hatte.

Diese Identifikation Sollys mit dem im Entstehen begriffenen Berliner Museum war so stark, dass er auch später von London aus immer wieder die Entwicklung in dem neu eröffneten Museum mitverfolgte und Gemälde zum Tausch anbot. Wenngleich keine Beweise vorliegen, wonach James Simon tatsächlich über den englischen Kaufmann Solly näher unterrichtet war – auch wenn man es bei einem so gebildeten Mann und durch die Freundschaft mit Bode nicht ganz ausschließen kann –, so wird man die Begeisterung des englischen Sammlers, sein Sinn für die Qualität eines Werkes und sein Pflichtgefühl gegenüber dem preußischen König als Eigenschaften werten dürfen, die die beiden Männer miteinander teilen.

Selbstverständlich handelte Edward Solly letztlich doch als erfahrener Geschäftsmann, selbst als er die Sammlung aus der Not heraus zum Verkauf anbot, und er war, ganz im Unterschied zu Simon, kein Mäzen der Berliner Museen.[14]

Dass Edward Sollys Sammlung im Berlin des frühen 19. Jahrhunderts höchst ungewöhnlich war, zeigt der Vergleich mit anderen privaten Sammlern, die darum bemüht waren, durch Auswahl und Präsentation eine Galerie im eigenen Wohnhaus zu gestalten, die dem Publikum, zumindest zeitweilig, zugänglich war: so etwa der polnische Sammler Athanasius Graf Raczynski,[15] der seit 1819 im diplomatischen Dienst des preußischen Königs stand und dessen Sammlung ab 1834 in einem Galeriesaal in seinem Wohnhaus in Berlin Unter den Linden 21 zu besichtigen war. Unter Friedrich Wilhelm IV. wurde die Galerie in einem eigens errichteten Gebäude am Königsplatz vor dem Brandenburger Tor untergebracht.[16] Simon könnte diese Sammlung bekannt gewesen sein, vielleicht auch deshalb, weil nach dem Tod des polnischen Grafen 1874 die langen Verhandlungen um das Baugelände für das geplante Reichstagsgebäude begannen. Kaiser Wilhelm II. ordnete schließlich 1883 nach der Rückübereignung des Grundstücks an, dass die Gemälde-Sammlung Raczynskis in der Alten Nationalgalerie unterzubringen sei. Auch Raczynski verstand sich nicht nur als Sammler, sondern suchte wie Solly und später Simon den Kontakt zu Kennern; der Kunsthistoriker Franz Kugler[17] sollte 1841 einen Katalog seiner Sammlung verfassen, die von der alten Kunst bis zur deutschen Malerei der ersten Jahrhunderthälfte ging.

14 Bis heute liegt keine ausführliche Monographie über den Sammler vor, sondern nur einzelne Beiträge (Skwirblies 2009; ders., 2017; Schmidt Arcangeli 2019).
15 Athanasius Graf Raczynski (1788-1874) stammte aus Posen und war bis 1852 Diplomat des preußischen Staates.
16 Wesenberg 1992 , S.78.
17 Franz Kugler (1808-1858) war Kunsthistoriker und ab 1835 Professor an der Berliner Akademie der Künste, auch Jacob Burckhardt hörte seine Vorlesungen und sollte später die Neubearbeitung des „Handbuch der Geschichte der Malerei" sowie des „Handbuch der Kunstgeschichte" übernehmen. Kugler war äußerst aktiv am kulturellen Leben Berlins beteiligt, u. a. war er Mitglied der Sing-Akademie zu Berlin.

Unter den Linden war auch die beste Adresse für andere öffentliche Privatgalerien: im Haus Nr. 1 befand sich die Sammlung des Grafen Friedrich Wilhelm von Redern[18] in seinem noch von Karl Friedrich Schinkel erbauten Palais (nach dem Abriss befindet sich dort heute das Hotel Adlon), in Nr. 12 die des Bankiers Michael Wolf, der 400 niederländische Gemälde ausstellte und damit auch für das Interesse späterer Sammler den Grundstein legte; in der Brüderstr. 5 war die Sammlung des Konsuls H. W. Wagner zugänglich, für den derselbe Franz Kugler schon 1834 einen Katalog verfasst hatte.[19] Und schließlich muss die bedeutende Sammlung des Grafen Wilhelm Pourtalès[20] erwähnt werden, der sie als preußischer Botschafter in Paris zusammengetragen hatte. Simon wird auch von diesen Privatsammlungen gehört haben, die in der ersten Hälfte des 19. Jahrhunderts den Wohlstand und den Bildungsgrad ihrer Eigentümer öffentlich repräsentieren sollten.

Voraussetzung des Sammelns: der Kunsthandel

Voraussetzung für einen Sammler war ein florierender Kunstmarkt, Berlin zeigte sich jedoch in dieser Hinsicht um 1880 noch sehr bescheiden. Das erste Auktionshaus, in dem internationale Auktionen stattfanden, war das 1885/86 von Rudolph Lepke[21] gegründete *Rudolph Lepke's Kunst-Auctions-Haus* in der Kochstraße 28/29. Schon um Mitte der 1890er Jahre hatte man hier an die 50 Kataloge pro Jahr vorzuweisen. Bei Lepke konnte ein Sammler nicht nur Gemälde Alter Meister und der Moderne erwerben, sondern auch antike Möbel und alle Arten der *objets de vitrine* u. a.: Silber, Porzellan und antike Waffen.[22] Von Weltrang wurde Lepke jedoch erst sehr viel später 1912, als das Auktionshaus ein neues Gebäude in der Potsdamerstraße bezog.

Um 1880 musste ein Sammler daher die Auktionshäuser in den anderen europäischen Metropolen anpeilen, wenn er, wie James Simon, eine Sammlung von Qualität anlegen wollte: *Christie's* sowie *Manson and Woods* in London oder *Hôtel Drouot* in Paris. Das Reisen war daher eine notwendige Bedingung des Sammelns: Italien war nach wie vor der geeignete Kunstmarkt, um einzelne Werke zu erwerben, während London als *der* Schauplatz galt, an dem bedeutende Sammlungen mit Kunstwerken des Mittelalters und der Renaissance zum

18 Graf Friedrich Wilhelm von Redern (1802-1883) war nicht nur Oberstkämmerer, Geheimer Rat, sondern bis 1842 auch Generalintendant des Schauspielhauses am Gendarmenmarkt und an der Königlichen Oper Unter den Linden. 1830-1833 ließ er sein Palais am Pariser Platz von Karl Friedrich Schinkel erbauen.

19 Wesenberg 1992, S. 75.

20 Graf Wilhelm von Pourtalès (1815-1889) war ein deutscher Bankier und lebte für einige Jahre in Venedig, wo er seine bedeutende Sammlung von venezianischen Skulpturen und Gemälden aufbaute.

21 Rudolph Lepke (1845-1904) war ein Berliner Kunsthändler. Die von seinem Großvater Nathan Levi Lepke (1779-1864) gegründete Kunsthandlung wurde 1869 von den Brüdern Louis und Julius Lepke als *Gemäldesalon Lepke* Unter den Linden 4a weitergeführt. Rudolph, der Sohn von Louis, arbeitete zunächst dort; er eröffnete 1886 seinen eigenen Kunstsalon als *Rudolph Lepke's Kunst-Auctions-Haus* in der Kochstraße 28/29. Lepke war gut mit Wilhelm von Bode befreundet.

22 Emil Benjamin (1856-1926) war der Vater des Philosophen und Kulturkritikers Walter Benjamin (1892-1940). Emil Benjamin war zunächst Bankier in Paris und hatte es als Auktionator und Mitteilhaber im Auktionshaus Lepke (siehe Anm. 21) zu Wohlstand gebracht.

Verkauf angeboten wurden. Aber auch Paris wurde vor allem nach der Niederlage von 1870/1871 zunehmend zu einem bedeutenden Ort, in dem die wichtigsten Auktionen im *Hôtel Drouot* stattfanden, wie beispielsweise die der Sammlung des Wiener Antiquars und Sammlers Alexander Posonyi,[23] die 1877 „unter den Hammer kam".[24]

Nachweislich bereiste Simon immer wieder die Drehpunkte des Kunsthandels wie Florenz, Rom, London oder Paris, doch seine geschäftlichen und familiären Verpflichtungen in Berlin machten es ihm unmöglich, den Kunstmarkt mit der gleichen Intensität zu verfolgen wie es etwa einem Kunstagenten oder Museumsmann möglich war. Hinzu kam, dass der Kunstmarkt gegen Ende des 19. Jahrhunderts zwar über ein reiches Angebot verfügte, dem man sich jedoch als „Laie" mit Vorsicht nähern musste, da zu viele zweitrangige Werke bzw. Kopien nach Originalen im Umlauf waren.

Der Kenner in Berlin: Wilhelm von Bode

Wie man aus den Briefen von James Simon weiß, war es von jeher seine Absicht gewesen, nur Qualität zu sammeln und so erschien es ihm sinnvoll, wie vielen anderen Sammlern auch, sich mit einem Kenner zu beraten – wer wäre um 1880 besser geeignet gewesen als der seit 1872 bei den Königlichen Museen angestellte Wilhelm Bode[25] (Abb. 26)! Die Kenntnisse dieses Museumsmannes[26] gingen weit über eine akademische Ausbildung hinaus. Innerhalb weniger Jahre war Bode um 1880 nicht nur zu einem vorzüglichen Kenner von Kunstwerken avanciert, sondern hatte auch alle Museen Europas und zahlreiche Privatsammlungen in Deutschland, England, Frankreich, Italien und Russland besucht. Noch 1907 schrieb Simons angeheirateter Verwandter Max Liebermann über Bode: „Bode ist vor allem leidenschaftlicher Sammler. Er kennt alle alten Bilder in den Museen Europas und Amerikas, und womöglich besser kennt er die alte Kunst, die noch im Handel ist. Er weiß, wo jedes Bild sich befindet, wo es früher war und – wer es kaufen wird… kein Mensch auf der Welt hat wie Bode eine auch nur annähernd große ‚Warenkenntnis' […]"[27]

Dieser Ruf ging Bode schon lange voraus, vermutlich auch, als er 1883 seine erste Ausstellung von Kunstwerken aus Berliner Privatbesitz vorbereitete und bei dieser Gelegenheit James

23 Alexander Posonyi (1839-1899) war ein Kunsthändler und Auktionator in Wien, dessen Spezialgebiet vor allem Zeichnungen und Stiche namhafter Meister wie Albrecht Dürer oder Martin Schongauer umfasste. Die umfangreiche Sammlung Posonyis konnte von den Berliner Museen erworben werden.
24 Bode/Gaehtgens/Paul 1997, II, S. 140.
25 Wilhelm Bode (1845-1929).
26 Diese Definition übernommen von Waetzoldt 1932, S. 5.
27 Liebermann 1978, S. 91f.

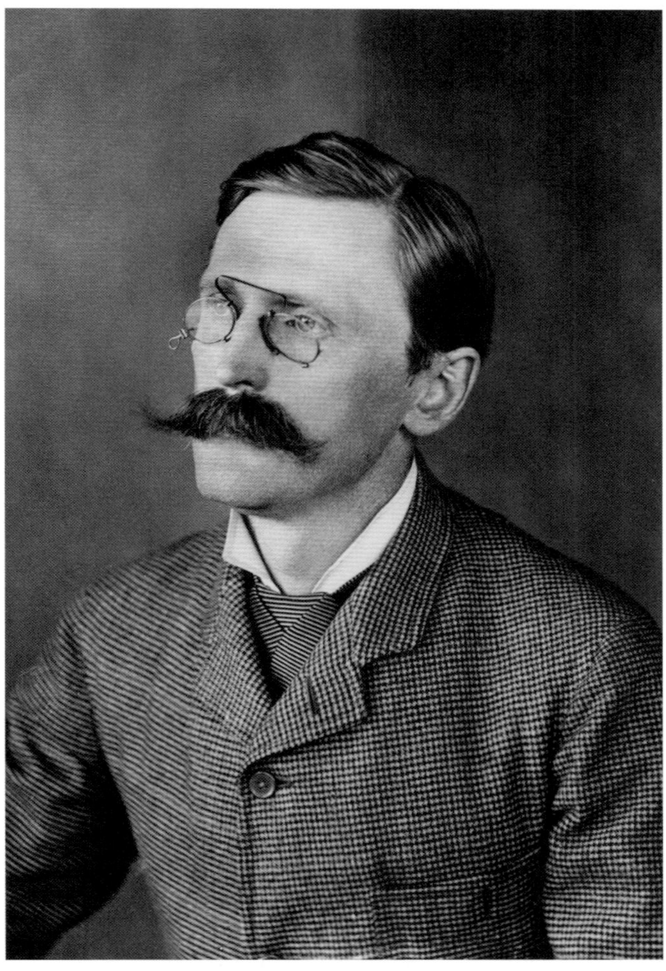

Abb. 26 | Wilhelm Bode, um 1875

Simon begegnete, der mit einigen holländischen Gemälden vertreten war. Was Simon im Einzelnen vor 1883, also vor der Begegnung mit Bode, gesammelt hat, ist nicht mehr nachzuweisen, es wäre nicht auszuschließen, dass seine Vorlieben, wie schon erwähnt, entscheidend durch die Familie Reichenheim inspiriert wurden, insbesondere durch seinen Schwager Georg Reichenheim.

Auch andere zeitgenössische Privatsammler, wie der Bankier Oscar Hainauer,[28] orientierten sich zunächst auf dem internationalen Kunstmarkt. Hainauer kann als einer der ersten bedeutenden Privatsammler des deutschen Kaiserreichs angesehen werden.[29] Friedländer definierte ihn so: „O. Hainauer hatte von den Rothschilds gelernt, dass man kreditsteigernden Reichtum anständigerweise nur in Form wertvoller

28 Oscar Hainauer (1840-1894) war seit 1864 Vertreter des Bankhauses Rothschild in Berlin und begann nachweislich ab 1870 mit dem Aufbau seiner Kunstsammlung.
29 Gaethgens 1993, S. 155.

Kunstwerke zeigen könnte."[30] Er war Bankier und Vertreter des in Paris ansässigen Barons Gustave de Rothschild[31] in Berlin, daher also mit den Sammlungen der Rothschilds vertraut; Hainauer, der zunächst moderne Bilder und Majolika gesammelt hatte, wurde offenbar – wie Bode angibt – erst durch die Rothschilds angeregt und hatte „Freude und Verständnis für echte Kunst ... auch Geschmack an schöner Anordnung gefunden".[32]

Entscheidend ist, dass Bode hier die Bezeichnung „e c h t e Kunst" einsetzt, denn er war es, der nach Amtsantritt in den Königlichen Museen 1872 als Erster auf den Vorrang des Originals vor der Kopie bestand, da sich z. B. die preußischen Könige wie Friedrich Wilhelm IV. durchaus mit Kopien nach Raffael oder anderen Künstlern zufriedengaben, wie man noch heute im Belvedere in Potsdam sehen kann. Bode bemerkt weiter in seinen Memoiren „Mein Leben" (1929), Hainauer 1880 in Florenz getroffen zu haben und dass er „kurz zuvor zur Einrichtung seines Hauses alte Kunstwerke zu sammeln begonnen hatte; anfangs namentlich mit Hilfe von Frédéric Spitzer in Paris, durch den er besonders für Renaissancekunst interessiert war."[33]

Frédéric Spitzer in Paris: die Drehscheibe des Kunsthandels um 1880

Ein Berliner Sammler um 1880 wurde also offenbar von den Tendenzen in Paris geprägt, an die hier kurz erinnert werden soll. Der aus Wien stammende Frédéric Spitzer[34] (Abb. 27) war ein *marchand collectionneur*, der bei den Rothschilds überaus beliebt war. Er war von dem Bankier Adolphe de Rothschild[35] aufgefordert worden, sich in Paris niederzulassen, denn nach der Gesetzerlassung von Louis Philippe (1831) wurden den jüdischen Bürgern weitaus mehr Rechte eingeräumt und dies stimmte viele Einwanderer optimistisch. Frédéric Spitzer war ein ausgesprochen guter Kenner des internationalen Kunstmarktes sowohl in London, wo er zuvor gelebt hatte, als auch andernorts. Er nahm an den wichtigsten Versteigerungen der 1860er Jahre im Auktionshaus *Hôtel Drouot* in Paris teil, wie denen der Sammlungen Comte de Monbrun e Soltykoff (1861), der Roussel, Clermont Gallerande, Eugène Piot (1864)

30 Friedländer 1967, S. 75.
31 Gustave de Rothschild (1829-1911) war Bankier und Vertreter der französischen Linie der Familie Rothschild.
32 Gaethgens 1993, S. 163.
33 Die Memoiren wurden erstmals 1930 ein Jahr nach W. von Bodes Tod veröffentlicht, 1997 wiederaufgelegt und kommentiert, siehe Bode/Gaethgens/Paul 1997, I, S.154.
34 Frédéric Samuel Spitzer (1816-1890) war ein Wiener Kunsthändler und Sammler, der nach seinen Erfahrungen in London, vor allem in Paris dank einer bedeutenden Klientel (Familie Rothschild) erfolgreich wurde. Sein Magazin mit zahlreichen Kunstobjekten ließ er als „Musée Spitzer" bezeichnen.
35 Adolph Carl von Rothschild (1823-1900, Adolphe de Rothschild) war ein Bankier, der zunächst in Neapel, später in Paris lebte; er war vor allem ein leidenschaftlicher Kunstsammler.

und der des Prince de Beauveau (1865). Noch im selben Jahr bot Spitzer selbst seine Sammlung von Waffen und Rüstungen zum Verkauf an.[36] Er häufte danach weiter Unmengen von Kunstobjekten an und erwarb schließlich auch ein entsprechendes Ambiente, um sie zu arrangieren, das pompöse Palais (Hôtel) in der Rue de Villejust (heute Rue de Paul Valéry). Interessant ist die Tatsache, dass auch Spitzer schon 1875 Schenkungen, wie einen Gobelin und ein Antonio Lombardo zugeschriebenes Relief, an den Louvre machte, um damit sein soziales Ansehen sowie seine Verbundenheit mit dem französischen Staat zu bekunden;[37] man bedenke, wie wenig dies im Vergleich zu den späteren Schenkungen von James Simon war. Bei Spitzer stand über allem – ein weiterer grundlegender Gegensatz zu Simon – der geschäftliche Gewinn beim Handel mit Kunstwerken; das Präsentieren der Objekte als Sammlung war das beste Mittel, um potentielle Käufer zu faszinieren und sie dann zum Kauf anzuregen.

Angesichts der immer größer werdenden Nachfrage nach Kunstwerken des Mittelalters und der Renaissance und den gleichzeitig steigenden Preisen schreckte Spitzer auch nicht davor zurück, Repliken der Originale oder originale Teile mit Kopien zusammenzusetzen, also *pastiches* auf dem Kunstmarkt anzubieten.[38] Trotz seiner unbestritten bedeutenden Rolle auf dem Kunstmarkt bleibt Spitzer daher bis heute eine schillernde Persönlichkeit.[39] Als seine opulente Sammlung drei Jahre nach seinem Tod 1893 unter den Hammer kam, schrieb die *New York Times* am 10. April, dass vieles dieser in der „Jahrhundertauktion" angebotenen Ware nicht das ist, was es auf den ersten Blick erscheinen mag.[40] Nachweislich kaufte auch Oscar Hainauer verschiedene Stücke aus der Sammlung Spitzer, die heute als Kopien gelten. Das Geheimnis von Spitzers Erfolg lag vor allem in der Präsentation, wie Bode sagt, in der „schönen Anordnung", mit der er die Kunstwerke zum Verkauf anbot, ganz im Sinne seines Grundsatzes: „La maison est un palais, la collection un Musée, le catalogue un monument."[41] Sammeln und Wohnen waren bei Spitzer – ganz anders als in den Präsentationsgalerien Berlins – miteinander vermischt und jeder Saal hatte einem anderen Stil zu folgen; die fotografische Aufnahme der *Salle Renaissance* von Edmond Bonnaffée[42] aus dem Jahre 1890 gibt einen Eindruck von dem angefüllten Raum, in dem Reliefs, Vitrinen und Bilder fast bis unter die Decke reichten (Abb. 28).[43] Dass diese Anordnung dem Zeitgeschmack entsprach, zeigt sich

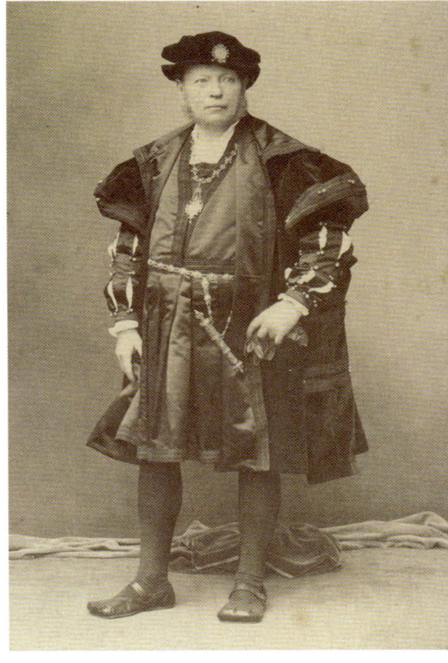

Abb. 27 | Frédéric Spitzer im Renaissancekostüm, um 1880

36 Bode/Gaethgens/Paul 1997, I, S. 40.
37 Cordera 2014, S. 41; es handelte sich um einen Gobelin (*Szene aus dem Heiligenleben des Anatoile de Salins, Wunder des Wassers*) und ein Relief des Antonio Lombardo (zugeschrieben), Paris, Musée du Louvre, ehemals aus dem *camerino* des Alfonso d'Este, ebd., S. 41, Abb. 22; zu der Provenienz des Reliefs aus der Sammlung Couvreur vgl. ebd., S. 41, Anm 82.
38 Es war bekannt, dass sich Spitzer mit einem Netzwerk von Fälschern umgab, vgl. Cordera 2014, S. 58.
39 Ebd., S. 27.
40 Ebd., S. 53.
41 Ebd., S. 65.
42 Edmond Bonnaffée (1835-1903) war ein französischer Kunsthistoriker und Sammler.
43 E. Bonnaffé, *Le Musée Spitzer*, Imprimerie de l'Art, Paris 1890; auch Spitzers Gönner Adolphe de Rothschild präsentierte seine Kunstsammlung in seinem Hôtel in der Rue de Monceau in Form einer Anhäufung zahlreicher Objekte, vgl. Cordera 2004, S. 83-89.

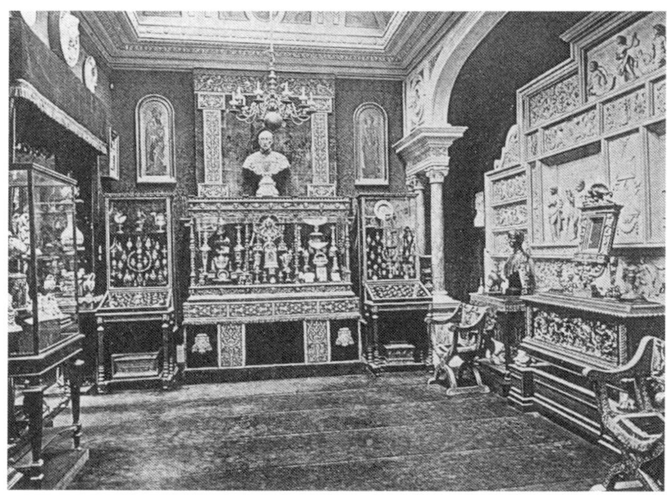

Abb. 28 | Paris, Musée Spitzer, Salle Renaissance, 1890, Foto E. Bonnaffée

beispielsweise an einer Äußerung des Kunsthistorikers und Renaissanceforschers Eugène Müntz,[44] der noch 1890 diese „art du groupement, l'art des rappels, l'entente des effets de clair-obscur" lobt.[45] Die Kombination von Skulpturen, Gemälden, *objets de vitrine* und Teppichen sollte nicht nur nachfolgende Sammler wie Giacomo Poldi Pezzoli[46] in Mailand, Richard Wallace[47] in London, Edmond Foulc[48] in Paris oder Albert Figdor[49] in Wien beeinflussen, sondern vor allem auch Wilhelm von Bode in Berlin! Bezeichnenderweise äußerte sich Bode nicht dazu und es bleibt im Übrigen auch bei wenigen Bemerkungen über Spitzer.[50]

Die Familie Rothschild: Sammeln als Präsentation des Reichtums und Ruhm für die Nachwelt

Die Familie Rothschild hielt sehr viel von Frédéric Spitzer, nicht nur die Mitglieder der Pariser Linie, sondern auch Ferdinand de Rothschild (Abb. 29),[51] der sich in England niedergelassen hatte und den bemerkenswerten Geschäftssinn des Wiener Kunsthändlers und Sammlers lobte. Die Rothschilds konnten auf eine lange Familientradition des Sammelns zurückblicken, denn schon Mayer Amschel Rothschild[52] war in Frankfurt a. M. als bedeutender Sammler von Münzen bekannt, sein Sohn Anselm[53] setzte die Tradition in Wien, dessen Sohn Ferdinand in England fort.[54] Das Sammeln hatte bei den

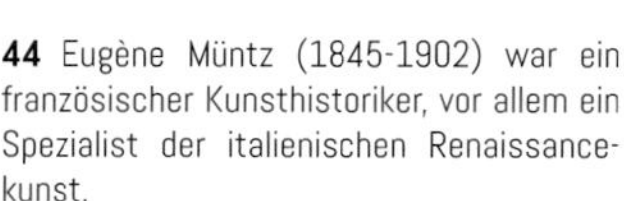

44 Eugène Müntz (1845-1902) war ein französischer Kunsthistoriker, vor allem ein Spezialist der italienischen Renaissancekunst.
45 Cordera 2014, S. 82.
46 Giacomo Poldi Pezzoli d'Albertone (1822-1879) war ein italienischer Kunstsammler und Gründer des Museums in Mailand, das heute seinen Namen trägt.
47 Richard Wallace (1818-1890) war ein britischer Mäzen. Als illegitimer Sohn von Robert Seymour-Conway, IV. Herzog von Hertford, erbte er dessen bedeutende Kunstsammlungen.
48 Edmond Foulc (1828-1919) war ein französischer Unternehmer und Kunstsammler, der vor allem Kunstwerke des Mittelalters und der Renaissance sammelte.
49 Albert Figdor (1843-1927) war ein Wiener Bankier und Kunstsammler. Seine umfangreichen Sammlungen wurden 1930 in Wien und Berlin versteigert.
50 Ausgenommen ist eine Episode, bei der er eine Büste für original hielt, die er für das Kaiser-Friedrich-Museum erwerben sollte, diese hatte Spitzer jedoch als Fälschung eingestuft; in diesem Zusammenhang erwähnt Bode den großen Gönner und Klienten Spitzers, Adolphe de Rothschild, siehe Bode/Gaethgens/Paul 1997, I, S. 99.
51 Ferdinand de Rothschild (1839-1898), Sohn des Wiener Barons Anselm von Rothschild, war seit seiner Übersiedlung nach Großbritannien aktiv als Politiker tätig (Mitglied des Parlaments). Seine Bedeutung erlangte er vor allem als Kunstsammler, 1898 hinterließ er seine Sammlung dem British Museum.
52 Mayer Amschel Rothschild (1744-1812) aus Frankfurt a.M. war Bankier und Begründer des Bankhauses Rothschild, Großvater von Anselm von Rothschild.
53 Anselm von Rothschild (1803-1874) war Bankier, Philanthrop *(Rothschild Hospital)* und Kunstsammler. Seine Sammlung führte sein Sohn Ferdinand (siehe Anm. 51) fort.
54 Heuberger 1994; ders., 1997, S. 65-74; Thornton 2015, S. 16f.

Rothschilds eine noch viel weiter zurückreichende Tradition als bei allen Berliner Privatsammlern um 1890. Sie waren es, die letztlich auch den Kult der Renaissance-Epoche mitbegründeten.

Als Ferdinand de Rothschild seine Residenz in Waddesdon Manor zwischen 1874-1889 ganz im Stil eines französischen Loire-Schlosses errichten ließ, engagierte er jedoch auch die „Pariser" Berater,[55] Alfred André[56] und Frédéric Spitzer. Diese Spezialisten wurden für die Einrichtung der jeweiligen Räume in Waddesdon Manor hinzugezogen, in denen alles bis ins Detail auf die ästhetische Repräsentation der ausgesucht wertvollen Objekte abgestimmt sein musste.[57] Die Aufstellung der Kunstwerke sollte in erster Linie den

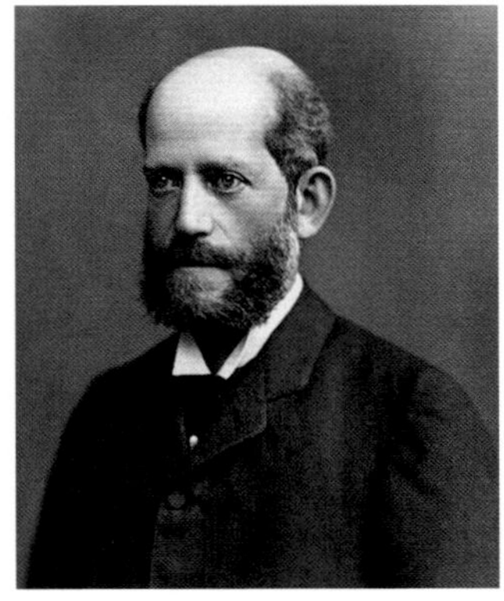

Abb. 29 | Baron Ferdinand de Rothschild, ca. 1880

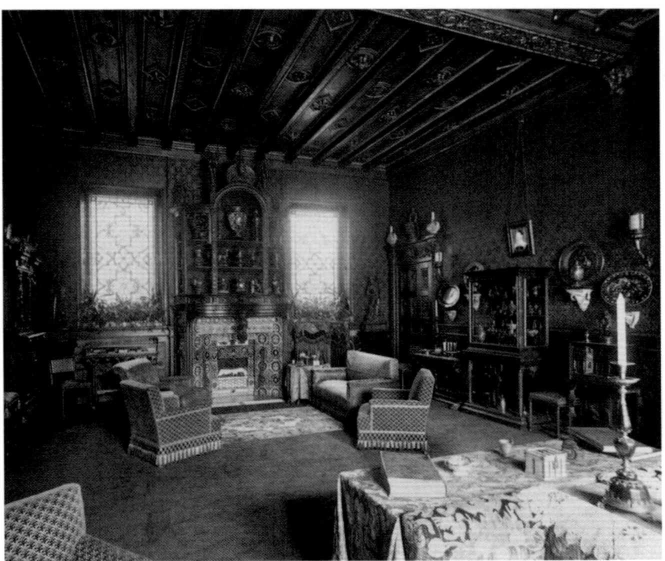

Abb. 30 | Waddesdon Manor, New Smoking Room, November 1897

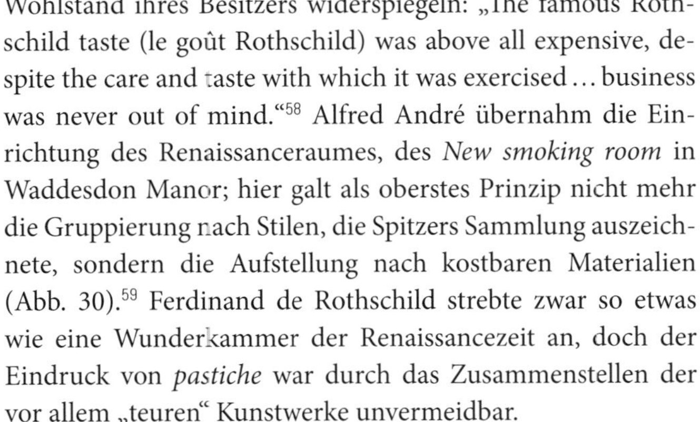

Wohlstand ihres Besitzers widerspiegeln: „The famous Rothschild taste (le goût Rothschild) was above all expensive, despite the care and taste with which it was exercised … business was never out of mind."[58] Alfred André übernahm die Einrichtung des Renaissanceraumes, des *New smoking room* in Waddesdon Manor; hier galt als oberstes Prinzip nicht mehr die Gruppierung nach Stilen, die Spitzers Sammlung auszeichnete, sondern die Aufstellung nach kostbaren Materialien (Abb. 30).[59] Ferdinand de Rothschild strebte zwar so etwas wie eine Wunderkammer der Renaissancezeit an, doch der Eindruck von *pastiche* war durch das Zusammenstellen der vor allem „teuren" Kunstwerke unvermeidbar.

55 Schon sein Vater Anselm von Rothschild hatte einen Berater, den Maler Moritz Daniel Oppenheim (1800-1882) hinzugezogen, der, wie Ferdinand in seinen Memoiren *Bric à Brac* berichtet, ihn in seiner Jugend über den Marktwert von Kunst unterrichtet hatte, vgl. Hall 2007, S. 50-77.

56 Alfred André (1839-1919) war ursprünglich ein Goldschmied.

57 Siehe Read 1902; Thornton 2015.

58 Thornton 2015, S. 51.

59 Ebd., S. 38.

Worauf beruhte der Rennaissancekult bei den Rothschilds, der sich nicht nur bei Oscar Hainauer, sondern bei allen Berliner Sammlern rasch verbreiten sollte? Das Renaissance-Bild dieser Zeit wurde zunächst von Jacob Burckhardts *Cicerone. Eine Anleitung zum Genuss der Kunstwerke Italiens* 1855 und vor allem aber von seiner Publikation *Die Cultur der Renaissance in Italien* 1860 beeeinflusst.[60] Nun nahm man die Renaissance als Stilepoche wirklich wahr und Burckhardts Bücher sollten schnell zur Pflichtlektüre eines jeden gebildeten Bürgers avancieren. Bode selbst war ja mit dem, wie er beschreibt, „äußerst scheuen Mann" Jacob Burckhardt gut bekannt und wurde unmittelbar nach der ersten Begegnung zu dessen Mitarbeiter am *Cicerone*.[61]

Die Rückbesinnung auf Epochen der Vergangenheit wie die des Mittelalters oder der Renaissance entsprach jedoch freilich ganz und gar dem Zeitgeist des Historismus. Für Sammler wie Ferdinand de Rothschild lässt sich die Liebe zur Renaissance auch aus einem anderen Grund erklären. Es war die Suche nach einer Identität, die die zu Reichtum gelangten Unternehmer und Bankiers beflügelte.[62] Welche Vorbilder wären wohl besser geeignet gewesen, als die der reichen Florentiner Familien wie die Medici, die Rucellai oder die Strozzi? Bei diesen Familien spielte, wie bei den Rothschilds, der Wohlstand und nicht die adlige Herkunft eine entscheidende Rolle, wurde das Sammeln als die „würdige Form des Reichtums" angesehen, und zwar untrennbar von dem Mäzenatentum, das auch soziales Engagement miteinschloss. Hinzu kam, dass die Renaissance bei Burckhardt als der Beginn der Moderne interpretiert wird, ein Konzept, das die wohlhabenden Sammler gerne auf ihre eigene Zeit – die Aufbruchsstimmung der Gründerzeit – übertragen wollten. Man „fühlte" sich in diese Florentiner Welt ein, ohne jedoch genaue Vorstellungen von der ursprünglichen Einrichtung des Palazzo Medici Riccardi oder des Palazzo Strozzi in Florenz zu haben. Dies ahnte bereits Lady Eastlake[63], die im Hinblick auf einen anderen Landsitz der Rothschilds, die Mentmore Towers bemerkt: „… I do not believe that the Medici were so housed at height of their glory."[64]

Ferdinand de Rothschilds Liebe zur Renaissance ging jedoch noch weiter, wenn er sich – genau wie Frédéric Spitzer![65] – gerne im Renaissancekostüm zeigte (Abb. 31). Die Kostümierung ergänzte die Selbstinszenierung der neuen bzw. neureichen europäischen Klasse auf hervorragende Weise.

60 Der Renaissancekult in der Literatur setzte allerdings erst um 1900 ein, vgl. dazu Koopmann 1999, S. 13-24.
61 Kaegi 1967, S. 173. Zu Bode und Burckhardt siehe Seidel 1999, S. 55-109.
62 Thornton 2015, S. 51-55.
63 Lady Elisabeth Eastlake (1809-1893) war eine britische Kunstkritikerin und Autorin, verheiratet war sie mit Sir Charles Lock Eastlake (1793-1865), dem Direktor der National Gallery in London.
64 Thornton 2015, S. 51.
65 Cordera 2014, S. 60, das Foto entstand nach 1878.

Die Vorliebe für die Renaissancekunst, die auch bei James Simon trotz seiner weit gefächerten Sammler-Interessen immer wieder aus seinen Briefen spricht, hatte in den Sammlern der Rothschilds wichtige Vorläufer und Oscar Hainauer wird in Berlin zum wichtigsten Vermittler dieses Geschmacks.

Die Präsentation der Rothschildsammlungen befolgte zwar als obersten Grundsatz die Darstellung von enormem Reichtum, dennoch waren sie davon überzeugt, mit ihren Sammlungen einen bedeutenden sozialen Beitrag geleistet zu haben. Bei einer so bedeutenden jüdischen Familie dürfte auch ihre Familientradition eine entscheidende Rolle gespielt haben, denn die Unterstützung der Kunst und der Wissenschaften wurde als ein Teil des Gebotes der *Tsedaka* (Gerechtigkeit) angesehen: „Neben der verinnerlichten sozialen und zunehmend säkularisierten *Tsedaka* trat die kulturelle *Tsedaka*, das Engagement von Juden in Wissenschaft, Kultur und Kunst."[66]

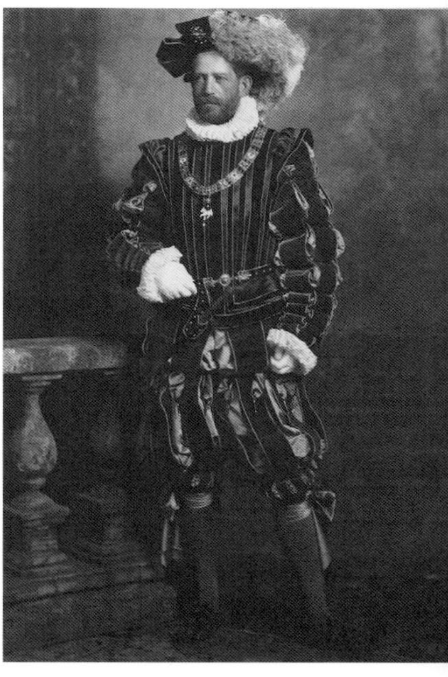

Abb. 31 | Baron Ferdinand de Rothschild im Renaissancekostüm

Die Rothschilds sahen ihre Sammlung als Beitrag zu einer neuen Gesellschaft an und die Schenkung war der Akt, in dem diese Partizipation am Gemeinwohl seine Verwirklichung fand. So äußerte sich Ferdinand de Rothschild: „Thus brilliant gatherings are formed which have beneficent influence on the taste and conditions of society…".[67] Er sollte seine Sammlung zwar nicht zu Lebzeiten schenken, vermachte sie aber nach seinem Tod 1897 dem British Museum unter der Bedingung, dass sie in einem vom Museum gesonderten Raum gezeigt werden sollte, der den Namen Waddesdon Bequest Room tragen soll.[68] Nun konnten sich Tausende von Besuchern an den kostbaren Kunstwerken erfreuen, während sein Name mittlerweile vielleicht schon längst vergessen war.

In seinen Memoiren *Bric à Brac* beklagte Ferdinand de Rothschild, dass der private Kunstbesitz seit der Wirtschaftskrise 1873 in England geschwunden sei und weist darauf hin, dass der Kontinent nun über viel bedeutendere Sammler verfügen würde – vor allem in Berlin! –, doch denen wolle er seine Sammlung nicht überlassen.[69] Daraus liest man sein Bekenntnis zu England, mit dem er sich bis zum seinem Tode identifiziert hatte.

Den Gedanken, zum Wohle aller eine Sammlung möglichst getreu in ihrem ursprünglichen Zusammenhang aufzustellen, und die Förderung der Künste, die mit dem jüdischen Gebot der *Tsedaka* (Gerechtigkeit) in Verbindung steht, haben die Rothschilds trotz aller Gegensätze mit James Simon

66 Heuberger 1997, S. 69.
67 Rothschild 1885, S. 55-69. Trotzdem unterlag man der Kritik, die z. B. Robert Davidsohn anlässlich seines Besuchs der Frankfurter Familie Rothschild im Jahr 1888 machte, vgl. Baumeister/Fastenrath Vinattieri 2019, S. 41; Anhang III, S. 14.
68 Dazu Thornton 2015, S. 54f.: „Ferdinand was thinking of competition from the director of the Berlin Museums, Wilhelm von Bode […]".
69 Hall 2007, S. 64.

gemeinsam. Ihm werden die Sammlungen dieser Familie zumindest vom Hörensagen vertraut gewesen sein, doch schlägt er eine geradezu entgegengesetzte Strategie des Sammelns ein, wenn er anstelle des materiellen Wertes – so z. B. die von den Rothschilds so beliebten Juwelen in allen nur vorstellbaren Fassungen – bei seinen Erwerbungen das Schöne und die Qualität eines Kunstwerkes als wichtigste Kriterien ansieht. Diese beiden Aspekte hat er jedoch mit einem anderen bedeutenden Sammler dieser Zeit gemeinsam, dem Wiener Bankier Albert Figdor.

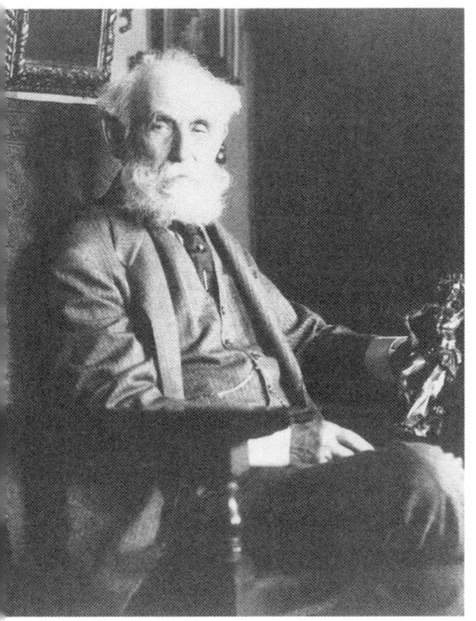

Abb. 32 | Albert Figdor, um 1920

Albert Figdor und „die Freude am Schönen"

Unter den Wiener Sammlern der 1880er Jahre spielte ein weiteres Familienmitglied der Rothschilds, Nathaniel Freiherr von Rothschild[70] eine bedeutende Rolle und Bode, der angibt in dessen Palais in der Theresianumgasse gewohnt zu haben, bemerkte dazu: „Das Kunstwerk als solches galt ihm weniger als die Wirkung, die es im ganzen machte."[71] Doch es ist die Persönlichkeit von Albert Figdor[72] (Abb. 32), die der Sammlerpersönlichkeit von James Simon am nächsten kommt.

Figdor konnte und wollte keine protzige Ausstellung von wertvollen Objekten, sondern verband stets Wissen und Schönheit mit einem Objekt (Abb. 33). Aus einer jüdischen Bankiersfamilie stammend, war er mit der französischen Kultur des Sammelns vertraut, aber wie noch Ernst Buschbeck[73] 1927 bemerkt: „Was ihn [Figdor] trieb, war die unmittelbare und in gewissem Sinne entzückende Freude an dem schönen Stück …".[74] Seine Sammlung hatte laut Augenzeugen den Charakter einer höchst „kostbaren Einrichtung" und im Unterschied zu den Rothschilds kam es Figdor nicht darauf an, das Wertvolle eines Gegenstands, geschweige denn seinen Reichtum zu präsentieren, er sammelte vielmehr mit einem außerordentlichen Sinn für Qualität, eine Eigenschaft, die er mit James Simon teilte.

Zudem war sein Interesse sehr weit gefächert, so befanden sich unter den Tausenden von Objekten auch Spezialsammlungen von Gebrauchsgegenständen ohne nennenswerten materiellen Wert, doch kulturhistorisch überaus bedeutend. Otto von Falke[75] berichtet 1929, dass Figdor zu sagen pflegte, er wolle „warme Sachen" sammeln. [76] Dem entspricht ebendiese

70 Nathaniel von Rothschild (1836-1905) war der Sohn von Anselm von Rothschild (1803-1874) und hatte in seinem Palais in Wien eine große Kunstsammlung aufgebaut, vgl. Bode/Gaethgens/Paul 1997, I, S. 230f.
71 Ebd., S. 231.
72 Albert Figdor (1843-1927).
73 Ernst Heinrich Buschbeck (1889-1963) war ein Wiener Kunsthistoriker, der 1939 nach London emigrierte und nach dem Zweiten Weltkrieg 1949 Direktor des Kunsthistorischen Museums in Wien wurde.
74 Buschbeck 1927, S. 3.
75 Otto von Falke (1872-1942) war ein Wiener Kunsthistoriker und Direktor des Kunstgewerbemuseums in Köln (1895) und später auch des Kunstgewerbemuseums in Berlin (1908).
76 Falke 1929, S. 331.

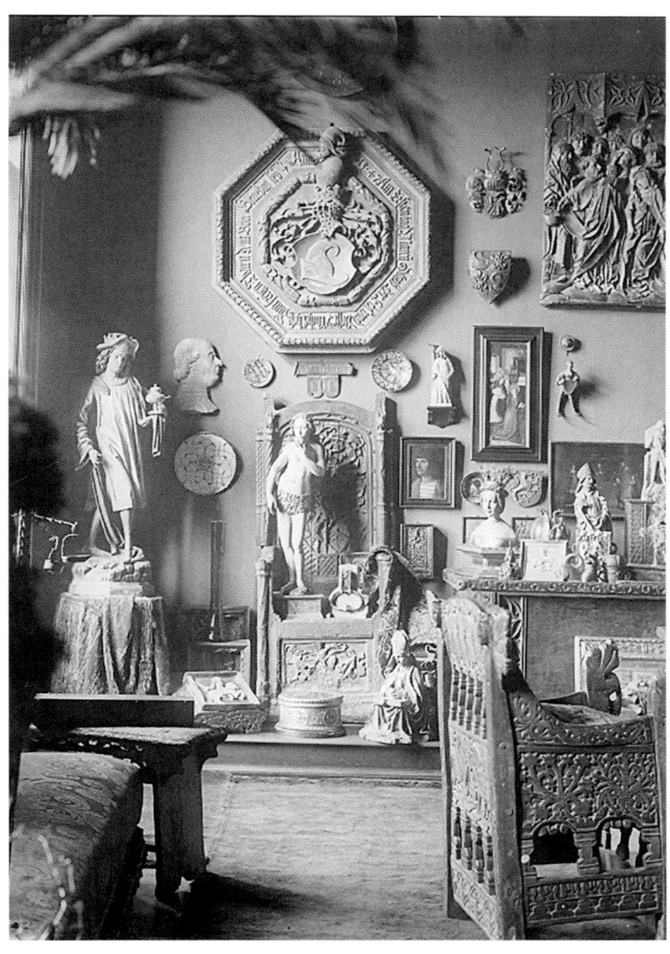

Abb. 33 | Innenraum in Figdors Palais, Wien, Löwelstraße 8, um 1910

Vorliebe für Gegenstände des häuslichen und kunsthandwerklichen Gebrauchs. Neben den Gebrauchsgegenständen sammelte Figdor vor allem Kunstwerke des Mittelalters und der Renaissance, andere Stilperioden hatte er aus seiner Sammlung ausgeschlossen. Die Überfülle seiner Objekte beanspruchte zwölf Zimmer, d.h. den größten Teil seiner Wohnung, in der alle Stand- und Wandflächen ausgenutzt wurden. Ein Versuch zu einer systematischen oder chronologischen Aufstellung der Objekte war augenscheinlich nicht in der Absicht des Besitzers. Kunsthistoriker wie Ludwig Baldass[77] bestätigten später, dass die „Objekte scheinbar wahllos und dabei doch durchaus geschmackvoll über jeden irgend verfügbaren Platz verteilt waren."[78]

In der Zeit als Figdor in den 1860er und 1870er Jahren seine Sammlung anlegte, waren Objekte des Mittelalters und

77 Ludwig Baldass (1887-1963) war Professor für Kunstgeschichte an der Universität Wien, der nach dem Anschluss Österreichs 1938 unter dem Naziregime verhinderte, dass die Familie Rothschild ihre Kunstwerke aus Österreich ausführen durfte.
78 Baldass 1929, S. 405.

der Renaissance schon längst nur noch zu sehr hohen Preisen auf dem Kunstmarkt erhältlich. Figdor vertraute jedoch keinem Berater, sondern seinen eigenen Kenntnissen und seinem außerordentlichen Blick für Qualität, wenn er so oftmals „namenlose“ Bilder und Skulpturen kaufte. Diesen Sinn für die Qualität eines Kunstwerkes verbindet ihn mit James Simon.

James Simon und Wilhelm von Bode

Wilhelm von Bode (Abb. 34) verkehrte mit allen wichtigen Privatsammlern wie den Rothschilds oder Albert Figdor, er kannte jeden Kunsthändler wie Bardini, Duveen, Murray oder Sedelmeyer und bewegte sich auf dem Parkett des Kunstmarktes so sicher wie kaum ein anderer. Bode war ein ehrgeiziger Wissenschaftler, der seine Kenntnisse vor allem durch das in seiner Zeit noch ungewöhnliche Studium der Originale schulte, wobei die ausgedehnten Reisen dafür natürlich eine unabdingbare Voraussetzung waren. Seine Zu- und Abschreibungen veröffentlichte er auch immer wieder in zahlreichen Beiträgen; dabei befasste er sich nicht nur mit seinen Lieblingsthemen wie der Skulptur und der Malerei der Renaissance, sondern auch mit einigen zeitgenössischen Künstlern wie Max Klinger,[1] Max Liebermann oder Klaus Stauffer-Bern[2] und nicht zuletzt mit seinem Steckenpferd, den Orientteppichen. Die Identifikation Bodes mit den Kunstwerken ging so weit, dass schon Max Liebermann (1907) dazu bemerkte: „In Bode ergänzt der Schriftsteller den Museumsdirektor, und umgekehrt [...] seine kunsthistorischen Schriften sind seine Memoiren."[3] Als aufstrebender Direktor war er von der Weltmachtstellung des Deutschen Reiches überzeugt, die sich für ihn selbstverständlich auch in der Museumspolitik widerspiegeln sollte, somit ganz und gar ein Mann der Wilhelminischen Epoche.

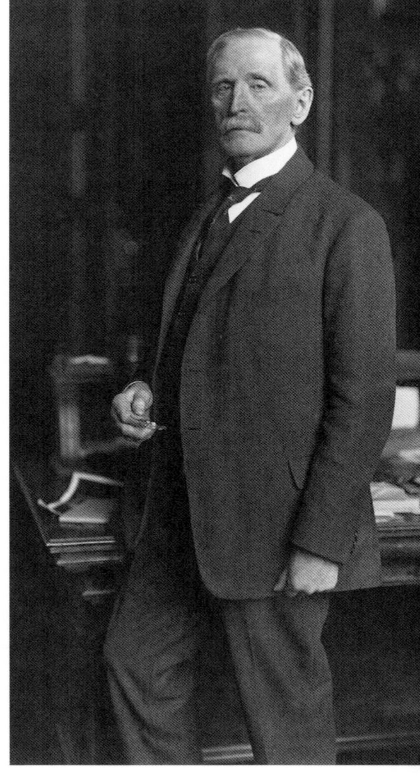

Abb. 34 | Wilhelm von Bode in seinem Arbeitszimmer, 1915

Bode verstand sich offenbar nicht nur als hervorragend vernetzter Connaisseur, sondern eben immer auch als Politiker mit geradezu militärisch anmutenden Strategien, die er für seine Vorhaben, oder sollte man besser sagen „Feldzüge", beim Erwerb der bedeutendsten Exponate auf dem europäischen Kunstmarkt einsetzte. Bodes stark ausgeprägter Ehrgeiz spielte dabei ebenso eine Rolle wie seine entschieden nationalistische Einstellung, aus der er gerade nach der Niederlage des Ersten Weltkrieges keinen Hehl machte.[4]

Über die erste Begegnung mit James Simon (Abb. 35) sollte sich Bode im Jahr 1904 äußern; anlässlich der Feier zur silbernen Hochzeit des Kronprinzenpaars im Februar 1883 habe ihm Simon gesagt, dass er ein Gemälde des holländischen Malers Willem Bartius[5] erworben hätte, auf den er durch eine Publikation Bodes über *Frans Hals und seine Schule* (1871)

1 Max Klinger (1857-1920) war ein deutscher Bildhauer, Maler und Graphiker, er arbeitete seit 1875 immer wieder in Berlin und stellte dort auch seine Werke aus.
2 Klaus Stauffer-Bern (1857-1891) war ein Schweizer Maler, Bildhauer und Radierer, der in den 1880er Jahren in Berlin zu einem erfolgreichen Porträtisten avancierte.
3 Liebermann 1978, S. 95.
4 Bode/Gaethgens/Paul 1997, I, S. 409.
5 Willem Bartius (1612-1657) war ein holländischer Maler verschiedener Sujets. Simon besaß ein Werk dieses Künstlers, die *Mandolinenspielerin* vgl. Simon-Bode 2020, Anm. 624, S. 233.

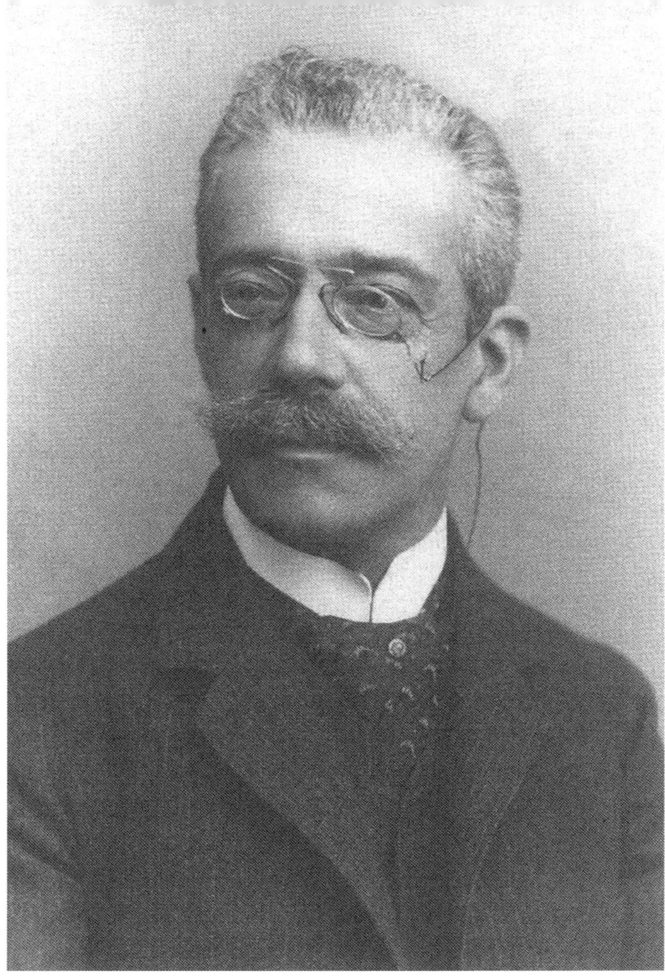

Abb. 35 | James Simon, um 1900

aufmerksam gemacht worden sei. Simon hätte ihn dann auch zu einer Besichtigung des Bildes in seinem Haus eingeladen, die Bode kommentiert: „Bei dem Besuche zeigte er mir noch einige gleichzeitig von ihm erworbene holländische Bilder – so gut und so schlecht, wie man sie damals in Berlin, fern vom großen Kunstmarkt, erwerben konnte.“[6]

James Simons Sammeln war zunächst auf die holländische und nicht auf die italienische Malerei konzentriert und von Anfang an zeigt sich, dass er seine Interessen stets durch wissenschaftliche Lektüre zu untermauern suchte. Völlig unerfahren war er um 1883 nicht. Sein großer Wissensdrang förderte von Anfang an eine systematische Beschäftigung mit einem Kunstwerk, zudem dürfte der Austausch in seinem Umfeld, seiner angeheirateten Familie und besonders mit seinem Schwager Georg Reichenheim relevant gewesen sein.

Die Bekanntschaft mit Bode sah Simon vermutlich als einen glücklichen Umstand an, seine Ambitionen als Sammler zu perfektionieren. Aus den Briefen Simons an Bode spricht

6 Bode 1904-1905, S. 61; Bode/Gaethgens/Paul 1997, I, S. 76; ebd., II, S. 7.

das System, mit dem er seine Ziele verfolgte, denn vor seinen Reisen zu Museen und Denkmälern bat er den Museumsdirektor stets um Rat. Gemeinsame Reisen, wie sie Bode mit anderen Berliner Sammlern z. B. mit Oscar Hainauer zu tun pflegte, unternahmen die beiden Männer jedoch nicht. 1887 machte Simon beispielsweise eine Hollandreise, um seine Kenntnisse der holländischen Malerei zu vertiefen, und Bode empfahl ihm dabei nicht nur die zu besichtigenden Städte, sondern auch dem damaligen Direktor des Niederländischen Museums für Geschichte und Kunst in Den Haag Abraham Bredius[7] einen Besuch abzustatten. Dieser war ein hervorragender Experte der holländischen Malerei des 17. Jahrhunderts. Nach seiner Holland-Reise äußerte sich Simon dann auch in einem Brief an Bode, datiert vom 3. Dezember 1887, sehr zufrieden, denn er fand sie „sehr genußreich, belehrend und anregend. Ich kann sagen, daß diese Umschau, wenngleich sie so flüchtig war, doch mein Verständnis etwas gefördert hat."[8] Im gleichen Brief erwähnt Simon, wie so oft, dass er die entsprechenden Bücher lesen werde um seine Kenntnisse zu vertiefen.[9]

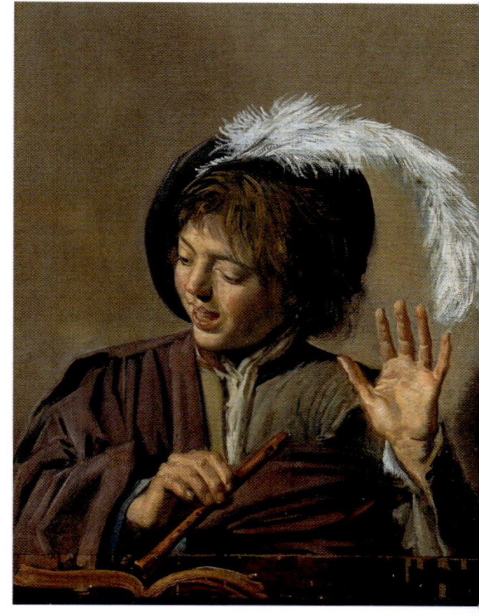

Abb. 36 | Frans Hals, Singender Knabe mit Flöte, um 1623-25 (Sammlung Barthold Suermondt). Berlin, Gemäldegalerie

Bode hatte sich schon früh für die holländische Malerei des 17. Jahrhunderts interessiert und 1868 seine erste Reise in die Niederlande unternommen. 1871 war seine Doktorarbeit über *Frans Hals und seine Schule* erschienen. Besonders eindrucksvoll müssen einem Sammler wie James Simon die Passagen über den Malstil des holländischen Malers erschienen sein, den Bode genauestens analysierte, so z. B. die präzisen Feststellungen zum Kolorit: „Deshalb macht er von der Carnation stets die übrigen Lokalfarben abhängig, bestimmt danach die Haltung des Gemäldes und kennzeichnet so auf den ersten Blick den Kopf als den geistigen Mittelpunkt, die Hände als die unmittelbaren Vermittler des geistigen Ausdrucks."[10]

Schnell entwickelte sich Bode zu einem ausgesprochenen Kenner dieser Epoche und sollte nur wenige Jahre später seine *Studien zur Geschichte der holländischen Malerei* (1883) veröffentlichen. Nicht vergessen werden darf, dass das Berliner Museum schon 1874 mit der bedeutenden Sammlung des Aachener Industriellen Barthold Suermondt[11] ein hervorragendes Konvolut an altdeutscher, altniederländischer und holländischer Malerei des 17. Jahrhundets erworben hatte (Abb. 36).[12]

Bodes Schriften sollten jedoch nicht nur einen Sammler wie Simon, sondern auch seinen Verwandten Max Liebermann beeindrucken, dessen Reisen nach Holland zwar bekannt sind, der aber offenbar auch durch Bode zum Studium

7 Abraham Bredius (1855-1946) war ein holländischer Kunsthistoriker, von 1889 bis 1909 hatte er die Stelle des Direktors des Mauritshuis in Den Haag inne.

8 Matthes 2000, S. 156 und S. 306, Anm. 556; Simon-Bode 2020, S. 87, Brief-Nr. 31, Brief vom 3. 12. 1887.

9 Simon-Bode 2020, S. 87, Brief-Nr. 31, Brief vom 3. 12. 1887: „Alle Bücher, welche Sie anführen, kenne ich noch nicht [...] ich werde sie aber gern zu meinem Studium machen."

10 Bode 1871, S. 72f. Dazu Gaethgens 1997, S. 84f.

11 Barthold Suermondt (1818-1887) war ein Bankier und Unternehmer, dessen Kunstsammlungen schon seit den 1860er Jahren von namhaften Kunsthistorikern wie Gustav F. Waagen eingeschätzt und beschrieben wurden.

12 Lepper 1988/89, S. 183-342.

von Frans Hals angeregt wurde und allein 13 Kopien nach dessen Werken anfertigte.[13]

Ein besonderes Reiseziel von James Simon war zweifellos immer wieder Florenz, und zwar schon 1886, wo er Kontakt zu den Kunsthändlern Raffaele Angiolini und Stefano Bardini aufnahm. Später, nachdem sein Freund aus Berlin, der Historiker und Privatgelehrte Robert Davidsohn[14] 1889 nach Florenz übergesiedelt war, wurden die Besuche Simons noch häufiger.[15] Dort dürfte er auch am gesellschaftlichen Leben der deutschen Wahlflorentiner teilgenommen haben, darunter der Kunsthistoriker Aby Warburg, ein enger Freund Davidsohns.[16]

Auch die 1892 unternommene Italienreise wollte Simon bestens nutzen und bat Bode daher um Ratschläge bei der Besichtigung von Museen sowie um Fachliteratur, mit der man sich in Italien bessere Kenntnisse aneignen könne.[17] 1892 hielt sich Simon vom 5. bis zum 20. April im Grand Hotel in Rom auf, muss jedoch, wie er noch vor seiner Abreise nach Italien Bode in einem Brief vom 28. März 1892 mitteilte, auch Verona und Bologna besichtigt haben.[18]

Ein „ewiger Pakt" mit Bode?

Bode beschreibt, wie man sich die „Zusammenarbeit" mit Simon vorzustellen hat: „Bei Unterhaltungen über die Chancen für günstige Ankäufe alter Kunstsachen fragte mich Herr Simon, ob ich wohl bereit sein würde, ihm, der selbst wenig Zeit habe, sich im Kunsthandel näher umzusehen, gelegentlich zu guten Erwerbungen zu verhelfen; er würde dafür auch gerne unseren Museumssammlungen behilflich sein. Den Pakt, den wir damals schlossen, haben wir beide, glaube ich, ehrlich gehalten."[19] Wenngleich hier der berühmte Ausspruch des „geschlossenen Paktes" auftaucht, so liest man zwischen den Zeilen, wie sehr sich Bode – obwohl zu Unrecht – stets als der Überlegene fühlte.

Simon war sich bewusst, dass die Erfahrungen eines Connaisseurs wie Bode kaum zu überbieten waren und dass er nur mit Hilfe dieses Museumsmannes auf dem internationalen Kunstmarkt Chancen haben würde, qualitätvolle Werke zu erwerben. Das Angebot Simons, im Gegenzug den „Museumssammlungen behilflich zu sein", also als Mäzen aufzutreten, musste für Bode, der ständig auf der Jagd nach „schenkungsfreudigen Privatsammlern" war, ein besonders großer Anreiz

13 Gaethgens 1997, S. 83-92; zur Bedeutung der holländischen Malerei im Kaiserreich vgl. Kuhrau 2005, S. 181-186.
14 Robert Davidsohn (1853-1937) arbeitete zunächst in Berlin als Journalist und Unternehmer im *Berliner Börsen-Courier* seines Bruders George, wo er mit den wichtigsten Persönlichkeiten der Berliner Gesellschaft in Kontakt kam, u. a. mit Eduard Arnhold, einem Freund von James Simon. Nach 1884 entschied sich Davidsohn den Weg des Historikers bzw. des Privatgelehrten einzuschlagen. Von 1889 bis zum seinem Tode 1937 lebte er in Florenz, wo er seit 1896 sein mehrbändiges Werk „Geschichte von Florenz" veröffentlichte, vgl. dazu Baumeister/Fastenrath Vinattieri 2020, S. 16-21. Sein Bruder Paul Davidsohn (1839-1931) besaß in Berlin die größte private Kupferstichsammlung, die er seit 1870 aufgebaut hatte. Die Sammlung von fast 10.000 Kuperstichen wurde bei C. G. Boerner 1920/21 in Leipzig versteigert, siehe Baumeister/Fastenrath Vinattieri 2020, S. 8-11. Vermutlich war Simon durch Paul mit Robert Davidsohn bekannt gemacht worden.
15 SMB-ZA, IV-NL Bode 5136, 15.v. 1886, 20.5.1886. Simon war in Florenz immer wieder im Hotel Italie am Lungarno Corsini wohnhaft, das noch heute existiert.
16 Aby Moritz Warburg (1866-1929) war der Sohn von Moritz M. Warburg (Direktor der Privatbank M.M.Warburg & Co), er hielt sich bereits von 1888 bis 1889 in Florenz auf, nach seiner Heirat 1897 mit Mary Warburg, geb. Hertz (1866-1934) lebte er ab 1898-1902 wiederum in Florenz, vgl. Roeck 2000, besonders S. 21-53.
17 Matthes 2000, S. 155.
18 SMB-ZA, IV-NL Bode 5136, 28.3.1892.
19 Bode 1904, S. 61.

gewesen sein. So fügt er auch hinzu: „Hatte doch Herr Simon schon früh durchfühlen lassen, daß seine Sammlung gelegentlich einmal ganz oder teilweise in die Museen aufgehen könne, ich entsprach daher nur genau seinem eigenen Wunsche, wenn ich bei Erwerbungen, auf die ich ihn aufmerksam machte, besonders solche Stücke vorschlug, die auch für die Museen erwünschte Bereicherungen gewesen waren."[20] Die Situation dürfte vermutlich etwas anders gewesen sein als hier geschildert wird, denn Simon war, wie noch zu zeigen ist, von Anfang an, daran interessiert, sein Wissen zu vertiefen und sich selbst ein Bild von dem jeweiligen Objekt zu machen.

Bode erwartete geradezu von „seinen" Sammlern, dass sie die Berliner Museen durch Schenkungen unterstützen sollten. Dabei war er nicht immer erfolgreich, wie sein Mitarbeiter Max J. Friedländer bemerkte: „Bode förderte so intensiv das private Sammelwesen, empfahl, riet, erstens weil er seine Macht auf dem Kunstmarkt dabei steigerte, zweitens weil er Dank in Form von Schenkungen und Erbanfällen erwartete, nur zum Teil mit Erfolg."[21] James Simon sollte sein großzügigster Mäzen werden.

Bode und die Idee des „harmonischen Ganzen"

Nachdem Bode 1883 Direktor der Skulpturensammlung der Renaissance und 1890 zusätzlich Direktor der Gemäldegalerie geworden war, bestand sein ganzer Ehrgeiz darin, die Sammlungen der Königlichen Museen erfolgreich auszubauen und seine Vision zu verfolgen, ein Renaissance-Museum im späteren Kaiser-Friedrich-Museum einzurichten.

Sein Ziel war es, Kunstwerke von ausgesucht hohem Rang zu erwerben und er erhielt in seiner Anfangszeit auch außerhalb des Museums Unterstützung durch den Kronprinzen Friedrich Wilhelm, der seinen Einfluss geltend machen wollte und in einer Denkschrift von 1883 gefordert hatte: „... daß sich das Museum nicht mehr nur von den durch die Kunstgeschichte vorgegebenen Kategorisierungen leiten lassen dürfe, sondern ästhetischen Anforderungen weit mehr gerecht werden müsse."[22] Mit den „Kategorisierungen" spielte der Kronprinz auf die noch von Gustav F. Waagen[23] vertretene Vorstellung an, wonach die Gemälde im Alten Museum nach Schulen und in einer chronologischen

20 Ebd., S. 62.
21 Friedländer 1967, S. 75f.; zu Bodes Rolle als Berater vgl. Kuhrau 2005, S. 142-151.
22 Paul 1993, S. 44.
23 Gustav F. Waagen (1794-1868) war ein Kunsthistoriker, der 1828 in die Berliner Museumskommission eintrat und 1830 den ersten Katalog der Gemäldesammlung verfasste. Von 1830-1864 war er der Direktor der Berliner Gemäldegalerie.

Reihenfolge geordnet werden sollten, und zwar mit der Absicht, kunsthistorisches Wissen zu präsentieren. Bode strebte hingegen mit seinen bekannten „Stilräumen" eine ästhetische Repräsentation an; die Säle des Museums sollten ganz und gar dem Charakter von Wohn- bzw. Sammlungszimmern entsprechen, in der die jeweilige Stilperiode und die Region, wie z. B. die Toskana, mit allen Gattungen, Gemälden, Skulpturen, Möbeln und Kleinkunst vertreten waren.

Die von ihm organisierten Sonderausstellungen mit Kunstwerken aus Berliner Privatbesitz zielten darauf ab, diese gattungsübergreifende Aufstellung von Kunstwerken zunächst einmal zu erproben. Das ästhetische Konzept, die Ordnung eines Wohnraumes im Sinne eines „harmonischen Ganzen" in einen Ausstellungsraum zu übertragen, lässt sich auch mit den Äußerungen der Kronprinzessin Victoria in Verbindung bringen, die sie 1883 anlässlich der Ausstellung von Gemälden älterer Meister aus Berliner Privatbesitz in der Königlichen Akademie der Künste Unter den Linden gemacht hatte.[24] Tatsächlich suchte Bode diese Ideen auch später zu realisieren. Rudolf Dohme,[25] der für die Organisation der Ausstellung mitverantwortlich war, äußerte sich diesbezüglich: „Es sollte deshalb jetzt auch in Berlin einmal der Versuch gemacht werden, die Gemälde annähernd in einer Weise zur Aufstellung zu bringen, in der die sie schaffende Periode es gethan haben konnte."[26]

Man konnte objektiv gesehen nicht wissen, wie genau die Innenräume eines Renaissancepalastes aussahen, doch das *style eye* der Zeit ließ Museumsmänner wie Bode davon überzeugt sein, dass dies die beste Form der Präsentation sei. Sein Ziel war es, den Museumsbesucher in einen „vertraulichen" Rahmen zu versetzen, in dem das Ambiente nicht als distanziertes, ja fast traumatisches Gegenüber auftritt, sondern zu einer scheinbaren Nähe hin manipuliert wird. Jedes Objekt wird zu einem Teil dieses Ensembles reduziert und verliert so seine Bedeutung als Einzelstück mit seiner ihm eigenen Ästhetik. Konnte das Kunstwerk bei dem Privatsammler noch Gegenstand einer „innigen Beziehung" und der Berührung sein,[27] so wurde diese Eigenschaft im Gesamteindruck dieser scheinbaren Vertrautheit wieder absorbiert und auf den rein dekorativen Aspekt reduziert.

Dahinter steht vor allem eine ästhetische Absicht, die Bode im Hinblick auf Gemälde auch offen ausspricht, und zwar die „Abrundung sämtlicher auf einer Wand aufgehängten Bilder zu einem harmonischen Gesamtbild".[28] Eine solche

24 Die Kronprinzessin Victoria (1840-1901), Tochter der englischen Königin Victoria (1819-1901), Ehefrau des Kaisers Friedrich III. (1831-1888), hatte ihre Ideen anlässlich der Ausstellung von Gemälden älterer Meister aus Berliner Privatbesitz in einer Denkschrift von 1883 geäußert, dazu ausführlich Krahn 2015, S. 85 mit Hinweis auf Dohme 1883.
25 Rudolf Dohme (1845-1893) war ein Kunsthistoriker und 1883 Direktor der Nationalgalerie in Berlin.
26 Bode/Dohme 1884, S. 9.
27 Nicht nur die großen Sammler, sondern auch bescheidenere „Liebhaber" von Objekten verhielten sich so, vgl. Gershom Scholem über Walter Benjamins „innige Beziehung zu Dingen" in Scholem 2016, S. 51.
28 Bode 1904, S. 25. Sehr aufschlussreich zu diesem Thema Gaethgens 1993.

Präsentation ähnelte zweifellos den Stilräumen eines Frédéric Spitzer oder eines Albert Figdor. Tatsächlich hatte Bode Spitzers Palais in den späten 1870er und 1880er Jahren häufig aufgesucht und sich von zwei Aspekten besonders inspirieren lassen, einmal die Bevorzugung der Renaissance-Epoche, zum anderen die von Spitzer eingeführte Kombination von Wohn- und Präsentationsräumen, ohne die dort gezeigte Anhäufung von Exponaten zu übernehmen. Trotzdem darf man nicht vergessen, dass Bode, auch wenn es ihm bei den Stilräumen immer um die ästhetisch perfekte Präsentation ging, er dennoch als Freund und Mitarbeiter Jacob Burckhardts[29] von der Kontextualisierung eines Kunstwerkes überzeugt war.[30]

James Simons Entwicklung zum „selbständigen" Sammler

Schon in den ersten Arbeitsplänen Bodes wird seine Absicht deutlich, die Sammler in die Richtung zu leiten, die ihm selbst am wichtigsten erschien: „Dann schlug ich die Erweiterung der italienischen Schule durch Ankäufe hervorragender Gemälde der Meister der Renaissance namentlich in Italien, und der holländischen Schule durch Vermehrung der Werke von Frans Hals, Rembrandt und die Kleinmeister vor."[31]

James Simon tendierte von Anfang an, wie schon aus den frühesten Briefen an Bode 1885 herauszulesen ist, zum Sammeln alter Kunst, was als eine persönliche Vorliebe gewertet werden kann, denn einige seiner Freunde, wie Eduard Arnhold, avancierten zu bedeutenden Sammlern der impressionistischen und modernen Malerei, wie der Berliner Secession. Vielleicht erkannte James Simon in den alten Meistern etwas „Großes" und „Würdevolles", so wie es der mit ihm befreundete Max J. Friedländer auf den Punkt brachte: „Der Kunstbesitz ist so ziemlich die einzige anständige und vom guten Geschmack erlaubte Art, Reichtum zu präsentieren. Den Anschein plumper Protzigkeit verjagend, verbreitet er einen Hauch ererbter Kultur. Die großen Meister geben dem Besitzer von ihrer Würde ab, erst scheinbar, schließlich auch wirklich."[32]

Schon früh musste Bode erkennen, dass er in Simon nicht immer einen willigen Gefolgsmann hatte, wenn dieser z. B. seinen Vorschlag, ein Gemälde des flämischen Malers Frans Snyders[33] zu erwerben ablehnte, da es ihn „eigentlich weniger interessiert".[34] Vermutlich fiel Simon zunächst nicht unter die

29 Jacob Burckhardt (1818-1897) stammte aus Basel und war einer der bedeutendsten Kunsthistoriker des 19. Jahrhunderts.
30 Bode hatte Burckhardt 1874 in Basel kennengelernt und dabei offensichtlich einen starken Eindruck gemacht. Burckhardt äußert sich auch dementsprechend: „Es ist ganz erstaunlich, was der für ein Auge hat." Siehe Kaegi 1967, S. 173, Zitat schon bei Bode/Gaethgens/Paul 1997, I, S. 102. Tatsächlich überlässt Burckhardt postwendend die Überarbeitung der weiteren Auflagen seines *Cicerone. Anleitung zum Genuss der Kunstwerke Italiens* Bode, vgl. Gaethgens 1993, S. 157; siehe auch Bode/Gaethgens/Paul 1997, I, S. 33, S. 37. Zu Burckhardt und Bode siehe Seidel 1999.
31 Bode/Gaethgens/Paul 1997, I, S. 54.
32 Friedländer 1919, S. 55.
33 Frans Snyders (1579-1657) war ein flämischer Maler, der vor allem auf Tierdarstellungen und Stillleben spezialisiert war. Simons Kunstsammlung hatte drei Gemälde dieses Meisters aufzuweisen, Hinweise auf die Versteigerungskataloge in Simon-Bode 2020, Anm. 5, S. 62.
34 Matthes 2000, S. 141.

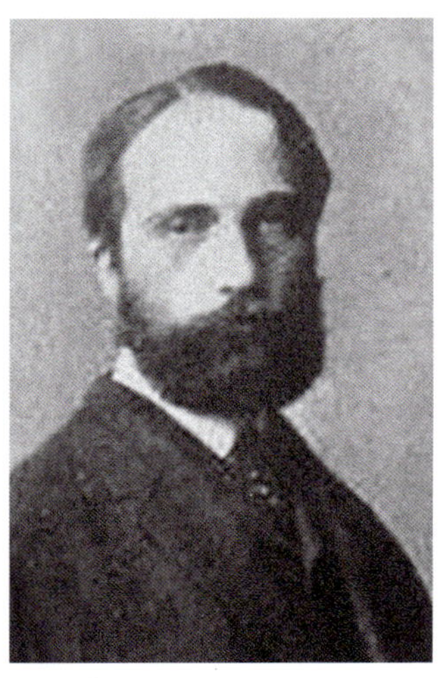

Abb. 37 | Adolf von Beckerath, um 1870

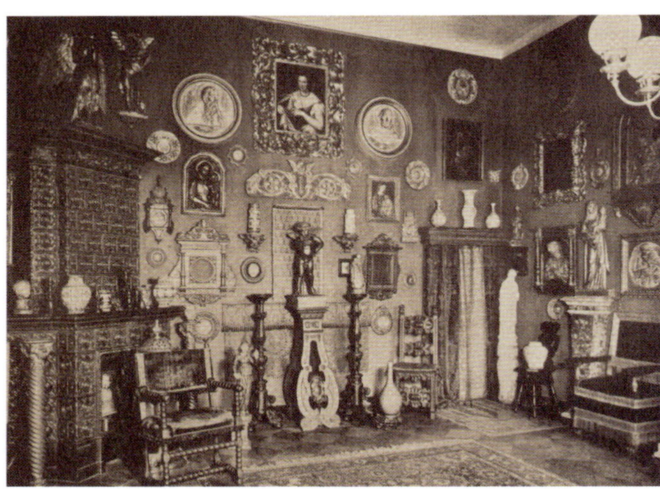

Abb. 38 | Villa Beckerath, Berlin-Tiergarten, Markgrafenstraße, Innenraum, um 1915

Privatsammler wie der Bankier Oscar Hainauer, der vollkommen unabhängig von Bode Renaissancekunst sammelte und seine Sammlung selbständig aufbaute, indem er zu Auktionen oder zu Frédéric Spitzer nach Paris oder zu Stefano Bardini nach Florenz fuhr. Doch ist James Simon ebensowenig als Sammler einzuschätzen, der, wie sein angeheirateter Verwandter Oscar Huldschinsky, nur nach intensiver Beratung kaufte, oder sein Cousin Eduard Simon, der sich völlig an Bode und an den Vorbildern im Museum orientierte. Vor allem gehörte James Simon nicht zu der Kategorie eines „beflissenen" Sammlers, wie etwa Adolf von Beckerath[35] (Abb. 37, 38), der als Seidenfabrikant beruflich oft in Italien war und dort als „Unterhändler" bei den italienischen Antiquaren für die Berliner Museen – d. h. vor allem für Wilhelm von Bode – tätig war.[36] Bode, der dies lobend erwähnte, bemerkte fast beiläufig: „Ich führte ihn auch in unsere Museumskreise ein."[37]

James Simon perfektionierte seine Kenntnisse und dementsprechend wurde auch sein Sammeln, das Begutachten von Kunstobjekten, das Reisen zu Händlern und Auktionen über die Jahre hinweg immer professioneller. In den von 1885 an überlieferten Briefen bat er den Museumsdirektor zunächst immer wieder um seine „gütige Zusage" und seinen Rat (Abb. 39).[38] Auffallend ist dabei, dass er von Anfang an sehr präzise Fragen stellte, so z. B. wenn ihm der Berliner Kunsthändler Waechtler in Berlin ein Porträt des flämischen Malers Anton van Dyck[39] zu einem Preis von 12.000 Mark anbot.[40]

35 Adolf von Beckerath (1834-1915) war ein Unternehmer und Kunstsammler aus Krefeld.
36 Beckerath begann schon seit den 1860er Jahren Reisen nach Italien zu unternehmen und gleichzeitig Skulpturen, Gemälde u. a. der Renaissance zu sammeln. 1892 zog er sich aus dem Berufsleben zurück und konzentrierte sich nun verstärkt auf Aktivitäten für das Museum vgl. Bode/Gaethgens/Paul 1997, II, S. 128f.
37 Bode/Gaethgens/Paul 1997, I, S. 130.
38 Simon-Bode 2020, S. 61, Brief-Nr. 1, Brief vom 31.1.1885.
39 Anthonis (Antoon) van Dyck (1559-1641) war ein bedeutender flämischer Maler, ein Mitarbeiter von Peter Paul Rubens, der ab 1620 am englischen Hof tätig war und sich nach langen Aufenthalten in Italien 1632 endgültig in London niederließ..
40 Simon-Bode 2020, S. 61, Brief-Nr. 1, Brief vom 31.1.1885.

In dem ersten überlieferten Brief an Bode vom 31. Januar 1885 heißt es diesbezüglich: „1. ob das Bild unzweifelhaft ein Dyck ist; 2. ob es gut erhalten, überhaupt guter Qualität ist; 3. ob der Preis von 12000 M angemessen, resp[ective]. ob Wahrscheinlichkeit ist, billiger anzukommen.“[41] Bode wird von dieser fachmännischen Anfrage beeindruckt gewesen sein.

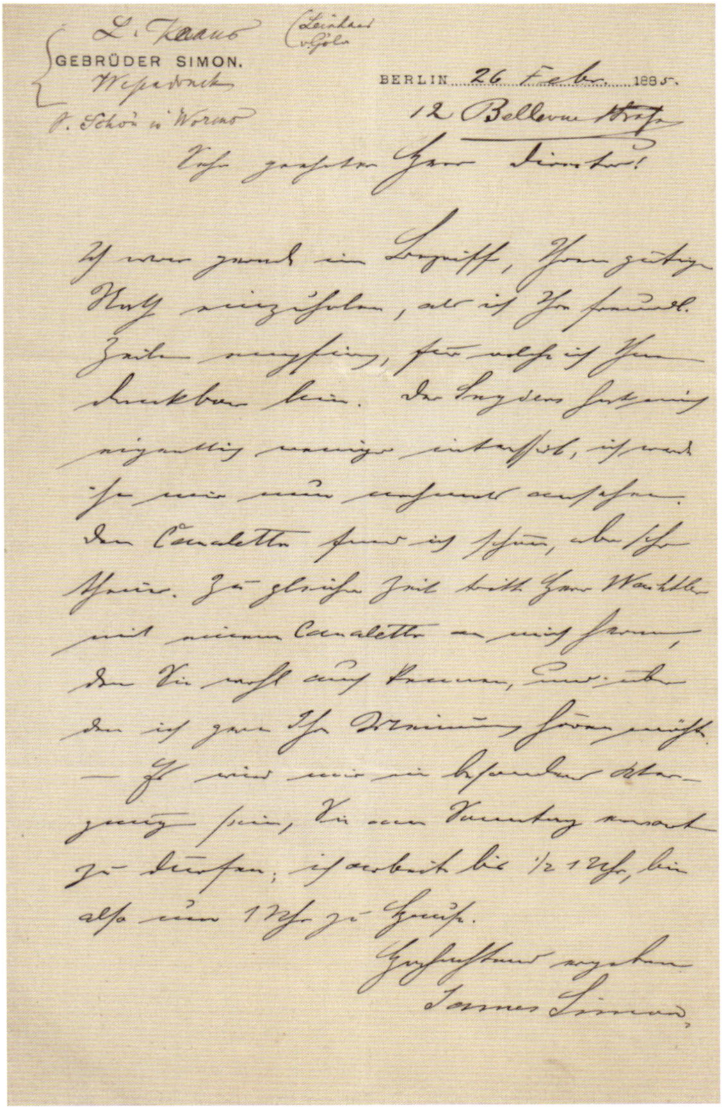

Auch später geht es in den Briefen Simons immer wieder um die Frage von Qualität und natürlich um den Preis der Werke. Die von James Simon stets erwähnte Geldknappheit kann möglicherweise als eine von Olaf Matthes als „Schutzbehauptung Simons“[42] bezeichnete Haltung angesehen werden. Dies veranlasste Bode dazu, den Privatsammler auf einige um 1885 noch preisgünstige, weil meist noch unbekannte holländische bzw. flämische Meister hinzuweisen.[43] Dabei wählte Bode gezielt die Objekte aus, die eventuell bei einer späteren Schenkung die Bestände des Berliner Museums vorteilhaft ergänzen würden. Nicht immer gelang es diese Vorschläge zu erwerben. So teilte Simon z. B. Bode mit, dass der Kunsthändler Alexander Posonyi für ihn bei der Auktion der Sammlung von Adolf Josef Bösch[44] einen Philips de Koninck[45] für 4050 Florin erworben hätte, die anderen Werke,

GEBRÜDER SIMON.

BERLIN 26 Febr. 1885.

Abb. 39 | Briefdokument Simons an Bode vom 29. 4. 1885, Berlin, Zentralarchiv

41 Schon erwähnt bei Matthes 2000, S. 140; Simon-Bode 2020, S. 61, Brief-Nr. 1, Brief vom 31.1.1885.

42 Matthes 2000, S. 141.

43 Ebd.

44 Adolf Josef Bösch (1835-1884) war Stadtbaumeister in Wien, siehe Simon-Bode 2020, Anm. 14, S. 64.

45 Philips de Koninck (1619-1688) war ein holländischer Landschaftsmaler.

die Simon offenbar ebenfalls ins Auge gefasst hatte, waren ein Bild von David Teniers d. J.,[46] das für 16.000 Florin, sowie ein Gemälde von Egbert van der Poel,[47] das für 900 Florin versteigert wurde, alle Werke wollte er ursprünglich für einen niedrigeren Kaufpreis erwerben.[48]

Im gleichen Jahr fragte James Simon bei Bode an, was er über einen Sandro Botticelli dächte: „Den Botticelli will ich mir morgen ansehen, lieb wäre es mir zu erfahren, welcher Preis gefordert wird u[nd]. welchen man zahlen kann, sowie ob die Qualität der Bilder im Pal[azzo] Strozzi ebenbürtig ist."[49] Simon sollte allerdings nie ein Gemälde Sandro Botticellis für seine Sammlung ankaufen.

Es waren ganz genaue Anfragen zu den Bildern, die den Sammler beschäftigten und über dessen Marktwert er eingehendere Informationen zu erhalten wünschte. So wird Bode auch von einem Besuch bei dem Kunsthändler Eggebrecht[50] in Berlin berichtet, der flämische und holländische Bilder zum Kauf anbietet und Simon zu einem Tausch animieren möchte, der dazu nur bemerkt: „Es konnte mich aber von dem Seinigen nichts reizen."[51]

Der Briefwechsel zeigt schon in den Anfängen der Bekanntschaft mit Bode, dass Simon keineswegs nur die Exponate zu erwerben gedachte, die ihm vorgeschlagen wurden, wenngleich er dem Rat des Museumsmannes in den 1880er Jahren oft anerkennend gefolgt war. Dies schließt jedoch nicht aus, dass Simon mehr als einmal Hinweise bzw. Angebote von Bode ablehnte, das gilt so für das schon erwähnte Gemälde von Frans Snyders, aber auch für einen sehr empfohlenen Canaletto, den er „schön, aber sehr theuer" fand.[52]

James Simon hatte ein ausgesprochen gutes Gespür für Qualität und dieses Kriterium war für ihn beim Erwerb all seiner Exponate immer wieder ausschlaggebend. Es sollten nur „Rang hebende" Werke in seine Sammlung aufgenommen werden.[53] So hört man in einem Brief vom 18. November 1885: „Herrn Gumprechts Terborch finde ich anziehend u[nd]. würde ein ansprechendes Bild in ganzer Figur vorziehen, am liebsten farbig, doch hat es damit keine Eile u[nd]. kann ich ruhig zuwarten, bis sich einmal ein wirklich schönes Exemplar bietet."[54]

In einem Brief vom 26. November 1885 schrieb Simon nach Besichtigung des Kunsthauses Gebrüder Posonyi, dass er Bodes Meinung zu mehreren Bildern der Maler Jan van Goyen (Abb. 40)[55], Salomon und Jacob van Ruisdael[56], Willem

46 David Teniers d. J. (1610-1690) war ein flämischer Maler am Hof von Erzherzog Leopold Wilhelm von Österreich; er war vor allem auf Genrethemen spezialisiert. Simon kaufte zwei Gemälde von Teniers, wie die Briefe an Bode vom 6. Juni 1904 und vom 9. Juli 1905 bezeugen, vgl. Simon-Bode 2020, S. 220f., Brief-Nr. 191; S. 243f., Brief-Nr. 211.

47 Egbert van der Poel (1621-1664) war ein holländischer Landschaftsmaler.

48 Simon-Bode 2020, S. 64f., Brief-Nr. 5 vom 29.4.1885.

49 Simon-Bode 2020, S. 66f., Brief-Nr. 8, Brief vom 31.10.1885. Der von Filippo Strozzi (1428-1491) in Auftrag gegebene Palazzo Strozzi konnte erst 1505 von seinen Söhnen bezogen werden. Der Palazzo wurde 1883-1886 vom Principe Piero Strozzi renoviert und war noch bis 1937 im Besitz der Familie. Zur Zeit von Simons Besuchen in Florenz waren dort augenscheinlich noch so bedeutende Kunstwerke wie die Gemälde Botticellis zu besichtigen.

50 Gemeint ist der Kunsthändler E. Eggebrecht, der 1882 in der Wartenbergstraße 8 in Berlin wohnte, vgl. Simon-Bode 2020, Anm. 26, S. 67.

51 Simon-Bode 2020, S. 67, Brief-Nr. 8, Brief vom 31.10.1885.

52 Simon-Bode 2020, S. 62f., Brief-Nr. 3, Brief vom 26.2.1885, bereits zitiert bei Matthes 2000, S. 141. Soweit nachweisbar, besaß Simon kein Gemälde des venezianischen Malers Canaletto (Antonio Canal 1697-1778), aber von Bernardo Bellotto (1722-1780), ebenfalls venezianischer Maler, vor allem von Stadtansichten, siehe Simon-Bode 2020, Anm. 6, S. 63.

53 Matthes 2000, S. 143.

54 Simon-Bode 2020, S. 68, Brief-Nr. 9, Brief vom 18.11.1885. Gerard Ter Borch d. J. (1617-1681) war ein holländischer Maler von Porträts und Genreszenen, alle Angaben zu dem Porträt aus der Sammlung Wilhelm Gumprechts in Berlin in Simon-Bode 2020, Anm. 36, S. 68.

55 Jan van Goyen (1596-1656) war ein holländischer Maler, der auf Landschaften spezialisiert war. James Simon konnte zwei Werke dieses Künstlers in seiner Sammlung verzeichnen, *Blick von der Düne in das holländische Flachland* und eine *Strandszene*, dazu auch Simon-Bode 2020, Anm. 42 mit den Angaben zu den Briefen Simons an Bode vom 16. Januar 1889, 4. Februar 1890 und 24. November 1892, Brief-Nr. 43, 60, 97. Zum Vergleich Abb. 40.

56 Salomon van Ruisdael (1600-1670) war, wie sein Neffe Jacob van Ruisdael (1628/29-1682), ein holländischer Landschaftsmaler. Simon besaß nachweislich zwei Werke von Jacob van Ruisdael: *Norwegischer Wasserfall* und *Flachlandschaft mit Kornfeld*, vgl. Simon-Bode 2020, Anm. 27, S. 67.

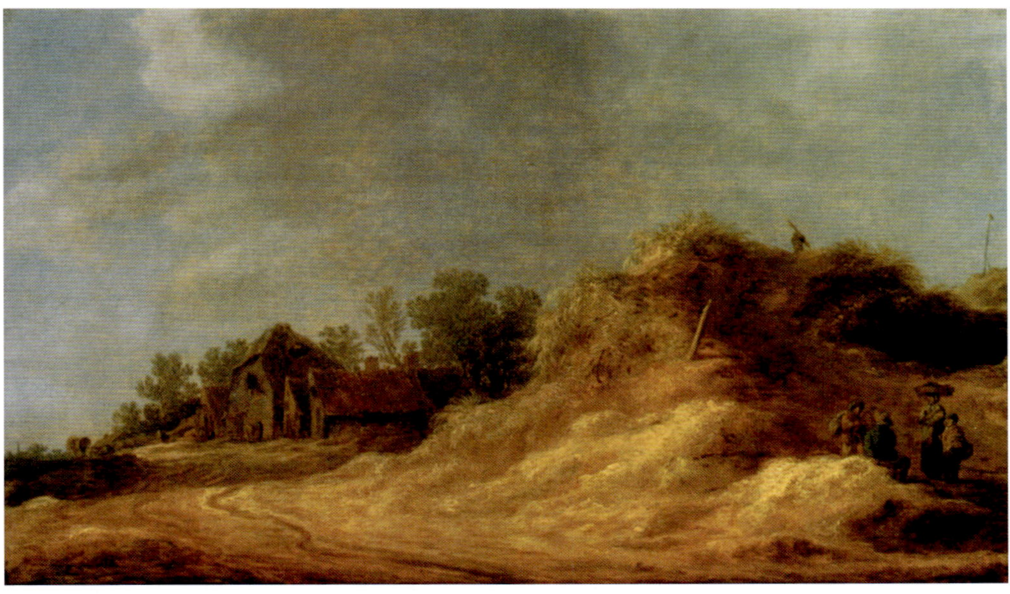

Abb. 40 | Jan van Goyen, Dünenlandschaft, 1629 (ehem. Sammlung Edward Solly). Berlin, Gemäldegalerie

Kalf[57] und Murillo[58] erfahren wolle und fügte hinzu: „Ein sehr lebhafter Wunsch, eines der Bilder zu besitzen, hat sich bei mir nicht geregt, ich habe sie eher vom Standpunkt eines etwaigen Tauschgeschäftes ins Auge gefasst, um mich ev. von einigen [zu] reinigen, sehr gefesselt haben mich die Rembrandt's (…) u. unter diesen vorzugsweise das kleine Frauenbild in ganzer Figur, obgleich es vielleicht nicht so charakteristisch ist, als das andere weibliche Portrait, und dann das Genrebild ‚Im Weinkeller'. Ich hätte Lust, diese 2 Bilder zu besitzen, wenn Sie keine qualitativen Bedenken haben."[59] Offenbar riet ihm Bode zu dem Ankauf eines der beiden Rembrandts, denn schon am 28. November 1885 bestätigte Simon, er habe Rembrandts Werk einer „kleinen Frau" erworben.[60] In diesem Brief erwähnte er, dass sein Etat für das Jahr 1885 damit erschöpft sei, und zwar auch wegen der am 1. Oktober 1886 anstehenden Kosten für den Umzug in die elterliche Tiergartenvilla.[61]

James Simon äußerte seine Vorstellungen immer präziser, so schreibt er z. B. am 26. März 1889 über ein Porträt, das er bei dem Kunsthändler Fischhoff gesehen hatte: „Das nietliche Portrait von Bol[62] scheint decorativ ganz nett zu sein, ist aber wohl nicht gut genug für mich. […] Wenn Sie mir ganz besonders dazu rathen, bitte ich Sie, mir eine Rohrpost ins Geschäft zu senden."[63]

57 Willem Kalf (1622-1693) war ein holländischer Maler von Stillleben. Simon konnte zwei seiner Werke in seiner Sammlung verzeichnen, vgl. die Angaben bei Simon-Bode 2020, Anm. 44, S. 69.

58 Bartolomé Esteban Murillo (1617-1682) war ein spanischer Maler, der zu den wichtigsten Vertretern der Barockmalerei in Spanien zählt.

59 Simon-Bode 2020, S. 69f., Brief-Nr. 10, Brief vom 26.11.1885, bereits zitiert bei Matthes 2000, S. 144.

60 Simon-Bode 2020, S. 70f., Brief-Nr. 11, Brief vom 28.11.1885, bei dem Bild handelte es sich um die *Dame mit Halskrause* (2. Hälfte 17. Jahrhundert), die heute nicht mehr Rembrandt, sondern seinem Umkreis zugeschrieben wird. Simon verkaufte das Gemälde 1919, später gelangte es über den Kunsthandel zunächst in das Metropolitan Museum in New York, wurde 2007 jedoch wieder bei Christie`s in New York zum Verkauf angeboten. Vgl. Matthes 2000, S. 144 und ausführlich in Simon-Bode 2020, Anm. 48, S. 70.

61 Simon-Bode 2020, S. 71, Brief-Nr.11, Brief vom 28. November 1885.

62 Vermutlich des holländischen Malers Ferdinand Bol (1616-1680).

63 Simon-Bode 2020, S. 101f., Brief-Nr. 47, Brief vom 26.3.1889, bereits zitiert bei Matthes 2000, S. 143.

In einem anderen Brief vom 5. Juni 1893 ging es um den Verkauf der Medaillensammlung des Berliner Bankiers Wilhelm Itzinger.[64] Die 340 Exponate wurden von dem Auktionshaus Hess zu einem Verkaufspreis von 30.000 Mark angeboten. Simon, der eine besondere Vorliebe für Medaillen und Münzen hatte, fragte nun bei Bode an: „Können Sie mir einen Rath geben, wie ich mich dabei zu verhalten habe? Mir scheint der Preis von 30.000 M. zu hoch u. wenn ich die Sache laufen lasse, habe ich immer noch die Chance, einzelne gute Nummern in der Auction zu erwerben. Während ich Geringeres täglich bekommen kann. Ich würde mich aber Ihrem Rathschlage fügen, wenn Sie z. B. meinen, daß ich 25.000 M. limitieren soll."[65]

Die Leidenschaft für Medaillen, aber auch eine gewisse Kennerschaft teilte Simon mit Oscar Hainauer, der nach dem Tod Frédéric Spitzers (1890) versucht hatte, dessen Medaillensammlung für das Museum in Berlin zu erwerben.[66] Simon hatte anlässlich dieser spektakulären Auktionen der Sammlung Spitzer, die von April bis Juni 1893 andauern sollten, Bode darum gebeten, Plaketten und Medaillen für ihn zu ersteigern.[67] Er schrieb so: „Die Medaillen sind mir eine sehr willkommene Bereicherung der Sammlung;[...]."[68] In dieser Zeit war Simon noch ganz mit dem Aufbau seiner Sammlung beschäftigt, während Hainauer, nach Angaben Bodes, bei der Versteigerung der Sammlung Spitzer die Finanzierung von Stücken für das Museum übernehmen sollte.[69]

Es muss an dieser Stelle jedoch noch einmal daran erinnert werden, dass Simon in vielen Situationen auf den Ankauf von Kunstobjekten zugunsten seiner Ausgaben für Wohltätigkeit verzichtete, so beispielsweise 1890, wo er für einen Guardi[70] und vier Bilder von Pieter Brueghel[71] sowie eines von Jan Steen[72] ein Limit festsetzte: „Ich bin dieses Jahr so viel für private u[nd]. öffentliche Wohltätigkeit in Anspruch genommen, daß es bereits in die Tausende geht, u[nd]. ich mir daher für den Rest des Jahres Beschränkung auferlegen muß."[73]

Dass das selbständige Sammeln James Simon sein Leben lang besonders am Herzen lag, veranschaulicht eine Episode: Nachdem ihm ein Artikel Bodes zur Vorablektüre zukam, richtete er am 2. Oktober 1904 einen Brief in Form eines Korrekturwunsches an Bode, den er mit folgenden Worten beginnt: „Im Artikel für K[unst]. u[nd]. K[ünstler]. ist der Anfang unserer Bekanntschaft nicht ganz mit der Ihnen sonst eigenen historischen Treue dargestellt."[74] Danach bringt Simon

64 Der Bankier Wilhelm Itzinger (gest. 1889?) wird auch von dem Ägyptologen und Direktor des ägyptischen Museums Adolf Erman als Freund bezeichnet, auf den er sich bei Ankäufen immer verlassen könne. Vgl. „Die Sammlung Wilhelm Itzinger Berlin, Kunstmedaillen der Italienischen und Deutschen Renaissance", Adolph Hess, Frankfurt a.M. 16.-17.12.1889.

65 Simon-Bode 2020, S. 105f., Brief-Nr. 53, Brief vom 14.10.1889, bereits zitiert bei Matthes 2000, S. 143.

66 Cordera 2014, S. 113f.

67 Simon-Bode 2020, S. 141, Brief-Nr. 106, Brief vom 5.5.1893, vgl. auch Matthes 2000, S. 144f.

68 Simon-Bode 2020, S. 142, Brief-Nr. 107, Brief vom 21.5.1893.

69 So äußert sich Bode gegenüber Bardini, vgl. Cordera 2014, S.121, Anm. 83, 84.

70 Francesco Guardi (1712-1793) war ein venezianischer Maler, der Venedig und die Lagune in seinen zahlreichen Veduten darstellte.

71 Pieter Brueghel d. Ä. (ca. 1525/30-1569) war einer der bekanntesten holländischen Maler von allegorischen Genreszenen.

72 Jan Steen (ca. 1626-1679) war ein holländischer Maler von Genreszenen. Simon besaß ein Werk dieses Malers *Die Liebeskranke*, das 1906 auch in Berlin ausgestellt wurde und heute im Staatlichen Museum in Schwerin aufbewahrt wird, alle Angaben dazu bei Simon-Bode 2020, Anm. 208, S. 118.

73 Simon-Bode 2020, S. 118, Brief-Nr. 67, Brief vom 24.5.1890, schon zitiert bei Matthes 2000, S. 151.

74 Simon-Bode 2020, S. 233, Brief-Nr. 201, Brief vom 2.10.1904.

deutlich zum Ausdruck, dass er all die Jahre neben Bodes Anleitung auch immer selbständig gesammelt habe, dies bezeuge z. B., dass er einen Teil der Kunstgegenstände in München, Frankfurt, Paris und in Italien selbst erworben habe: „Es heißt sonst wirklich: er hat von Anfang an die Stiftung im Auge gehabt u. Herrn Bode das Geld gegeben die Sachen zusammenzubringen, um nachher einen Orden zu bekommen. Das kann jeder, der das Geld hat, es ist nun einmal ein bischen anderer Weg. Und so liegen die Dinge denn doch nicht. Sie wissen, daß ich mit dem Herzen dabei bin u. aus innerer Neigung, nicht aus äußeren Anlässen Sammler geworden bin."[75] Aus diesen Zeilen spricht nicht nur Simons große Bescheidenheit, sondern auch sein entschiedener Wunsch, auf keinen Fall mit neureichen Sammlern oder bloßen Geldgebern in einen Topf geworfen zu werden, die Kunst womöglich als Geldanlage und Spekulationsobjekte ansahen: Für ihn ist das Sammeln hingegen eine „innere Neigung". Hatte Simon damit den „Pakt" mit Bode innerlich für sich beendet?

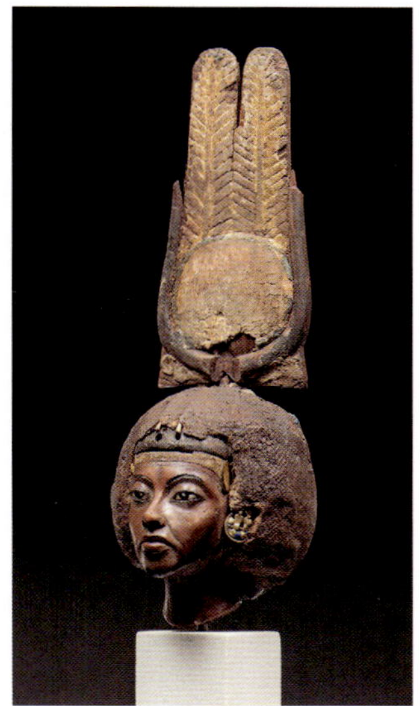

Abb. 41 | Statuenkopf der Königin Teje mit Doppelfederkrone, um 1340 v. Chr. (ehem. Sammlung James Simon). Berlin, Ägyptisches Museum und Papyrussammlung

Kein Sammeln ohne Wissenschaft

Simon hatte offenbar eine solche Kunstliebe, dass er eine „innige Beziehung" zu den Dingen aufbaute und er liebte es, seine Sammlung auch Besuchern zu zeigen und dabei vielleicht zur Erläuterung seine Kenntnisse vorzutragen.[76] Augenscheinlich meldete man sich zu einem Besuch der Sammlung in der Villa Simon an, denn wie aus einer Bemerkung des Archäologen Ludwig Borchardt[77] hervorgeht, kam es dazu, dass der Statuenkopf der Königin Teje mit Doppelfederkrone (um 1360 v. Chr., Berlin, Ägyptisches Museum und Papyrussammlung SMB, Abb. 41), der zeitweilig in Simons Haus aufgestellt war, von einer Besucherin versehentlich fallen gelassen wurde, wobei der Untersatz der Krone zerbrach, der bis heute nicht repariert werden konnte.[78]

Bode selbst bemerkte 1904 in einem Beitrag anlässlich der ersten Schenkung Simons dazu: „Herr Simon hat seine Sammlung so bereitwillig stets gezeigt und regelmäßig bei hiesigen Ausstellungen dargeliehen …".[79] Nach Bodes Auffassung, wie man schon aus einer 1891 gemachten Äußerung erkennt, waren die Schenkungen an das Museum wohlverdient, da doch die Stifter im Gegenzug so viel Nutzen und Vorteile daraus gewinnen konnten![80]

75 Simon-Bode 2020, S. 234f., Brief-Nr. 201, Brief vom 2.10.1904, schon zitiert bei Matthes 2000, S. 139.
76 Siehe Augenzeugenberichte von 1917 bei Matthes in: Simon-Bode 2020, S. 19-22.
77 Ludwig Borchardt (1863-1938) war ein Archäologe, der vor allem durch die Ausgrabungen in Tell El-Amarna in Ägypten bekannt wurde.
78 Wildung 2009, S. 73.
79 Bode 1904-1905, S. 62.
80 Bode 1891, S. 506-515. Auf S. 506f.: „I want to acknowledge the presents that lately have been received in the department of Italian sculptures and elsewhere. But still, these are, for the most part, presents of a particular kind: they are strictly earned, since they are given in return to advantages I have granted to the givers." Zitiert schon bei Tucker 2017, S. 13.

Das Teilen der Sammlung mit den Besuchern und der Akt des Schenkens waren für Simon ebenso bedeutend wie die Tatsache, dass er sich gleich einem Wissenschaftler ständig auf den neuesten Stand bringen wollte. Um 1900 war das Fach Kunstgeschichte noch eine „neue Disziplin", die sich nach und nach aus der Ästhetik und der Geschichtswissenschaft zu lösen versuchte. Der Geniekult, mit dem der Berliner Universitätsprofessor Hermann Grimm[81] seine biographische Kunstgeschichte vertrat, dürfte Simon zwar vertraut gewesen sein, ohne dass er freilich für seine spezifischen Interessen, die Bestimmung eines Objektes, die Zuschreibung und die Einordnung in den größeren Rahmen der Stilgeschichte, von besonderem Belang gewesen wäre. Die Methoden dieser neuartigen Wissenschaft konnten jedoch sehr verschieden sein, wie der Formalismus eines Alois Riegl[82] oder der psychologisierend ästhetische Ansatz Heinrich Wölfflins,[83] die Simon vermutlich bekannt waren, ihm aber kaum entsprochen haben. Vielleicht wird ihn sein Freund Max J. Friedländer in dieser Skepsis bestärkt haben, denn dieser äußerte sich in seinen Schriften öfter kritisch zu Alois Riegl.[84] Leider liegen keinerlei Dokumente vor, die etwas Näheres über Simons Begegnung mit Aby Warburg in Florenz und dessen quellenbezogene Methode der Renaissanceforschung belegen würden. Warburg gehörte ja dem Bekanntenkreis von Robert Davidsohn, dem Freund Simons, an und eine Begegnung ist daher nicht auszuschließen.[85]

Gerade das Hauptanliegen Bodes, die Qualitätsbestimmung des einzelnen Werkes im Vergleich mit einem übergeordneten Evolutionsmodell der Stile, kam daher den Interessen von James Simon am nächsten. Der Eindruck, den Bodes Buch über Frans Hals bei ihm hinterlassen hatte, wurde schon erwähnt. Doch gerade die Qualitätsbestimmung kann streng genommen nicht als Teil der Wissenschaft gelten, vielmehr handelte es sich um einen Erfahrungswert höchst subjektiver Natur.

Simons starkes Interesse an wissenschaftlicher Lektüre, mit der er seine Kenntnisse immer weiter ausbauen konnte, wurde zwar von Wilhelm von Bode registriert, ohne dass es aber sein Urteil über Privatsammler beeinflusst hätte. Sein größtes Ziel bestand vielmehr darin, seine eigene Bedeutung als „Schöpfer" der Berliner Privatsammlungen herauszustellen und letztlich durch die Schenkungen eine Bereicherung der Berliner Museen zu erreichen. Auf diese Weise wollte Bode seinen großartigen Dienst an der Institution betonen. In

81 Hermann Grimm (1828-1901) war ein Publizist und Kunsthistoriker, Sohn des berühmten Märchen- und Sagensammlers Wilhelm Grimm. Er war ab 1873 Professor für Kunstgeschichte an der Universität Berlin.
82 Alois Riegl (1858-1905) war ein österreichischer Kunsthistoriker an der Universität Wien, von ihm wurden die Begriffe *Kunstwollen* und *Stilepoche* geprägt.
83 Heinrich Wölfflin (1864-1945) war ein Schweizer Kunsthistoriker und lehrte Kunstgeschichte an den Universitäten Berlin, München und Zürich.
84 Z. B. Friedländer 1934, S. 22.
85 Roeck 2001, S. 79ff.

diesem Kontext sollte der Privatsammler in erster Linie als ein nur oberflächlich an Kunst interessierter gebefreudiger Spender betrachtet werden, der allein durch seine Anleitung das Interesse am Ankauf eines Objektes zeigte.

Simons Enttäuschung muss groß gewesen sein, als er in der Endfassung des Artikels über die 1904 erfolgte Schenkung bei Bode lesen musste: „... ich entsprach daher nur seinem eigenen Wunsche, wenn ich ihm [Simon] bei Erwerbungen, auf die ich ihn aufmerksam machte, besonders solche Stücke vorschlug, die auch für die Museen erwünschte Bereicherungen gewesen wären. Dazu kamen manche Stücke der Kleinkunst, die Herr Simon auf Reisen in Italien, Frankreich und Deutschland erwarb."[86]

James Simon und die Orden

In James Simons erwähntem Brief vom 2. Oktober 1904 war ein Detail absichtsvoll eingefügt: die ablehnende Haltung gegenüber Orden.[87] Tatsächlich hat Simon in seinem Leben nie für sich einen Orden verlangt, wie selbst Kaiser Wilhelm II. anerkennen musste, denn viele Berliner Sammler sollten gerade durch die Verleihung von Orden oder Titeln, wie die Ernennung zum Kommerzienrat bzw. zum Geheimrat, zum Schenken bzw. Geldspenden animiert werden. Aufschlussreich äußerte sich Simon so in einem erstaunlich direkten Brief vom 19. Februar 1896, in dem es um die Verleihung eines Ordens geht: Ihm sollte aufgrund seiner Verdienste für das Kolberger Ferienheim für Kinder der Rote-Adler-Orden Vierter Klasse verliehen werden, der in der preußischen Ordensrangliste an 44. Position geführt wurde.[88] James Simon lehnte jedoch einen solchen unbedeutenden Orden mit der Begründung ab: „Seit Langem ist man einseitig u[nd]. parteiisch geworden in der Austheilung von Decorationen. Es gehört zu den großen Ausnahmen, daß solche an Kaufleute, Freisinnige, Juden verliehen werden. Ich bin nur ein feinsinniger jüdischer Kaufmann. Es mag arrogant klingen, wenn ich sage, es ist nicht deshalb, wenn ich oder ein anderer Thiergarten-mann den Orden bekommt. Ich bin kaufmännisch u[nd]. politisch in Berlin ziemlich en vue u. ich darf behaupten, daß es für Kaufleute, Juden u. Freisinnige eine Art Genugthuung u[nd]. Zeichen von Objectivität in oberen Regionen wäre, wenn man mir eine höhere Decoration zu wendete. ... Das ist der einzige Gesichtspunkt,

86 Bode 1904-1905, S. 62.
87 Simon-Bode 2020, S. 233, Brief-Nr. 201, Brief vom 2.10.1904.
88 Matthes 2000, S. 154.

von dem aus ich die Sache betrachtet habe.[...] Daß ich die Orden in unserer Zeit für etwas Ueberholtes u. Nichtiges halte, dürfen Sie mir glauben."[89]

Nicht vergessen werden darf in diesem Zusammenhang, wie viele vergebliche Versuche James Simon unternommen hatte, den Titel des Geheimrates für die Verdienste seines Vaters Isaak zu erbitten, da dieser den Erwerb wichtiger ägyptischer Tontafeln aus der Amarnazeit großzügig unterstützt hatte. In den an Bode zwischen 1888-1890 gerichteten Briefen betont Simon immer wieder: „Sie wissen, für mich beanspruche ich nichts."[90] Bode, dem bewusst war, dass Simon für sich keinerlei Ansprüche erhob, setzte sich zwar nicht besonders für Isaak Simon ein, immerhin trug er das Anliegen dem Kultusministerium vor. Wie seinerzeit bei solchen Anfragen üblich, ging die Angelegenheit ihren bürokratischen Weg und wurde auch im Polizeipräsidium und Oberpräsidium in Potsdam ohne Resultat erörtert.[91] Isaak Simon verstarb schließlich 1890, ohne dass es jemals zu einer Entscheidung gekommen wäre.

Die Antipoden – Bode und Simon

Die Gegensätze dieser so unterschiedlichen Persönlichkeiten Bode und Simon waren unverkennbar; so erinnert sich noch der Historiker und Privatgelehrte Robert Davidsohn (Abb. 42) als Achtzigjähriger in seiner Autobiographie „Menschen, die ich kannte" (vor 1937) an eine Begebenheit, die Licht auf die Einstellung Bodes zu Simon sowie auf dessen taktvolle Persönlichkeit wirft: „Seine vornehme Gesinnung aber erwies Simon zumal, als dieser Berater, der ihm soviel zu danken hatte, eines Tages, zwei von ihm geschriebene Briefe verwechselnd, sie in falsche Umschläge steckte, so dass jenem das Schreiben zukam, das an ein Mitglied der Hofgesellschaft gerichtet war, und in dem Bode sich in seiner impulsiven, oft höchst taktlosen Art über Simon lustig machte. Dieser sandte ihm den Brief mit der Bemerkung zurück, er habe sich in der Adressierung versehen, und erwähnte den beschämenden Vorgang nicht weiter."[92]

Bode zeigte diese überhebliche Einstellung auch gegenüber anderen Privatsammlern. Ihm allein sollte der Ruhm des Kenners zukommen, der dem Museum so viel Bereicherung hat zukommen lassen. Ein Beispiel dafür geben seine Äußerungen über Adolph von Beckerath, dessen Verdienste und „ein gewisses Verständnis für die wissenschaftliche Bedeutung

89 Simon-Bode 2020, S. 166, Brief-Nr. 133, Brief vom 19.2.1896, schon bei Matthes 2000, S. 154.
90 Simon-Bode 2020, S. 97, Brief-Nr. 41, Brief vom 26.12.1888, schon bei Matthes 2000, S. 153.
91 Matthes 2000, S. 153.
92 Baumeister/Fastenrath Vinattieri 2019, S. 318.

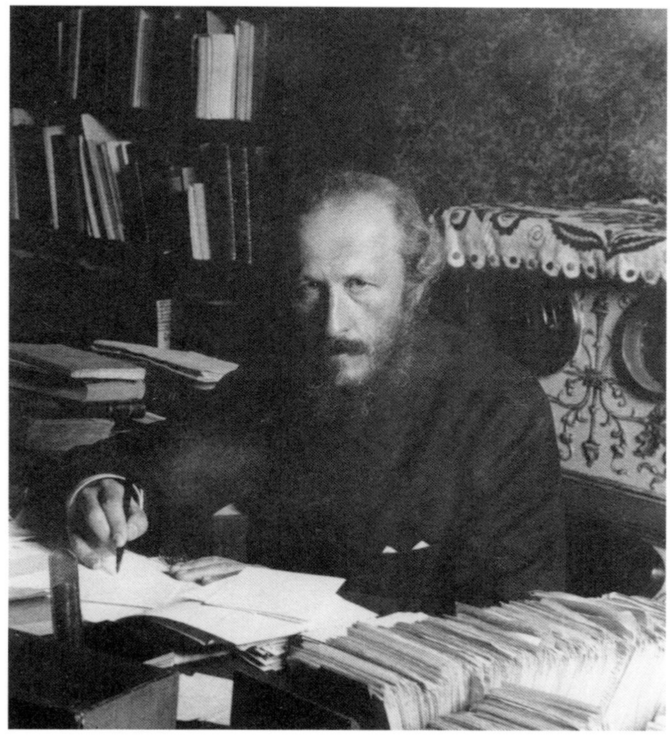

Abb. 42 | Robert Davidsohn, um 1915

der Kunst“ er zwar erwähnt, um im gleichen Atemzug hinzuzufügen: „Wir glaubten allen Grund zu haben, ihm darin [Sammeln] behilflich zu sein und sogar manches Stück, das wir für die Museen bestimmt hatten, ihm überlassen zu dürfen, weil er uns stets in Aussicht stellte, daß er seine Sammlung den Museen vererben würde.“[93] Bode beruft sich dann auf einen eigenen Brief von 1881, in dem er angibt, dass Beckerath kein „angenehmes Wesen habe“, denn: „Was er von uns gelernt hat, sieht er als eigene mühsam erworbene Erkenntnis an, und von dem so errungenen Kothurn blickt er auf uns herab.“[94]

Auch ein Zeitgenosse wie der Kunsthistoriker Werner Weisbach, der Sohn des Sammlers Valentin Weisbach,[95] beschreibt diese Einstellung Bodes zu den Sammlern in seinen Lebenserinnerungen und schildert darin die Unnachgiebigkeit des Museumsdirektors: „Wer sich seinem Regiment nicht fügen wollte, den verfolgte er mit Haß. Bei seiner Menschenverachtung galt ihm die einzelne Persönlichkeit nichts, er beurteilte sie nur von dem Standpunkt, wie er sie für seine Zwecke dienlich machen konnte, und schritt mit brutaler Rücksichtslosigkeit über sie hinweg, wenn sie ihm irgendwie im Wege stand.“ [96]

93 Bode/Gaethgens/Paul 1997, I, S. 164.
94 Ebd.
95 Valentin Weisbach (1843-1899) war ein Berliner Bankier und Kunstsammler, der mit Bode in den Jahren von 1888-1897 gut bekannt war.
96 Matthes 2000, S. 157.

Galt ihm James Simon als „einzelne Persönlichkeit nichts"? Bode muss die Besonderheit dieses zurückhaltenden und taktvollen Mannes erkannt haben, der nicht nur mit den bedeutendsten Familien des Berliner Großbürgertums verwandt war, sondern auch die berühmtesten Sammlerpersönlichkeiten zu seinem Freundeskreis zählen durfte.

Für Bode, der Zeit seines Lebens auf der Suche nach neuen, für ihn wichtigen Kontakten war, konnte die Bekanntschaft zu Simon nur von großem Nutzen sein, denn wie Olaf Matthes treffend bemerkt: „Der Mäzen mußte dem im Umgang mit potentiellen Mäzenen wenig feinfühligen Museumsmann den richtigen Takt beibringen."[97] Bode hatte sich offenbar auch oft daran gehalten. So nahm er immer wieder Empfehlungen und Hinweise auf bestimmte Persönlichkeiten von Simon an, wie z. B. den Hinweis auf den Bankier Benoit Oppenheim,[98] aber auch Warnungen vor Sammlern, die für das Museum nicht in Frage kamen. Simon war zudem mit den Einrichtungen der entsprechenden Persönlichkeiten vertraut und bestens über das gesellschaftliche Geschehen informiert. Dabei spielte selbstverständlich auch die Frage der Finanzkraft der potentiellen Mäzene immer wieder ein Rolle. Umgekehrt suchten die Sammler, wie im Falle des Bankiers Valentin Weisbach, der in Simons Nachbarschaft in der Tiergartenstraße 3b wohnte, über Simon in Beziehung zu Bode zu treten.[99]

Wie hat man sich diese Art der Beratung vorzustellen, die, im Unterschied zu allen anderen Berliner Sammlern, nur für James Simon typisch war? Sicherlich waren die Informationen Simons eine Art „Gegenleistung" für die Beratung Bodes, doch steht so viel Eigeninitiative dahinter, die auf sein besonderes Engagement für das Museum hinweist und damit auf eine völlige Identifikation mit der Institution. Unter den Sammlern dieser Zeit setzte sich nur Simons Freund Eduard Arnhold, der bedeutende Sammler impressionistischer Kunst, in gleicher Weise für die Museen ein.[100]

Doch was hat James Simon trotz allem an Bode fasziniert? War es lediglich die Kennerschaft dieses so gut vernetzten Wissenschaftlers? Oder war es das gemeinsame Interesse, ein bedeutendes Museum für Berlin zu gestalten? Die Tatsache, dass die beiden Männer auch abseits von Museumsfragen privaten Kontakt hatten, würde dem widersprechen. Vor allem in den frühen 1890er Jahren kommunizierten sie auch auf einer anderen, ganz vertrauten Ebene.

Simons Wesen entsprach es zu helfen und als Bode ihm

97 Ebd., S. 184.
98 Simon-Bode 2020, S. 156, Brief-Nr. 124, Brief vom 8.7.1894, wo Simon aus dem Engadin an Bode schreibt: „Ich bin hier viel mit Benoit Oppenheim [...] zusammen. Er hat sehr viel Interesse für alte Kunst, besitzt auch Einiges, es wäre nicht unmöglich, daß wir in unseren Kreis ihn hineinzögen." In einem Brief vom 17.7.1894 (Simon-Bode 2020, S. 158, Brief-Nr. 124) erwähnt Simon Oppenheim, den er nicht immer sehr liebenswürdig, aber klug findet: „Er hat Geschmack u[nd]. Verständniß für alte Kunst u[nd]. ist selbst Käufer." Oppenheim, der in der Tiergartenstr. 8a in unmittelbarer Nachbarschaft zu Simon wohnte, hatte sich zunehmend auf mittelalterliche Skulptur aus Deutschland, Flandern und Frankreich spezialisiert; einige Stücke sollte er später dem Kaiser-Friedrich-Museum schenken.
99 Matthes 2000, S. 148.
100 Matthes 2000, S. 149.

gegenüber 1893 seine Absicht kundtat, sich wieder verheiraten zu wollen, nachdem er mehrere Jahre lang Witwer war und eine Tochter hatte, sagte ihm James Simon aus „Verehrung und Sympathie" sofort seine Hilfe zu. Er empfahl als Heiratskandidatin seine Nichte Dora Lesser.[101] Es ist jedoch bezeichnend, dass Bode nicht auf diesen Vorschlag einging. Spielten dabei auch seine antisemitischen Ressentiments eine Rolle?[102] Man muss daran erinnern, dass ihn die Heirat mit einer Jüdin familiär vollkommen in die jüdische Gesellschaft integriert hätte. Stattdessen heiratete Bode im Februar 1894 Anna Gmelin, die Tochter des Stuttgarter Senatspräsidenten.[103]

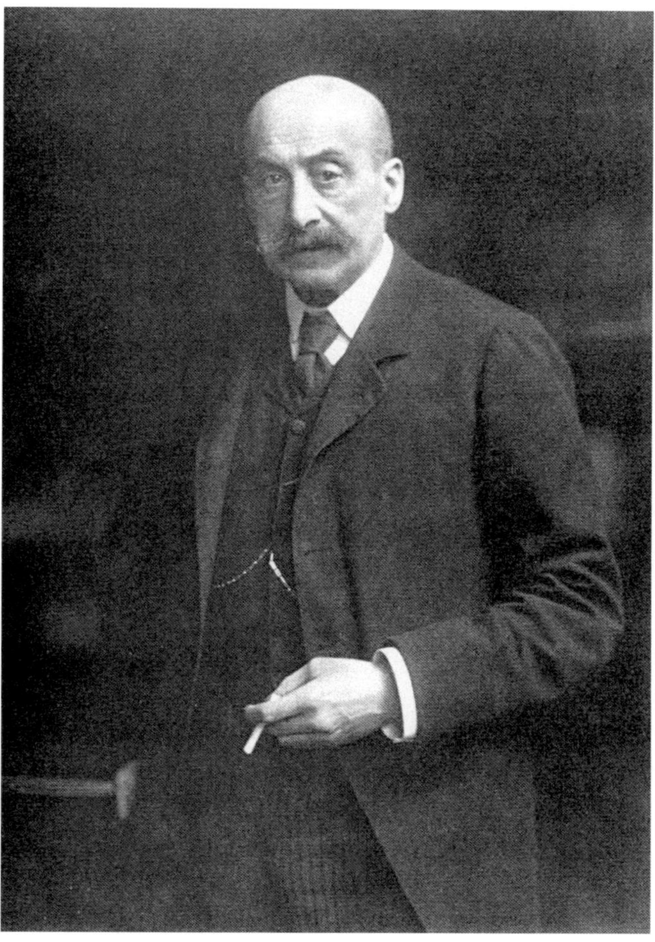

Abb. 43 | Max Liebermann, 1904

James Simon stand dem Museumsmann auch immer wieder zur Seite, wenn es um Fragen seiner Krankheit ging. Bodes chronisches Venenleiden bewegte Simon dazu, dem Museumsmann Ärzte wie den Mediziner Renvers oder das Sanatorium Dapper in Kissingen zu empfehlen, das er selbst des Öfteren aufgesucht hatte.[104]

Dass die beiden Persönlichkeiten Bode-Simon dennoch eher eine Zweck- und Interessengemeinschaft und keine tiefergehende Freundschaft verband, lässt sich unschwer an der Tatsache erkennen, dass sich das Verhältnis nach 1904, also nachdem Simon noch stärker begonnen hatte, unabhängiger von Bode zu sammeln, deutlich abkühlte. Neben der Bewunderung für Bode muss jedoch auf Seiten Simons dennoch eine gewisse Sympathie bestanden haben. Das zweifellos impulsive Temperament Bodes faszinierte ihn vermutlich genauso wie Max Liebermann (Abb. 43), der dazu schreibt: „Denn Bode hat Humor. Nicht etwa, daß er versucht, durch Wiederholung der

101 Ebd., S. 154.
102 Dazu Bode/Gaethgens/Paul 1997, I, S. 345, 409; II, S. 306.
103 Matthes 2000, S. 156.
104 Ebd.

Anekdoten und Klatschgeschichten... Dieser Humor durchweht alles, was er tut und treibt und – schreibt, ja er versöhnt uns sogar mit gewissen Rücksichtslosigkeiten, womit er seine Ziele verfolgt.... Er übt an allen und allem seinen Witz...".[105] Vermutlich bestach diese Eigenschaft Bodes in Augenblicken seines aufbrausenden und taktlosen Temperaments die beiden Berliner Liebermann und Simon.[106]

Bodes Strategie: die Privatsammler und der Kaiser Friedrich-Museums-Verein

Bodes Museumspolitik erforderte vor allen Dingen große finanzielle Mittel, die er kaum von Seiten des Monarchen oder des Adels erhielt, es waren also vor allem die Unternehmer und Bankiers, die sehr reichen privaten Berliner Sammler, die er für seine Pläne dringend benötigte: „Bode war unentwegt beschäftigt, Bekanntschaften von Sammlern zu machen."[107] Er musterte so etwa fünfzig Sammler und sortierte dann diejenigen aus, die nicht an italienischer Plastik und Malerei interessiert waren. Zu den „Aussortierten" gehörten die Sammler der älteren Generation wie Graf Redern, Graf Raczynski oder Graf Wilhelm Pourtalès, denn sie „sammelten inzwischen nicht mehr",[108] aber auch andere Sammler, wie der gerade in den frühen 1870er Jahren in Berlin so bekannte Eisenhändler Louis Ravée, kamen für das „Bode-System" nicht in Frage. Ravée, den Theodor Fontane in seinem Roman „L'Adultera" (1880) als Ezechiel van der Straaten verewigt hatte,[109] sammelte ausschließlich Gemälde des 19. Jahrhunderts und entsprach Bodes Plänen ganz und gar nicht. Doch nach welchem Sammlertypus hielt Bode Ausschau?

Der ehrgeizige Museumsmann suchte finanzkräftige und investierfreudige Sammler mit einem Interesse an der alten Kunst, um sein Renaissance-Museum durch eventuelle Schenkungen zu bereichern. Er schreibt so in *Mein Leben*: „Der erste, der mit großem Eifer und künstlerischem Sinn wieder zu sammeln begann, war Oscar Hainauer.... Im Hause des Barons Gustave de Rothschild (1829-1911) in Paris, als dessen Vertreter er Berlin besuchte, war ihm aber Freude und Verständnis für echte Kunst aufgegangen."[110] Der Museumsdirektor macht an dieser Stelle keinen Hehl daraus, dass sich der

105 Liebermann 1978, S. 96.
106 Bezeichnenderweise schätzte Bode genau diese Eigenschaft bei Liebermann: „Sein Humor und Witz, hinter dem Gutmütigkeit und Herzlichkeit steckte, machte den Umgang mit ihm anziehender als mit den meisten Berliner Künstlern." Bode/Gaethgens/Paul 1997, I, S. 242f. Seinen Antisemitismus äußert Bode so offen erst sehr viel später nach dem Ersten Weltkrieg, wie er in *Mein Leben* kundtut. Man könnte allerdings vermuten, dass sich Max Liebermann und James Simon dieser Einstellung Bodes schon viel früher bewusst gewesen waren.
107 Kiaulehn 1958, S. 319.
108 Bode/Gaethgens/Paul 1997, I, S. 163.
109 Kiaulehn 1958, S. 319.
110 Bode/Gaethgens/Paul 1997, I, S.163.

Bankier Hainauer durch selbständiges Sammeln auszeichnete und seine Vorliebe für die Renaissance offenbar von den Rothschilds, nicht aber von Bode selbst inspiriert war.

Hainauer sammelte aus innerer Überzeugung, einem großen Sinn für Qualität und einer geistigen Haltung heraus, die nichts Parvenühaftes an sich hatte – dies imponierte Bode. Hainauer hatte sich 1877 von den Architekten Hermann von der Hude und Julius Hennicke[111] in der Rauchstraße 23 (Abb. 44) im Tiergartenviertel, also in unmittelbarer Nachbarschaft zu James Simon, eine Villa im Renaissancestil erbauen lassen. Dabei wurde besonderer Wert auf den zentralen Oberlichtsaal als Gesellschaftsraum gelegt, in dem die wichtigsten Exponate seiner Sammlung ausgestellt waren. Bode bestätigte Hainauer eine „beachtliche Kennerschaft" und einen eigenen Geschmack – beides Eigenschaften, die er mit James Simon gemeinsam hatte. Der Bankier muss immer wieder auch bei Ankäufen „eingesprungen" sein, denn der Museumsmann berichtet, dass er 1880 mit ihm gemeinsam bei dem Florentiner Kunsthändler Stefano Bardini[112] eine Plakettensammlung für das Museum angekauft habe.[113] Drei Jahre später kaufte er auf Anleihe Hainauers drei Rembrandts.[114] Bode pflegte jedoch auch ein persönliches Verhältnis mit diesem Sammler, denn er war Taufpate einer der vier Töchter Hainauers.[115] In der erwähnten Ausstellung aus Berliner Privatbesitz (1883) trat Hainauer als einer der wichtigsten Persönlichkeiten auf, der die „Ausstattung und die Sonderausstellung seiner eigenen Kunstschätze" besorgte.[116] Bode fügte hinzu, dass der Erfolg dieser Ausstellung den erwünschten „starken Anstoß zur Lust am Sammeln in Privatkreisen in Berlin gegeben hat",[117] aber möglicherweise habe auch Oscar Hainauers Dekorierung mit dem Kronen-Orden 2. Klasse für seinen Verdienst um die alte Kunst diese Sammlerlust mitbeeinflusst. Dass Hainauer offenbar auf Orden Wert legte, bemerkte Bode auch an anderer Stelle.[118]

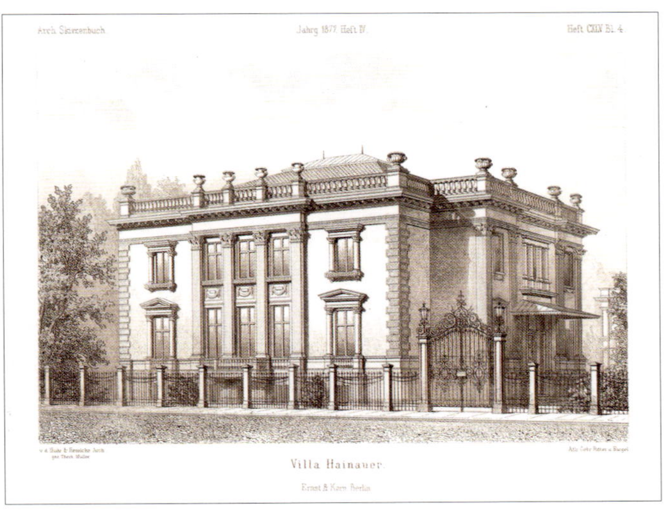

Abb. 44 | Villa Hainauer, Berlin-Tiergarten, Rauchstraße 23

111 Hermann von der Hude (1830-1908) war ein Architekt, der über viele Jahre mit seinem Kollegen Julius Hennicke (1832-1893) zusammenarbeitete. Beide standen unter dem Einfluss von Friedrich August Stüler und Karl Friedrich Schinkel.
112 Stefano Bardini (1836-1922) war Maler, Kunsthändler und vor allem Kunstsammler in Florenz. Er arbeitete mit allen Museen von Weltrang zusammen.
113 Bode/Gaethgens/Paul 1997, I, S. 154, zu Hainauer, der auch bei der Versteigerung der Sammlung Spitzer 1893 für das Museum in Berlin ankaufen ließ.
114 Ebd., S. 183.
115 Ebd., S. 194, 200.
116 Ebd., S. 175.
117 Ebd.
118 Ebd., S. 200.

Vor diesem Hintergrund wird immer plausibler, warum James Simon sich in dem oben erwähnten Brief so sehr gegen diese Etikettierung wehrte, er habe nur wegen eines Ordens zu sammeln begonnen.

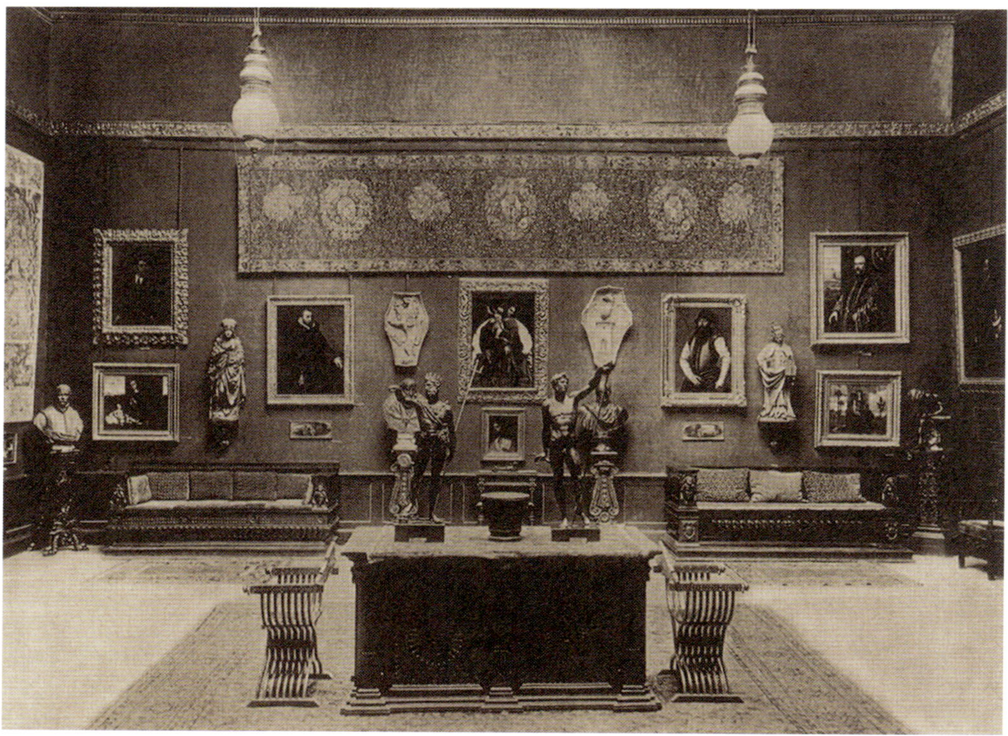

Abb. 45 | Berlin, Ausstellung Gemälde älterer Meister aus Berliner Privatbesitz, Innenraumansicht 1898. Berlin, Akademie der Künste

Im Unterschied zu James Simon war Hainauer zwar immer durch seine finanziellen Zuschüsse als Mäzen für das Museum, jedoch nicht durch Schenkungen aus seiner eigenen Sammlung hervorgetreten. Als seine Witwe Julie Hainauer nach dem Tod ihres Mannes 1894 dem Berliner Museum nur die komplette, nicht aber Teile der Sammlung verkaufen wollte, stieß sie auf Ablehnung. So wurde Hainauers Sammlung, nachdem sie von der Londoner Filiale der Kunsthändler *Duveen Brothers* erworben worden war, in alle Welt verkauft und ist heute nur noch durch den 1897 von Bode verfassten Katalog rekonstruierbar.[119]

Seit Mitte der 1890er Jahre half James Simon, wie schon erwähnt, dem Museumsmann immer neue Sammler zu kontaktieren bzw. diese nun in den 1897 gegründeten Kaiser Friedrich-Museums-Verein (KFMV) aufzunehmen und sie dort zur Finanzierung von Kunstwerken von herausragender

119 „Die Sammlung Oscar Hainauer, hrsg. mit Fachgenossen von Wilhelm Bode", Berlin 1897/ „The collection Oscar Hainauer by Wilhelm Bode assisted by his professional colleagues", London 1906. Darin stellt er auch die überragende Bedeutung der anderen Berliner Privatsammler heraus: „In den Galerien Adolf Thiem, James Simon, Karl von der Heydt, Valentin Weisbach, Oskar Huldschinsky, Karl Hollitscher, Richard von Kaufmann, Robert von Mendelssohn, Berthold Richter besitzt Berlin jetzt Gemäldesammlungen, die neben hervorragenden Privatgalerien in Paris und London sich in der Wahl und Qualität, wenn auch noch nicht in der Zahl der Meisterwerke sehen lassen können." (Ders., Einleitung zum Katalog Oscar Hainauer, S. 4).

Qualität für das Museum zu animieren. In der im Frühjahr 1898 von Bode organisierten Ausstellung von Kunstwerken des Mittelalters und der Renaissance (Abb. 45) wird nun auch zum ersten Mal der Name des bedeutenden Stifters öffentlich genannt, das „Kabinet James Simon" war innerhalb dieser Schau einer der Höhepunkte mit Objekten von ausgesuchter Qualität.[120]

Bode wusste, dass oft Eile geboten war, wenn es um den Erwerb eines Objektes ging und angesichts der begrenzten finanziellen Mittel des Museums sowie des langwierigen bürokratischen Weges durch die Instanz der Generalverwaltung waren ihm nicht selten die Hände gebunden. Bei der Gründung des Vereins am 28. April 1897 zählte man bereits 45 Mitglieder, darunter auch Kaiser Wilhelm II., der immer wieder aus seinen Dispositionsfonds große Mittel zum Ankauf von Kunstobjekten zur Verfügung stellte.[121] Der hohe Mitgliedsbeitrag von 500 Goldmark pro Jahr signalisierte, dass Bode lediglich finanzkräftige Mitglieder aufnehmen wollte. – Der von Bode so geschätzte Oscar Hainauer sollte die Gründung des KFMV nicht mehr erleben, denn er verstarb 1894. Stellvertretend zählte jedoch seine Witwe Julie Hainauer zu den Gründungsmitgliedern des Vereins.

Auch James Simon gehörte zu den Gründungsmitgliedern und wurde auf Vorschlag Bodes im Vorstand tätig; somit war Simon aktiv an der Förderung des Vereins beteiligt. Er bemühte sich innerhalb seines weitverzweigten Freundeskreises immer wieder, das Interesse am Verein zu wecken, so z. B. bei seinem Bekannten Rudolf Mosse, den er schon 1896 vor Gründung des KFMV als lebenslanges Mitglied für den Verein anwerben konnte. Wenn man sich die Liste der Gründungsmitglieder anschaut, so ist auffällig, wie viele Namen seiner Freunde und Bekannten verzeichnet sind, so z. B. der Kommerzienrat Ernst von Mendelssohn-Bartholdy, aber auch Max Liebermann. Seit 1906 wird auch Barthold Arons, der Schwager von James Simon, unter den Mitgliedern des KFMV verzeichnet.[122] Für eine eventuelle Mitgliedschaft von Simons anderem kunstliebenden Schwager Georg Reichenheim lassen sich leider keinerlei Beweise mehr erbringen, wenngleich er zwischen 1891 bis 1898 in Kontakt zu Bode stand.[123] Hingegen wird nach seinem Tod 1903 die Witwe Margarete Reichenheim (später Oppenheim) ab 1907 als Mitglied des KFMV geführt und sie war es augenscheinlich auch, die an der Finanzierung für den Ankauf von Vittore Carpaccios[124] *Grabbereitung Christi*

120 Ausführlich dazu Rowley 2019, S. 38ff.
121 Matthes 2000, S. 136.
122 Barthold Arons (1852-1934), verheiratet mit Simons Schwester Bertha (1855-1932), war Bankier in Berlin (Bankhaus Arons & Walter). Auch Arons hatte seine 1880 in der Villenkolonie Ahlsen in Wannsee erworbene Villa reich mit Kunstwerken ausgestattet. Vgl. Simon-Bode 2020, S. 72, 80, 121, 125. Wie aus den Briefen Simons hervorgeht, zeigte Arons sehr oft Interesse an bestimmten Kunstwerken und holte über seinen Schwager ein Urteil Bodes ein.
123 Kuhrau 2005, S. 283.
124 Vittore Carpaccio (1465-1520) war ein venezianischer Maler der Renaissance, der vor allem Historienbilder für die Bruderschaften seiner Heimatstadt malte.

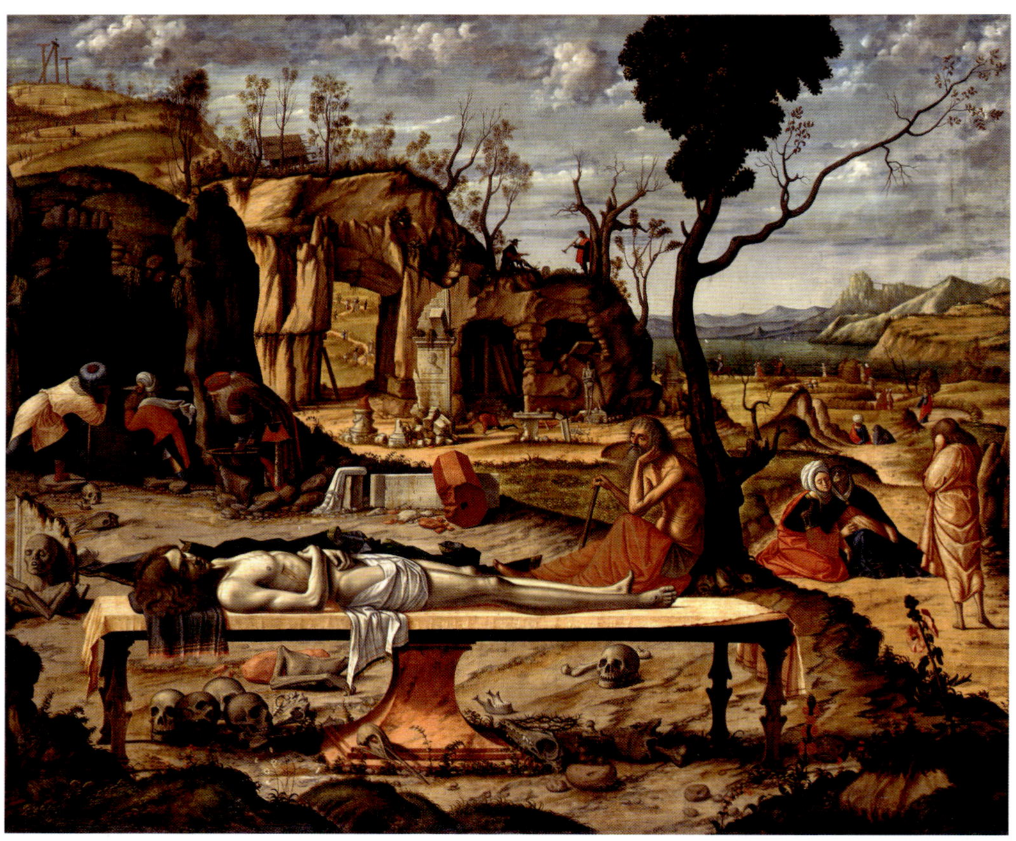

Abb. 46 | Vittore Carpaccio, Die Grabbereitung Christi, 1515-1520. Berlin, Gemäldegalerie

(1515-1520, Berlin, Gemäldegalerie, Abb. 46) beteiligt war, die 1908 als „Stiftung Dr. Georg Reichenheim" verbucht wurde.[125]

Ein weiteres Gründungsmitglied war der Rentier Adolph Thiem,[126] der schon vor der Ausstellung von 1883 mit Bode bekannt war. Bode bezeichnet ihn zwar auch als „leidenschaftlichen Kunstsammler" und attestiert ihm einen „feinen angeborenen Kunstsinn". Thiem, der sich auch als ein Freund Simons bezeichnet,[127] ist allerdings schon in den 1880er Jahren von Berlin nach San Remo gezogen, sodass eine Zusammenarbeit wie die zwischen Simon und Bode allein schon wegen der räumlichen Distanz unmöglich war. Doch Thiems Sammlung von Renaissancewerken, von Majoliken und Kleinplastik, vor allem auch von Orientteppichen, die er in seiner Villa in San Remo ausgestelllt hatte, konnte Bode letztlich doch nicht als Schenkung für das Museum verbuchen und er bemerkt: „Leider war bei ihm [Thiem] die Freude am Besitz kleiner als die Freude am Sammeln und Handeln."[128] Thiem hatte schon zu

125 Zu Vittore Carpaccios *Grabbereitung Christi* (Berlin, SMB Gemäldegalerie, Kat. Nr. 23A) vgl. Schmidt Arcangeli 2015, S. 225-233; siehe „Bericht des Kaiser Friedrich Museums-Vereins Berlin, Über das Geschäftsjahr 1905/06", S. 10, dort wird verzeichnet „Carpaccio: Aufbahrung Christi", zu diesem Zeitpunkt noch Leihgut, das den Königlichen Museen zum Ankaufspreis zur Verfügung stand. Im „Bericht des Kaiser Friedrich Museums-Vereins Berlin, Über das Geschäftsjahr 1907/08", S. 18, 31. März 1908, wird Carpaccios „Aufnahme des Leichnams in einer Landschaft" unter Rückzahlung der Generalverwaltung verzeichnet.

126 Adolph Thiem (1832-1823) war ein deutscher Makler, der vermutlich in den 1870er Jahren mit dem Sammeln von Kunstwerken begann. 1904 gelangten 26 seiner Gemälde in das Kaiser-Friedrich-Museum.

127 Vgl. Briefzitat von Thiem an Bode 22.6.1904 bei Matthes 2000, S. 307.

128 Bode/Gaethgens/Paul 1997, I, S. 175f.

Lebzeiten immer wieder Teile seiner Sammlung verkauft. Nach seinem Tode musste Bode die circa zwanzig Gemälde aus der Villa in San Remo erwerben und äußert sich verbittert darüber, dass er mit dem Besitzer zwar befreundet gewesen sei und ihm viel geholfen habe, dass man dann schließlich dennoch einen Kampf um Auswahl und Preis der Objekte führen musste.[129]

Als ein „unter dem Einfluss" Bodes stehender Privatsammler wird der schon erwähnte Adolf von Beckerath von Friedländer klassifiziert. Von Beckerath begann auf Anraten von Bode Skulpturen, Kunstgewerbe und Zeichnungen der Renaissance, Majoliken, aber auch vorderasiatische Keramik und Orientteppiche zu sammeln. 1892 stellte Beckerath, zur großen Genugtuung Bodes, seine etwa 3.000 italienischen und niederländischen Zeichnungen dem Kupferstichkabinett gegen eine Leibrente zur Verfügung; ein Großteil seiner Renaissanceskulpturen ging ans Museum. Diese Schenkungen waren allein schon zahlenmäßig nicht vergleichbar mit dem, was James Simon den Berliner Museen ein paar Jahre später vermachen sollte.[130]

Der Nachbar Simons, der Bankier Markus Kappel,[131] konnte ebenfalls für den Verein gewonnen werden. Er wohnte in der Tiergartenstraße 14 und war ein Sammler holländischer und flämischer Malerei des 17. Jahrhunderts, aber auch von Gemälden Adolf Menzels.[132]

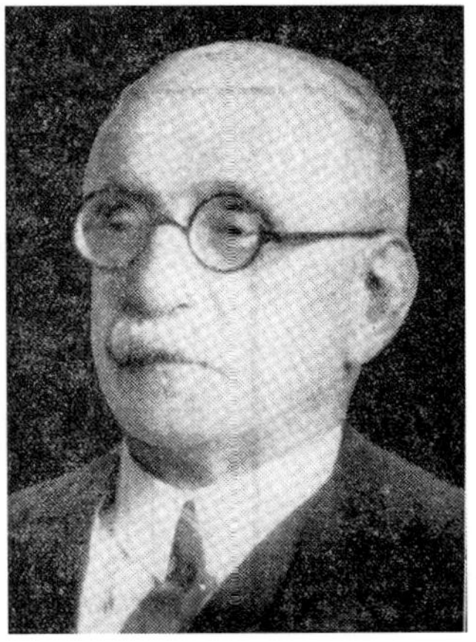

Abb. 47 | Oscar Huldschinsky, 1931

Zudem wurden auch andere Bekannte Simons zu Gründungsmitgliedern, so der angeheiratete Großunternehmer Oscar Huldschinsky (Abb. 47), der seine Sammlung in den 1890er Jahren unter der Beratung Bodes zusammengetragen hatte und sie in seiner Tiergartenvilla in der Matthäikirchstraße 3a zu einem kunstvollen Ensemble gestaltet hatte.[133] Huldschinsky gehörte, laut Bode, zu den „alten Sammlern", d.h. zu den Privatsammlern, die er bereits in den letzten Jahrzehnten des 19. Jahrhunderts kontaktiert und beraten hatte.

Oscar Huldschinsky besaß eine einmalige Sammlung von Kunstwerken der Renaissance, die im Herren- und Arbeitszimmer seiner Villa zu sehen war; andere Spezialgebiete, wie die holländischen Gemälde des 17. Jahrhunderts, wurden in einem Oberlichtsaal ausgestellt, während die französischen Gemälde des 18. Jahrhunderts dem Damenzimmer vorbehalten waren. Während seiner zahlreichen Italienreisen suchte Huldschinsky immer mehr Kenntnisse zu erlangen, er blieb aber sein Leben lang den Vorlieben und Ratschlägen Bodes treu. Sehr oft tätigte der Museumsdirektor Einkäufe für ihn

129 Die Veränderungen bei der Aufstellung der Kunstwerke in dem sog. Thiem-Saal führten zu einem über Jahrzehnte andauernden Rechtsstreit, siehe Nützmann 1993, S. 122-125.

130 Bode/Gaethgens/Paul 1997, II, S. 129.

131 Markus Kappel (1839-1919) war ein deutscher Bankier und Kunstsammler von Werken der holländischen und flämischen Malerei, aber auch von Adolf von Menzel.

132 Bode hatte Kappel immer wieder auch privat Empfehlungen für Ankäufe auf dem Kunstmarkt gemacht und und verfasste 1914 den Katalog seiner Sammlung. Bode/Gaethgens/Paul 1997, I, S. 193 u. S. 369f.; dies., II, S. 190

133 Friedländer 1928, S. 1-7.

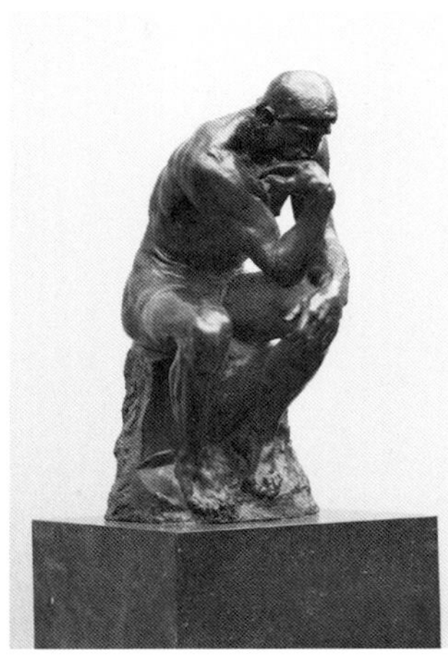

Abb. 48 | Auguste Rodin, Der Denker, Bronze, 1881-1883 (ehem. Sammlung Oscar Huldschinsky). Berlin, Alte Nationalgalerie

in Florenz. So schreibt der Sammler am 24. Oktober 1892 an Bode: „Aus Florenz sind mir heute zwei Kisten von der Bahn avisiert worden, die wohl Schätze enthalten, welche Sie so gütig waren, für mich einzukaufen."[134] Schließlich avancierte der Großindustrielle zu einem bedeutenden Mäzen der Berliner Museen. So schenkte er der Gemäldegalerie bedeutende Werke wie *Die Beweinung Christi* (um 1480) des flämischen Malers Hugo van der Goes[135], die auf feiner Leinwand gemalt ist, oder Jan van Scorels[136] *Madonna mit den Feldblumen* (um 1527/29, Öl auf Holz). Darüber hinaus vermachte er der Nationalgalerie Edgar Degas'[137] *Die Unterhaltung* (1889) und 1905 eine kleine Version von Auguste Rodins *Der Denker* (1880-1883) (Abb. 48).[138] Diese Auswahl von Werken seiner Sammlung vermittelt den höchst eklektischen Sammlerstil Huldschinskys, der der Moderne gegenüber aufgeschlossen war.

Bodes Rolle bestand freilich auch in diesem Fall nicht nur in der beratenden Funktion, sondern er verfasste 1908, wie bei anderen Sammlungen, einen reich illustrierten Katalog der Kunstwerke Huldschinskys.[139] Innerhalb der KFMV trat Huldschinsky immer wieder mit wichtigen Spenden hervor.

Auch ein weiterer enger Freund Simons, der Immobilienbesitzer Richard von Kaufmann[140] konnte für den Verein gewonnen werden. Schon in einem Brief vom 21. Juni 1888 schreibt Simon an Bode: „Pfingsten war ich in Kassel, Dr. Kaufmann zeigte mir die Galerie", und gemeinsam betrachten die beiden Freunde dann die Werke von Rembrandt.[141] Kaufmann war Teil der „Berliner Gesellschaft", die sich regelmäßig in Poltresina (Engadin) zusammenfand, zu der neben James Simon der schon erwähnte Historiker Robert Davidsohn, aber auch Bode zählten.[142] Kaufmann war Nationalökonom, seit 1889 Professor an der Technischen Hochschule in Berlin-Charlottenburg, gleichzeitig aber ein reicher Immobilienbesitzer und Kunstsammler, der, wie James Simon die italienische Renaissance, vor allem die Quattrocentomalerei zu seinen Sammelgebieten zählte. Auch ihm war Bode oftmals behilflich, wobei es offenbar auch immer darum ging, dass die Werke „ganz billig" waren.[143] Kaufmann wurde mit denselben Kunsthändlern bekannt gemacht, bei denen andere Berliner Privatsammler kauften: er interessierte sich auch für die später von James Simon erworbene *Maria mit dem schlafenden Christuskind* (Abb. 66) von Andrea Mantegna.

Neben italienischer Kunst sammelte von Kaufmann deutsche und altniederländische Malerei des 15. Jahrhunderts, bei

134 ZA/SMB-Ok, Nachlass Bode, 2172, bereits zitiert bei Paul 1993, S. 54.
135 Hugo van der Goes (1440-1482) war ein bedeutender flämischer Maler, der vor allem durch Altarwerke und Porträts Ruhm erlangte.
136 Jan von Scorel (1495-1562) war ein holländischer Maler, der während seiner Aufenthalte in Venedig und in Rom stark von der italienischen Malerei beeinflusst wurde.
137 Edgar Degas (1834-1917) war ein französischer Maler und Bildhauer, der zu den Impressionisten zählte. *Die Unterhaltung* entstand um 1889 und befindet sich noch heute in der Alten Nationalgalerie in Berlin. Siehe dazu Paul 1993 (a), S. 357.
138 Auguste Rodin (1840-1917) war einer der berühmtesten französischen Bildhauer und Maler des 19. Jahrhunderts. Die Skulptur *Der Denker* (Paris, Musée Rodin) entstand 1880-1883 und wurde in unterschiedlichen Größen repliziert, darunter das Werk in der Alten Nationalgalerie in Berlin. Siehe dazu Paul 1993 (a), S. 361f.
139 Bode 1908.
140 Richard von Kaufmann (1849-1908) war Nationalökonom und Kunstsammler.
141 Simon-Bode 2020, S. 92, Brief-Nr. 38, Brief vom 21.6.1888.
142 Bode/Gaethgens/Paul 1997, I, S. 216
143 Ebd., S. 210.

der ihm nach eigenen Angaben besonders die Kunsthistoriker Max J. Friedländer, Friedrich Lippmann und Bodes Assistent Hugo von Tschudi behilflich waren. Von Kaufmann hatte, wie sein Freund Simon, weitgefächerte Interessen und suchte zunehmend auch nach Kleinkunst, wie Bronzestatuetten oder Stucchi als Ergänzung für die Einrichtung seines Hauses. Er hatte außerdem ein großes Interesse an italienischen Möbeln und Orientteppichen, die ihm Bode durch „Gelegenheitskäufe zu niedrigen Preisen erstehen konnte".[144] Den Katalog seiner Sammlung von 1901 verfasste jedoch nicht Bode, sondern Max J. Friedländer.[145]

Von Kaufmann war nicht nur als Mäzen der Gemäldegalerie und der Skulpturensammlung hervorgetreten, er hegte eine besondere Begeisterung für die Ausgrabungen in Kleinasien und Ägypten und er war Mitglied des 1887 von dem Direktor des Ägyptischen Museums Adolf Erman[146] (Abb. 49) gegründeten Orient-Comités, für das er noch im gleichen Jahr James Simon gewinnen konnte. Von Kaufmann war, wie James Simon beschreibt, bei den ersten Erfolgen der Expeditionen in Syrien „mit Feuer hinter der Sache her."[147]

Ein weiteres Gründungsmitglied des KFMV war der österreichische Kaufmann und Kunstsammler Carl von Hollitscher,[148] der seit 1875 in Berlin ansässig war. Er hatte seine Sammlung schon in den 1880er Jahren vornehmlich in Paris bei dem Kunsthändler Charles Sedelmeyer[149] zusammengetragen, die neben Werken der altniederländischen und der venezianischen Malerei auch holländische Gemälde des 17. Jahrhunderts umfasste sowie, ähnlich wie bei Richard von Kaufmann, Bronzestatuetten der italienischen Renaissance.[150]

James Simon selbst trat im KFMV auffallend zurückhaltend auf, da bereits andere Mitglieder, wie sein Freund Eduard Arnhold, Ernst von Mendelssohn-Bartholdy oder Robert von Mendelssohn regelmäßig große Geldbeträge als Darlehen zur Verfügung stellten.[151] Dennoch förderte er im Jahr 1900 immerhin 20.000 Mark in den Reservefonds ein, spendete immer wieder kleinere Beträge und machte dem Verein zwischen 1897 und 1904 Schenkungen in Form von Kleinplastik.[152]

Bodes dominantes Auftreten in den Sitzungen des Vereins war bekannt und rührte vor allem von seinem maßlosen Ehrgeiz her sowie von dem Konkurrenzdenken, das ihn gegenüber allen anderen europäischen Museen, vor allem aber der Londoner National Gallery, antrieb. Er konnte jedoch seine Ankäufe fast immer durchsetzen, selbst wenn er den Ankaufs-

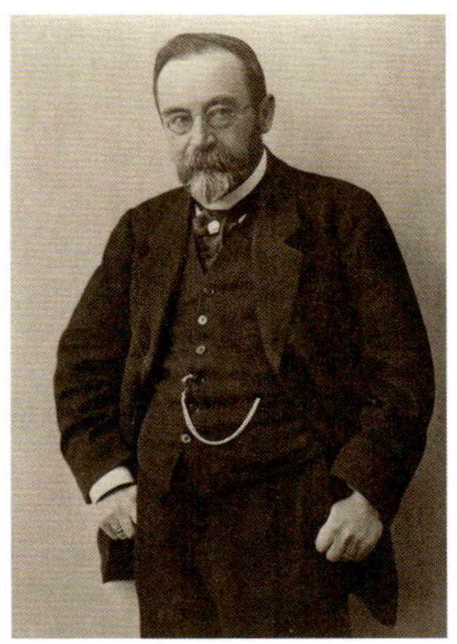

Abb. 49 | Adolf Erman, 1914

144 Ebd., 1997, II, S. 209.
145 Ebd., 1997, II, S. 205f.; „Gemälde des XIV. und XV. Jahrhunderts aus der Sammlung von Richard von Kaufmann", mit einem Vorwort von Richard von Kaufmann, bearbeitet auf der Grundlage von Max J. Friedländer, Berlin 1901; Goldschmidt 1902, S. 239-242, Donath 1929, S. 278; Girardet 1997, Bd. 2, S. 112-116.
146 Adolf Erman (1857-1934).
147 Simon-Bode 2020, S. 93, Brief-Nr. 38, Brief vom 21.6.1888, schon erwähnt bei Matthes 2000, S. 204; Matthes 2017(a), S. 37-43.
148 Carl von Hollitscher (1845-1925) war ein österreichischer Kaufmann und Kunstsammler, der seine Sammlung seit Ende der 1880er Jahre zusammengetragen hatte.
149 Charles Sedelmeyer (um 1836-1925) stammte aus Wien. Er war Kunsthändler und siedelte Anfang der 1870er Jahre nach Paris über, 1875 eröffnete er seine Galerie. Seine Spezialgebiete waren vor allem die holländische Malerei des 17. und die englische Malerei des 18. Jahrhunderts. Bode stand in engem Kontakt zu ihm.
150 Bode/Gaethgens/Paul 1997, II, S. 206; „Die Gemälde-Sammlung des Herrn Carl von Hollitscher in Berlin", hrsg. von W. Bode und Max J. Friedländer, Berlin 1912; Waldmann, 1929/30, S. 529-536; Friedländer in: Kunstchronik, 35, 1924/25, S. 566f.; Donath 1929, S. 277f.; Girardet 1997, Bd. 2, S. 86ff.
151 Ebd., S. 180.
152 Ebd., S. 309: so z. B. eine Bleistatuette des Antonio Pollaiuolo (1431-1498, war ein Florentiner Bildhauer, Maler und Kupferstecher); eine Terrakotta *Betende Maria*, die als italienisch um 1500 klassifiziert wird; die Marmorstatuette von *Maria mit dem Kind*, rheinisch um 1480, alle drei Werke befinden sich heute in Berlin, Bode-Museum.

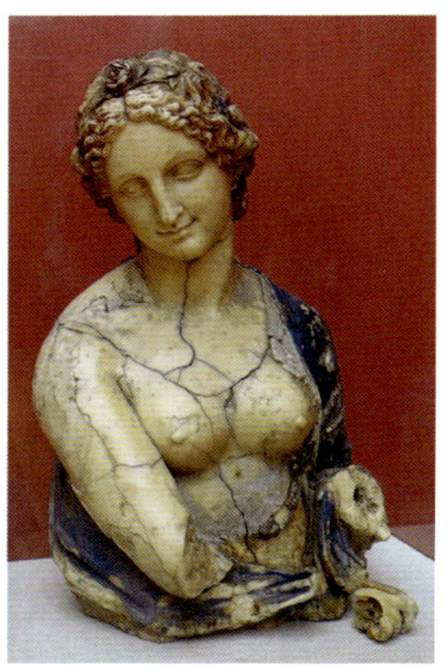

Abb. 50 | Richard Cockle Lucas (?), Flora-Büste, 1846. Berlin, Bode-Museum

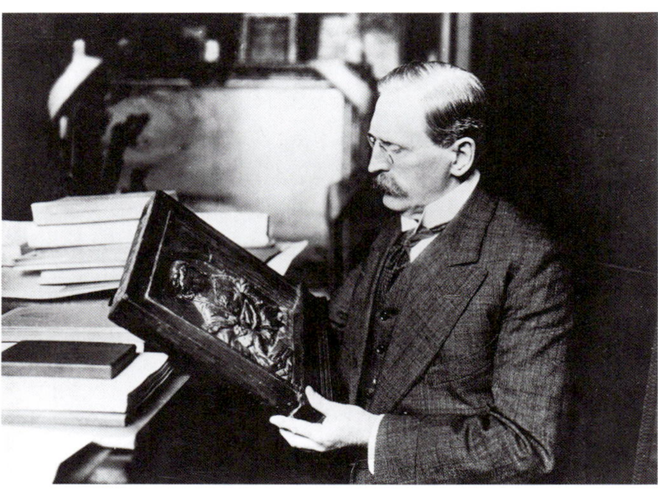

Abb. 51 | Wilhelm Bode in seinem Arbeitszimmer mit dem „Donatello"-Relief, 1912-1913

etat des Vereins, trotz aller Warnungen Simons, öfters deutlich überschreiten sollte.

Der Verein war es aber auch, der Bode wiederum den Rücken stärkte, so wie es der berühmte Skandal um die Leonardo da Vinci zugeschriebene Wachsbüste der *Flora* (Abb. 50) zeigt. Das Urteil des international bekannten Connaisseurs galt vielen Privatsammlern als „Gütezeichen", so wie es Thomas W. Gaethgens definiert: „Die Gewißheit, keinen Fehler zu machen, kann dem Sammler nur der Wissenschaftler vermitteln."[153] Nun aber sollte Bode nach Meinung der Öffentlichkeit angeblich ein Fehler unterlaufen sein. Als der Museumsdirektor 1909 die *Florabüste* mit der Zuschreibung an Leonardo da Vinci ankaufte, löste er damit eine Flut von Ablehnung und Entrüstung aus. Noch im Rückblick bemerkt er in *Mein Leben* voller Verbitterung, wie sehr ihn die internationale Kunstkritik damals verfemte, da man in der Büste ein Werk des Wachsformers Richard Cockle Lucas[154] erkannte, das dieser 1846 nach einem Bild Leonardos angefertigt haben soll.[155] Hier sei Bode, so die öffentliche Meinung, ein Fehler unterlaufen und der Erwerb einer Fälschung wurde als Skandal empfunden. Bode bemerkte aber, dass einzig der KFMV seine „warme Zustimmung" zu diesem Ankauf äußerte.[156]

Dass einem Kenner durchaus Fehler unterlaufen konnten, zeigt auch eine andere Begebenheit, als sich Bode 1912/13 mit einem neu erworbenen und Donatello zugeschriebenen Terrakotta-Relief einer *Madonna mit Kind und dem Johannesknaben*

153 Gaethgens 1993 S. 157.
154 Richard Cockle Lucas (1800-1883) war ein britischer Bildhauer und Fotograf.
155 Bode/Gaethgens/Paul 1997, I, S. 357-363. Die Datierung und Zuschreibung der Büste sind bis heute umstritten.
156 Bode/Gaethgens/Paul 1997, I, S. 360; eine Ausnahme war Walter Rathenau, der sich ablehnend zur *Florabüste* verhielt.

fotografieren ließ (Abb. 51). Heute wird das Relief jedoch als das Werk des burgundischen Künstlers Juan de Juni beurteilt.[157]

Bodes Vorgehen innerhalb des KFMV war jedoch äußerst zweckbewusst, dies zeigt sich beispielsweise daran, dass er die Mitglieder von Ankäufen außereuropäischer Kunst zu überzeugen wusste, obgleich die Rahmenbedingungen des Vereins ursprünglich nur die Finanzierung der Kunst des Mittelalters und der Renaissance vorsahen. Bode verstand es, den Verein 1902 dazu zu verpflichten, bis zu 40.000 Mark für den Transport von Teilen der Fassade des Wüstenschlosses von Mschatta – im damaligen Osmanischen Reich gelegen (heute Jordanien) – nach Berlin zur Verfügung zu stellen, da die bedeutende umayyadische Ruine angeblich bedroht war.[158] Die Deckung der Kosten von Seiten der privaten Mäzene im Verein – Graf Henckel von Donnersmarck[159] spendete so allein 20.000 Mark – machte den Transport des Wüstenschlosses überhaupt erst möglich. Es war vor allem Bodes Strategie, den Kaiser für dieses Unternehmen zu begeistern, der sich schließlich persönlich für Mschatta einsetzte und damit den Erfolg garantierte.

Auch in späteren Jahren gelang es Bode immer wieder, sein schon seit den 1870er Jahren nachweisbares Interesse an der islamischen Kunst durchzusetzen, beispielsweise, wenn es darum ging, eine islamischen Abteilung im Kaiser-Friedrich-Museum einzurichten.[160]

Rudolf Mosse: Verleger, Philanthrop und Mäzen

Als der Gründer des *Berliner Tageblatts* Rudolf Mosse 1899 dem „Hofmaler" Anton von Werner[161] den Auftrag für ein Wandgemälde mit dem Titel *Gastmahl der Familie Mosse* für den Speisesaal in seinem Palais in der Leipziger Straße gab, ließ er sich im Kreise seiner Familie und seiner Freunde in den Trachten des „Goldenen Zeitalters" der holländischen Malerei des 17. Jahrhunderts darstellen (Abb. 52).[162] Eine solche Selbstinszenierung, obgleich der Auftraggeber Rudolf Mosse dezent im Hintergrund erscheint, wäre für den bescheidenen James Simon undenkbar gewesen. Mosse, der mit Simon gut bekannt war, trat im beruflichen Leben jedoch keineswegs im Hintergrund auf, sondern war als Neuankömmling aus Posen in Berlin mit seinem Anzeigengeschäft (Annoncen-Expedition) – eine ausgesprochene Marktlücke im Buch- und

157 Juan de Juni (1505-1577) stammte aus Burgund und kam 1533 nach Kastilien, wo er viele Werke schuf.

158 Troelenburg 2014, S. 49-61, S. 61-85.

159 Graf Guido Henckel von Donnersmarck (1830-1917) war ein deutscher Adliger, Industrieller und Politiker.

160 Enderlein 1995; Brisch 1996; Troelenburg 2014, S. 224.

161 Anton von Werner (1843-1915) war ein deutscher Historienmaler und Repräsentant der wilhelminischen Kunstrichtung.

162 Das Wandgemälde wurde nach Zerstörung des Mosse-Palais im Zweiten Weltkrieg nur durch eine Ölskizze überliefert, die 2015 vom Jüdischen Museum an die Erbengemeinschaft Lachmann-Mosse zurückerstattet wurde.

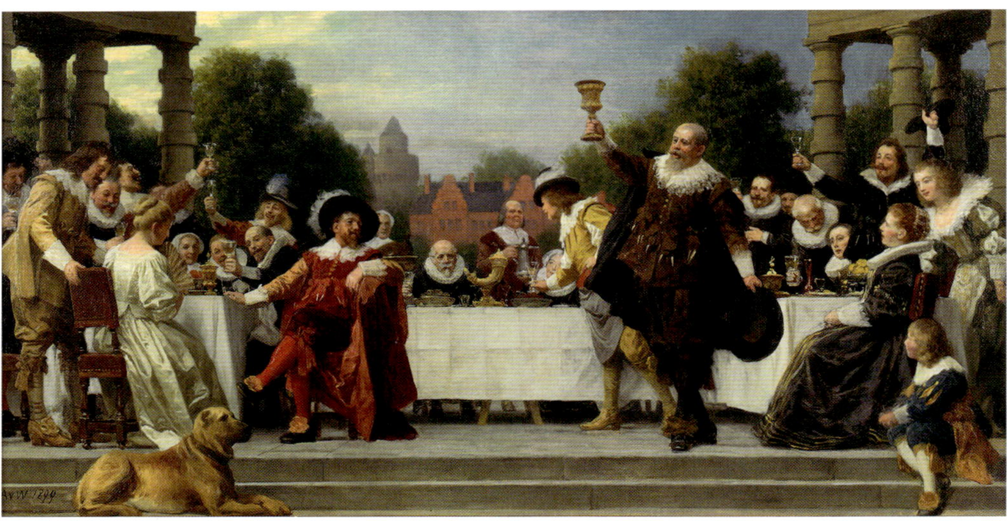

Abb. 52 | Anton von Werner, Gastmahl der Familie Mosse, 1899, Ölskizze. Berlin, Jüdisches Museum

Zeitschriftenhandel – sehr schnell zu einem Pressemagnaten des Kaiserreichs avanciert. Auch das von ihm 1871 gegründete *Berliner Tageblatt* (BT) entwickelte sich nach einem Jahrzehnt zu einem überregional hochgeschätzten Handelsblatt. Mit der Zeit gewann nicht nur der Handelsteil des BT zunehmend an Bedeutung, sondern auch das Feuilleton, in dem die Intellektuellen der Zeit, wie Alfred Kerr für das Theater, Alfred Einstein[163] für das Musikleben oder Theodor Wolff[164] für Literatur und Kunst publizierten.[165] Simon war diese wichtige Zeitung selbstverständlich gut vertraut und später auch bei der Werbung für die Deutsche Orientgesellschaft überaus nützlich.

Mosse verstand sich als radikal und liberal, zudem war er jahrelang Mitglied der Repräsentantenversammlung der jüdischen Gemeinde Berlins und Mitglied des Zentralkomitees des *Hilfsvereins der deutschen Juden*. Es ist bezeichnend für Mosse, dass er eine Nobilitierung, die ihm von Seiten des Kaisers angeboten wurde, ablehnte. Neben den Millionären Fritz von Friedländer-Fuhl und Ernst von Mendelssohn-Bartholdy rangierte Rudolf Mosse im Jahr 1908 an dritter Stelle unter den Berliner Millionären.[166]

Mosse war vor allem als Philanthrop und Mäzen stadtbekannt und teilte die Leidenschaft des Sammelns mit seinem Freund Simon, wenngleich in sehr viel bescheidenerem Maße, ohne einen wissenschaftlichen Anspruch. 1881 hatte Rudolf Mosse dem Architekten Eberhard Ihne[167] den Auftrag zum Bau seines Wohnhauses, dem Mosse-Palais in der Leipziger Straße erteilt, wo wertvolle Gemälde und Kunstgegenstände

163 Alfred Einstein (1880-1952) war ein deutscher Musikwissenschaftler und Musikkritiker, ein Vetter des berühmten Physikers Albert Einstein (1879-1955). Alfred Einstein arbeitete am *Berliner Tage-blatt* bis zu seiner Emigration 1933 nach London, zwischen 1935-1938 hielt er sich in Italien und London auf, 1939 emigrierte er schließlich in die USA.
164 Theodor Wolff (1868-1943) war ein bedeutender Publizist, Kritiker und Verleger und ein Vetter von Rudolf Mosse. Nach seiner Emigration nach Frankreich wurde er in das KZ Sachsenhausen deportiert und starb 1943 an den schweren Folgen im Jüdischen Krankenhaus in Berlin.
165 Kraus 1999, S. 182f.
166 Ebd., S. 190.
167 Eberhard Ihne (1848-1917) war ein deutscher Architekt, der für Kaiser Friedrich III. und Kaiser Wilhelm II. Bauten ausführte, darunter das Kaiser-Friedrich-Museum (heute: Bode-Museum), den Neuen Marstall und die Königlich Preußische Staatsbibliothek (heute Staatsbibliothek Unter den Linden).

ausgestellt waren, ein Teil dieses Wohnhauses wurde zudem der Öffentlichkeit zugänglich gemacht. Ob Mosse schon bei der Gründung seiner Firma 1871 seine Sammeltätigkeit begonnen hatte, ist zwar zu vermuten, lässt sich aber nicht mehr beweisen.[168]

Anlässlich der Zwangsversteigerung seiner Kunstsammlung 1934 im Auktionshaus Rudolph Lepke wurden 325 Objekte angeboten.[169] Wenngleich daraus nur bedingt auf den Sammlungsstil Rudolf Mosses geschlossen werden darf – dieser war ja bereits 1920 verstorben –, kann man dennoch erkennen, dass die Gemälde alter Meister mit 16 Bildern, darunter Peter Paul Rubens, Jan Steen, Adriaen von Ostade oder Jacob Ruisdael, gegenüber den 107 Gemälden des 19. Jahrhunderts bei Weitem unterrepräsentiert waren. Unter den Meistern des 19. Jahrhunderts fanden sich Maler wie Carl Blechen, Arnold Böcklin, aber auch Wilhelm Leibl, Max Liebermann, Adolf Menzel, Carl Spitzweg, Franz von Stuck oder Lesser Ury. Vor allem zahlreiche Objekte ägyptischer Kunst zählten zu Mosses Vorlieben, war er doch auch als großzügiger Mäzen des Ägyptischen Museums hervorgetreten. In Zusammenarbeit mit Adolf Erman finanzierte er 1891-1892 Forschungs- und Ankaufsreisen nach Ägypten.[170] Ein besonderes Prinzip lässt sich aus den Exponaten nicht erkennen, nur so viel, dass Mosse der zeitgenössischen Moderne, ganz im Unterschied zu dem ihm befreundeten Sammler Eduard Arnhold, nicht zugänglich war: Allein schon die Wahl des „Hofmalers" Anton von Werner für sein Familienporträt lässt dies erkennen.[171]

Welche Gründe waren für Mosses Interesse oder sollte man sagen für seine Liebe zur Kunst ausschlaggebend? War es der Anspruch, durch Sammeln Prestige und gesellschaftliche Anerkennung zu erlangen? Wohl kaum, denn Rudolf Mosse hatte sein Verlagsimperium durch harte Arbeit und Fleiß, aber auch durch seine Klugheit als Geschäftsmann aufgebaut und war zudem in städtischen Belangen als Berliner Bürger äußerst respektiert.[172] Er war vielseitig interessiert und trat, wie an der Heidelberger Universität, besonders als Förderer der Wissenschaften hervor, ohne jedoch jemals eine höhere Schule besucht oder ein Studium absolviert zu haben.[173] War das Sammeln von Kunst also eine Art der Akkulturation, die dieser zum Millionär avancierte Verleger anstrebte? Bedauerlicherweise sind Äußerungen von ihm über sein Kunstverständnis oder seine Sammlung aus der erhaltenen Korrespondenz nicht bekannt geworden.[174]

168 Eine Rekonstruktion der umfangreichen Sammlung Rudolf Mosses ist mit dem 2017 ins Leben gerufenen Mosse Art Restitution Project (MARP) an der Freien Universität Berlin geplant.
169 Kraus 1999, S. 444-447.
170 Vgl. Helmbold-Doyé/Gertzen 2017.
171 Ebd., S. 445.
172 Ebd., S. 450.
173 Ebd., S. 447f.
174 Ebd.

Mit Simon verband ihn die Gründung von Stiftungen und verschiedenen Sozialvereinen. Wie dieser waren auch Rudolf Mosse, Eduard Arnhold und der Bankier Franz von Mendelssohn der Ansicht, dass Reichtum zu sozialem Engagement verpflichtet. Dies war ein noch größeres Anliegen Mosses als das Sammeln, das er vielleicht als sein „privates Vergnügen" ansah. Bode hatte diesen bedeutenden Förderer kultureller Vereine als Sammler „aussortiert"[175] und findet nach 1918 nur abfällige antisemitische Bemerkungen über das Verlagshaus Mosse.[176]

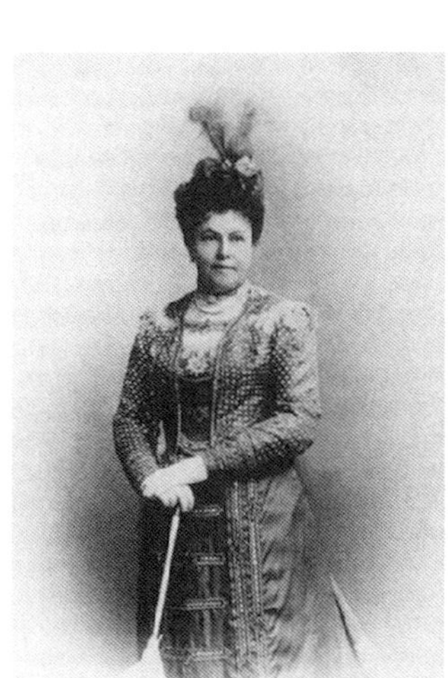

Abb. 53 | Agnes Simon, um 1890

Agnes Simon und die Frauen der Privatsammler

Immer wieder werden die großen Unterschiede zwischen dem vollkommen auf sein Prestige fokussierten Museumsmann Bode und James Simon deutlich, dessen Anliegen es war, Kunst wie die Musik auch dem Gemeinwohl zugänglich zu machen. In diesem Sinne äußert er sich auch über den Verein: „Das Wichtigste wird bleiben, unsere gebildeten Kreise mehr zum Besuch der Museen zu veranlassen. Dazu wird immer das beste Mittel sein, Vorträge durch Ihre [Bodes] Assistenz an bestimmten Theilen des Museums zu veranstalten u[nd]. dazu einen beschränkten Kreis einzuladen. Dafür sind die Damen zu haben u[nd]. ce que femme vent".[177] Dieser Bemerkung entnimmt man, wie gut Simon mit den gesellschaftlichen Verhältnissen seiner Zeit vertraut war: Neben den Sammlern waren es vor allem auch deren Ehefrauen, Schwestern, Töchter und Enkelinnen, die sich den „Schönen Künsten" widmeten. Zuweilen konnten sie sogar, wie Simons Ehefrau Agnes (Abb. 53), selbst zu Sammlern avancieren oder hatten zumindest einen beträchtlichen Einfluss auf die Einrichtungen der vornehmen Villen im Tiergartenviertel, im Grunewald oder in der Villenkolonie Wannsee.

Simon berichtete so an Bode in einem Brief von 1891: „Der Robbia ist wohlbehalten angelangt u[nd]. macht uns viel Freude. Wir müssen zur richtigen Decorierung einen kleinen Teppich dahinter setzen; Sie wollten so gütig sein nachzusehen, ob Sie uns damit aushelfen können. Wenn wir ihn haben u[nd]. von Spindler[178] gereinigt ist, worauf meine Gattin sehr hält, so werden wir Sie weiter bitten, uns Jemand aus dem Museum zu schicken, der das Relief mit doppeltem Draht von oben so befestigt […]".[179] Man erkennt hier, wie stark die Mit-

175 Simon erwähnt Mosse allerdings auch als Stifter einer Zeichnung mit der Bitte, ihn beim nächsten Mal einzuladen, vgl. Simon-Bode 2020, S. 163, Brief-Nr. 130, Brief vom 8.2.1896.
176 Vgl. die antisemitischen Äußerungen Bodes über die Weihnachstage 1918, „Schlimmer noch hat die Verjüdelung und das starke Anwachsen des Einflusses der jüdischen Elemente in Deutschland gewirkt, nicht nur in allen Finanzfächern und vielfach auch in der Industrie, vor allem in der Beherrschung fast der ganzen Presse: der Sonnemann-, Mosse- und Ullstein-Blätter …" Bode/Gaethgens/Paul 1997, I, S. 409.
177 Simon-Bode 2020, S. 174, Brief-Nr. 142, Brief vom 27.6.1896, Zitat schon bei Matthes 2000, S. 182.
178 Das Reinigungsunternehmen Spindler bestand seit seiner Gründung durch Wilhelm Spindler (1810-1873) im Jahr 1832 und war vor allem auf Teppiche spezialisiert.
179 Simon-Bode 2020, S. 127, Brief-Nr. 81, Brief vom 4.10.1891, schon zitiert bei Matthes 2000, S. 147.

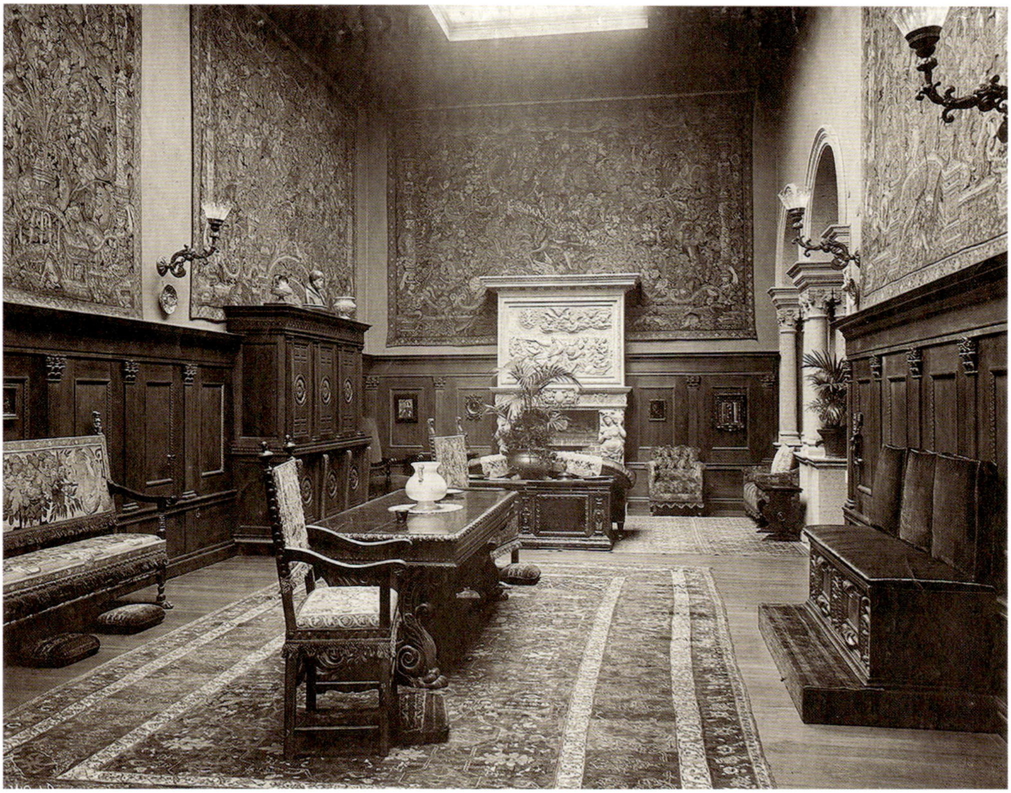

Abb. 54 | Villa James Simon, Berlin-Tiergartenstr. 15a, Obere Halle mit Renaissance-Kamin und Gobelins, um 1910

sprache seiner Frau war. – Auch in einem anderen Brief an Bode vom 19. März 1886 beruft sich Simon auf das Urteil seiner Frau.[180]

Agnes Simon verfügte aufgrund ihrer Herkunft über eine gewisse Erfahrung in Fragen repräsentativer Einrichtung und wird zu dem gelungenen Arrangement der Kunstwerke in der Villa Simon (Abb. 54) beigetragen haben, so z.B. wenn es um Fragen der Hängung der Gemälde ging oder um bestimmte Objekte, wie Gobelins, die sie, wie Simon gegenüber Max J. Friedländer bemerkte, an den Wänden bevorzugte. Offenbar hatte Agnes Simon ein großes Interesse am Rokokostil (Abb. 55) und besaß ein eigenes Kunstzimmer.[181] Über ihr großes Interesse an ostasiatischer Kunst sind wir ebenfalls unterrichtet. Agnes Simon ließ sich 1905 begeistert von dem Sammler Gustav Jacobi, seinerzeit japanischer Honorarkonsul, persönlich durch dessen Privatsammlung führen, die in Berlin durch außerordentlich qualitätvolle Stücke bekannt war.

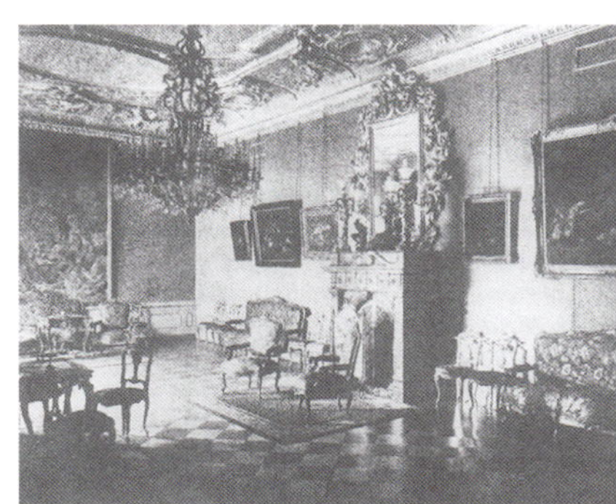

Abb. 55 | Villa James Simon, Berlin-Tiergartenstr. 15a, Rokokozimmer, um 1900

180 Simon-Bode 2020, S. 73, Brief-Nr. 14, Brief vom 19.3.1886.
181 Simon an Friedländer vom 10.4.1900, SMBPK-ZA, I/KFMV 1, Bd 1; Matthes 2000, S. 304; zur Rezeption des Rokoko im Kaiserreich vgl. Kuhrau 2005, S. 187-193.

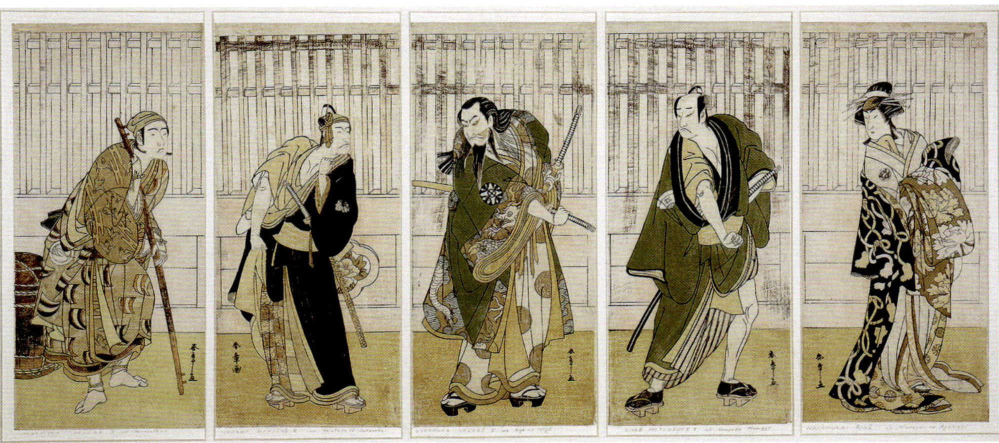

Abb. 56 | Katsukawa Shunsho, Schauspieler, 1782, Farbholzschnitt (ehem. Sammlung James Simon, Geschenk). Berlin, Museum für Asiatische Kunst

James und Agnes Simon müssen diese Sammlerleidenschaft geteilt haben, denn schon 1904 finanzierte er für das Kunstgewerbemuseum japanische Farbholzschnitte, die erst später in das Museum für Ostasiatische Kunst integriert wurden. Auch 1909 sollte Simon wichtige Ankäufe aus der japanischen Sammlung Hiasaki Tadamana tätigen (Abb. 56).[182]

Ob Agnes Simon darüber hinaus gemeinsam mit ihrem Ehemann in den Auktionshäusern nach Objekten Ausschau hielt, einen Einfluss auf den jeweiligen Ankauf hatte oder Kontakte zu Kunsthändlern pflegte, lässt sich heute leider nicht mehr nachweisen, sodass ihr Anteil an dem Aufbau der gemeinsamen Sammlung nur noch erahnt werden kann.[183]

Ein wichtiges Zeugnis für das kulturelle Engagement der Frauen aus Simons Umgebung bietet jedoch der Briefwechsel seiner Schwägerin Margarete Reichenheim (spätere Oppenheim), den sie mit Bode führte und bei dem es meist um Fragen der *objets de vitrine* ging.

Der Museumsbesuch war gegen Ende des 19. Jahrhunderts vor allem für die Frauen zunehmend ein gesellschaftlicher Treffpunkt und eine Passion, die man teilte, aber eben auch weit mehr. Sie waren es, die z. B. nach dem Tod ihres Ehemanns über den Verbleib der Sammlung entscheiden konnten: das Beispiel Julie Hainauer wurde schon genannt, auch Marie von Kaufmann, die Witwe Richard von Kaufmanns, kümmerte sich nach seinem Tode im Jahre 1908 um dessen Sammlung und avancierte selbst zu einer Mäzenin, indem sie der Gemäldegalerie 1918 ein Hauptwerk des flämischen Malers Robert Campin,[184] die *Madonna auf der Rasenbank* (um 1425), schenkte.

182 Alle Hinweise schon bei Wildung 2009, S. 69.
183 Beispiele für die von einem Ehepaar gemeinsam gestalteten Kunstsammlungen aus dieser Zeit sind bekannt; zu den berühmtesten zählte zweifellos die von Nélie Jacquemart und ihrem Ehemann Édouard André: Gemeinsam bauten sie seit den späten 1880er Jahren in Paris ihre Privatsammlung auf, die sie auf zahlreichen Reisen, vor allem nach Italien, erworben hatten. Die Korrespondenz der Eheleute liefert dafür wichtige Anhaltspunkte. Die Exponate wurden in einem an Stefano Bardini und andere *marchands amateur* orientierten sehr musealen Stil in ihrem Wohnhaus Hôtel de Boulevard Haussmann präsentiert und laut testamentarischer Verfügung dem französischen Staat als Museum nach 1912 hinterlassen, vgl. Babelon 2012.
184 Robert Campin (1378/79-1444) war ein flämischer Maler, der vor allem bedeutende Altarwerke und Porträts malte.
185 Matthes 2000, S. 182f.

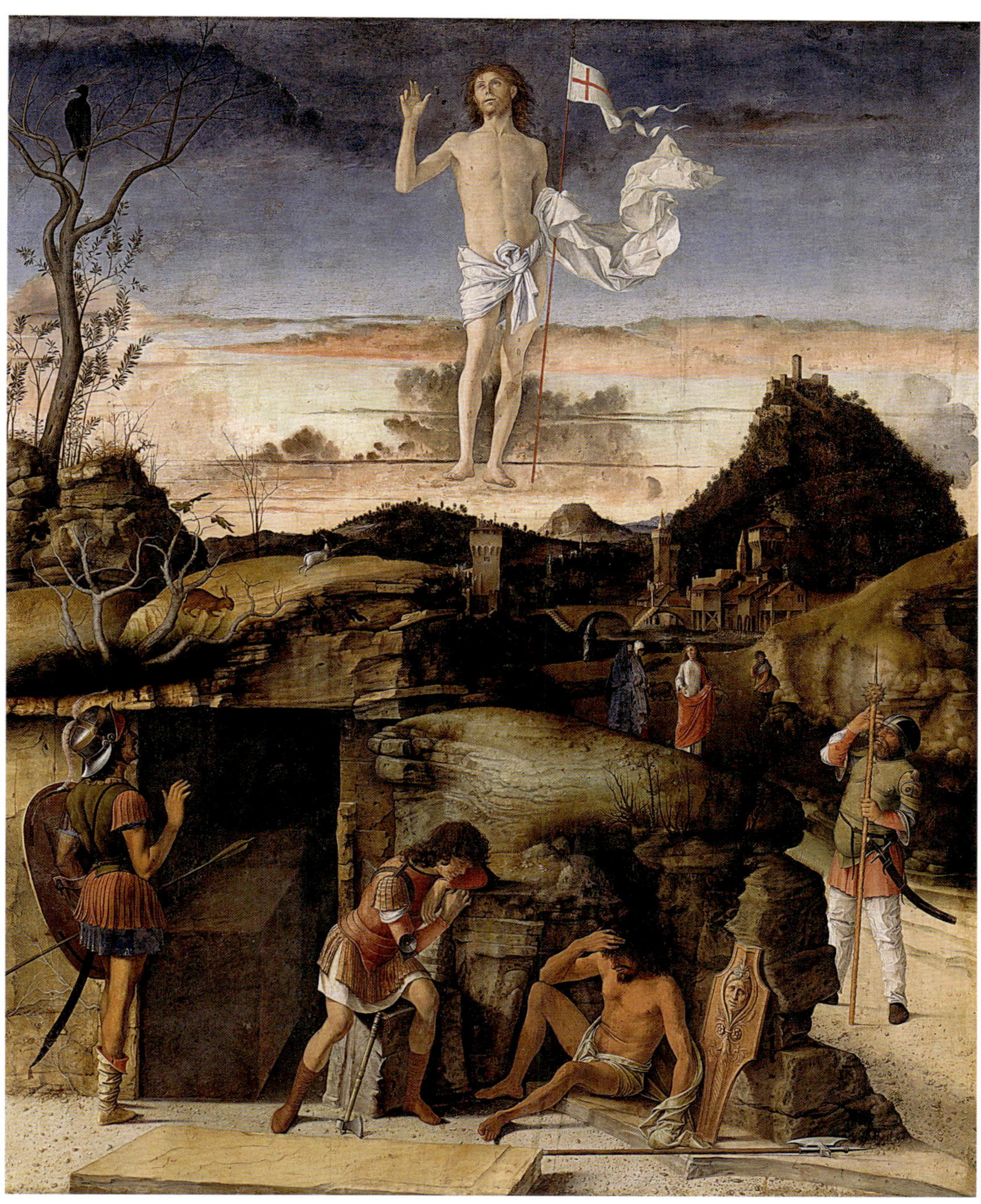

Abb. 57 | Giovanni Bellini, Die Auferstehung Christi, 1478-1479. Berlin, Gemäldegalerie

Ein weiteres Beispiel erläutert, wie genau Simon die Vorlieben der Gesellschaft um die Jahrhundertwende kannte: so äußerte er sich gegenüber Bode 1903 ablehnend, als dieser eine Ausstellung von 80 holländischen Gemälden plante. Stattdessen machte Simon den Vorschlag, eine große Ausstellung von Kunstwerken aus Privatbesitz zu organisieren, ganz ähnlich wie schon die 1893 organisierte Schau, und es gelang ihm schließlich, diesen Plan durchzusetzen. Nach Eröffnung des Kaiser-Friedrich-Museums im Jahr 1904 kam es 1905 im Schinkelschen Palais Redern am Pariser Platz anlässlich der silbernen Hochzeit des Kaiserpaares zu dieser Ausstellung von 523 Kunstwerken, die ein außerordentlich großer Erfolg werden sollte. Simon war selbst als größter Leihgeber mit 20 Gemälden und 19 Plastiken vertreten.[185] Seine Haltung, wonach Kunstbesitz dem Allgemeinwohl dienen solle, wird hier noch einmal ganz deutlich.

Simons Engagement in „Notsituationen“: Giovanni Bellini und Tizian

James Simon war nicht nur aktives Mitglied des KFMV, mit seinen Schenkungen einer der bedeutendsten Mäzene, den die Berliner Museen je hatten, sondern er sprang auch jeweils in „Notsituationen“ ein, wenn es um den schnellen Erwerb eines Kunstwerks ging. Selbst dann, wenn dies, wie im Fall von Giovanni Bellinis[186] *Auferstehung Christi* (Berlin, Gemäldegalerie, 1478-1479, Abb. 57), von politischer Brisanz war. Bellinis Bild stammte aus der Klosterkirche San Michele in Venedig und war bereits im Zuge der napoleonischen Dekrete um 1806 veräußert worden.[187] Seit 1854 befand sich das inzwischen von Holz auf Leinwand übertragene Bild in der Sammlung des Conte Antonio Roncalli in Bergamo, bei dessen Erben es 1900 Wilhelm Bode sah. Er schreibt es Giovanni Bellini zu, wohingegen sich italienische Forscher für einen der in der Werkstatt tätigen Bellini-Schüler aussprechen. Der in Venedig lebende deutsche Arzt und Archivar Gustav Ludwig[188] war es, der 1901 die wichtigen Dokumente zur Provenienz des Gemäldes im venezianischen Staatsarchiv entdeckte und für Bodes Zuschreibung auch die entscheidenden historischen Belege lieferte.[189] Umgehend setzte ihn Bode als Mittelsmann bei der „Erwerbung“, d.h. der heimlichen Ausfuhr der *Auferstehung Christi* ein.[190] Das Bild wurde unter einer völlig unbedeutenden Leinwand versteckt, einer Darstellung von *Christus und Maria Magdalena (Noli me tangere?)*, die vermutlich von dem Restaurator Luigi Grassi ausgeführt wurde. Da man über keine Genehmigung von Seiten des italienischen Staates verfügte, wurde das Bild außer Landes „geschmuggelt“. Doch darüber

186 Giovanni Bellini (um 1435-1516) war einer der bedeutendsten Maler der Renaissance in Venedig. Sein Werk umfasst Madonnen, Altarbilder und Porträts.
187 Schmidt Arcangeli 2015, S. 133-144.
188 Gustav Ludwig (1852-1905) war ein deutscher Arzt, der zunächst in London lebte und 1895 nach Venedig übersiedelte, wo er sich kunsthistorischen Studien und intensiven Recherchen im venezianischen Staatsarchiv zuwandte. Er verfasste eine der ersten großen Monographien über den Maler Vittore Carpaccio. Ludwig war Gründungsmitglied des Kunsthistorischen Instituts in Florenz und daher auch mit Bode in Kontakt.
189 Bode/Ludwig 1903, S. 131-142.
190 Vgl. den Brief von Gustav Ludwig an Wilhelm von Bode, 18. Dezember 1900, in: Gaier 2005, S. 165. Siehe auch Bode/Gaethgens/Paul 1997, I, S. 293.
191 Zur Identität von James Simon als Mäzen vgl. Von Stockhausen 2000, S. 238, Nr. 40.

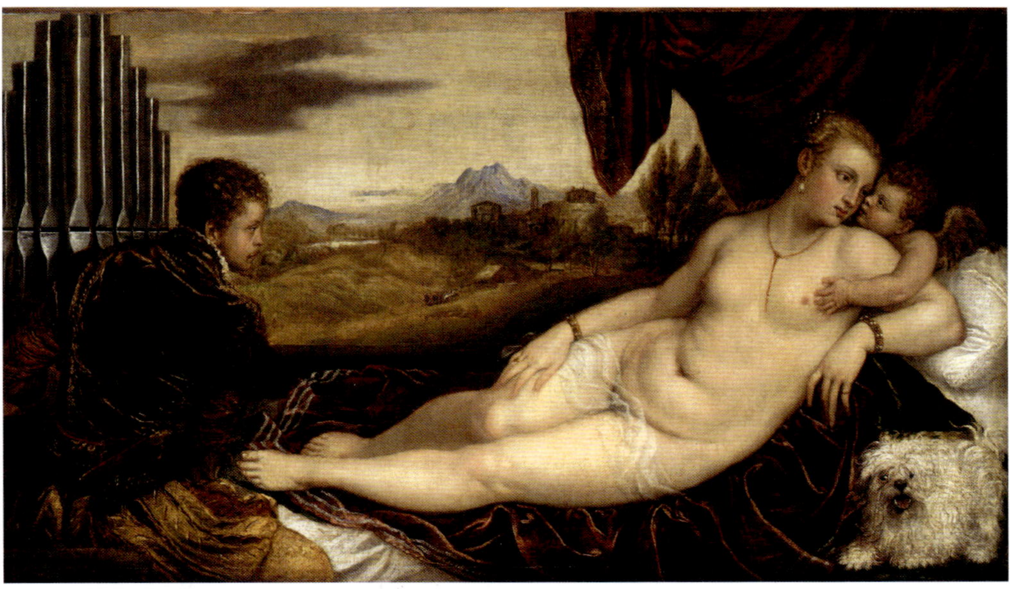

Abb. 58 | Tizian, Venus mit dem Orgelspieler, 1550-1552. Berlin, Gemäldegalerie

hat sich Bode später ebensowenig geäußert wie über die Tatsache, dass er Bellinis Werk 1902 nur dank der finanziellen Unterstützung von James Simon erwerben konnte.[191] In der Gemäldegalerie suchte man den Ankauf für einige Zeit geheim zu halten, dennoch wurde die illegale Ausfuhr in Italien sehr schnell bekannt und führte zu heftigen Protesten und Klagen sowohl gegen die Familie Roncalli, vor allen Dingen aber gegen den Gelehrten Gustav Ludwig, dem die Tragweite dieser Ausfuhr nicht bewusst war, wie er 1903 in einem Brief an Bode bekannte.[192] Die Diskussion mündete 1903 in einen Prozess am Gerichtshof von Bergamo, doch war das Bild zu diesem Zeitpunkt bereits ausgeführt. Das Beispiel zeigt noch einmal, wie „besessen" Bode vom Erwerb der jeweiligen Kunstwerke war und wie sehr ihm Simon auch in noch so schwierigen Situationen zur Seite stand.

Doch auch später, nachdem sich das Verhältnis zu Bode längst abgekühlt hatte, erwies sich Simon immer wieder als zuverlässiger Spender: In der wirtschaftlich schwierigen Zeit während des Ersten Weltkrieges benötigte Bode für den Erwerb von Tizians[193] *Venus mit dem Orgelspieler* (1550-1552, Abb. 58), die sich seinerzeit in Wien befand und für die ein enorm hoher Kaufpreis von 1 Million Mark gefordert war, die dazu notwendigen Mittel. Der Ankauf glückte ihm schließlich

192 Ludwigs Brief an Bode vom 25.1.1903: „Wie bedauerlich, daß der Käufer das Bild hinausgeschmuggelt hat, er hätte es doch in Rom passieren können. Ich hoffe immer noch, daß im letzten Moment der Käufer mit dem Permesso auf der Scene erscheint." Zitiert nach Gaier 2005, S. 165; Bode/Gaethgens/Paul 1997, I, S. 294. Bode bedauerte, dass Ludwig aufgrund der geheimen Ausfuhr der Tafel Bellinis später in Venedig als Spion beschimpft und man ihm nach seinem Tode zunächst sogar eine Grabstelle auf dem Friedhof von San Michele in Venedig verweigern wollte, was schließlich doch rückgängig gemacht wurde.

193 Tizian (Tiziano Vecellio) (um 1490-1576) war ein Schüler Giovanni Bellinis und einer der wichtigsten Maler der venezianischen Hochrenaissance.

194 Matthes 2000, S. 184.

195 Simon-Bode 2020, S. 283, Brief-Nr. 253, Brief vom 16.6.1916, schon zitiert bei Matthes 2000, S. 185.

1916 dank der finanziellen Unterstützung des KFMV, wobei James Simon und seine Freunde Eduard Arnhold und Markus Kappel mit 50.000 Mark die mit Abstand größten Beträge beisteuerten, wenngleich alle drei Mitglieder anfangs angesichts der kritischen Kriegssituation ablehnend waren. Bode hatte damit eine „Schlacht gewonnen" und es ist gut denkbar, dass er seinen Triumph auch gerne der Öffentlichkeit dargeboten hätte. In diesem Augenblick sprang jedoch Simon als Berater ein und warnte den Museumsmann: Man solle während des Krieges „kein großes Aufheben" machen und das Bild zunächst an einen unbekannten Ort bringen.[194]

Der Erste Weltkrieg bedeutete für Simon einen beachtlichen Einschnitt und große wirtschaftliche Engpässe, worauf wir später noch zu sprechen kommen werden. Dass er sich dennoch zu der Geldspende entscheiden sollte, zeugt wiederum von seiner Identifikation mit dem Museum, da ihm ein solches Meisterwerk Tizians besonders wichtig erschien und er als Unternehmer auch den Verlauf der Preise angesichts der fatalen politischen und wirtschaftlichen Situation Deutschlands voraussah. Vor allem die Konkurrenz mit den amerikanischen Unternehmern, die nun den Kunstmarkt bestimmten, machte Simon große Sorge: „Den Museen wird es dann sehr schwer werden, etwas Gutes für sich anzuschaffen. Es ist gut, daß die Amerikaner so prüde sind, sonst wäre uns der Tizian wohl nicht geblieben."[195] Es sollte der letzte bedeutende Ankauf sein, den die Berliner Gemäldegalerie mit Unterstützung des KFMV während der Kaiserzeit tätigte. Über den Erwerb von Tizians *Venus* erfuhr das Publikum dann erst viel später in einem vom 7. März 1918 datierten Artikel von Wilhelm von Bode in der „Illustrierten Zeitung".[196]

Auch Eduard Simon sollte dem Archäologen Theodor Wiegand, Direktor des Antikenmuseums in Berlin, bei der Finanzierung des Ankaufs der spätarchaischen Sitzstatue, der sog. *Thronenden Göttin*, finanzielle Unterstützung zusagen: Dank seiner Spende von 100.000 Mark (die gleiche Summe steuerte Kaiser Wilhelm II. bei) konnte die Skulptur 1916 für die Antikensammlung der Königlichen Museen in Berlin erworben werden.[197]

196 Winter/Grabowski 2014, S. 34-41.
197 Matthes 1998, S. 82-104, bes. S. 94-95. Vgl. auch dazu in Matthes 2017, S. 66. Die ungewöhnliche Erwerbungsgeschichte der *Thronenden Göttin*, die man 1911 in Tarent gefunden hatte und als Skulptur des 17. Jahrhunderts aus Italien exportiert hatte, wurde danach in Paris über den Kunsthändler Jacob Hirsch an das Antikenmuseum in Berlin verkauft (1915).

Ein Leben zwischen Erwerbungen und Schenkungen

Ein „wichtiger Unterhändler“ in Florenz: Stefano Bardini

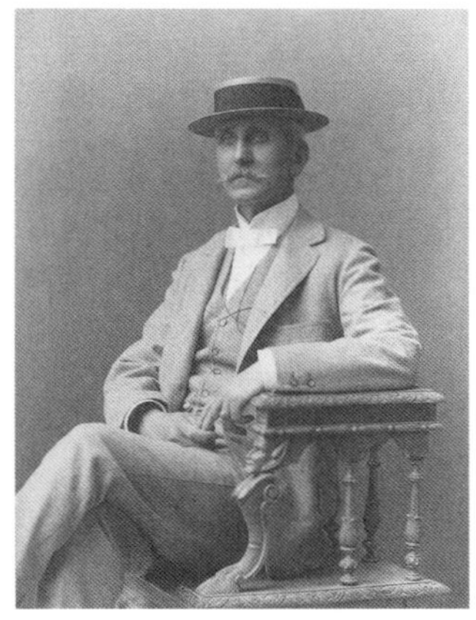

Abb. 59 | Stefano Bardini, ca. 1880-1890

James Simon reiste öfters nach Florenz, nicht nur aus Interesse an den Museen und am Kunstmarkt, sondern auch wegen der Kontakte zu den „Wahlflorentinern“, seinem Freund Robert Davidsohn oder dem Bildhauer Adolf von Hildebrand.[1] Zunehmend war er auch mit dem Florentiner Kunsthändler Stefano Bardini (Abb. 59) in direktem Kontakt, den er anfangs nur auf Empfehlung von Wilhelm von Bode besucht hatte.

Bode hatte seit Beginn der Bekanntschaft mit James Simon die Hängung und die Aufstellung der Exponate in der Tiergartenvilla beratend mitgestaltet und verwirklichte so seine eigene Vorstellung von einer Innenraumgestaltung, bei der er sich vor allem an dem Vorbild von Stefano Bardini orientiert hatte.

Wer war Bardini? Bode muss Bardini 1872 zum ersten Mal in Florenz begegnet sein, und er beschreibt ihn damals noch als einen Künstler. Bardini war tatsächlich in seiner Jugendzeit bis 1859 an der Akademie, der Accademia delle Belle Arti in Florenz, ausgebildet worden und malte im Stil der *Macchiaioli*.[2] Zudem betätigte er sich auch als Restaurator, was ihm bei seiner späteren Tätigkeit als Kunsthändler sehr zu Gute kam. Wenngleich sich die Bekanntschaft zu Bode immer stärker intensivierte, seit 1875 ein reger Briefwechsel mit annähernd 350 Briefen überliefert ist, avancierte Bardini eigentlich erst 1883 nach dem Tod des bedeutendsten Florentiner Antiquars Alessandro Castellani zu dem „Principe degli Antiquari“ (Fürst der Antiquare), wie er von den Zeitgenossen genannt wird. Besonders vorteilhaft erwies sich für Bardini, dass viele bedeutende Florentiner Adelsfamilien, wie die Torrigiani, Rucellai, Strozzi, Capponi oder Ginori, nach der Einheit Italiens (1861) zunehmend verarmten. Diesen *Nobili* blieb oftmals nur der Verkauf ihrer Ländereien und Güter samt der Innenausstattung als letzter Ausweg aus der Not. Eine unvorstellbare Flut von Kunstgegenständen aller Epochen und Gattungen

1 Adolf von Hildebrand (1847-1921) war ein Bildhauer, Maler und Medailleur, der in München und lange Zeit in Florenz lebte und sich sehr stark an der Florentiner Renaissance orientierte.

2 Fiderer Moskowitz 2015, S. 13-25. Bei den *Macchiaioli* handelte es sich um eine Gruppe von Malern, die sich um 1855-1865 in der Toskana gegen den Akademismus zusammenschlossen und einen realistischen Malstil entwickelten (*macchia* = Fleck).

überschwemmte um 1885 den italienischen Kunstmarkt. Doch es bedurfte eines besonders guten Kenners mit einem geübten Auge wie Bardini, um die entscheidenden Stücke aus der Masse des Angebots herauszusortieren. Der Kunsthändler war zudem hervorragend vernetzt, mit allen wichtigen Adligen bekannt und somit in der Lage, die jeweilige Provenienz der Kunstwerke auch zu dokumentieren.

So machte er Bode immer wieder Angebote, darunter Meisterwerke der Malerei, auch Fresken, besonders aber Skulpturen, Medaillen und Möbel. Dabei handelte es sich vornehmlich um Kunstobjekte aus der Renaissancezeit, daher ideal für das in Berlin geplante Renaissance-Museum. Bardini war nicht nur eine unerschöpfliche Quelle für Nachrichten über den bevorstehenden Verkauf von Kunstwerken in Florenz und in der Toskana, sondern er verstand es auch, sich die moderne Technik der Fotografie zu Nutze zu machen. So dokumentierte er die Objekte stets selbst und lieferte den Museen daher oft beste Informationen, wie das Beispiel der toskanischen Majoliken zeigt. Bardini schickte immer wieder Fotografien an Bode, der sich als einer der ersten überhaupt für die Majolikakunst begeisterte, wie mit seiner Publikation *Die Anfänge der Majolikakunst in der Toskana* (1911) und der Schenkung seiner eigenen Sammlung von Majolika an das Kunstgewerbemuseum bezeugt wird.[3] Schon wenige Jahre später schrieb Bode begeistert über die seinerzeit größte Majolikasammlung außerhalb Italiens, die Alfred Pringsheim[4] mit ca. 440 Exponaten in seinem Renaissance-Palais in der Arcisstraße in München zusammengetragen hatte.[5]

Nicht alle Vorschläge Bardinis fanden allerdings ein gutes Ende, wie z. B. der misslungene Ankauf eines Altars zeigt: Dieses Werk mit der Skulptur des heiligen Sebastian von Antonio Rossellino[6] als Mittelstück und den gemalten Seitenflügeln von Francesco Botticini[7] als Seitenflügeln hatte Stefano Bardini 1876 aus der Pfarrkirche Sant'Andrea in Empoli entfernen lassen, obwohl der Altar Privatbesitz der Familie Rimbotti war.[8] Bis in die 1880er Jahre sollte er dieses Triptychon immer wieder dem Berliner Museum anbieten, wo man sich jedoch zögernd verhielt. Noch war Bode nicht im Amt, der KFVM nicht gegründet und der Generaldirektor Richard Schöne zeigte sich bei Erwerbungen von Natur aus eher zurückhaltend. Schließlich wurde jedoch die Kommission der Belle Arti in Rom auf die unrechtmäßige Entwendung aus der toskanischen Kirche aufmerksam und man blockierte die

3 Niemeyer Chini 2009, S. 75.
4 Alfred Pringsheim (1850-1941) war Professor für Mathematik in München, Kunstsammler und Schwiegervater von Thomas Mann (1875-1955).
5 Bode 1915, S. 307. Schon Alfreds Vater Rudolf Pringsheim (1821-1906), ein Eisenbahnunternehmer und Kohlegrubenbesitzer, zählte in Berlin zu den bedeutenden Sammlern seiner Zeit, siehe Bilski 2007.
6 Antonio Rossellino (Antonio Gamberelli) (1427-1479) war ein Florentiner Architekt und Bildhauer der Renaissance, der vor allem durch Aufträge für Grabmäler hervortrat. Auch Simon erwarb 1894 eine *Maria mit dem Kinde* (Stuckrelief, heute: Berlin, Bode-Museum), vgl. Simon-Bode 2020, S. 158ff., Brief-Nr. 125, Brief vom 10. August 1894. Das Relief wird heute allerdings dem Bildhauer Andrea dell'Aquila zugeschrieben und um 1450 datiert.
7 Francesco Botticini (1446-1498) war ein Florentiner Maler, der sich an Botticelli und Fra Filippo Lippi orientierte.
8 Niemeyer Chini 2009, S. 61. Der Altar befindet sich heute in Empoli, Museo della Collegiata di Sant'Andrea.

Ausfuhr des Altars. Damit war das ganze Unternehmen zum Scheitern verurteilt.[9] Bode charakterisierte den jungen Bardini seinerzeit als „kunstsinnigen und geschickten Unterhändler, dessen Skrupellosigkeit ihn zum Helden eines Räuberromans gemacht hat"![10]

Wie war es aber möglich, dass ein Antiquar über die Köpfe der Besitzer hinweg zum Unterhändler eines Altarwerks werden konnte? In den späten Jahrzehnten des 19. Jahrhunderts war das kulturelle Erbe in Italien weder durch entsprechende Gesetze noch durch eine weitreichende Erfassung der einzelnen Kunstwerke von Seiten einer Behörde ausreichend geschützt, sodass es dementsprechend schwierig war, den Export von Kulturgut zu verhindern. Man darf nicht vergessen, dass Kunstwerke aus dem 14. und 15. Jahrhundert um 1880 in Italien, ganz im Unterschied zu England, noch immer als zweitrangige Objekte von geringem Wert eingestuft wurden. Dies erleichterte daher den Export, und Bardini konnte somit höchst ansehnliche Gewinne aus dem Verkauf solcher Objekte ziehen. Das erste Gesetz, das die italienischen Kunstwerke schützte, die sog. *legge Nasi*, wurde erst sehr viel später 1902 unter heftigem Protest der italienischen Kunsthändler in Kraft gesetzt. Selbst danach gelang es Bardini immer wieder bei Prozessen, bei denen ihm illegale Ausfuhr vorgeworfen wurde, aufgrund mangelnder Beweise freigesprochen zu werden. Bode berichtet verschiedentlich in seinen Memoiren *Mein Leben*, wie Bardini geschickt mehrere Interessenten für ein Objekt gewinnen konnte, um dies zugunsten eines größeren Verdienstes auszunutzen. Manches Mal gelang es ihm jedoch nicht, worauf Bode mit Genugtuung bemerkt: „So war Bardini ... wieder auf uns angewiesen."[11]

Der erste unter den Berliner Privatsammlern, der durch Bode auch mit Stefano Bardini in Kontakt kam, war Oscar Hainauer, der z. B. Skulpturen wie die *Johannes-Büste* und die *Maria mit dem Christuskind* (ca. 1460, Berlin, ehem. Kaiser-Friedrich-Museum, Kriegsverlust), beides Werke des Antonio Rossellino, bei Bardini erwerben konnte, aber auch die Lünette der *Madonna mit anbetenden Engeln* (sog. *Madonna Alessandri,* ca. 1450, Berlin Bode-Museum) von Luca della Robbia,[12] ebenfalls aus der Sammlung des Conte Cosimo Alessandri in Florenz.[13] Die bedeutende Plakettensammlung Bardinis konnte Hainauer gemeinsam mit Bode 1880 für die Berliner Museen erwerben.[14]

Ein Jahrzehnt später hatte Bode bereits einen Kreis von

9 Ebd., S. 61f.
10 Bode/Gaethgens/Paul 1997, I, S. 108.
11 Ebd., S. 151.
12 Luca della Robbia (1400-1482) war ein bedeutender Florentiner Bildhauer, der u. a. am Dom in Florenz (Sängerkanzel) beschäftigt war.
13 Niemeyer Chini 2009, S. 64f.
14 Ebd., S. 154; zu Hainauer und Bardini vgl. Niemeyer Chini 2009, S. 64f. Die Auswertung des Briefwechsels zwischen Hainauer und Bardini zeugt von vielen Auseinandersetzungen und darauffolgenden Versöhnungen, vgl. ebd., S. 65.

Berliner Privatsammlern für die italienische Renaissancekunst begeistern können, der sehr schnell mit Bardini in Kontakt kam, darunter natürlich auch James und später sein Cousin Eduard Simon. Der Florentiner Antiquar führte seinerzeit eigens eine Rubrik für die Privatsammler Bodes mit der kuriosen Bezeichnung *amici* (Freunde).[15] In diesem Zusammenhang war Bode der entscheidende Mittelsmann, der die Ankäufe „seiner" Sammler stets durch Ratschläge empfahl bzw. ablehnte. Wieviel in den 1890er Jahren bei Bardini gekauft wurde, geht aus der Liste „Ankäufe und Geschenke für das Kaiser-Friedrich-Museum, 1899-1912" hervor, wo nicht nur die Namen der bedeutenden Spender genannt sind, sondern auch die Provenienz der jeweiligen Objekte.[16]

Oftmals erlangten die Sammler auch eine besondere Bedeutung, wenn es um die Ausfuhr von Kunstwerken aus Italien ging: Sie stellten so ihre Namen zur Verfügung, die der italienischen Regierung meist unbekannt waren und daher keinerlei Verdacht auf das eigentliche Ziel, das Berliner Museum aufkommen konnte. Ein solcher Fall trat schon 1885 ein, als Bardini die Exklusivrechte für den Verkauf der Sammlung des Florentiner Adligen Gino Capponi erhielt und den sog. *Varramista-Altar* von Andrea della Robbia[17], eine *Madonna mit den Heiligen Franziskus und Kosmas* in glasierter Terrakotta (ca. 1470, heute Berlin, Bode-Museum), über Adolf von Beckerath als Mittelsmann an das Berliner Museum verkaufen wollte.[18] Bardini gab an, dass die Behörden bei einem Privatmann wie Beckerath gewiss keine Erlaubnis für die Ausfuhr verlangen würden. Doch Beckerath sollte sich schließlich im letzten Moment von diesem abenteuerlichen „Deal" zurückziehen; auf bis heute unbekannte Weise ist der *Varramista-Altar* dennoch nach Berlin gelangt und später in der Basilika des Kaiser-Friedrich-Museums zur Aufstellung gekommen.

Auch für die heimliche Ausfuhr der sog. *Barberini-Büste* (Porträtbüste einer Prinzessin aus Urbino, ca. 1475, Berlin, Bode-Museum), die dem toskanischen Bildhauer Desiderio da Settignano[19] heute nur mit Vorbehalt zugeschrieben wird, benutzte Bardini 1887 als Mittelsmann Paul Kramer, einen Angestellten des Bankiers und Sammlers Albert Figdor.[20]

Aus den Jahren 1893 und 1895 sind Briefe Simons an Bode überliefert, in denen er Ankäufe bei Bardini erwähnt. Erhalten haben sich jedoch auch Schriftstücke, die den direkten Briefwechsel des Sammlers mit Bardini bezeugen. James Simon war, wie viele Privatsammler in ganz Europa, beson-

15 Niemeyer Chini 2009, S. 101.
16 Niemeyer Chini 2009, S. 100, S. 255, Dok. 328.
17 Andrea della Robbia (1435-1525) war ein Neffe des berühmten Bildhauers Luca della Robbia, in dessen Werkstatt er arbeitete und sie auch nach dessen Tod weiterführte.
18 Fiderer Moskovitz 2015, S. 84.
19 Desiderio da Settignano (um 1430-1464) war ein Bildhauer, der mit seinen zahlreichen Aufträgen für Florentiner Kirchen Bedeutung erlangte.
20 Niemeyer Chini 2009, S. 80f. Für die meisten Skulpturen, die über Bardini in das Berliner Museum gelangten, etwa die Madonna des Florentiner Bildhauers Donatello (1386-1466), die sog. *Pazzi-Madonna* (1422, Berlin, Bode-Museum), die aus der gleichnamigen Florentiner Familie stammen soll, sind keinerlei Unterlagen erhalten, die genaue Auskunft über Ankauf bzw. Einfuhr geben würden, ebd., S. 80.

ders von der Vielfalt der angebotenen Stücke angezogen, da Bardini eben nicht nur Meisterwerke, sondern auch Kamine, Deckendekorationen, Türbögen, Wappen und Orientteppiche anzubieten hatte. Er war es, der den Einrichtungsstil beeinflusste, von dem sich zunächst nur Bode, schließlich alle bedeutenden Privatsammler alter Kunst inspirieren ließen.

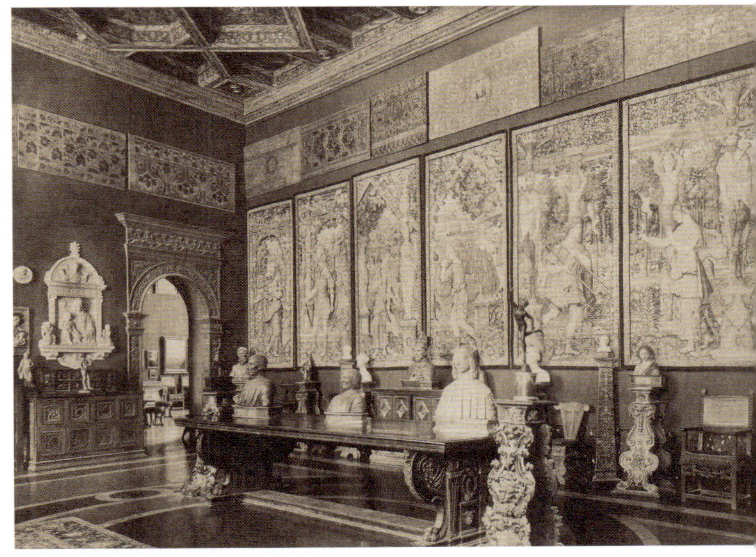

Abb. 60 | Florenz, Galleria Bardini, Saal XVI, um 1900

Schon 1881 hatte Bardini die gesamte Ausstattung des ehemaligen Klostergebäudes von San Gregorio della Pace im Oltrarno-Bezirk von Florenz erworben, zwei Jahre später gelang es ihm, auch das Kloster zu erwerben und es nun ganz nach seinem Geschmack zur Präsentation der Galleria Bardini umzubauen (Abb. 60).[21] Die Schauräume dieses Gebäudes zielten auf ein Arrangement ab, das dem potentiellen Käufer die Illusion eines adligen Palastes vermitteln sollte: So wurden an erster Stelle Familienwappen zum Blickfang der Besucher angebracht, dann aber auch Fensterlaibungen als Rahmen von Skulpturen, Säulenspolien für Treppenaufgänge genutzt, Truhen als Basis für Skulpturen eingesetzt. Die Wände waren nicht nur mit Teppichen oder Gobelins, sondern auch mit Wappen oder Reliefs dekoriert und das Ganze in einer überfüllt wirkenden Anordnung präsentiert. Bode übernahm das Konzept der Interaktion der verschiedenen Gattungen von Malerei, Skulptur, Möbeln und Orientteppichen für seine Ausstellungsräume im Museum.

Es war, wie schon bei der Sammlung Frédéric Spitzer, die Idee eines „Hausmuseums“, die Bode begeisterte, in der sich die Grenze zwischen Privatem und Öffentlichem aufzulösen schien und die man für die Museumsräume daher als bestens geeignet erachtete. Dennoch zeigt ein Vergleich der alten Fotografien aus der Galleria Bardini mit den Aufnahmen aus dem Alten Museum oder dem Kaiser-Friedrich-Museum, dass Bode die überfüllten Räume Bardinis, in denen immer noch – wie bei Spitzer! – der Eindruck einer Stapelung von Exponaten vorherrschte, nie ganz überzeugten. Ebenso wenig übernahm

21 Fiderer Moskovitz 2014, S. 87-103; 1911-1912 erwarb er den nahegelegenen Palazzo Mozzi und begann auch diesen nach seinen Vorstellungen umzubauen.

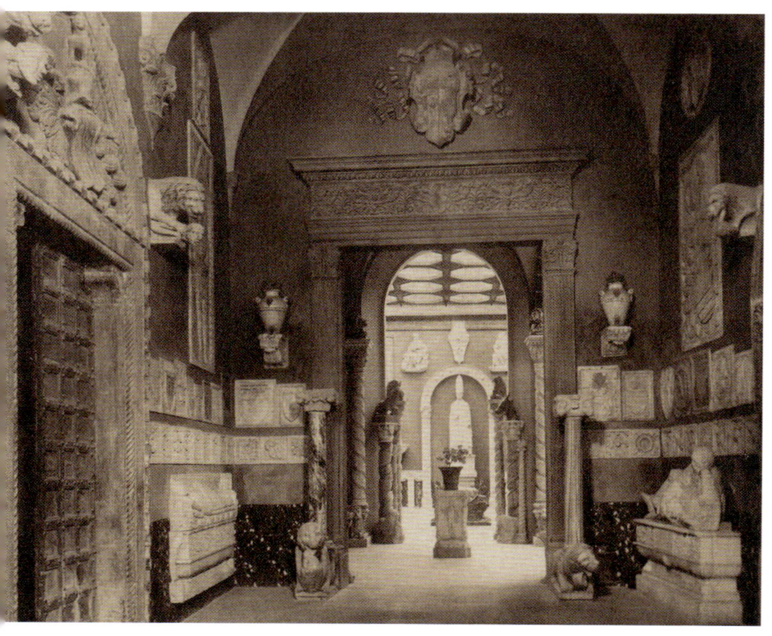

Abb. 61 | Florenz, Galleria Bardini, Hauptsaal, Erdgeschoss, um 1900

er Bardinis Vorliebe für das „russische" Blau als Hintergrundfarbe der Exponate.[22]

James Simon suchte während seiner Florenz-Reisen Bardini auf und wird die Aufstellung der Kunstobjekte im Palazzo Bardini Mozzi vermutlich genau studiert haben (Abb. 61). Doch auch er übernahm Bardinis Präsentationsstil nur teilweise. Gleiches gilt für seinen Cousin Eduard, der vor allem Orientteppiche bei Bardini kaufte und ebenfalls mit dem Arrangement des Antiquars vertraut war. Man griff vor allem die Idee der Kombination aller Gattungen auf. Dies zeigt sich deutlich bei dem Arrangement in der Halle im Erdgeschoss von James' Villa: Hier erkennt man auf den alten Fotografien Gobelins und Teppiche als Wandbespannung sowie Truhen als Basis der Skulpturen, was dem „Bardini-Stil" zwar folgt, ihn dennoch deutlich variiert. Denn im Unterschied zum *gusto Bardini* sollte hier jeder Eindruck einer Anhäufung vermieden werden. Die Kunstobjekte wurden vielmehr in gebührendem Abstand und im Hinblick auf Symmetrie auf die Räume verteilt.

Und noch ein anderer Aspekt unterscheidet James Simon von Stefano Bardini: Letzterer strebte als *marchand amateur* ein Hausmuseum an, das vom *bric à brac* bis zu Meisterwerken alles bot, was man um die Jahrhundertwende auf dem italienischen Kunstmarkt erwerben konnte. Demgegenüber legte James Simon als Sammler mit Ambitionen als Mäzen Wert auf Kunstwerke von „Rang" und Qualität, er suchte bedächtig aus und blieb auch, was die Hängung anbelangt, immer wieder ein Perfektionist des ästhetischen Gesamtensembles. Darin standen sich Simon und Bode also weitaus näher.

James Simon sollte diesen Einrichtungsstil auch nach seiner ersten Schenkung 1904 weiterführen, als er sich einer ganz anderen Kunstrichtung, der mittelalterlichen deutschen und französischen Plastik zuwandte.

22 Bardini war dazu während seiner Russlandreisen angeregt worden, wo man für repräsentative Räume in den Schlössern die Wandfarbe Blau wählte.

Die Erwerbungen: ausgewählte Beispiele von Gemälden aus dem James-Simon-Kabinett

Bode agierte als Mittelsmann zwischen Kunstagenten und privaten Sammlern und das kam auch James Simon zugute, denn er wurde nicht nur mit Stefano Bardini, sondern auch mit dem englischen Maler und Kunsthändler Charles Fairfax Murray[23] bekannt. Bode hatte den Londoner Kunstmarkt genauestens im Blick und nutzte die Stunde, da, wie schon Ferdinand de Rothschild beklagte, die englische Konjunktur um 1880 schwächelte und aufgrund der steigenden Preise auf dem Kunstmarkt viele Kunstwerke auf den Kontinent verkauft wurden. Murray war ein ausgezeichneter Partner für Bode: er hielt sich seit 1879 in Florenz auf und hatte ein sehr gutes Auge für die alten Meister, so insbesondere für die Sieneser Schule des 14. Jahrhunderts, die bis dahin kaum bekannt war und wenig geschätzt wurde. Murray unterhielt kontinuierlich Kontakte zu beiden Museen, sowohl zu dem Direktor der Londoner National Gallery Frederick William Burton[24] als auch zu Bode. Der Kunsthändler erhoffte sich durch diese fast fieberhafte Konkurrenz zwischen den beiden Museen Vorteile. Auf Vermittlung von Bode stand Murray mit vielen Berliner Sammlern in Kontakt, darunter James Simon und dessen Freund Richard von Kaufmann. Die Geschäfte wurden dann entweder über Bode abgewickelt oder über den direkten Kontakt mit den Käufern; so kaufte Adolf von Beckerath, der Murray schon seit 1879 aus Florenz kannte, eine große Anzahl von Zeichnungen bei ihm.[25]

In den späten 1880er Jahren sollte Murray wieder nach London zurückkehren. Als er dort Burton wiederum Vorschläge für die Ankäufe von Gemälden machte, sollte er enttäuscht werden, denn dieser war zu seinem Leidwesen entscheidungsschwach oder oftmals auch desinteressiert. Das trifft z. B. bei dem Porträt einer *Jungen Frau mit entblößter Brust* (um 1524-1526, Berlin, Gemäldegalerie) des venezianischen Malers Jacopo Palma il Vecchio[26] zu, ein Angebot Murrays, für das Frederick Burton keinerlei Interesse zeigte, und es war schließlich Bode, der die Tafel 1884 für das Museum ankaufen sollte.[27]

Schon als Murray 1881 den Wunsch äußerte, man solle die qualitätvolle doppelseitige Prozessionstafel des Sieneser Malers Francesco di Vannuccio[28] mit der Darstellung von

23 Charles Fairfax Murray (1848-1919) war ein englischer Maler, Kunsthändler, Mäzen und Sammler, der für die Museen in London tätig war. Seine Kontakte mit Bode sind für die Jahre 1891-1914 belegt, vgl. Tucker 2017.

24 Frederick William Burton (1816-1900) war ein irischer Maler, der von 1874-1894 Direktor der National Gallery in London war und in dieser Zeit viele der wichtigsten Gemälde Alter Meister für das Museum ankaufte.

25 Tucker 2017, S. 9.

26 Jacopo Palma il Vecchio (um 1480-1538) war ein italienischer Maler der Hochrenaissance, der in Venedig tätig war und in erster Linie Bilder mit der Madonna mit Heiligen sowie Porträts ausführte.

27 Tucker 2017, S.7ff.

28 Francesco di Vannuccio (2. Hälfte des 14. Jh. Siena) war ein Sieneser Maler, der vor allem kleinere Altarwerke für die private Andacht schuf.

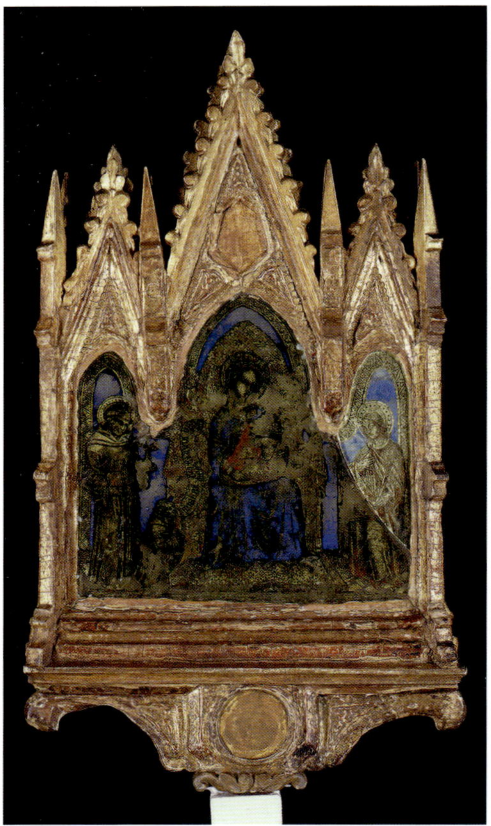

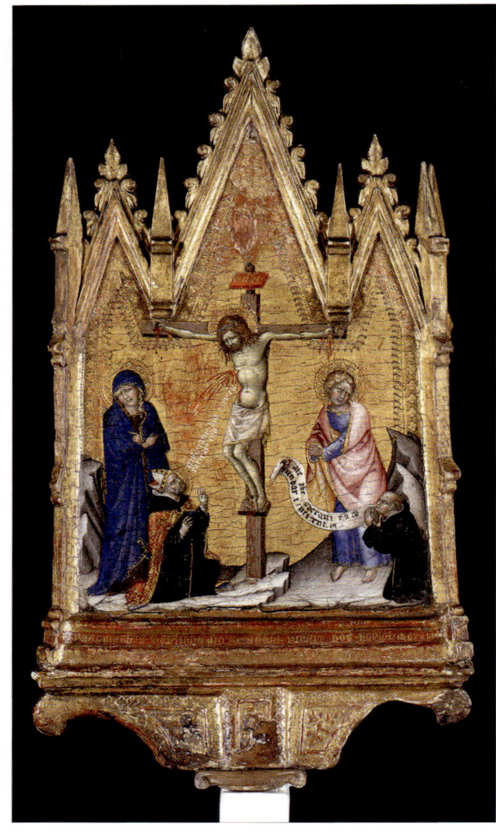

Abb. 62 | Francesco di Vannuccio, Kreuzigungstafel; Vorderseite Madonna mit Heiligen und Stifterfigur, Verre eglomisé, 1380. Berlin, Gemäldegalerie

Abb. 63 | (rechts) Rückseite: Christus am Kreuz zwischen Maria und Johannes,Tempera auf Holz, 1380 (ehem. Sammlung James Simon). Berlin, Gemäldegalerie

Christus am Kreuz zwischen Maria und Johannes (Berlin, Gemäldegalerie, Abb. 62, 63) erwerben, da dieses Werk in einer öffentlichen Sammlung ausgestellt werden müsse, zögerte der Londoner Direktor. Murray muss sich jedoch danach an Bode gewandt haben, denn in einem Brief vom 18. September 1885 schreibt Murray: „Thanks for notice of Mr Simon." Die Tafel wird 1885, sicherlich auf Anraten von Bode, an James Simon verkauft, der sie noch im gleichen Jahr der Gemäldegalerie schenkt.[29] Es handelt sich dabei um seine erste Schenkung an das Museum, doch James Simon bestand schon damals darauf, dass seine Anonymität als Mäzen gewahrt bleiben solle.[30] Auch sind keine Angaben über den Preis der kleinen Tafel bekannt geworden, der vermutlich weniger als 5.000 Mark betrug, da Schenkungen an die Institutionen des preußischen Staates, die über diesen Wert gingen, eine Genehmigung des Kaisers benötigten.[31] Auf diese Weise gelangte das Gemälde Vannuccios schließlich doch noch in einen öffentlichen Rahmen.

29 Simon-Bode 2020, S. 65, Brief-Nr. 5, Brief vom 29.4.1885; Simon äußert sich Monate später, dass er es nicht wünschte, namentlich als Stifter genannt zu werden vgl. Simon-Bode 2020, S. 66, Brief-Nr. 6, Brief vom 31.8.1885; vgl. schon Matthes 2000, S. 303 und dort zitiert *Amtliche Berichte aus den Königlichen Kunstsammlungen* (AB) 6, 1885, Sp. LIX.

30 Simon-Bode 2020, S. 64f., Brief-Nr. 5, Brief vom 29.4.1885.

31 Matthes 2000, S. 142.

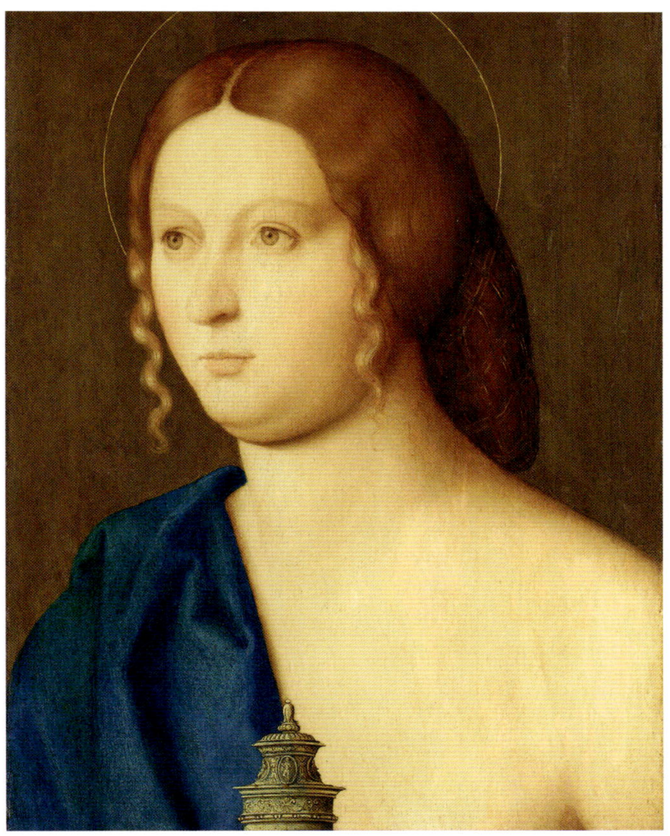

Abb. 64 | Vincenzo Catena, Bildnis einer jungen Frau als Maria Magdalena, 1511-1512 (ehem. Sammlung James Simon). Berlin, Gemäldegalerie

Nach dem Ankauf des Vannuccio sollte Simon ein weiteres Werk von dem Kunsthändler Murray erwerben, und zwar das *Bildnis einer jungen Frau als Maria Magdalena* (1511-1512, Berlin, Gemäldegalerie, Abb. 64),[32] das dem Bellini-Schüler Vincenzo Catena[33] zugeschrieben wird.[34] Murray bemerkte in einem Schreiben an Bode vom 9. September 1887: „If it is convenient now to Mr Simon I should be glad of the money for the ‚Magdalen' if not I will wait for the end of the month … not wishing to press the matter."[35] Es wäre vorstellbar, dass auch bei diesem Ankauf ein „Drängen" vonseiten Bodes im Spiel war: So konnte die Berliner Gemäldegalerie vor 1904 zwar eine beachtliche Anzahl venezianischer Gemälde des 15. und 16. Jahrhunderts vorweisen, die mit der Sammlung Solly 1821 erworben wurden, doch fehlten in dieser Gruppe immer noch genügend Beispiele für weibliche Porträts. Zudem weist das Magdalenenbild eine außergewöhnliche Qualität auf, die auch James Simon geschätzt haben muss, als er sich zu dem Kauf entschied. Er kam also offenbar hier den Wünschen Bodes

32 Schmidt Arcangeli 2015, S. 243-248.
33 Vincenzo Catena (um 1480-1531) war ein venezianischer Maler, der durch seine Porträts und Madonnenbilder große Bedeutung erlangte.
34 Bode, Das Kabinett Simon, 1904/1905, S. 62: „Richtung des Giovanni Bellini" und gegen eine Zuschreibung an Catena.
35 Tucker 2017, S. 127; die kleine Tafel hatte Murray 1876 von dem Kunsthändler Joseph Flack als Giovanni Bellini erworben und notiert in seinem Tagebuch 1888 als „Magdalen Catena framed/33x25 ½ cent"; diese Zuschreibung hat bis heute Gültigkeit, während Bode das Bild Francesco Bissolo, einem Schüler Bellinis zuweist.

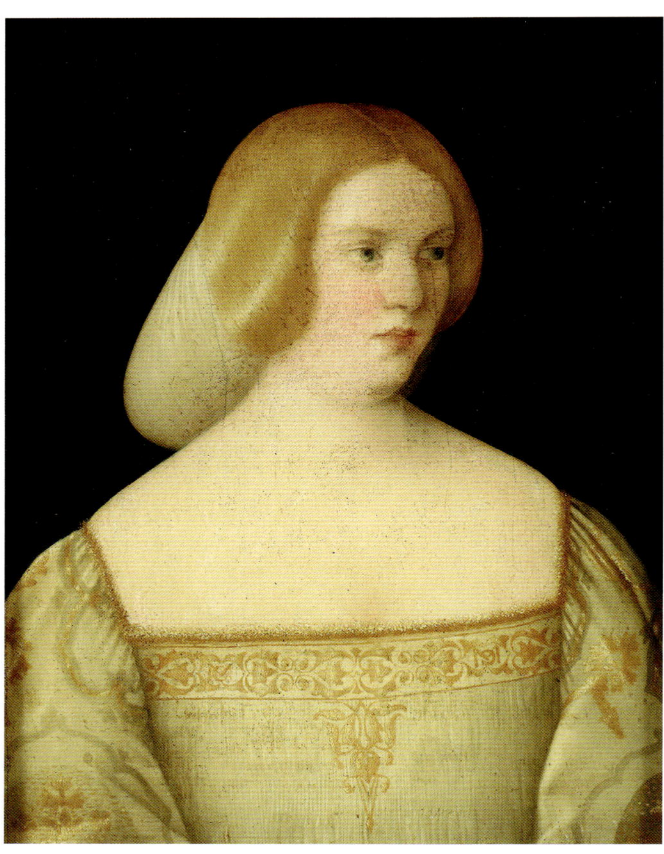

Abb. 65 | Pietro degli Ingannati, Bildnis einer jungen Frau, um 1520 (ehem. Sammlung James Simon). Berlin, Gemäldegalerie

entgegen, doch nur, weil er auch selbst davon überzeugt war. Das Porträt sollte später mit der ersten Schenkung von 1904 im Simon-Kabinett ausgestellt werden.

Vermutlich ist es gerade das Genre des venezianischen Frauenporträts, das Simon besonders gefiel, denn nur wenige Jahre später erwarb er bei dem Kunsthändler Charles Sedelmeyer in Paris – dieses Mal jedoch „selbständig" – das *Bildnis einer jungen Frau* (Berlin, Gemäldegalerie, um 1520, Abb. 65).[36] Die Tafel, die heute dem venezianischen Maler Pietro degli Ingannati[37] zugeschrieben wird, kaufte Simon als Francesco Bissolo[38] und sie sollte ebenfalls Teil seiner Schenkung von 1904 werden. Doch Wilhelm Bode bezweifelte diese Zuschreibung sofort und schlug stattdessen Vincenzo Catena als Künstler vor.[39] Sein aus langjähriger Erfahrung heraus gemachter Vorschlag kommt der aktuellen Zuweisung zweifellos näher, dahinter stand aber eventuell auch das Bedürfnis, den Sammler Simon, der inzwischen selbständige Wege ging, zu „korrigieren".

36 Schmidt Arcangeli 2015, S. 300-303.
37 Pietro degli Ingannati (1529-1548 nachweisbar) war ein venezianischer Maler, der sich auf Porträts und Madonnenbilder spezialisiert hatte.
38 Francesco Bissolo (Pier Francesco Bissolo, um 1470/72-1554) war ein Schüler Giovanni Bellinis, dessen Stil er in seinen Altar- und Madonnenbildern übernahm.
39 Bode, 1905(a), S. 77; ders., 1905, S. 15-18; ders., 1904/1905, S. 61: „Bissolo, wie es der Pariser Händler nannte ... ist es gewiß nicht ... Sollte das Bild nicht ein späteres Werk des Vincenzo Catena sein?"

Die beiden Frauenporträts rahmten ein weiteres venezianisches Bild in Simons Arbeitszimmer, zu dem der Sammler offenbar ein ganz besonderes Verhältnis hatte: Es handelt sich um das kleinformatige Leinwandbild *Maria mit dem schlafenden Christuskind* (um 1455-1460, Berlin, Gemäldegalerie, Abb. 66) von Andrea Mantegna.[40] Das Madonnenbild war unter den Kennern bekannt, der *marchand amateur* Otto Mündler[41] erwähnte es zwischen 1855 und 1857 in der Sammlung des Conte Trissino in Vicenza, später tauchte das Madonnenbild in der Sammlung Della Porta in Piacenza auf und wurde schließlich über den Florentiner Kunsthändler Frascione nach London veräußert.[42] Noch 1872 äußerte sich Bode ablehnend gegenüber dem Erwerb dieses Madonnenbildes für die Gemäldegalerie, und zwar nicht nur aufgrund des schlechten Erhaltungszustandes,[43] sondern auch, weil er vermutete, dass das Bild beschnitten worden sei.[44] In einem Brief vom Februar 1897 an James Simon empfahl Bode dann jedoch den Ankauf, da das Bild „hors ligne", also besonders außergewöhnlich sei und keine Chance bestünde, bald ein ähnliches Werk erwerben zu können.[45] Simon blieb dem Ankauf gegenüber zunächst unentschlossen; bei einer zweiten Besichtigung des Bildes, das sich zu dem damaligen Zeitpunkt in der Kunsthandlung Dowdeswell[46] in London befand, bemerkte er jedoch dazu: „Ich habe heute den Mantegna zum 2ten Mal gesehen u[nd]. und er hat mir wieder einen guten Eindruck gemacht. Theuer ist er ja sehr. Kauflustig bin ich eigentlich auch nicht. Aber wenn es wirklich ganz hors ligne ist u[nd]. [es] keine Chance [gibt], ein ähnlich intimes Bild später einmal zu haben, so würde ich mich überwinden."[47] Simon erwähnt allerdings in diesem Brief auch, dass sein Freund Richard von Kaufmann Interesse für das Bild gezeigt habe und dem Kunsthändler Sulley[48] dafür Bilder aus der eigenen Sammlung zum Tausch angeboten habe.[49] Als Simon das Madonnenbild nur fünf Tage später kaufte, dürfte daher vielleicht nicht nur die Reduzierung des Kaufpreises um 400 auf 2.600 Pfund Sterling (52.000 Mark), sondern vielleicht auch die „Konkurrenz" mit seinem Freund Kaufmann eine Rolle gespielt haben.[50]

James Simon schreibt schließlich erleichtert: „Den Mantegna habe ich also – es war ein sehr schwerer Entschluß! [...] Der Mantegna hat das Steinbild von Desiderio verdrängt; nun ist dies ohne Platz [...] ".[51] Tatsächlich hatte der Erwerb der Madonna Mantegnas eine vollkommene Umhängung der Kunstsammlung in James Simons Villa in der Berliner

40 Andrea Mantegna (1431-1506) war ein italienischer Maler und Kupferstecher und neben seinem Schwager Giovanni Bellini der bedeutendste Maler Oberitaliens, der in Padua, Venedig und Mantua tätig war.

41 Otto Mündler (1811-1870) war ein deutscher Kunsthistoriker, Kunsthändler und Agent der Berliner Museen.

42 Vgl. Villa I Tatti, Harvard University, Settignano (Florenz) Fotothek.

43 Schmidt Arcangeli 2015, S. 329.

44 Brief von Wilhelm von Bode aus Venedig an Guido von Usedom vom 6.11.1872, SMB PK, ZA, I/GG, 58 o. P.; Bode/Gaethgens/Paul 1997, I, S. 62, während seiner Italienreise von 1873: „Die kleine Madonna Mantegnas im Besitz des Grafen Folco, deren Ankauf uns damals nicht glückte, ist ein Menschenalter später mit der Sammlung James Simon doch noch in die Galerie gelangt." Diese Angabe Bodes ist jedoch falsch, tatsächlich handelte es sich bei dem Bild in der Sammlung des Conte del Folco um eine Madonna von Giovanni Bellini, die heute in der Gemäldegalerie in Berlin aufbewahrt wird. Vgl. Bode/Gaethgens/Paul 1997, II, S. 64f.; zu Bellinis Bild siehe Schmidt Arcangeli 2015, S. 145-150.

45 Matthes 2000, S. 145; vgl. SMB PK. ZA I SKS 70/1–2: Akten zu James Simon. Nachlass Briefe Wilhelm von Bode, 2429/1–4 Briefe von James Simon an Bode vom 23.2.1897; Simon-Bode 2020, S. 178, Brief-Nr. 147, Brief vom 23.2.1897 und vom 27.2.1897; Simon-Bode 2020, S. 180, Brief-Nr. 149. Die finanzielle Seite des Mantegna-Ankaufs lief über das Konto Bodes bei der Deutschen Bank. Siehe zu dem Madonnenbild Schmidt Arcangeli 2015, S. 325-331.

46 Charles Dowdeswell (um 1856-1921) und sein Bruder Walter (1858-1929) besaßen in der Londoner New Bond Street 160 die bedeutende Kunstgalerie *The Dowdeswell Galleries*. Der Kontakt der Kunsthandlung zu Wilhelm von Bode ist von 1900 bis 1920 nachgewiesen.

47 Simon-Bode 2020, S. 178, Brief-Nr. 147, Brief vom 23.2.1897; Matthes 2019, S. 48; S. 50f.

48 Arthur Joseph Sulley (1853-1930) war ein britischer Kunsthändler und gründete 1905 seine Kunsthandlung Sulley & Co, die sich in der New Bond Street 159 in London befand.

49 Simon-Bode 2020, S. 178, Brief-Nr. 147, Brief vom 23.2.1897; Matthes 2000, S. 145; ders. 2019, S. 51; Rowley in Simon-Bode 2020, S. 38.

50 Matthes 2000, S. 145; ders. 2019, S. 51, dort der Hinweis, dass sich auch Richard von Kaufmann für das Bild interessiere, es jedoch nur im Tausch gegen Bilder aus seinem Besitz erwerben wolle.

51 Simon-Bode 2020, S. 180, Brief-Nr. 149, Brief vom 27.2.1897.

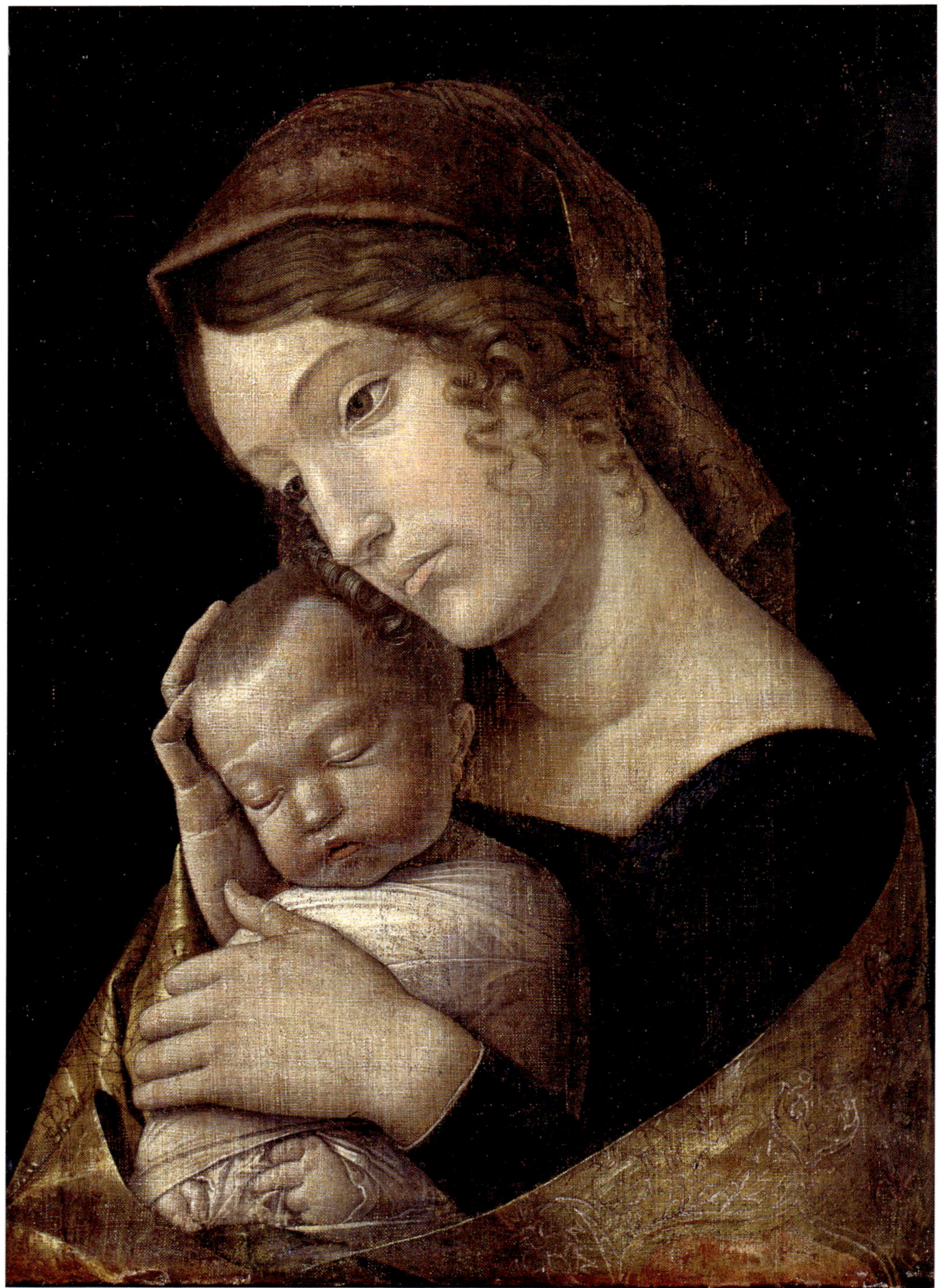

Abb. 66 | Andrea Mantegna, Maria mit dem schlafenden Christuskind, um 1455-1460 (ehem. Sammlung James Simon). Berlin, Gemäldegalerie

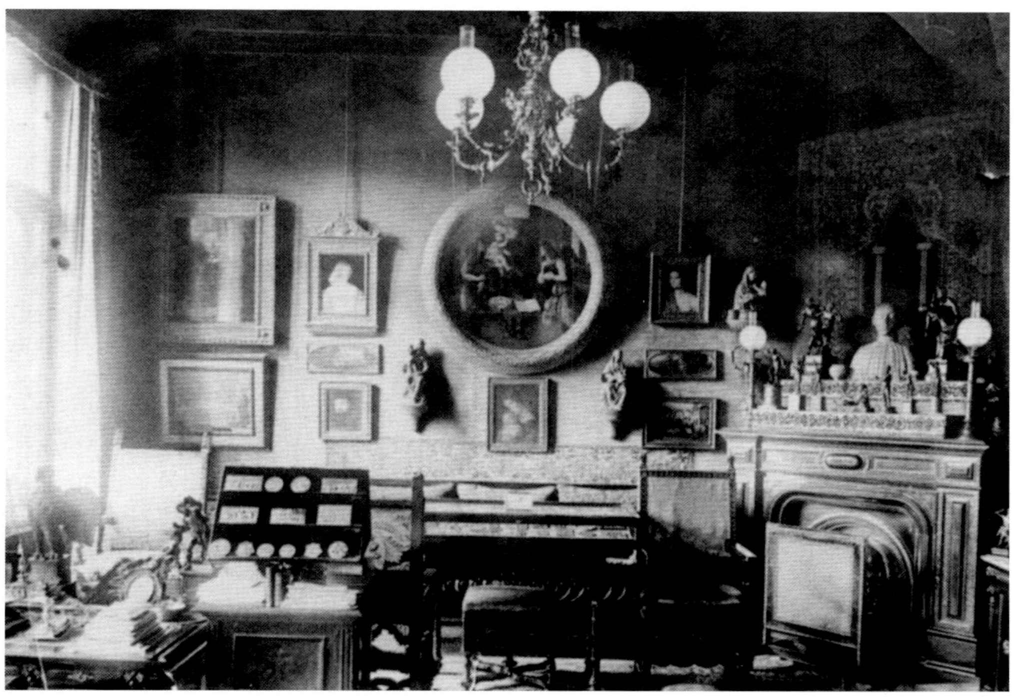

Abb. 67 | Villa James Simon, Berlin-Tiergarten, Tiergartenstraße 15a, Herrenzimmer, nach 1897

Tiergartenstraße 15a zur Folge und die kleinformatige Leinwand wurde in seinem Herrenzimmer (Abb. 67) unter dem Tondo mit *Maria mit dem Kind und zwei Engeln*, um 1490/1500, Raffaellino del Garbo[52] zugeschrieben, aufgehängt (ehem. Berlin, Gemäldegalerie, Kaiser-Friedrich-Museum, Kriegsverlust).

Der Kunsthistoriker Paul Kristeller, der das Bild in seiner Mantegna-Monographie als Frühwerk des Künstlers bezeichnet, konnte es um 1901 noch in der Sammlung Simons besichtigen, wie er in seiner Mantegna-Monographie erwähnt.[53] Mit der 1904 erfolgten Schenkung Simons zur Eröffnung des Kaiser-Friedrich-Museums[54] gelangte das Bild jedoch auf Wunsch seines Besitzers in dem sog. Simon-Kabinett zur Aufstellung, wo es bis August 1939 für die Besucher zu sehen war.[55]

Die nach dem Erwerb der Mantegna-Madonna veranlasste Umhängung der Sammlung in Simons Villa, gibt den Verweis, wie wichtig ihm letztlich doch dieses kleine intime Gemälde erschien. Es war vermutlich nicht nur die außerordentliche Qualität dieser Leinwand, die James Simon beeindruckt haben dürfte, sondern auch die Besonderheit der Komposition und die Eindringlichkeit, mit der das bekannte Thema geschildert wird. Die junge Muttergottes hält ihr

52 Raffaellino del Garbo (1466-1527) war ein toskanischer Maler, der vor allem in Florenz arbeitete.
53 Kristeller 1902, S. 127.
54 Matthes, 2000, S. 337, Max J. Friedländer erwähnte die Madonna Mantegnas anlässlich der Schenkung Simons 1904, Brief an Bode vom 3.7.1904: „Die Sammlung enthält etwa 10 hervorragende Gemälde von florentinischen und venezianischen Malern des 15. und 16. Jahrhunderts, dabei ein Meisterwerk des Andrea Mantegna …".
55 Auf Verfügung des NS-Regimes wurde das James-Simon-Kabinett entgegen des 1904 von James Simon vertraglich festgelegten Wunschs im August 1939 aufgelöst und alle Bilder, Skulpturen und Möbel über das Kaiser-Friedrich-Museum verteilt; siehe Rowley 2020, S. 31-59.

schlafendes Kind mit beiden Händen und drückt es sanft an ihre Wange. Dieser festen Umarmung entspricht auch das Umschließen von Mutter und Kind durch den Umhang aus goldenem Seidenbrokat: Der kostbare schwere Stoff versinnbildlicht ihre innige Verbundenheit und die Geborgenheit des Christuskindes. Doch der Schlaf des Neugeborenen evoziert gleichzeitig den ewigen Schlaf und gibt daher den Verweis auf die bevorstehende Passion und den Tod Christi. Diese Anspielung findet der Betrachter in dem schönen noblen Antlitz Marias wieder, deren in die Ferne gerichteter Blick voll tiefer Trauer über das bevorstehende Leid ist. Das Bild ist eines der bewegendsten Marien-Bilder dieses sonst so kühl intellektuellen Malers Mantegna. Den empfindsamen feinsinnigen Sammler konnte dieses Gemälde auch noch aus einem anderen Grund besonders ansprechen, da in der Figurenkomposition eine der wichtigsten Inspirationsquellen Mantegnas aus der Frühzeit des Künstlers verarbeitet wird: Die Madonnenkompositionen des Florentiner Bildhauers Donatello, der zwischen 1443 bis 1453 in Padua tätig war und dem Thema entscheidende Impulse verliehen hat. Es ist vermutlich genau diese Verbindung von Mantegna zu Donatello, der unter den Florentiner Renaissancebildhauern zu den Favoriten Bodes zählte und die ihn dazu veranlasste, so konsequent bei James Simon darauf zu bestehen, dieses Bild anzukaufen.

Noch ein weiteres venezianisches Gemälde ist in dem Ensemble des Herrenzimmers zu erkennen, das *Bildnis eines bärtigen Mannes mit schwarzer Kappe* (um 1510),[56] das ein Schüler Bellinis, der aus Bergamo stammende Maler Andrea Previtali[57] ausgeführt hatte. Die kleine Tafel befand sich 1897 in der Londoner Sammlung Cavendish-Bentick, gelangte zu einem unbekannten Zeitpunkt in die Sammlung Willet und wurde noch im gleichen Jahr 1897 in der Galerie von Charles Sedelmeyer in Paris als „Venetian School" angeboten, wo sie James Simon, vermutlich unter Beratung von Bode, kaufte. Die früheste Zuschreibung stammt jedoch nicht von Bode, sondern von dem Kunsthistoriker Georg Gronau, der 1899 darin ein Werk des venezianischen Malers Andrea Previtali erkannte. Unter dieser Bezeichnung, die Simon überzeugte, wurde das Bild auch in dem Schenkungsvertrag von 1904 aufgelistet. Bode hatte natürlich auch hier wieder Bedenken, handelte es sich doch nicht um seine eigene Zuschreibung, und er wies das Bildnis stattdessen einem Bellini-Schüler aus dem Umkreis der Malerfamilie da Santacroce zu.[58]

56 Schmidt Arcangeli 2015, S. 369ff.
57 Andrea Previtali (um 1480-1538) war ein Schüler des berühmten Malers Giovanni Bellini und arbeitete hauptsächlich in Bergamo.
58 Bode, 1904/1905, S. 63; die Malerfamilie Santa Croce stammte aus dem Raum Bergamo und ließ sich in Venedig nieder, wo sie zwischen 1450-1600 Aufträge ausführte. Bode spielt hier vermutlich auf Girolamo da Santacroce an (um 1490-1556), der in der Werkstatt Gentile und Giovanni Bellinis tätig war.

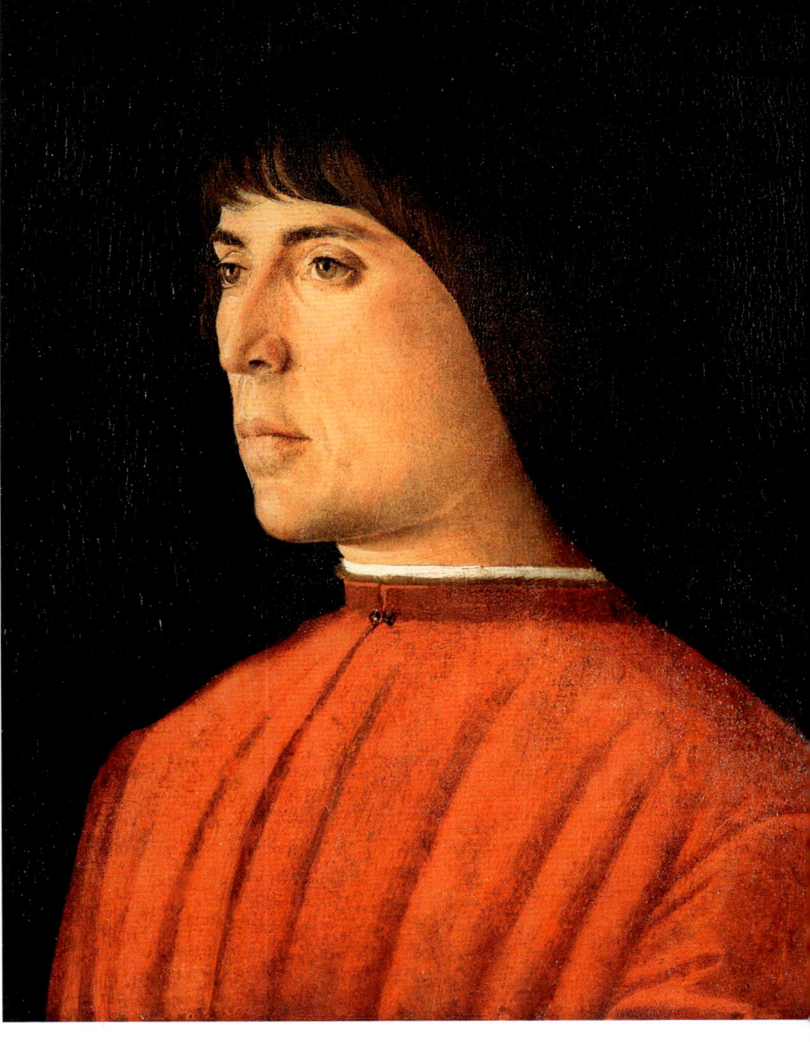

Abb. 68 | Giovanni Bellini, Bildnis eines jungen Mannes, 1485-1490 (ehem. Sammlung James Simon). Berlin, Gemäldegalerie

Nach der 1904 erfolgten Schenkung wurde wie vom Mäzen vorgesehen das James-Simon-Kabinett im Kaiser-Friedrich-Museum eingerichtet, in dem man auf den überlieferten Fotografien fast annähernd dieselbe Hängung der Gemälde, Skulpturen, aber auch der Medaillen erkennt, wie es das Arrangement in Simons Herrenzimmer vorsah. Nun war auch ein weiteres Hauptwerk der venezianischen Renaissancemalerei hinzugekommen, und zwar das *Bildnis eines jungen Mannes* (um 1485-1490, Abb. 68) von Giovanni Bellini, das zu den einprägsamsten seiner Porträts zählt: Der abgewandte Blick des Mannes schafft zwar eine Distanz zum Betrachter und vermittelt dennoch seinen inneren Zustand, seine Sensibilität und seine Ruhe sowie einen fast träumerischen Zug, der Simon, der die außergewöhnliche Qualität des Werkes erkannt hatte, offenbar sehr angesprochen haben muss.[59] Er hatte dieses Porträt Giovanni Bellinis im Wiener Kunsthandel erworben.[60]

Unter den Gemälden des Simon-Kabinetts finden sich jedoch auch Kunstwerke geringerer Qualität, die Simon offenbar wegen des niedrigen Kaufpreises erwarb, so z. B. eine kleine Tafel mit *Christus in Emmaus* (ca. 1520), die einem Nachfolger Bellinis zugeschrieben werden kann.[61]

59 Schmidt Arcangeli 2015, 151-155.
60 Das Porträt wurde von Simon gemeinsam mit Giovanni Bellini, Schule, *Christus in Emmaus*, Berlin Gemäldegalerie Kat.-Nr. S6 (Schmidt Arcangeli 2015, S. 199ff.) im Wiener Kunsthandel erworben; zur Geschichte des Erwerbs siehe Stockhausen 2000, S. 239, Kat.-Nr. 41, Dokumente auf S. 235, Kat.-Nr. 15.
61 Schmidt Arcangeli 2015, S. 199ff.

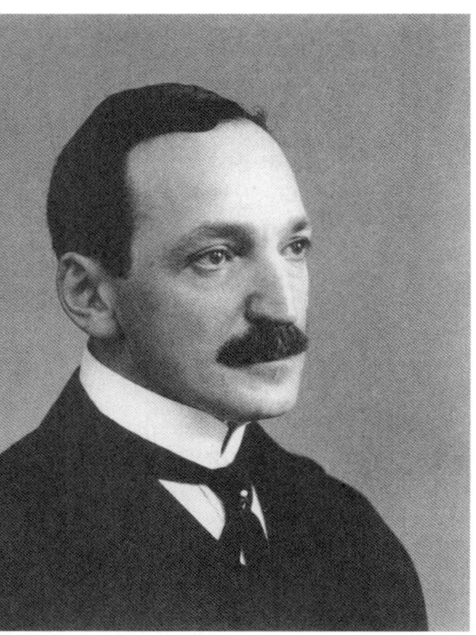

Abb. 69 | Max J. Friedländer, um 1903

Die Freundschaft mit Max J. Friedländer

Max J. Friedländer (Abb. 69) zählte zum engeren Bekanntenkreis von James Simon. Die zurückhaltende, äußerst taktvolle Art dieses feinsinnigen Kunsthistorikers entsprach offenbar Simon ebenso sehr wie die Bescheidenheit, die diesen hervorragenden *Connaisseur* auszeichnete.[62] Friedländer war schon einige Zeit mit James Simon bekannt, bevor er zu Bodes Direktorialassistent ernannt wurde, denn seine Besuche in der Tiergartenstraße sind seit 1895 bezeugt.[63] Bezeichnenderweise hielt diese Bekanntschaft lange an, denn Friedländer war auch noch viel später, als James Simon in der Zeit der Wirtschaftskrise und nach dem Tod seiner Frau Agnes 1921 und dem Bankrott seiner Firma 1927 aus der Tiergartenvilla 15a in eine Wohnung in die Kaiserallee 23 (heute Bundesallee) umziehen musste, auf den Abendeinladungen des Mäzens stets zugegen.[64]

Was die beiden Männer miteinander verband, ist die völlige Identifikation mit der Stadt Berlin und ihren Museen. Friedländer verstand sich als patriotischer Preuße, als Liberaler und als Berliner, der seine jüdische Herkunft nie verleugnete, wenngleich ihm diese Tatsache, wie so vielen jüdischen Bürgern bis 1933, eher als sekundär erschien – eine Haltung, die auch James Simon vertrat.[65] Erst viele Jahrzehnte später nach seiner Emigration sollte sich Friedländer im Rückblick zu seinem Judentum äußern: „Als Jude fühlte ich mich in meiner Jugend für benachteiligt mit beschränkten Aussichten und richtete mich auf diese Lage ein.“[66]

Das Museum bedeutete ihm weit mehr als eine berufliche Anstellung oder ein Medium der Karriere, es handelte sich vielmehr um eine sehr persönliche, eine „Herzensangelegenheit“, denn er legte größten Wert darauf zu berichten, dass er in Berlin in einem Haus (Dorotheenstraße) aufgewachsen sei, das kaum zweihundert Meter vom Alten Museum entfernt stand, und dass dieser Umstand seinen späteren Weg zum Kunsthistoriker vorgezeichnet habe (Abb. 70).[67]

Friedländer entstammte einer gut situierten Familie; sein Vater Leopold leitete die mittelgroße Bank *Friedländer & Co*, während seine Brüder zu den bedeutenden „Hofjuwelieren“ zählten, deren Geschäft Unter den Linden 28 (später 4a) jedem Berliner gut bekannt war. Die Familie war wohlhabend,

62 Dazu Friedländer 1967, S. 10: „In der Tiefe war ich mir dieser Vorzüge auch bewußt, so daß bei aller Bescheidenheit im Auftreten geistiger Hochmut, ein Gefühl der Überlegenheit mir nicht fehlte.“
63 RKD Archiv Max J. Friedländer, Inv. 165; Elson 2016, S. 78.
64 Matthes 2000, S. 95.
65 Umso schmerzhafter war für ihn 1939 die Emigration nach Amsterdam, wo er unter der Protektion von Hermann Göring lebte und zu Expertisen von niederländischen Gemälden gezwungen wurde.
66 Friedländer 1967, S. 9.
67 Vgl. Naef 1955, S. 21: „Ich bin in Berlin zweihundert Meter vom Museum entfernt geboren und zweimal in der Schule sitzen geblieben, weil ich mich zu ausführlich in der Bildergalerie aufhielt.“

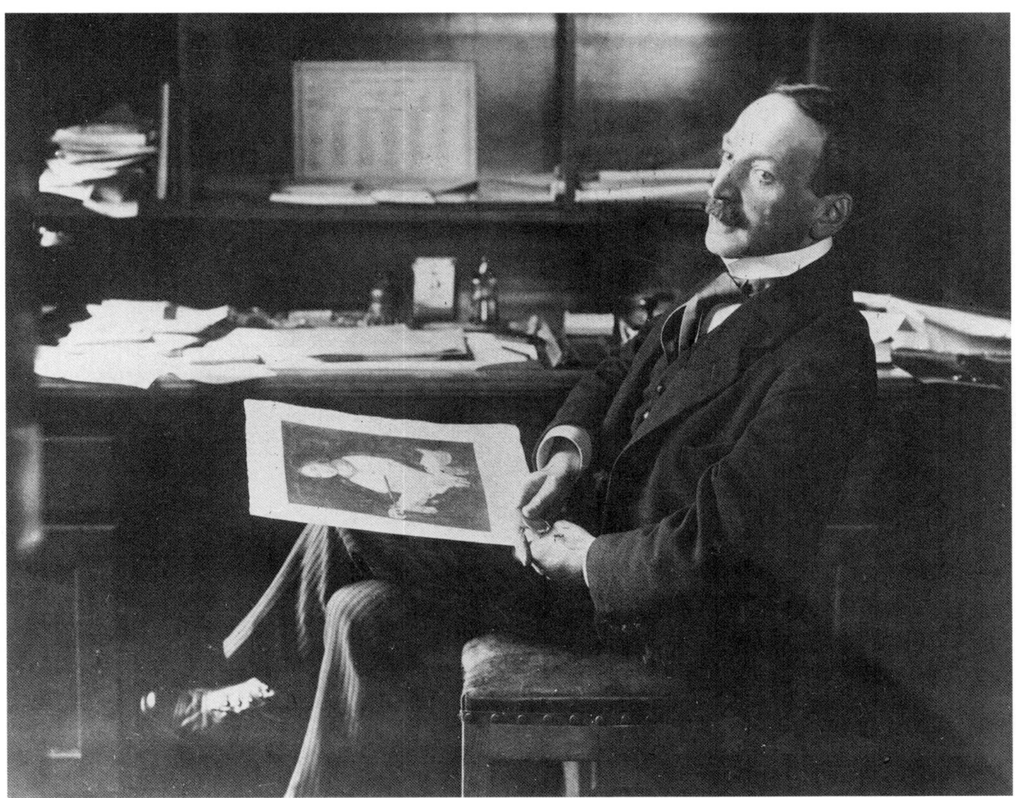

Abb. 70 | Max J. Friedländer in seinem Arbeitszimmer, Berlin, Königliche Museen, um 1903

wenngleich ihr Vermögen jedoch nicht mit dem eines Multimillionärs wie James Simon zu vergleichen war.

Wie sich die beiden Männer kennengelernt haben, lässt sich nicht mehr nachweisen, tatsächlich waren sie jedoch auch miteinander verwandt, denn Max J. Friedländers Onkel Sigmund hatte Bertha Reichenheim geheiratet, eine Tochter von Louis, dem Bruder von Leonor Reichenheim und damit eine Cousine ersten Grades von Agnes Simon. Hinzu kamen viele gemeinsame Bekannte, so Friedländers lebenslanger Freund Max Liebermann oder Otto von Mendelssohn-Bartholdy, ein Schulkamerad und Verwandter Simons.

Die große Leidenschaft Simons für die italienische Renaissancekunst teilte Max J. Friedländer allerdings nur bedingt. Er hatte zwar während seines Florenzaufenthaltes 1888/1889, wie er selbst formuliert, „die italienische Kunst kennen gelernt", doch scheinen die Übungen unter der Leitung von August Schmarsow,[68] dem Gründer des *Kunsthistorischen Instituts in Florenz*,[69] vor den Originalen der italienischen Renaissancemalerei und -skulptur keinen bleibenden Eindruck bei ihm

68 August Schmarsow (1853-1936) war ein Kunsthistoriker, der 1892 nach Florenz ging und dort Vorbereitungen für die Gründung des *Kunsthistorischen Instituts in Florenz* traf. 1893 folgte er einem Ruf an die Universität Leipzig.

69 Inoffiziell existierte das *Kunsthistorische Institut in Florenz* schon 1888, bevor 1897 die offizielle Gründung stattfand, vgl. Hubert 1999.

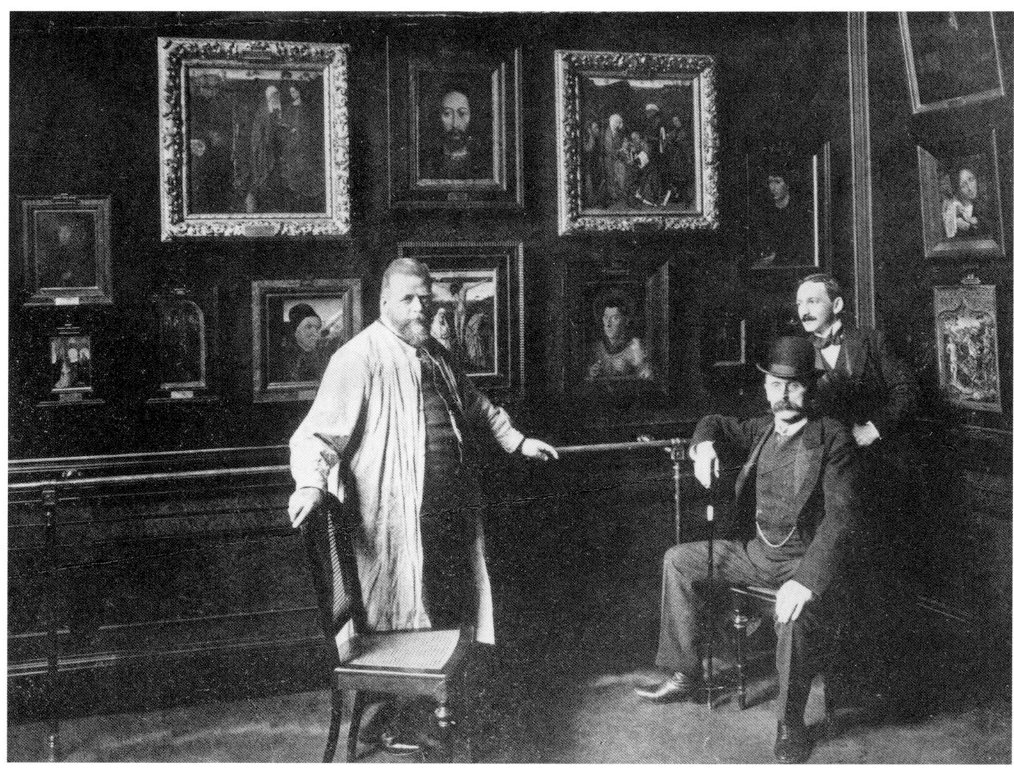

Abb. 71 | Wilhelm Bode (sitzend) mit dem Restaurator Aloys Hauser (links) und Max J. Friedländer in der Königlichen Gemäldegalerie im Alten Museum in Berlin 1903, Berlin, Zentralarchiv

hinterlassen zu haben.[70] Ebenso wenig sollte die Begegnung mit Aby Warburg, der einer der neun Studenten von Schmarsow war und den Friedländer für „kunstblind" hielt, seine eigene kunsthistorische Methode in irgendeiner Weise beeinflussen.[71] Doch in Florenz traf er auch den Kunsthistoriker Adolf Bayersdorfer,[72] den er später neben Bode als einen seiner „Lehrer" bezeichnen sollte. Schließlich promovierte Friedländer 1891 in Leipzig bei Anton Springer[73] auch nicht über ein italienisches Thema, sondern über den deutschen Maler Albrecht Altdorfer. Von 1892 bis 1893 legte Friedländer am Berliner Kupferstichkabinett unter dem Direktor Friedrich Lippmann[74] ein Volontariat ab.

In der Zeit um 1895 hatte sich Friedländer bereits eine hervorragend vernetzten Bekanntenkreis aufgebaut, darunter nicht nur Sammler wie James Simon, Richard von Kaufmann, sondern auch Kunsthistoriker wie Adolf Goldschmidt, Paul Kristeller oder Hugo von Tschudi und schließlich den Kunsthändler Charles Fairfax Murray. Als er 1896 als Nachfolger Tschudis zum Direktorialassistent von Bode ernannt wurde, äußerte sich Friedländer über die Berliner Privatsammler: „Im

70 Friedländer 1891, Lebenslauf.
71 Zitiert nach Elson 2016, S. 59, S. 429 unter Berufung auf einen unveröffentlichten Brief Friedländers an Gertrud Ring vom 24.2.1939.
72 Adolf Bayersdorfer (1842-1904) war ein Kunsthistoriker und Schriftsteller, der 1874 nach Florenz ging und dort vor allem mit Künstlern wie Arnold Böcklin oder Hans Thoma in Kontakt kam. 1880 kehrte er nach München zurück und wurde 1884 zum Direktor der Alten Pinakothek berufen.
73 Anton Springer (1825-1891) war ein Kunsthistoriker; seit 1873 war er der erste Professor für Kunstgeschichte an der Universität Leipzig.
74 Friedrich Lippmann (1838-1903) war ein österreichischer Kunsthistoriker, der 1876 zum Direktor des Kupferstichkabinetts in Berlin berufen wurde.

Sammeln bestätigt sich der Spieltrieb, insofern Kaufleute, die sich von ihrer gesellschaftlichen Tätigkeit erholen, ihres Berufes müde, die im Pflichtleben erworbenen Fähigkeiten in der Muße trieben und auslaufen lassen."[75] Man kann sich vorstellen, dass James Simon eine derartige Definition gewiss nicht gefallen haben mag, denn er war „mit dem Herzen dabei" und sammelte nicht nur aus „innerer Neigung" heraus, sondern war sein Leben lang darum bemüht, seine Kenntnisse auch wissenschaftlich zu untermauern und ständig zu verbessern. Man darf jedoch vermuten, dass Friedländer sehr wohl erkannt hat, wie sehr sich James Simon von den üblichen Privatsammlern unterschied.

Bode schätzte Friedländer nicht nur wegen seiner ausgezeichneten Kennerschaft der altniederländischen und der altdeutschen Malerei, ihm musste ein so zurückhaltender und fügsamer Charakter sehr entgegenkommen (Abb. 71). Friedländer fasste dieses Verhältnis schließlich folgendermaßen zusammen: „In seinen [Bodes] Augen – und nicht nur in seinen – mangelten mir Initiative und eigener Wille – Bode mag gefühlt und erwartet haben, daß ich sein Werk konservierend und durchaus in seinem Sinne fortführen würde. Gegen selbständige Regungen im Stabe seiner Mitarbeiter war er mißtrauisch."[76] Bezeichnenderweise sollte ihn Bode 1929 zu seinem Nachfolger ernennen, ein Amt, das Friedländer bis zu seiner Entlassung als „Nichtarier" am 29. Juni 1933 innehatte.

Im Unterschied zu Bode war Max J. Friedländer vor allem ein gewissenhafter und tiefsinniger Gelehrter, der sich als „Antipode" zu dem vor allem auf die Praxis der Erwerbungen gerichteten Museumsmann und Kenner verstand.[77] James Simon hatte stets auf Kennerschaft und Wissenschaft Wert gelegt, Friedländer verkörperte beides. Er suchte die Analyse eines Kunstwerks und „objektive" Kriterien, um die Qualität eines Werkes zu bestimmen, aber auch die Unterscheidung zwischen Original und Kopie, die besonders auf dem Kunstmarkt von grundlegender Bedeutung war. Gerade diese Fragestellungen sind es, die James Simon sein Leben lang beschäftigten und es verwundert daher nicht, dass er in Friedländer einen ihm auch intellektuell nahestehenden Gesprächspartner fand. Und der Kunsthistoriker äußerte sich auf humorvolle Weise über Kenner und Sammler: „Den Händlern und Sammlern ist mit Vermutung nicht gedient, sie verlangen positive Entscheidung. Der Kenner erscheint dem Laien als Zauberer und Wundertäter. Er gefällt sich in dieser Rolle."[78]

75 Friedländer 1925, S. 254.
76 Friedländer 1967, S. 11.
77 Ebd., S. 12.
78 Friedländer 1946, (A), S. 161.

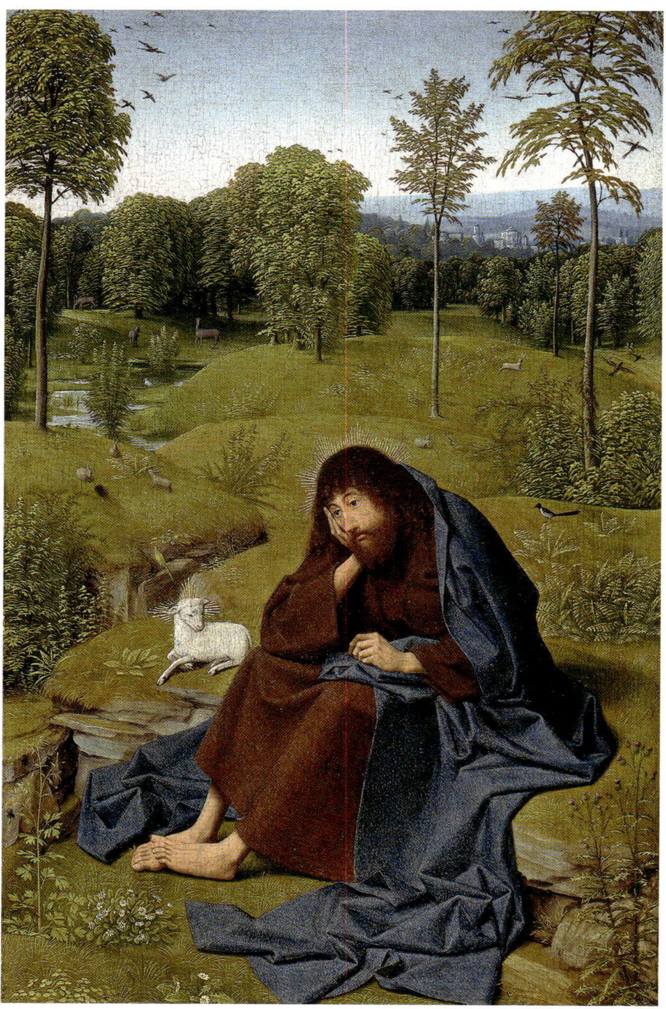

Abb. 72 | Geertgen tot Sint Jans, Der heilige Johannes d. T. in der Einöde, um 1490. Berlin, Gemäldegalerie

Friedländer besaß ein hervorragendes Auge für die Malerei und verstand sich stets als Historiker, der nach wissenschaftlichen Belegen für eine Zuschreibung suchte. Über die Nüchternheit seines kennerschaftlichen Urteils hinaus wird man bei ihm dennoch stets seiner „inneren Verbundenheit“ mit den Gemälden gewahr, die er gleich einem Sammler empfand; dies wird so bei seinem Lieblingsbild,[79] dem meditierenden heiligen *Johannes d. T. in der Einöde* (um 1490, Berlin, Gemäldegalerie, Abb. 72) des holländischen Malers Geertgen tot Sint Jans[80] besonders deutlich: „[Er] sitzt im Freien auf einer natürlichen Felsbank, einsam, für sich mit seinen Gedanken und Sorgen [...] eingeweiht, in schweres zukünftiges Schicksal, hat sich der Täufer in die Natur geflüchtet, nicht in die Wüste, sondern in sommerlich grünendes Land.“[81] Aus diesen Bemerkungen geht hervor, dass Friedländer zwar ein ausgesprochen guter Kenner war, der das Bestimmen von Bildern als eine seiner Hauptaufgaben ansah, dem aber, und dies muss Simon besonders entsprochen haben, die Intuition für Kunst niemals abhandengekommen ist.

Vermutlich war Max J. Friedländer in vielen Situationen so etwas wie ein „stiller Vermittler“ zwischen Bode und James Simon. Dies gilt besonders für die Zeit, als sich Simon um 1900 mit dem Gedanken befasste, seine Sammlungen dem Kaiser-Friedrich-Museum zu schenken und sich das Verhältnis zu Bode danach sukzessive abkühlte. Friedländer und nicht Bode sollte als Erster von Simons Schenkungsabsicht für die Eröffnung des Kaiser-Friedrich-Museums 1904 erfahren. Als

79 Bloch 1967, S. 359f.
80 Geertgen tot Sin Jans (1460/65 – vor 1495) war ein holländischer Maler, dessen wenige Werke von der flämischen Malerei der Zeit geprägt wurden.
81 Friedländer 1946, (B) S. 27.

Simon nach der erste Schenkung sofort wieder damit begann, eine neue Sammlung deutscher und niederländischer Skulptur und Malerei aufzubauen, machte er vor allem auf Empfehlung von Friedländer, der auf diesem Gebiet ein hervorragender Kenner war, viele Erwerbungen von ausgesuchter Qualität.

Der Cousin: Eduard Georg Simon

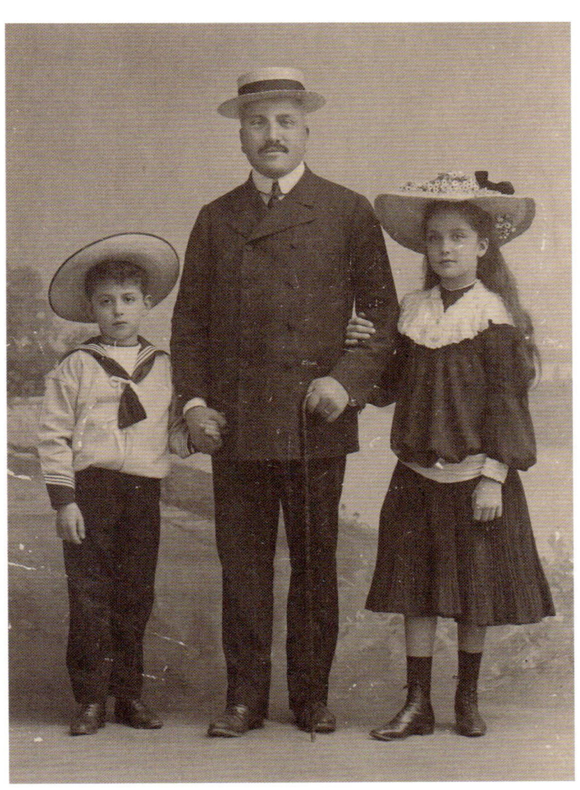

Abb. 73 | Eduard Simon mit seinen Kindern Theodor und Charlotte, um 1903/1904

Es ist Max J. Friedländer, der in seinen *Erinnerungen und Aufzeichnungen* über die Berliner Privatsammler von den „Cousins Simon" spricht. Eduard hatte erst um 1900, also sehr viel später als James, zu sammeln begonnen und orientierte sich bei dem Erwerb der Exponate explizit an den Ratschlägen Wilhelm Bodes.

Eduard Simon (Abb. 73) hatte ebenfalls eine Lehre in der Familienfirma absolviert, war aber von 1887-1888 in Amerika und leistete danach sein „Einjähriges" im zweiten Garde-Dragoner-Regiment, woraus man schließen darf, dass er im Unterschied zu James getauft war, da nur getaufte Juden das „Einjährige" absolvieren durften. 1893 wurde er in Leipzig zum Doktor der Jurisprudenz promoviert und war um 1900 gemeinsam mit James und seinem Vater Louis als persönlich haftender Gesellschafter im Berliner Handelsregister eingetragen. In dieser Zeit begann er, vielleicht auch auf Anregung von James, zu sammeln. Nach dem Tod seines Vaters Louis am 15. September 1903 ging das Unternehmen *Gebrüder Simon* endgültig auf James in übergeordneter Rolle und auf Eduard über.[82] Erstaunlicherweise wird Eduard danach in den überlieferten Dokumenten immer seltener als Firmenleiter genannt, denn offenbar zog er sich mehr und mehr ins Privatleben zurück und konzentrierte sich zunehmend auf den Ausbau seiner Sammlung.[83] Auch wenn man die Finanzlage der beiden Cousins miteinander vergleicht, ergeben sich sehr unterschiedliche Werte: James, der sein

82 Matthes 2000, S. 39f.
83 Vgl. ebd., S. 40, Anm. 103.

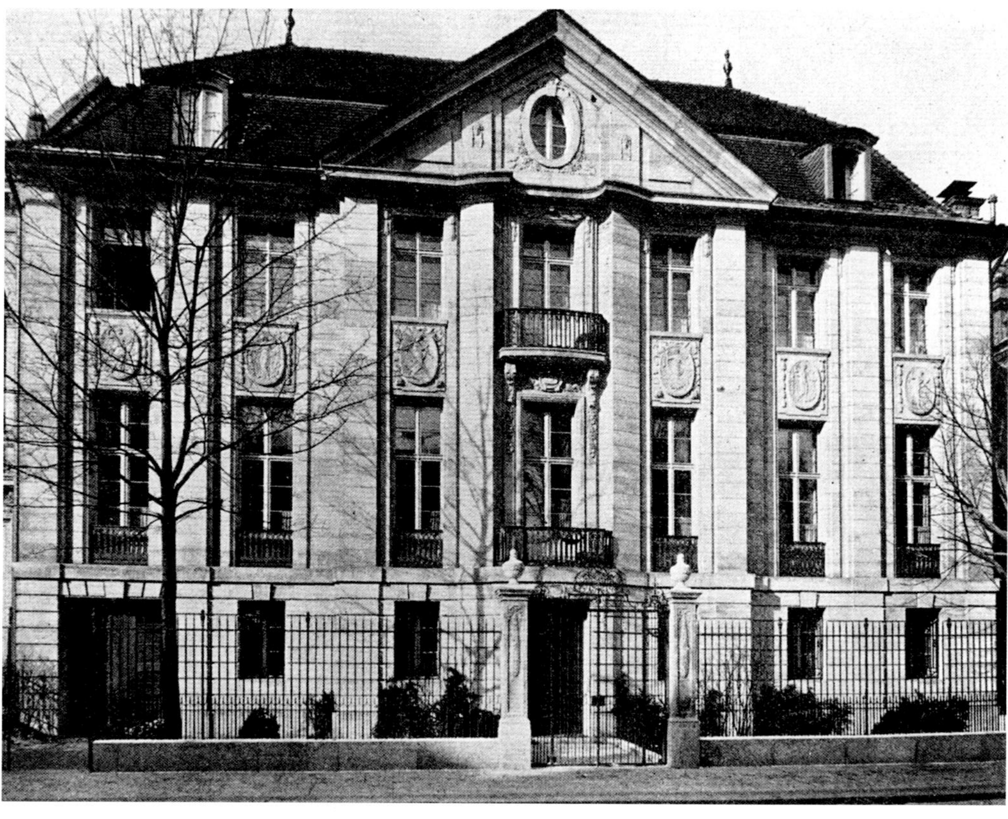

Abb. 74 | Villa Eduard Simon, Außenansicht. Berlin-Tiergarten, Viktoriastraße 7

Vermögen von der Jahrhundertwende an ganz entschieden steigern konnte, wurde 1911 an siebenter Stelle der Berliner Millionäre mit einem Vermögen von etwa 35 Millionen Mark genannt, während Eduard an 14. Position mit 25 Millionen Mark verzeichnet ist.[84]

Zeitgenossen zufolge war die Sammlung von Eduard Simon in seiner eleganten Tiergartenvilla in der Viktoriastraße 7 außergewöhnlich (Abb. 74), offenbar hatte auch er einen besonderen Sinn für die Qualität eines Kunstwerkes. Bodes Assistentin Frida Schottmüller schreibt als Augenzeugin 1929: „Die Simon-Sammlung nahm unter ihnen [Privatsammlungen] eine Sonderstellung ein, zunächst wegen der hohen Qualität ihres Inhalts, aber ebenso, weil sie als Ganzes selbst ein Kunstwerk war; eins im Stil von um 1900."[85] Der Kunsthistoriker Paul Wescher bezeichnet die Sammlung 1929 als „eine Bodesche Schöpfung, typisch für die Zeit, in der sie entstand."[86]

84 Ebd., S. 51.
85 Schottmüller 1929, S. 489.
86 Wescher 1929, S. 447.

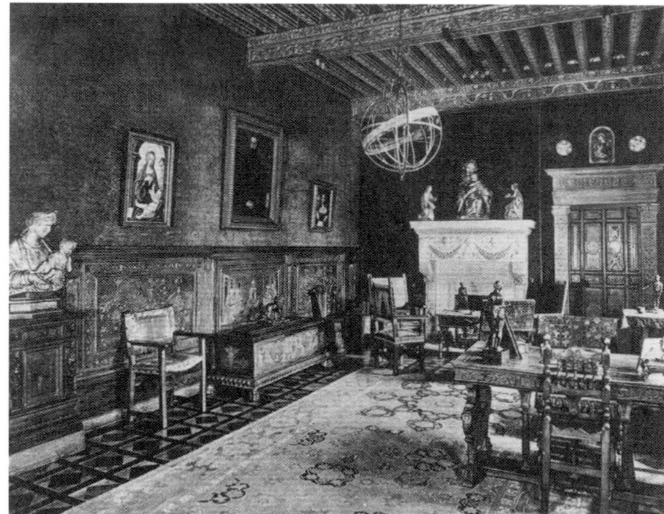

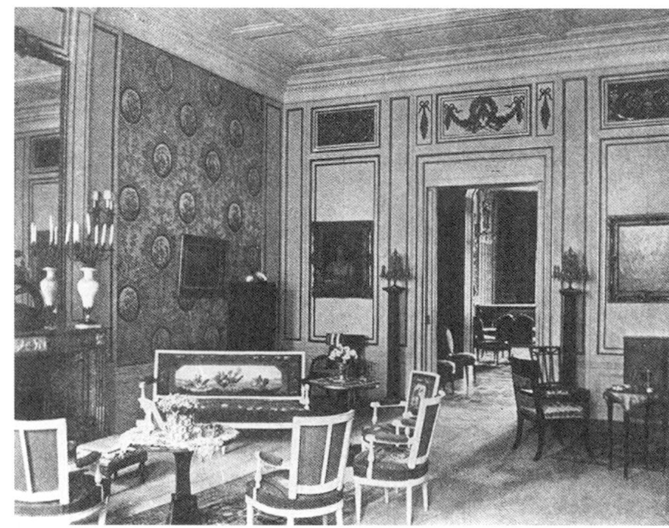

Abb. 75 + 76 | Villa Eduard Simon, Berlin-Tiergarten, Viktoriastraße 7, Interieur

Das Arrangement der „letzten von Bode ins Leben gerufenen“ Sammlung wurde von seinem Besitzer bis ins Detail besorgt (Abb. 75, 76). Der Architekt Alfred Messel, der die Tiergartenvilla für Eduard Simon erbaut hatte, half ihm dabei, die Kunstwerke durch Wanddekorationen, Steinportale, Kamine, verzierte Türen und Beleuchtungskörper, die er allesamt in Italien erworben hatte, zu „einer wohltuenden Geschlossenheit zu gestalten“, dabei jedoch immer unter dem beratenden Auge von Wilhelm Bode.[87]

Frida Schottmüller[88] beobachtete ferner: „Von festlicher Pracht war … der Salon im Hause Simon. Vor elegant gemusterter Wandbespannung aus Lyoner Seide standen geschnitzte Sitzmöbel mit Beauvaisbezügen nach Boucher und Oudry. Von hier ging der Blick auf venezianisches Rokoko, das als Täfelung mit bemaltem Gittermuster und vergoldeter Rocailleschnitzerei mit gemalten Blumenstücken und geschliffenen Spiegeln die Wände des großen Musikzimmers bedeckte. Ein passender Übergang zum Speisesaal mit den Tiepolos.“[89]

87 Schottmüller 1929, S. 489. Zur Zusammenarbeit von Alfred Messel und Eduard Simon schon Bode. Bereits zitiert bei Gaethgens 1993, S. 163.
88 Frida Schottmüller (1872-1936) war eine deutsche Kunsthistorikerin, ab 1905 war sie Mitarbeiterin von Bode im Kaiser-Friedrich-Museum, wissenschaftliche Assistentin an der Gemäldegalerie und der Skulpturensammlung, wo sie u. a. mit der Einrichtung der sog. „Stilräume“ Bodes beauftragt wurde.
89 Schottmüller 1929, S. 490.

Damit spielte sie auf den von Eduard Simon selbst in Vicenza aus dem Palazzo Porto erworbenen Freskenzyklus des venezianischen Malers Giovanni Battista Tiepolo[90] an.

Auch Kaiser Wilhelm II. zeigte großes Interesse an der Sammlung Eduard Simons, dessen Villa in der Viktoriastraße 7 er am 31. Januar 1913 besuchte, wie in zahlreichen Berliner Tageszeitungen berichtet wurde.[91] Eduards Sohn Theodor schildert diesen Vorfall minutiös in seinen Lebenserinnerungen, u. a. soll der Kaiser gesagt haben: „Sie wohnen sehr gemütlich, lieber Simon. Es gefällt mir besser als bei Ihrem Bruder [Vetter!] James."[92] Aus dem überlieferten Dialog geht auch hervor, dass der Kaiser nach zwei Cassoni Ausschau hielt und er bemerkt dazu: „Bode sagt, sie wären die schönsten die er kennt, und er möchte sie gerne im Kaiser-Friedrich-Museum haben."[93] Eduard Simon ging auf solche Bemerkungen nicht ein.

Er legte offenbar besonderen Wert auf das prachtvolle Ensemble seiner Sammlung – etwa vergleichbar mit dem Stil der Rothschilds –, was, ganz im Unterschied zu James, mit einem sehr großzügigen Lebensstil einherging. Dieses luxuriöse Leben wurde durch den Einschnitt in der Zeit des Ersten Weltkrieges, vor allem aber durch die in den zwanziger Jahren einsetzende Wirtschaftskrise und damit die Schrumpfung der Kapitaldecke der Firma *Gebrüder Simon* zunehmend bedroht. Nachdem James 1927 aus der Firma ausgeschieden war und nun sein Sohn Heinrich sowie Eduard und dessen Sohn Theodor für das Unternehmen verantwortlich waren, schien sein Untergang besiegelt zu sein. Eduard sah sich 1929 schließlich dazu gezwungen, seine Villa und seine Sammlung zu verkaufen. Ein Versuch, die Schulden durch den Verkauf von einem Meisterwerk wie ein männliches Porträt Botticellis aus seinem Besitz zu tilgen, sollte scheitern. Diese Entscheidung schildert Eduard in einem Brief an Bode vom 21. Juli 1927 als „sehr harte Probe".[94]

Doch es sollte noch schlimmer kommen, denn 1929 war er gezwungen, die Villa mitsamt der kostbaren Einrichtung an die kreditgebenden Banken zu verkaufen. Eduard Simon konnte diesen Niedergang nicht verkraften. Am 4. August 1929 schied er mit 65 Jahren durch Freitod aus dem Leben.[95] Viele Werke aus seiner Sammlung befinden sich heute in der Italienischen Botschaft in Berlin.[96]

90 Giovanni Battista Tiepolo (1696-1770) war einer der bedeutendsten venezianischen Maler des späten Barock, der nicht nur in Venedig, sondern auch in Würzburg und Madrid Aufträge ausführte.
91 Vgl. Matthes 2017, S. 87-105.
92 Ebd., S. 98.
93 Ebd., S. 99.
94 Der Brief wird zitiert bei Matthes 2017, S. 19.
95 Siehe dazu ebd., S. 302: „Es war ein großer Schock für Berlin. Eduard Simon, der königliche Kaufmann, hatte sich das Leben genommen."
96 Vgl. Krahn 2005, S. 9-15.

Eduard Simon und die islamische Kunst

Eduard Simons Bedeutung liegt noch auf einem anderem Gebiet, da er Bodes Idee, eine Abteilung für die islamische Kunst im Kaiser-Friedrich-Museum einzurichten, mit großem Interesse verfolgte. Bode hatte schon während seiner Italienreisen in den frühen 1870er Jahren immer wieder Ankäufe von Teppichen getätigt und besaß einen besonderen „Instinkt für die Einmaligkeit" der Stücke.[97] Er betätigte sich auf diesem Gebiet selbst als Sammler und verschenkte oder verkaufte viele Teppiche in den Jahren 1877 bis 1891 an das Museum (Abb. 77). Dieses Interesse mündete schließlich 1901 in die erste in deutscher Sprache veröffentlichte Publikation mit dem Titel „Vorderasiatische Knüpfteppiche", die für lange Zeit grundlegend bleiben sollte.[98]

Abb. 77 | Teppich mit gereihten Flechtbandrosetten, Kleinasien, um 1500 (ehem. Sammlung Wilhelm Bode). Berlin, Museum für Islamische Kunst

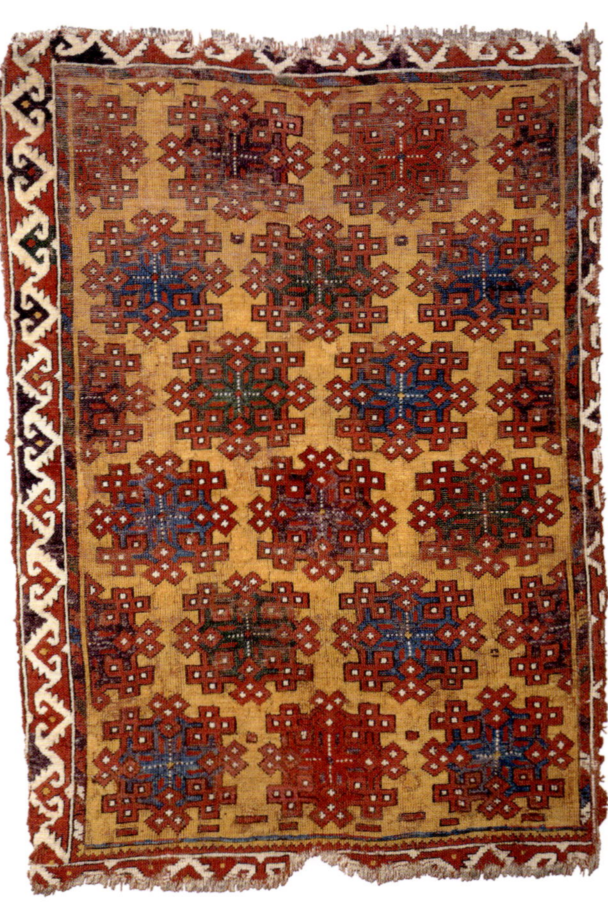

1904 verhielt sich Bode zum ersten Mal ganz so wie die von ihm geförderten und „kreierten" Privatsammler, denn in einem Schreiben an den damaligen Generaldirektor der Museen Richard Schöne[99] bietet er die Schenkung von 20 Teppichen aus seiner Privatsammlung an, und zwar unter einer Bedingung: Nachdem das Museum 1903 mit finanzieller Unterstützung des KFMV Teile des Wüstenschlosses Mschatta erwerben konnte, sei es nun wichtig, die Islamische Abteilung weiter auszubauen und zur Ergänzung schlug er vor, auch die Teppiche aus anderen Berliner Museen in das Kaiser-Friedrich-Museum zu integrieren. Der Generaldirektor Schöne lehnte diesen Antrag jedoch ab; 1904, nach Eröffnung des neuen Museums, wurde das Berliner Publikum dann doch mit einer „Abteilung der persisch-islamischen Abteilung" überrascht,

97 Enderlein 1995, S. 16.
98 Ebd., S. 10.
99 Richard Schöne (1840-1922) war ein klassischer Archäologe, der in der Zeit von 1880 bis 1905 Generaldirektor der Königlichen Museen in Berlin war.

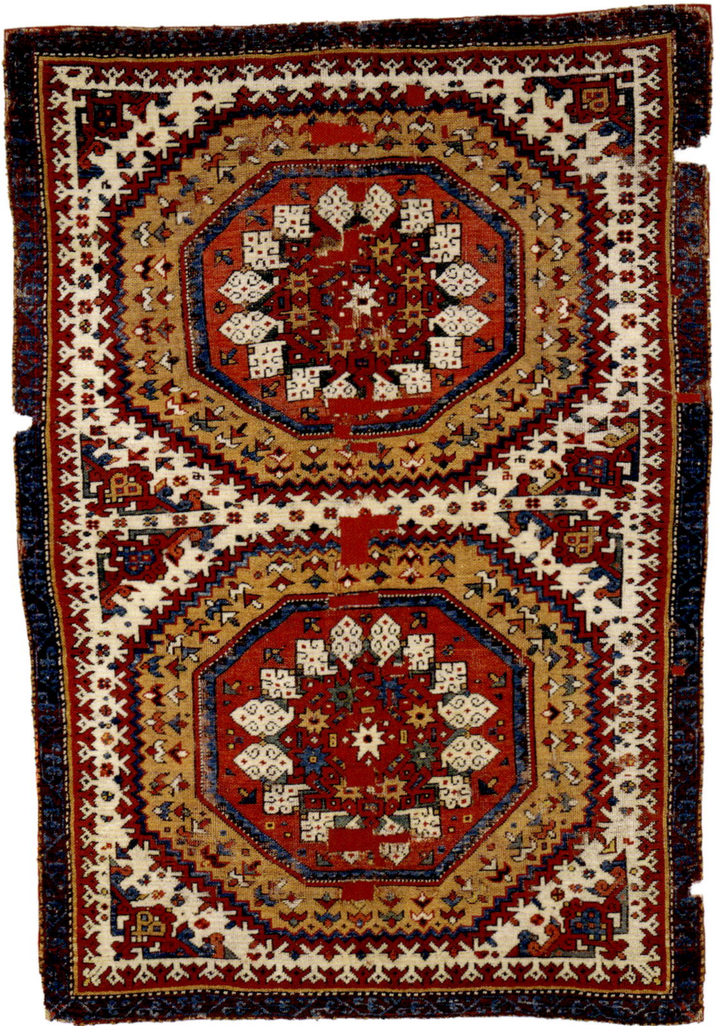

Abb. 78 | Großgemusterter Holbein-Teppich, Kleinasien, 16. Jahrhundert (ehem. Sammlung Wilhelm Bode). Berlin, Museum für Islamische Kunst

denn Bode hatte zumindest die Einrichtung von zwei weiteren Räumen neben der Mschattafassade durchgesetzt. Er konnte die Abteilung jedoch erst 1905, nachdem er selbst zum Nachfolger Schönes ernannt worden war, mit weiteren Teppichen vervollständigen (Abb. 78). Interessant ist die Begründung, mit der Bode auf die Bedeutung der Teppiche verweist. Seiner Meinung nach, wie er selbst schreibt, bildeten sie einen festen Bestandteil „[…] der europäischen Kultur und haben eine so durchgreifende Wirkung auf die europäische Kunst ausgeübt, daß sie für die allgemeine Bildung und Belehrung im Zusammenhang mit der heimischen Kunst unendlich viel wichtiger sind, als in ihrem Zusammenhang mit dem Islam."[100]

100 Dieser Ausspruch Bodes im Antrag an Richard Schöne vom 29. September 1904, schon zitiert bei Enderlein 1995, S. 17.

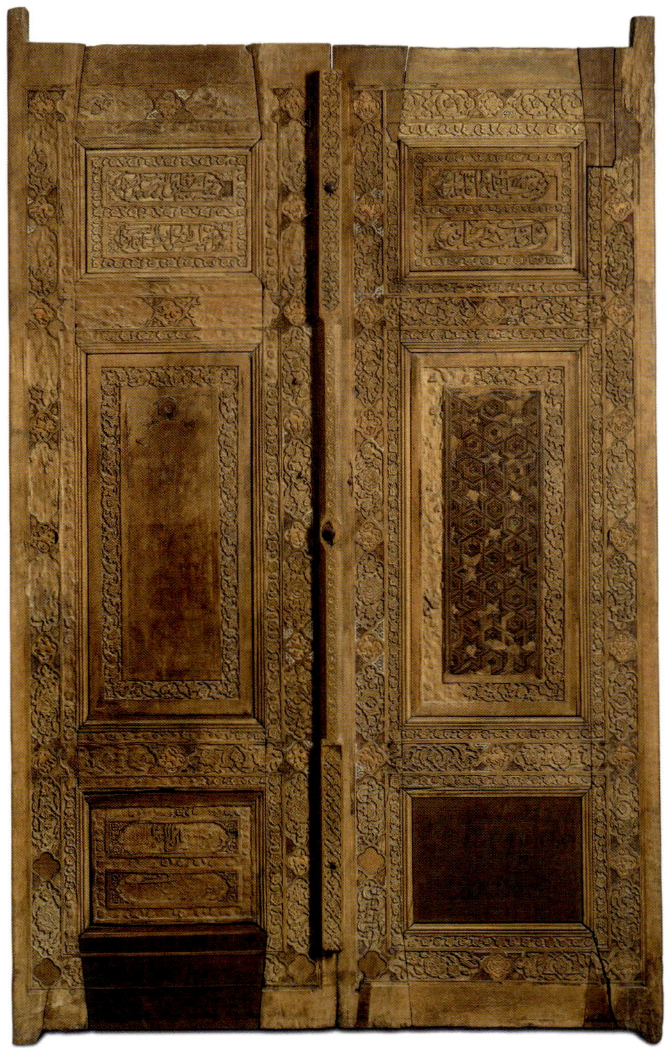

Abb. 79 | Holzdoppelflügeltür, safawidisch (Iran), um 1590 (ehem. Sammlung Eduard Simon). Berlin, Museum für Islamische Kunst

Wie bereits erwähnt, hatte er die Gelegenheit, ein solches Arrangement – das Zusammenwirken von europäischer Kunst mit Orientteppichen – in Italien bei dem Florentiner Antiquar Stefano Bardini kennenzulernen. Bode empfahl diesen „Stil" den Berliner Privatsammlern, ihre Renaissancekunstwerke durch die Hängung von Teppichen zu ergänzen. Und er setzte auch später bei seinen Installationen im Museum vornehmlich Teppiche als Wandbehänge ein.

Beide Cousins Simon hatten diese Vorliebe Bodes für Orientteppiche mit Begeisterung aufgenommen. Auch auf den erhaltenen Fotos der Innenräume in der Villa von James Simon fallen immer wieder die großformatigen Orientteppiche ins Auge – als Bodenbelag oder Wandbehang. Bode kam den Wünschen von James und Agnes Simon wiederholt entgegen, wenn sie für die Präsentation ihrer Sammlung nach Teppichen anfragten.

Eduard Simons Leidenschaft für die islamische Kunst ging jedoch über das Interesse an Teppichen hinaus: 1905 schenkte er der Islamischen Abteilung zwar einen Teppich, er finanzierte aber auch eine große iranische Lüsterschale mit Pfauenmotiv aus der Safawidenzeit sowie eine wertvolle safawidische Holztür, die 1590 n. Chr. datiert werden kann und die mit feinsten Einlegearbeiten aus Silber und Elfenbein verziert ist (Abb. 79).[101] Sein Engagement war so groß, dass er von 1913 bis 1928 als Mitglied der Sachverständigen-Kommission der Islamischen Abteilung geführt wird.[102] Der Anspruch Bodes, die Konkurrenzfähigkeit des Museums durch eine islamische Abteilung gegenüber den anderen Universalmuseen Europas in London und in Paris zu steigern, musste auch einen Sammler wie Eduard Simon inspiriert haben, der keine geschmäcklerische, „orientalisierende Wohnungseinrichtung" anstrebte, wie es um die Jahrhundertwende üblich war. Er behielt vielmehr auch bei der islamischen Kunst stets die Qualität und die Einmaligkeit eines Sammlerstücks im Auge. Von seinem Cousin James sind allerdings keine islamischen, sondern nur chinesische und japanische Kunstgegenstände als Schenkungen in das Kaiser-Friedrich-Museum gelangt.[103]

Die Schenkungen von James Simon

James Simon sollte 1900 zum großen Erstaunen von Wilhelm von Bode und Max J. Friedländer zum ersten Mal die Absicht äußern, er wolle seine Renaissancesammlung dem Museum als Geschenk vermachen und zwar „... unter der Bedingung, daß die Sachen für sich aufgestellt werden."[104] In den folgenden Jahren wurden Simons Interessen bei Ankäufen von beiden Museumsmännern genauestens ins Visier genommen, und zwar immer mit Blick auf die bevorstehende Eröffnung des Kaiser-Friedrich-Museums. Wenn Simon etwas auf dem Kunstmarkt ins Auge gefasst hatte, so erfuhr meist Friedländer zuerst etwas davon und informierte umgehend Bode, zuweilen heißt es: „... werde natürlich versuchen, die Regelung dieser Ankäufe zu verschieben, bis daß Sie die Dinge gesehen haben. Es ist ein Bronzino[105] für 24.000 M. dabei..."[106]

101 Haase 2004, S. 12f.; ders., 2009, S. 132-135.
102 Vgl. Haase 2009 und Helmecke 2004, S. 16ff.
103 Schultz 2006, S. 66-75.
104 So berichtet Friedländer an Bode in einem Brief vom 10.7.1900 SMBPK-ZA, NL Bode, Nr. 1423/1; dieser Brief Simons konnte bisher nicht nachgewiesen werden, dazu schon Matthes 2000, S. 161, S. 306.
105 Agnolo Bronzino (1503-1572) war einer der bedeutendsten Florentiner Porträtmaler der Hochrenaissance.
106 Matthes 2000, S. 163.

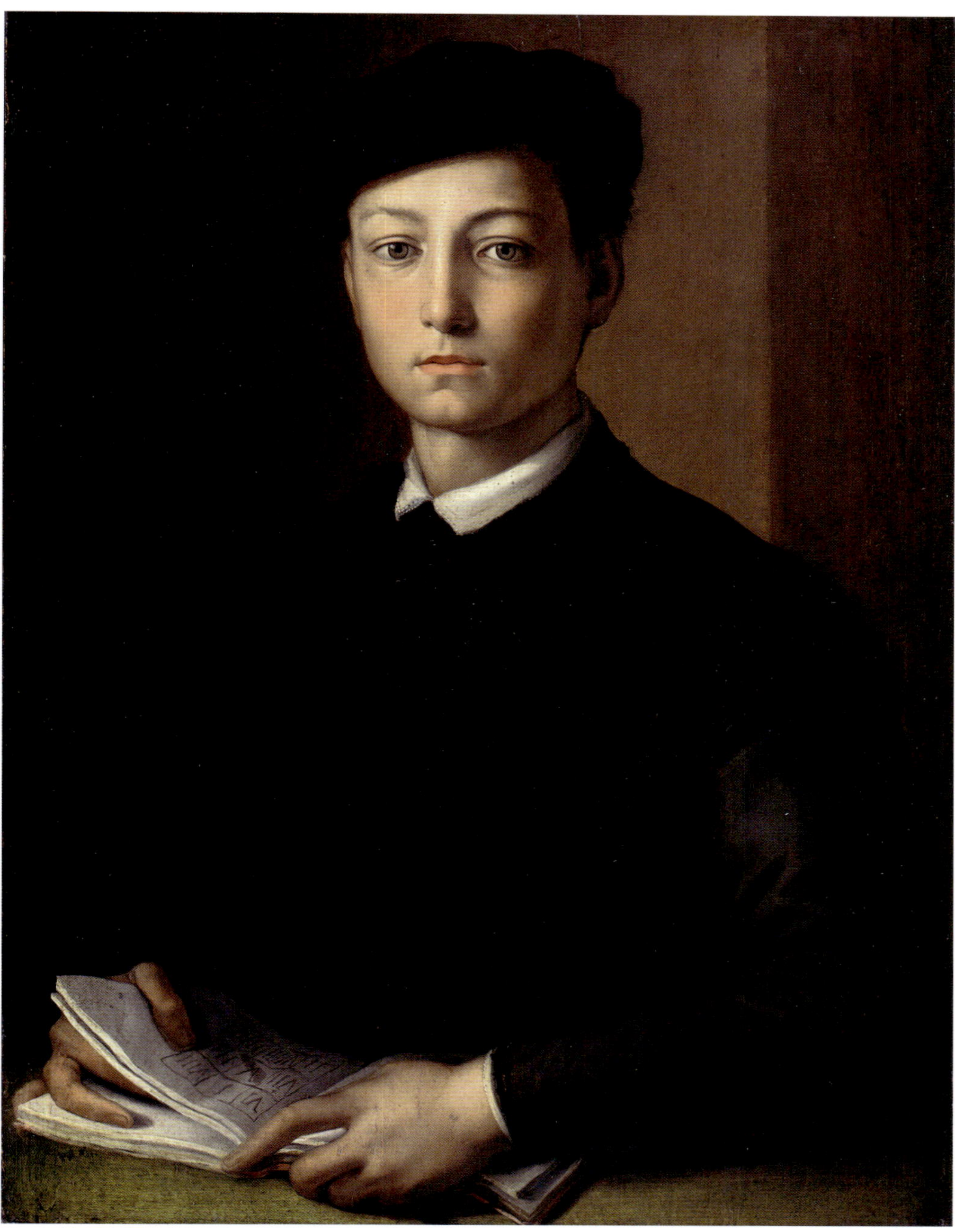

Abb. 80 | Agnolo Bronzino, Bildnis eines Jünglings, um 1560 (ehem. Sammlung James Simon). Berlin, Gemäldegalerie

In diesem besonderen Fall handelte es sich um ein weibliches Porträt Bronzinos, das Simon gerne erworben hätte, und zwar als Pendant zum *Bildnis eines Jünglings* desselben Malers, das heute wieder im James-Simon-Kabinett zu sehen ist (Berlin, Bode-Museum, Abb. 80).[107] Doch es gelang Friedländer

107 Zuletzt Rowley 2020, S. 41f. Das *Bildnis eines Jünglings* ist vermutlich um 1560 entstanden.

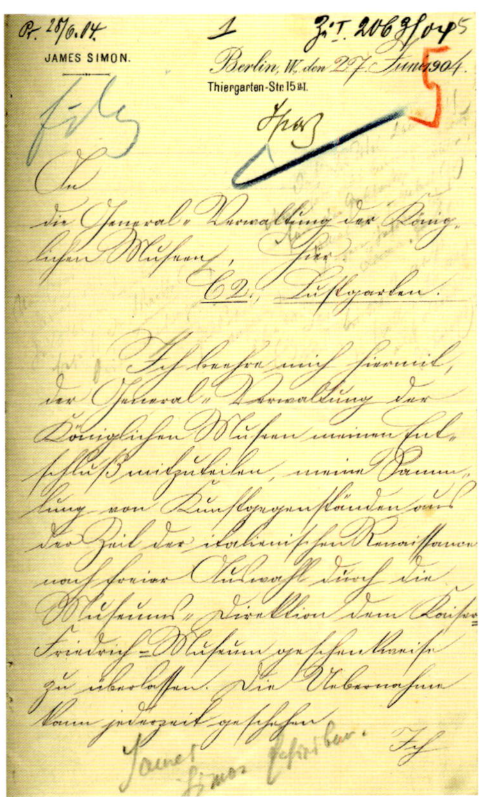

JAMES SIMON.
Thiergarten-Str. 15 a.

Berlin, W. den 27. Juni 1904.

An
die General-Verwaltung der Königlichen Museen, hier
C2, Lustgarten.

Ich beehre mich hiermit, der General-Verwaltung der Königlichen Museen meinen Entschluß mitzuteilen, meine Sammlung von Kunstgegenständen aus der Zeit der italienischen Renaissance nach freier Auswahl durch die Museums-Direktion dem Kaiser Friedrich-Museum geschenkweise zu überlassen. Die Uebernahme kann jederzeit geschehen. Ich

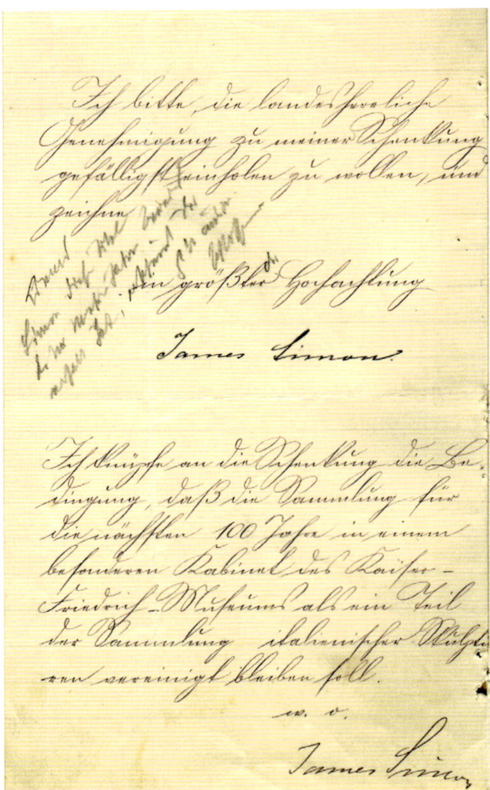

bitte, die landesherrliche Genehmigung zu meiner Schenkung gefälligst einholen zu wollen, und zeichne
in größter Hochachtung
James Simon.

Ich knüpfe an die Schenkung die Bedingung, daß die Sammlung für die nächsten 100 Jahre in einem besonderen Kabinet des Kaiser-Friedrich-Museums als ein Teil der Sammlung italienischer Bildwerke vereinigt bleiben soll.
w. o.
James Simon

Abb. 81 | Schenkungsurkunde von James Simon 27.6.1904. Berlin, Zentralarchiv

Abb. 81a | (rechts) Zweite Seite der Schenkungsurkunde

tatsächlich, Simon vom Kauf des weiblichen Porträts abzuraten. Und dieser fügte sich in solchen Situationen, einmal weil er von der Kennerschaft der Museumsmänner – in diesem Falle Friedländers – überzeugt war, aber auch, weil es ihm stets um das Gemeinwohl ging und seiner Überzeugung nach der Erfolg eines bedeutenden Museums in Berlin an erster Stelle stand.

Ein anderes Beispiel zeigt, dass der Sammler zunächst abgeneigt war, ein nicht zugeschriebenes Bild zu kaufen, sich dann aber schließlich doch den Wünschen Bodes fügte, der dazu bemerkt: „Das Museum benötigt es; wir können es nicht gehen lassen, und wir können uns den Ankauf nicht leisten."[108] In anderen Fällen gelang es James Simon allerdings, wie bei dem Gemälde von Domenico Ghirlandaio, einen Ankauf abzulehnen, indem er als Grund den viel zu hohen Preis anführt.[109]

Simons Absicht, das Museum nach besten Kräften zu unterstützen, erklärt auch, dass er Bode sogar das Recht einräumte, in der Tiergartenvilla, geeignete Kunstwerke für das

108 Zitiert in Matthes 2000, S. 162ff.
109 Ebd., S. 163.

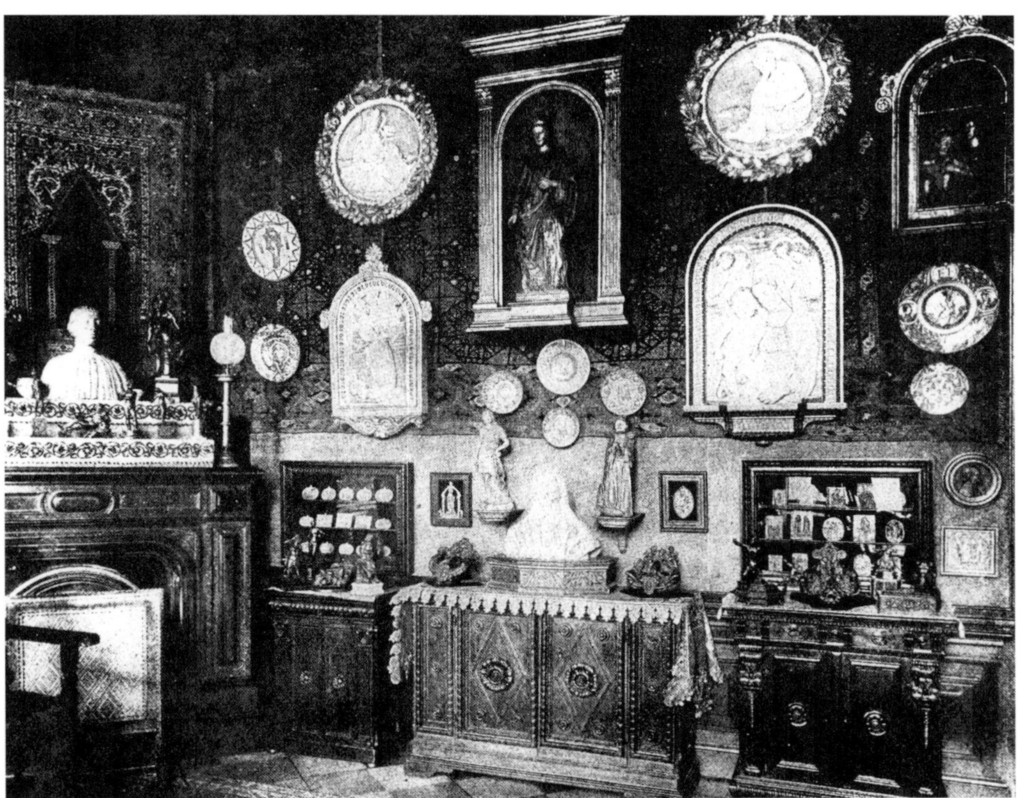

Abb. 82 | Villa James Simon, Berlin-Tiergarten, Tiergartenstraße 15a, Herrenzimmer, vor 1904

spätere Simon-Kabinett auszusuchen.[110] Am 27. Juni 1904 war der entscheidende Augenblick gekommen: James Simon vermachte dem Kaiser-Friedrich-Museum anlässlich der Eröffnung nun offiziell seine Kunstsammlung, wie es in dem Schenkungsvertrag festgelegt ist (Abb. 81, 81a):

„Die Sammlung italienischer Gemälde, Bildwerke und Kunstgegenstände, die Herr James Simon den kgl. Museen zu überweisen sich entschloßen hat und die in einem besonderen Raume des K.F.M. als ein Ganzes aufgestellt werden soll, umfaßt Arbeiten jeglicher Art und zeigt das Kunstschaffen der italienischen Renaissance in fast allen seinen Äußerungen. Die Sammlung enthält etwa 10 hervorragende Gemälde von florentinischen und venezianischen Malern des 15. und 16. Jahrhunderts, dabei ein Meisterwerk des Andrea Mantegna und Skulpturen in Marmor und Terrakotta, darunter mehrere ausgezeichnete Schöpfungen der Robbia. Unter den Bronzen befindet sich neben einer größeren Zahl von Statuetten eine stattliche Reihe kunstvoll gearbeiteter Geräte, wie Leuchter, Glocken, Tintenfässer und dergl. Einen besonders wertvollen

110 Ausführlich zum Simon-Kabinett zuletzt Rowley 2020, S. 31-59.

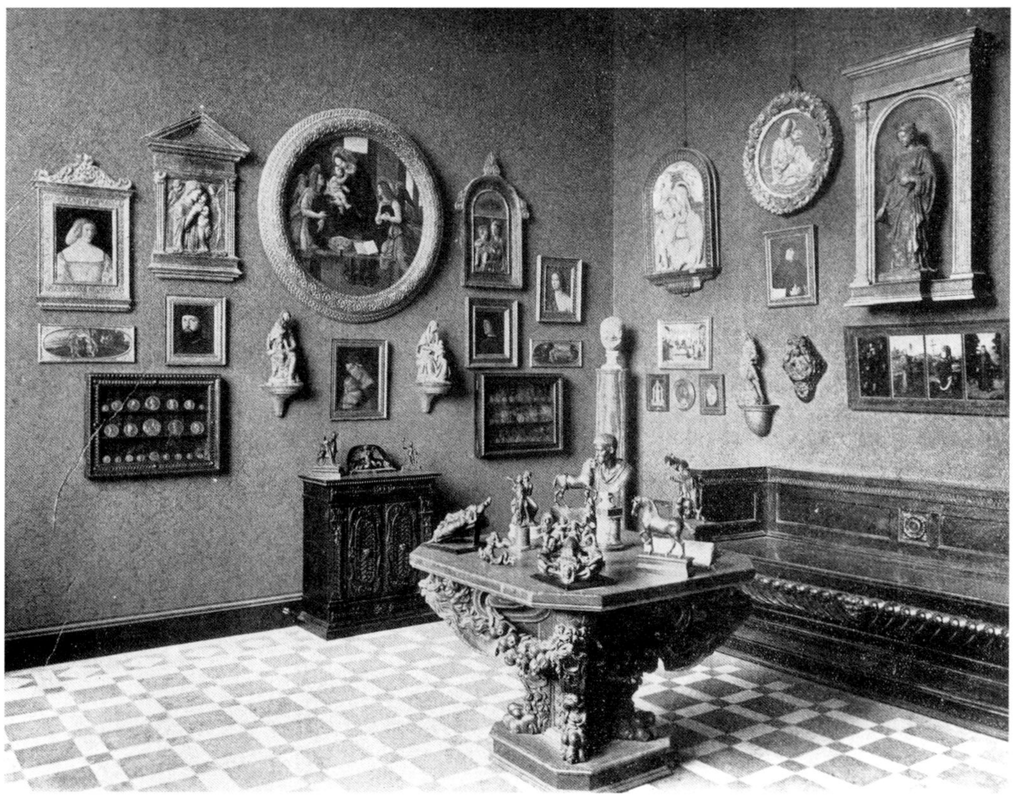

Abb. 83 | Berlin, Kaiser-Friedrich-Museum, Präsentation des James-Simon-Kabinetts 1904

Bestandteil der Sammlung bilden die Medaillen italienischer Meister des 15. und 16. Jahrhunderts."[111]

Diese Schenkung war an die Bedingung gebunden, die der Minister der geistlichen Unterrichts- und Medizinal-Angelegenheiten Konrad von Studt[112] in seinem Schreiben vom 30. August 1904 benennt: „... daß die Sammlung, der gestellten Bedingung entsprechend, in einem besonderen Kabinett Aufstellung finden und auf mindestens ein Jahrhundert in sich vereinigt gehalten werden wird. Möge sie auch noch in ferneren Zeiten ein Denkmal bleiben für den feinen Kunstsinn, den erlesenen Geschmack und die hochherzige Gesinnung ihres Urhebers."[113] Der Schenkungsvertrag legte zusätzlich fest, dass man von Seiten der Museen das Recht habe, Stücke frei auszusuchen, die für das Renaissance-Museum in Frage kommen, und zwar in vollem Einverständnis mit James Simon.

Das Simon-Kabinett wurde nun in Anlehnung an das Herrenzimmer des Sammlers in der Tiergartenvilla eingerichtet (Abb. 82), denn damit suchte Bode einen Privatraum zu simulieren, der ein perfektes Ensemble von Skulpturen, Tep-

111 SMB-ZA, I/SKS, Bl. 4 Königliches Kaiser-Friedrich-Museum. Acta betr. Geschenk James Simon zum 18.10.1904, von November 1901- März 1939.
112 Konrad von Studt (1838-1921) war ein Jurist und seit 1899 Minister der geistlichen Unterrichts- und Medizinal-Angelegenheiten und für die Einrichtung von Konfessionsschulen und Technischen Hochschulen verantwortlich.
113 SMB-ZA, I/SKS, Bl. 22 Königliches Kaiser-Friedrich-Museum. Acta betr. Geschenk James Simon zum 18.10.1904, von November 1901- März 1939.

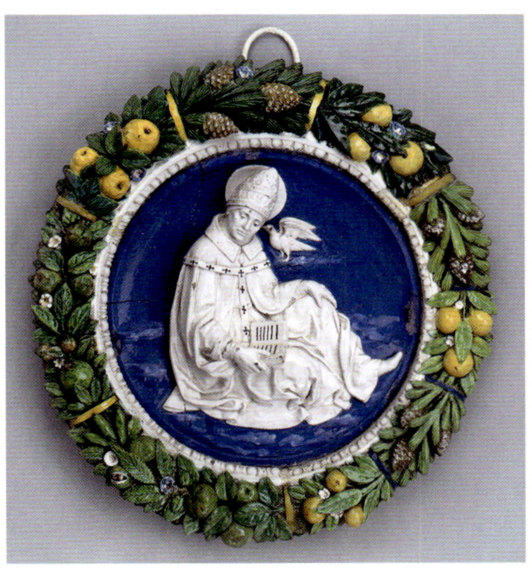

Abb. 84 | Andrea della Robbia, Der heilige Gregor, um 1490, glasierte Terrakotta (ehem. Sammlung James Simon, Schenkung 1904). Berlin, Bode-Museum

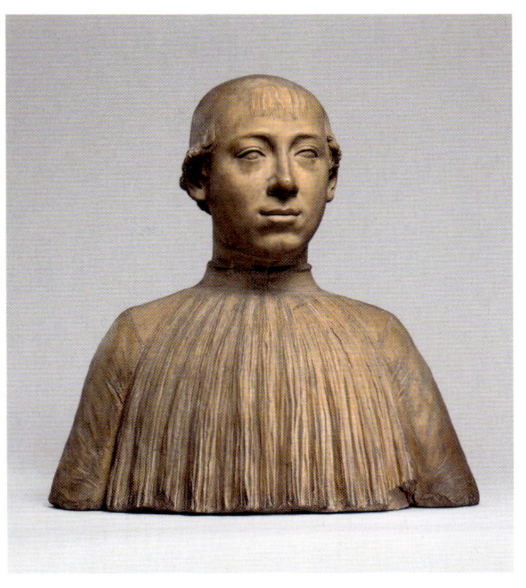

Abb. 85 | Andrea Bregno, Büste des Kardinals Raffaello Sansoni Riario, 1478, Terrakotta (ehem. Sammlung James Simon, Schenkung 1904). Berlin, Bode-Museum

pichen, Gemälden, Medaillen und Möbeln vorführen sollte (Abb. 83).

Was hat den leidenschaftlichen Sammler James Simon dazu bewegt, sich von den Exponaten wieder zu trennen, die er jahrzehntelang in mühevoller Arbeit zusammengetragen hatte und die das Resultat einer systematischen Vertiefung seines Wissens auf dem Gebiet der Kunstgeschichte, aber auch auf dem Kunstmarkt waren? Als einer der Gründe für diese außergewöhnliche Geste Simons, die in dieser Dimension jede andere Stiftung an die Berliner Museen übertrifft, wird die „Ehrenpflicht und erwünschte patriotische Handlung" genannt.[114] Vermutlich spielte diese Motivation eine Rolle, Simon verstand sich als liberal Denkender mit patriotischer Gesinnung, die sich insbesondere in seiner völligen Identifikation mit den Berliner Museen widerspiegelte, so wie es in vielen seiner Briefe zu lesen ist. Die beeindruckende Zahl der Exponate, von der sich Simon zu trennen vermochte, erstaunt umso mehr, da man sich vorstellen muss, dass nun die Villa in der Tiergartenstraße, wie er einmal selbst formulierte, von den meisten Kunstwerken, vor allen denjenigen, die von Rang waren, „gereinigt" war (Abb. 84, 85). Diese großzügige Schenkung Simons findet trotz aller Parallelen, die bereits angeführt wurden, z. B. den Schenkungen der Familie Rothschild, weder in Berlin noch

114 Matthes 2011, S. 63; ders., 2019, S. 55.

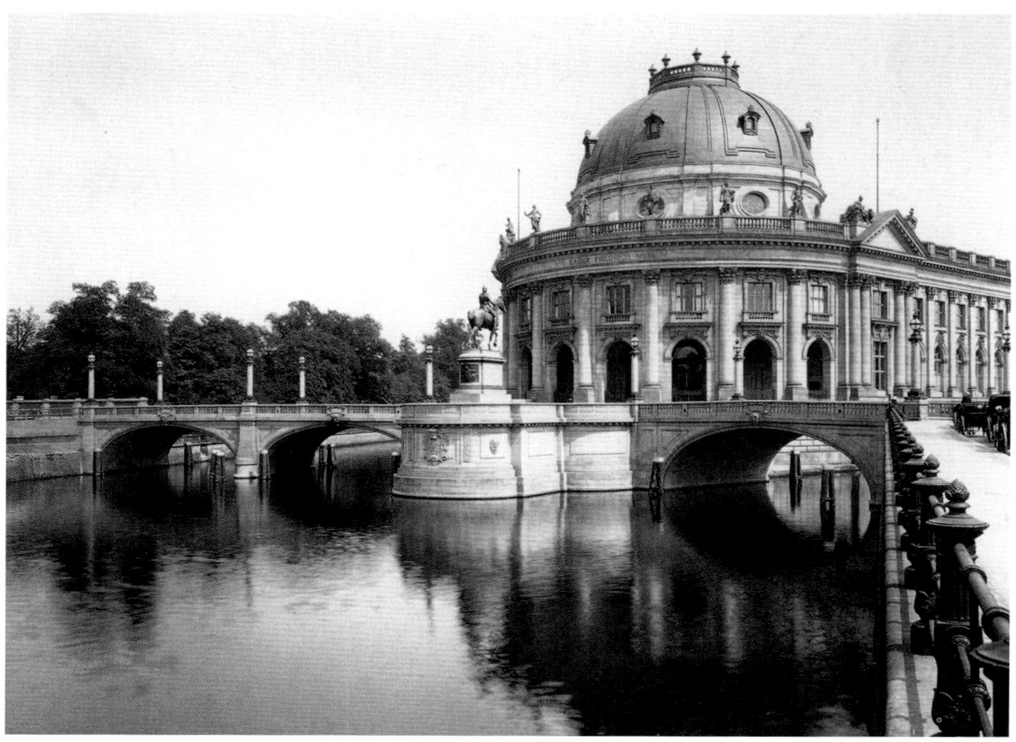

Abb. 86 | Berlin, Kaiser-Friedrich-Museum (heute Bode-Museum), Monbijoubrücke, 1905

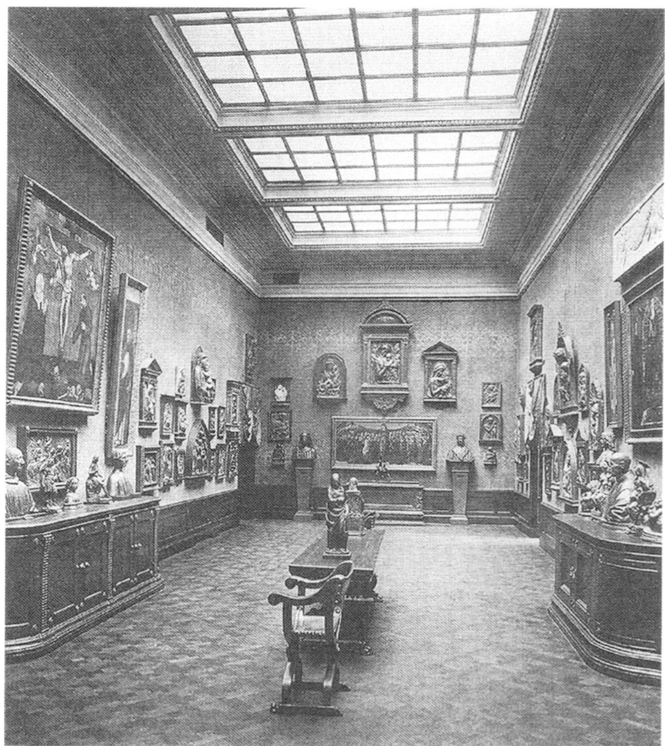

Abb. 87 | Berlin, Kaiser-Friedrich-Museum (heute Bode-Museum), Saal 1. Obergeschoss, um 1905-1907

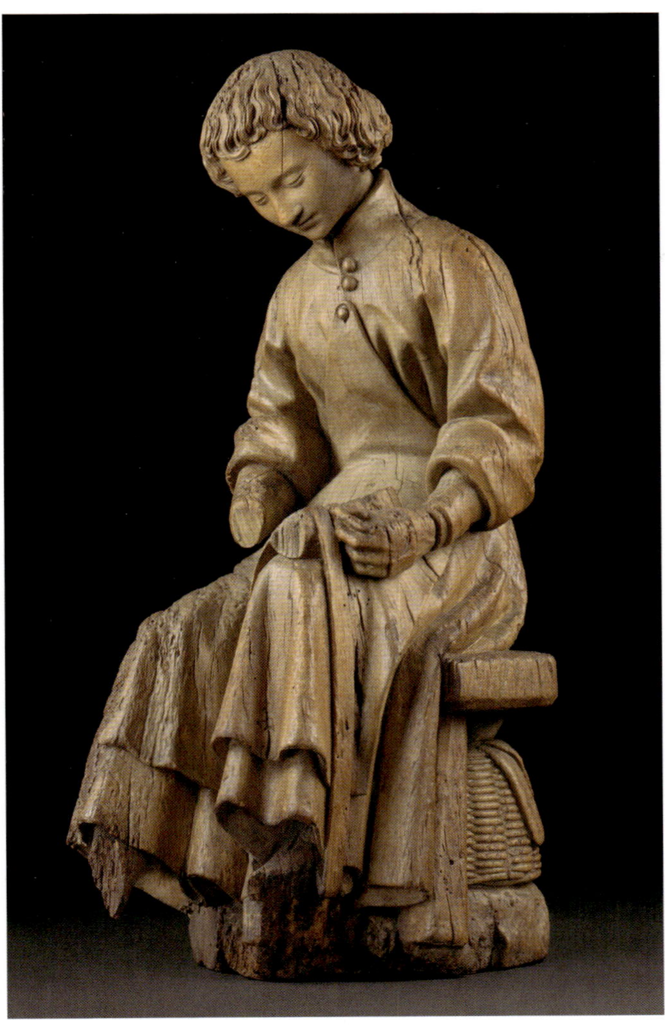

Abb. 88 | Französischer Meister um 1420, Der heilige Crispianus, Walnussholz (ehem. Sammlung James Simon, Schenkung 1910). Berlin, Bode-Museum

in anderen Museen von Weltrang einen Vergleich. Vermutlich spielte die in der *Tsedaka* verwurzelte Idee des Teilens eine entscheidende Rolle für seine Geste, wenngleich dieses Gebot dennoch keine Erklärung für James Simons einzigartige Großzügigkeit liefert. Es ist seine persönliche Überzeugung, die Sammlung dem Gemeinwohl zugänglich zu machen und damit letztendlich die Kunstwerke, mit denen er sich jahrelang umgeben hatte, mit vielen anderen zu teilen.

Der Kaiser wollte Simon aufgrund dieser bedeutenden Schenkung besonders ehren und verlieh ihm daher am 18. Oktober 1904 zur Eröffnung des Kaiser-Friedrich-Museums (Abb. 86, 87) den angesehenen Wilhelm-Orden; James Simon wohnte den Feierlichkeiten jedoch angesichts der

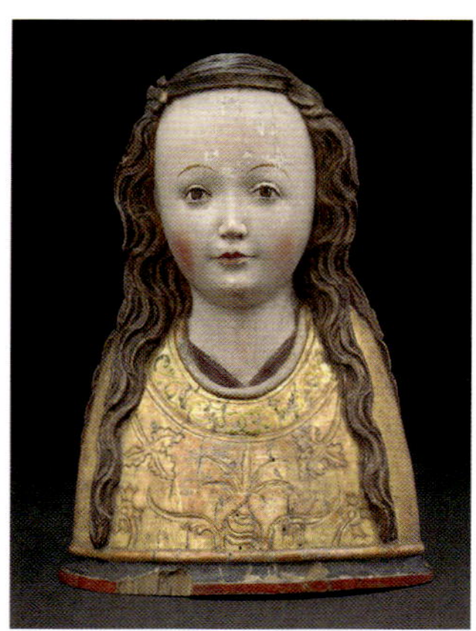

Abb. 89 | Erfurt, um 1470, weibliche Reliquienbüste, polychrome Holzbüste (ehem. Sammlung James Simon, Schenkung 1910). Berlin, Bode-Museum

vorausgegangenen Empörung innerhalb der politisch konservativen Kreise nicht bei.[115] Auch Bode konnte aufgrund seines schlechten Gesundheitszustandes, dem chronischen Venenleiden, der Eröffnungsfeier nur vom Balkon über der Basilika im Museum aus beiwohnen.[116]

Nach der ersten Schenkung seiner Sammlung befasste sich Simon unverzüglich mit dem Wiederaufbau einer zweiten, bei der er sich nun vor allen Dingen auf die deutsche, die französische und die niederländische Holzskulptur des Mittelalters spezialisierte, wobei er Max J. Friedländer als bedeutenden Kenner dieser Kunstgattungen hinzuzog (Abb. 88). Nicht vergessen werden darf, dass der Marktwert der mittelalterlichen Plastik um 1905 im Vergleich zu italienischen Renaissancewerken weitaus geringer war und passable Objekte daher leichter erschwinglich. Dies war nicht unbedeutend, denn, wie bereits angedeutet, spielte der niedrige Preis eines Kunstwerkes für Simon immer wieder eine entscheidende Rolle. Noch stärker als bei der Renaissancesammlung seiner ersten Schenkung wählte Simon nun von Anfang an sehr gezielt aus, was für die Museumsbestände von Bedeutung sein könnte; die zweite Sammlung entstand dank seines großen Urteilsvermögens für die Qualität der Objekte, aber immer mit Blick auf die zukünftige Schenkung an das Kaiser-Friedrich-Museum (Abb. 89). Die erhaltenen Fotos von der Halle im Erdgeschoss der Tiergartenvilla vermitteln einen Eindruck von dem großartigen Zusammenwirken der Skulpturen, Triptychen, Chorgestühle, Gobelins, Teppiche und Möbel, die ein Besucher wie der Direktor der Hamburger Kunsthalle und Freund Max Liebermanns Alfred Lichtwark[117] als „wirkliches Museum mittelalterlicher Sculptur und Malerei" bezeichnete (Abb. 90).[118]

Mit seinem Interesse an einer für ihn neuen Kunstrichtung setzte James Simon aber auch ein deutliches Signal, denn nun war er tatsächlich zu einem von Bode unabhängigen Sammler avanciert: Bode hatte ihm weder dazu geraten noch entsprach diese Art der Skulptur und Malerei seinen eigenen Ambitionen innerhalb der Museumspolitik. Zwangsläufig wurde das Verhältnis der beiden Männer immer distanzierter und erst als Bode 1916 – mitten im Ersten Weltkrieg – von den neuen Schenkungsabsichten Simons an das noch im Bau befindliche Deutsche Museum (im Nordflügel des heutigen Pergamonmuseums) erfuhr, lenkte er wieder ein. Simon eröffnete ihm die Schenkungsabsicht in einem Schreiben und fügte hinzu: „Dass ich nicht beabsichtige damit zu prahlen, dafür kennen

115 Vgl. Matthes 2000, S. 74-75. Die Einladungskarte zur Eröffnung war für Agnes Simon bestimmt, offiziell wohnte James Simon der Eröffnungsfeier aufgrund des Gesundheitszustandes seiner Frau nicht bei. Matthes 2000, S. 75, vermutet, dass der Mäzen damit auf die rechtsgerichtete Presse reagierte und überhaupt dem pompösen Staatsakt fernbleiben wollte.
116 Bode/Gaethgens/Paul 1997, I, S. 311.
117 Alfred Lichtwark (1852-1914) war ein deutscher Kunsthistoriker, der 1886 zum Direktor der Hamburger Kunsthalle ernannt wurde und nicht nur alte Meister, sondern auch zeitgenössische Künstler wie Max Liebermann für sein Museum ankaufte.
118 Matthes 2000, S. 174.

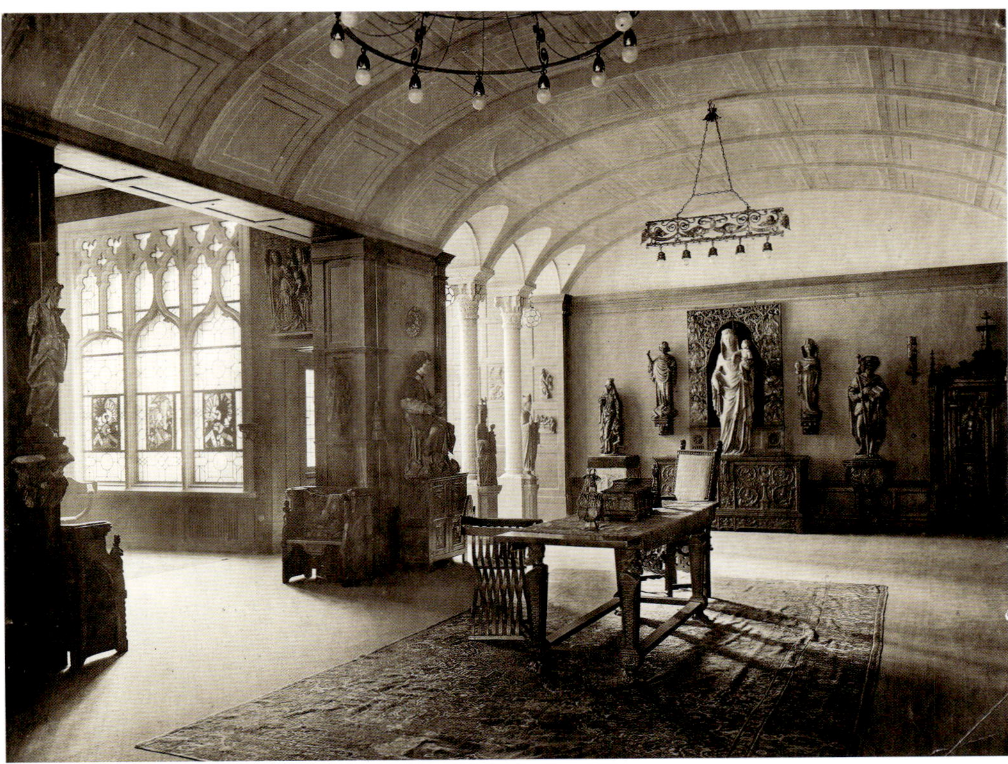

Abb. 90 | Villa James Simon, Berlin-Tiergarten, Tiergartenstraße 15a, Halle im Erdgeschoss mit mittelalterlicher Skulptur, um 1910. Berlin, Zentralarchiv

Sie mich gut und lange genug!“[119] Er ließ es nun auch wieder zu, dass Bode neue Erwerbungen begutachten durfte und bei dem Ankauf neuer Exponate beratend zur Seite stand, und zwar immer mit dem Ziel einer sinnvollen Bereicherung der Museumsbestände.[120]

In der Akte vom 18. Dezember 1916 liest man:

„Herr Dr. James Simon erklärte als seine Absicht, in einem Testaments-Nachtrag ... die nachbezeichneten Gegenstände vermachen zu wollen:

Die in den Erdgeschoßräumen seines Hauses, Tiergartenstraße 15a, befindliche deutsch-niederländische Sammlung an Möbeln, Tapisserien Skulpturen und kunstgewerblichen Gegenständen mit Ausschluß der Teppiche.

Die in der Anlage aufgeführten französisch-spanischen Kunstwerke aus den Erdgeschoß-Räumen und dem ersten Stock.

Die in der gleichen Anlage unter Ziffer III aufgeführten, in der Halle des ersten Stockwerks befindlichen Kunstgegenstände.“[121]

119 Ders. 2019, S. 55.
120 Ebd., S. 57.
121 Wie Anm. 113, Bl. 46.

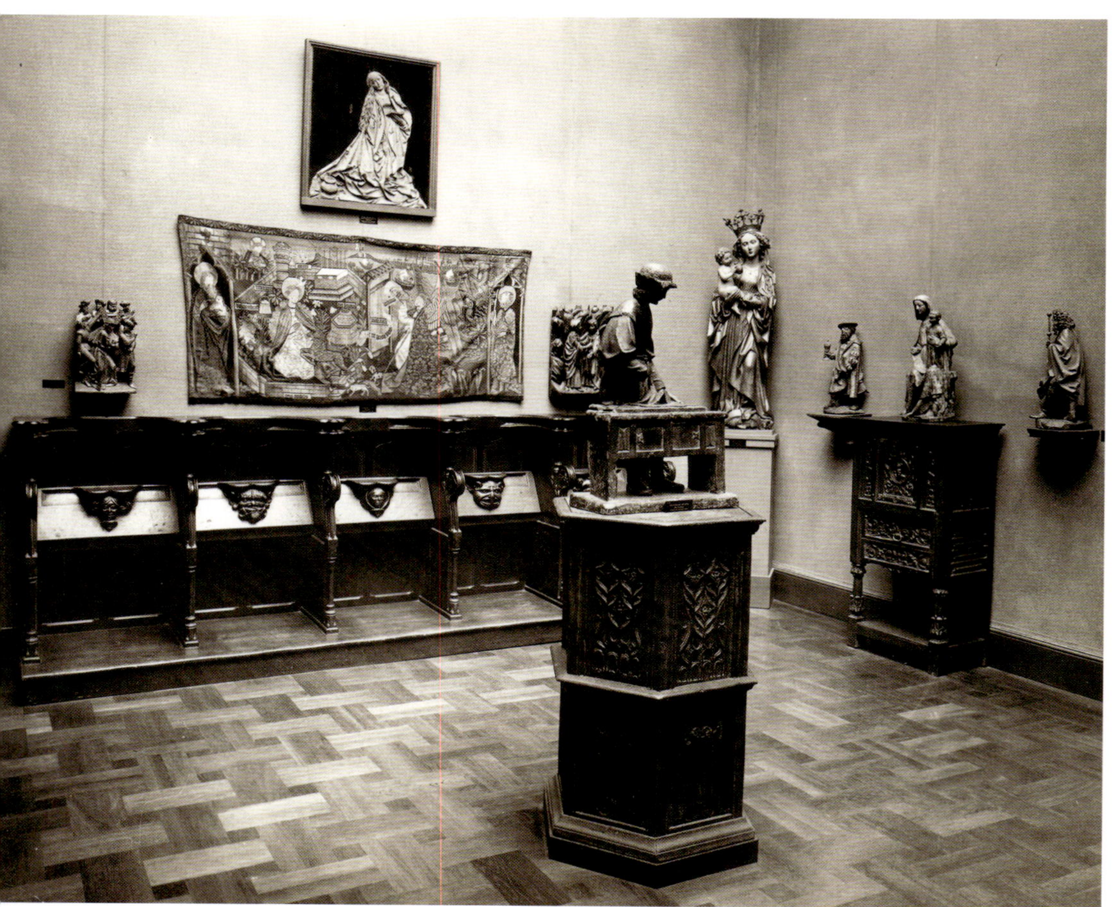

Abb. 91 | Berlin, Deutsches Museum, eines der drei Simon-Kabinette, um 1930. Berlin, Zentralarchiv

Auch an diese zweite Schenkung waren folgende Bedingungen geknüpft: die „geschlossene Aufstellung in einem und demselben Raume des neuen Deutschen Museums" bzw. in einem „Sonderkabinett oder – bei der Unterbringung in einem größeren Saale mit noch anderen Kunstwerken – in geschlossener Gruppe."[122] Die noch in der Tiergartenvilla verbleibenden Kunstwerke sollten nach dem Tode Simons seiner Ehefrau vermacht werden und die vom Museum als nicht aufstellungswürdig erachteten Objekte schließlich an seine Erben „zurückfallen". James Simon behielt sich eine aktive Rolle im Museum vor, so fügte er als Bedingung hinzu, ein geschenktes Kunstwerk „gelegentlich durch ein anderes, geeigneter erscheinendes zu ersetzen."[123]

Diese zweite Schenkung stand allerdings unter einem schlechten Stern: Die Kunstwerke Simons kamen aufgrund des noch immer im Bau befindlichen Deutschen Museums

122 Wie Anm. 113.
123 Wie Anm. 113.

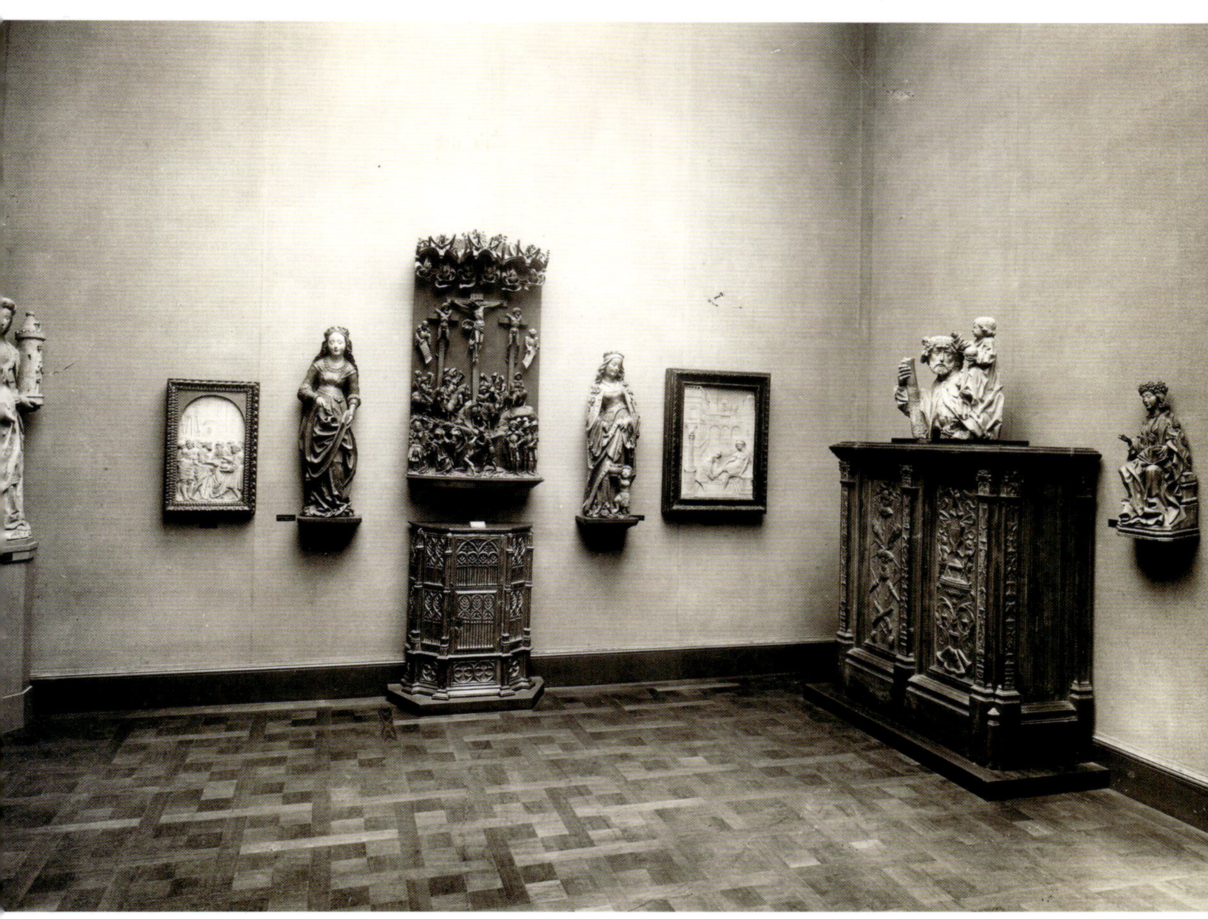

Abb. 92 | Berlin, Deutsches Museum, eines der drei Simon-Kabinette, um 1930. Berlin, Zentralarchiv

zunächst gar nicht zur Aufstellung, das Publikum nahm also keine Notiz davon. Erst 1920 entschied man sich, die Objekte in einem Durchgang zur Basilika des Kaiser-Friedrich-Museums auszustellen. Nach dem Versailler Friedensvertrag 1919, in dem u.a. auch die Rückgabe der Tafeln des *Genter Altars* (1432-1435) von Hubert und Jan van Eyck[124] und des Löwener *Abendmahlsaltars* (1464-1468) von Dirk Bouts[125] an Belgien beschlossen wurde, erwies sich nun die Nachricht von der Schenkung James Simons an das Museum wenigstens als ein kleiner Erfolg. Dergestalt bereicherten wieder viele Exponate deutscher Skulptur das Museum, ein taktischer Schachzug Bodes, um an die patriotische Gesinnung anderer Privatsammler zu appellieren.

Doch die Glanzzeit der Privatsammlungen war längst vorüber, so wie es Friedländer beklagt: „Wer von unserem Standpunkte, nämlich aus den gegenwärtigen deutschen Nöten, auf

124 Hubert (1370-1426) und Jan van Eyck (um 1390-1441) hatten den Flügelaltar für die Kirche St. Bavo in der flämischen Stadt Gent 1420-1430 offenbar gemeinsam ausgeführt. 1829 gelangten die Tafeln nach Berlin, sie wurden dort im Alten Museum ausgestellt und nach dem Versailler Vertrag wieder an St. Bavo zurückgegeben.

125 Dirk Bouts (um 1410/20-1475) war ein niederländischer Maler, der vor allem durch seine Altarbilder und Porträts größte Bedeutung erlangte.

das Kunstsammeln den Blick richtet, sieht in der Nähe Rückgang, Verkümmerung und Minderung [...].“[126]

Eine angemessene Aufstellung der Kunstwerke aus Simons zweiter Schenkung ließ dennoch auf sich warten, nun war man ohne jegliche finanzielle Unterstützung des Kaisers und in Zeiten der politischen und wirtschaftlichen Schwierigkeiten zeigte sich auch der preußische Landtag nicht gewillt, Gelder für das Museum bereitzustellen. Tatsächlich äußerte sich Simon in einem Brief vom 9. März 1922 sehr enttäuscht über diese Situation, denn, so schreibt er an Bode: „[...] was hier gefehlt wird, ist ja leider kaum je wieder gutzumachen! Ich bitte sehr, dem Minister zu sagen, daß ich darüber sehr verletzt bin, daß die Verabredungen, die die Basis für die Schenkung bildeten, nicht eingehalten werden sollen. Wenn ich eine rechtliche Handhabe hätte, würde ich die Schenkung rückgängig machen. Helfen wird es freilich nichts!“[127] Bode hatte Simon mitteilen müssen, dass die zweite Schenkung aufgrund der Verzögerungen bei den baulichen Vorhaben nicht geschlossen im Deutschen Museum (heute Pergamonmuseum) aufgestellt werden konnte. Ein Teil wurde im Kaiser-Friedrich-Museum gezeigt. Erst viele Jahre später nach der Eröffnung des Deutschen Museums im Jahr 1930, nachdem Bode ein Jahr zuvor gestorben war, kam es zur Aufstellung der Exponate aus der zweiten Schenkung, die nun auf drei Kabinette verteilt wurden (Abb. 91, 92).

Man muss sich noch einmal ins Gedächtnis rufen, dass die zweite Schenkung in einer Zeit erfolgte, in der die Hetzkampagnen insbesondere gegen Frankreich und England verheerende Folgen für den geistigen Austausch der Kunstliebhaber, für das Reisen zu Auktionen oder zu Sammlern im Ausland hatten. Ein feinsinniger Sammler und Geschäftsmann wie James Simon wählte den Rückzug aus diesem Chaos, in dem Sinne, wie es Stefan Zweig[128] in der *Welt von Gestern* formuliert: „Da blieb nur eins: sich in sich selbst zurückziehen und schweigen, solange die anderen fiebern und tobten. Es war nicht leicht.“[129] Simons ganze Konzentration galt, wie auch diese zweite Schenkung zeigt, immer wieder dem Gemeinwohl, selbst in Zeiten, als „die alte Welt sich vollends aufzulösen droht“.[130]

126 Friedländer 1925, S. 253.
127 Simon-Bode, S. 303f., Brief-Nr. 273, Brief vom 9.3.1922; schon zitiert in Matthes 2000, S. 176ff.
128 Stefan Zweig (1881-1942) war ein bedeutender österreichischer Schriftsteller. *Die Welt von Gestern* entstand 1939-1941 in seinem Exil in Brasilien und wurde erst nach seinem Freitod 1942 postum veröffentlicht. Das Buch behandelt die untergehende Kultur der K.-u.-k.-Monarchie Österreich-Ungarns.
129 Zweig 2015, S. 190.
130 Ebd.

Kaiser Wilhelm II. und die Kunst

Kaiser Wilhelm II. hatte über lange Zeit eine bedeutende und zuweilen sehr persönliche Rolle in Simons Leben eingenommen. Die Epoche nach der Reichsgründung war die entscheidende seines Lebens, in der er noch unter dem Repräsentanten dieser „alten Welt“ Kaiser Wilhelm I. die größten Erfolge in seinem Unternehmen verbuchen konnte, ein Wohlstand, der ihm entscheidende Freiheit bei der Förderung der Wohltätigkeitsvereine und der kulturellen Einrichtungen ermöglichte.

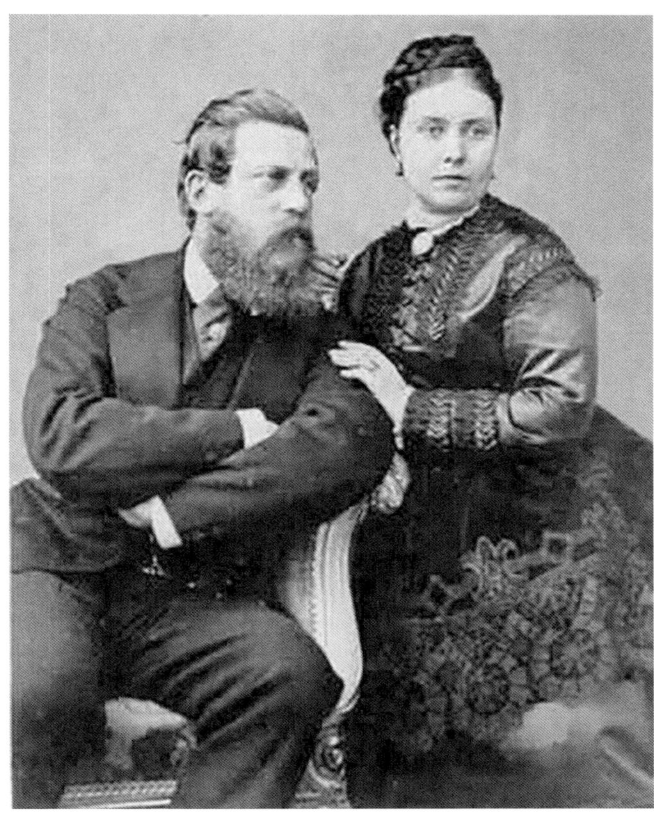

Abb. 93 | Kronprinz Friedrich Wilhelm von Preußen, späterer Kaiser Friedrich III., mit seiner Gemahlin Kronprinzessin Victoria, älteste Tochter von Queen Victoria, um 1870

Als Kaiser Wilhelm I. 1887 seinen 90. Geburtstag feierte, ruhten die Staatsgeschäfte noch sicher in den Händen des Reichskanzlers Otto von Bismarck.[1] Seit Langem kursierten vor allem in den konservativen rechten Kreisen, aber auch in der Armee und am Hofe bereits Gerüchte, dass nach dem Tod Kaiser Wilhelms I. nicht der allzu „liberale und anglophile“ Kronprinz Friedrich (Abb. 93), sondern dessen Sohn Friedrich Wilhelm[2] die Thronfolge antreten würde. Am 17. Mai 1887 wurde das Krebsleiden des Kronprinzen diagnostiziert, das für die Geschichte Deutschlands eine unerwartete und verheerende Wendung bedeuten sollte und auch James Simon erschüttert haben muss.

Das Kronprinzenpaar war sich der Feindseligkeit ihres Sohnes wohl bewusst, so beklagte der schwerkranke Kronprinz Friedrich voll tiefem Schmerz, dass sein Sohn das Ende des Vaters kaum abwarten könne. Auch die Kronprinzessin Victoria beschrieb Wilhelm als „eitel und selbstsüchtig“,

1 Otto Eduard Leopold Fürst von Bismarck-Schönhausen (1815-1898) war von 1862-1890 preußischer Ministerpräsident, zunächst 1867-1871 Kanzler des Norddeutschen Bundes und von 1871-1899 Reichskanzler.

2 Friedrich Wilhelm Viktor Albert von Preußen (1859-1941), Kaiser Wilhelm II. war von 1888 bis 1918 der letzte Kaiser des Deutschen Reiches.

der in seiner „kindischen Unwissenheit" mit Fanatismus „die alleroberflächlichsten, törichsten politischen Ansichten" vertrete.[3] Tatsächlich übernimmt Prinz Wilhelm und nicht sein von der Krankheit gezeichneter Vater im November 1887 die Vertretung des altersschwachen Kaisers Wilhelms I.[4]

Der feinsinnige kunstliebende Kronprinz Friedrich musste nun ertragen, dass sein Sohn noch im selben Jahr für die extreme Rechtspartei des Hofpredigers und Antisemiten Adolf Stoecker[5] Partei ergriff, indem er nach Aufforderung des intriganten Grafen Alfred von Waldersee[6] in dessen Hause an der Stoecker-Versammlung teilnahm. Das Kronprinzenpaar hatte schon seit 1879 immer wieder die Hetzreden Stoeckers mit Abscheu verfolgt; zu Beginn des Jahres 1880 besuchte Kronprinz Friedrich in voller Uniform den Gottesdienst in der Synagoge in der Fasanenstraße in Berlin und äußerte sich auch öffentlich entschieden gegen den Antisemitismus: „Wir schämen uns der Judenhetze, die in Berlin alle Gränzen des Anstands überschreitet, aber wie's scheint unter den Fittigen des Hofpfaffenthums sicher `gewährleistet` ist."[7]

Die antisemitische Einstellung seines Sohnes Wilhelm wurde bereits während seines militärischen Dienstes in Potsdam geprägt. Das offizielle Bekenntnis zu Stoecker löste nun jedoch auch auf Seiten der offiziellen liberalen Presse und in politischen Kreisen Empörung aus, was auf die übermäßige Empfindlichkeit des Prinzen stieß und von ihm offensichtlich unterschätzt worden war, vor allem aber auch die entschiedene Reaktion Bismarcks, der sich in einem langen Brief an ihn wandte. [8] In diesem Briefstück betont der Kanzler, wie wichtig es für die Monarchie sei, stets über den Parteien zu stehen.[9] Bismarck drängte den Preußenprinzen, sich von Stoecker zurückzuziehen und er bemerkte über den Prediger, dabei an das Traditionsbewusstsein Wilhelms appellierend: „Er steht an der Spitze von Elementen, die mit der Tradition Friedrich d. Gr. in schroffem Widerspruch stehen …".[10]

Durch den Stoecker-Vorfall und das Schreiben Bismarcks hatte sich, wie der Antwortbrief Wilhelms zeigt, eine erste Machtprobe zwischen dem Reichskanzler und dem „hitzigen" ungeduldigen Preußenprinzen sowie seinen orthodox antisemitischen Beratern gebildet.[11] Bismarck, der gewiss nicht immer zu dem Kronprinzen Friedrich Wilhelm gehalten hatte, hielt das aus Krankheitsgründen bedingte Ausfallen des Kronprinzen nun „für ein großes Unglück" und er beschreibt den Prinzen, er sei „ein Brausekopf, könne nicht schweigen,

3 Röhl 1993, S. 635.
4 Wilhelm Friedrich Ludwig von Preußen (1797-1888) war seit 1861 König von Preußen, von 1871 bis zum seinem Tod erster Kaiser des Deutschen Reiches.
5 Adolf Stoecker hatte 1878 in Berlin die Christlich-Soziale Arbeiterpartei gegründet, doch gelang es ihm nicht, einen ausreichenden Stimmenzuwachs zu erlangen oder Arbeiter und Handwerker mit dem Staat und mit der Kirche zu versöhnen; erst 1879, als er mit antisemitischen Reden hervortrat, erhielt er vor allem vom Mittelstand bemerkenswerten Zulauf, vgl. Jochmann 1976, S. 412ff.
6 Alfred von Waldersee (1832-1904) war ein preußischer Generalfeldmarschall, 1888-1891 Chef des großen Generalstabs.
7 Röhl 1993, S. 415.
8 Cecil 1976, S. 325ff.; Jochmann 1976, S. 412-419.
9 Röhl 1993, S. 727.
10 Ebd., S. 729.
11 Vgl. Cecil 1976, S. 313-349.

sei Schmeichlern zugänglich und könne Deutschland in einen Krieg stürzen, ohne es zu ahnen und zu wollen".[12]

Am 9. März 1888 verstarb Kaiser Wilhelm I. und nun trat der Kronprinz als Kaiser Friedrich III.[13] die Thronfolge an. Das Kronprinzenpaar kehrte am 11. März 1888 aus dem italienischen San Remo zurück, wo es seit einiger Zeit residierte, und wählte in Berlin als Wohnsitz nicht das Kronprinzenpalais, sondern das Charlottenburger Schloss, wo man, wohl auch im Hinblick auf des Kaisers Krankheit, einen „Schein von ruhiger Zurückgezogenheit" empfinden möchte.[14] Kaum jemand in Berlin glaubte jetzt noch, dass Kaiser Friedrich in dem schlechten Gesundheitszustand regierungsfähig sei; Kaiserin Victoria schreibt so an ihre Mutter Queen Victoria: „Wir werden im allgemeinen nur als vorübergehende Schatten angesehen."[15] Das Kaiserpaar agierte völlig ohnmächtig, umgeben von einer Mauer des Widerstandes, zu dem nicht nur ihr eigener Sohn Wilhelm und seine diabolischen Berater, sondern auch Bismarck und seine Minister gehörten. Wenige Tage vor seinem Tod äußerte Kaiser Friedrich: „Ich *muß* ja gesund werden, ich habe so viel zu tun."[16]

Neben allen politischen Fragen – vor allem das Abwenden eines drohenden Krieges –, auf die er hier anspielt, gehörte auch die Idee eines neuen Museums, die er unter der Leitung seines Bekannten Wilhelm von Bode verwirklichen wollte. Das Kronprinzenpaar hatte sich von Anfang an mit Leidenschaft für das Projekt eines Renaissance-Museums eingesetzt, man reiste gemeinsam mit Bode zu Museen und Sammlern in Italien. Der Kronprinz Friedrich Wilhelm hatte schon 1874 als Protektor der Königlichen Museen gefordert, ausführliche Beschriftungen an den Gemälden anzubringen, die bis dahin nur mit Katalognummern bezeichnet wurden. Man sollte den Besucher über die Namen des Künstlers informieren, dabei bestand u. a. Bode darauf, alle Zuschreibungen zu aktualisieren. – Im Unterschied zu vielen Privatsammlern, die völlig dem Urteil Bodes vertrauten, vertrat Kaiser Friedrich III. von jeher entschieden seine eigene Meinung, so beurteilte er beispielsweise einen Maler wie Franz Hals, der für Bode seit seiner Dissertation eine ganz besondere Rolle spielte, als „wohl zu untergeordnet".[17]

Einen großen Anteil an der Förderung der Museen, vor allem des Deutschen Gewerbemuseums und des Renaissance-Museums hatte Kronprinzessin Victoria, die 1872 und 1883 als Schirmherrin der Leihausstellungen alter Kunst in Berlin

12 Ebd., S. 739.
13 Friedrich Wilhelm Nikolaus Karl von Preußen (1831-1888) wurde in seinem Todesjahr 1888 für nur 99 Tage Kaiser und verstarb an Kehlkopfkrebs. Er war seit 1858 mit Prinzessin Victoria Adelaide Mary Louisa (1840-1901) verheiratet.
14 Röhl 1993, S. 786.
15 Ebd., S. 788.
16 Ebd., S. 820.
17 Der Kronprinz war bestens über den Kunsthandel informiert: Gemeinsam mit Bode hatte das Kronprinzenpaar 1873 Städte wie Florenz oder Venedig bereist, Bode/Gaethgens/Paul 1997, I, S. 94.

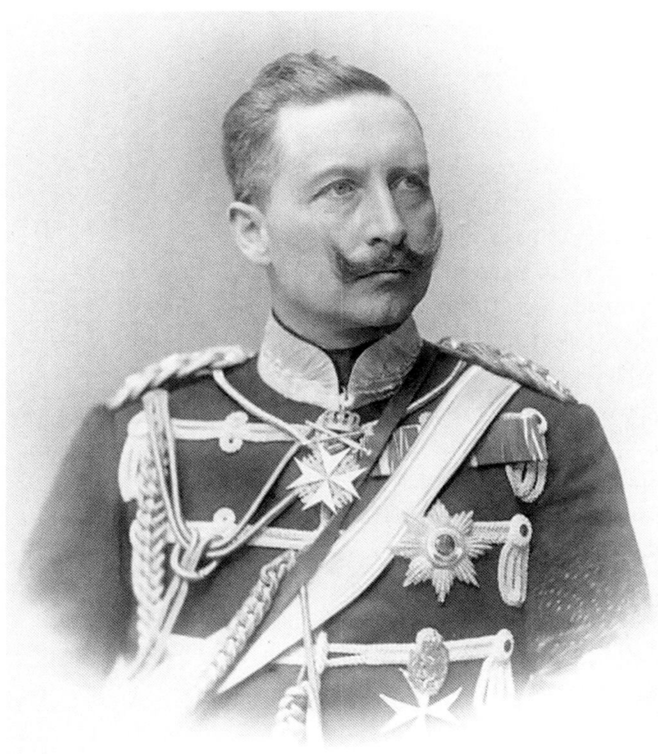

Abb. 94 | Kaiser Wilhelm II., 1905

hervorgetreten war. Derartige Ausstellungen waren ihr aus England gut vertraut. Schon viel früher als in Berlin wurden in London die *Loan Exhibitions* initiiert: 1867 veranstaltete man im *Burlington Fine Arts Club* eine Leihausstellung, in der die Mitglieder die Kunstwerke aus ihrem Privatbesitz ausstellten, und zwar mit besonderem Gewicht auf der Renaissance-Epoche.[18] Im Unterschied zu den Ausstellungen in den öffentlichen Museen legte man in einem privaten Ambiente, wie dem *Burlington Fine Arts Club*, besonderen Wert auf die wissenschaftliche Auseinandersetzung. Bode sollte daher auch viele Anregungen der Kronprinzessin für seine seit 1883 stattfindenden Ausstellungen von Kunst aus Privatbesitz übernehmen.[19]

Schon nach wenigen Monaten verstarb Kaiser Friedrich am 15. Juni 1888. Sein Tod wurde besonders von deutsch-jüdischen Bürgern betrauert, wie in zahlreichen Pressemitteilungen der jüdisch-deutschen Zeitungen zu lesen ist. Es ist bezeichnend, dass zum Andenken an den verstorbenen Kaiser und als Zeugnis ihrer Verbundenheit mit dem Preußentum nun viele Juden ihren Söhnen den Namen Friedrich geben sollten.[20]

Mit der Regentschaft seines Sohnes Kaiser Wilhelms II. (Abb. 94) begann ein verhängnisvolles Kapitel der deutschen Geschichte, das man in gesellschaftlichen Kreisen und bei Hof zunächst nicht einmal erahnen konnte. Das neue Zeitalter, die „Wilhelminische Epoche", manifestierte sich sofort im Augenblick der Kaiserproklamation.

Mit großer Sorge verfolgte Victoria die reaktionäre Politik ihres Sohnes, der „alles das, was irgendwie *liberal* oder *unabhängig* oder *kosmopolitisch*" in Deutschland sei, vernichten wolle.[21] Ganz besonders verachtete Kaiser Wilhelm II. die freisinnige Bewegung, der sich auch James Simon zugehörig

18 Haskell, 1999, S. 111-117; ders., 2000, S. 74, 93-97.
19 Dazu ausführlich Krahn 2005, S. 85f.
20 Cecil 1976, S. 315.
21 Röhl 2001, S. 75.

fühlte, und die für eine Parlamentarisierung der preußisch-deutschen Militärmonarchie nach englischem Vorbild plädierte.

Die gegenüber jüdischen Bürgern dezidiert ablehnende Haltung blieb nach der Thronbesteigung unverändert heftig, eine besonders einflussreiche Rolle kommt dabei dem antisemitischen Prinz Philipp zu Eulenburg zu, der seinen Groll gegen das jüdische Großbürgertum am Hofe geltend machen sollte.[22] Die Judenfeindschaft des Kaisers spricht immer wieder aus seinen Äußerungen, so z. B. aus der Kritik an seinem Onkel, dem Prinzen von Wales und dessen Kontakte zu jüdischen Familien.[23] Dies schloss jedoch nicht aus, dass Wilhelm II. mit vielen jüdischen Bürgern verkehrte, mit denen er sogar freundschaftliche Kontakte pflegte.

Warum er umgekehrt gerade vom jüdischen Großbürgertum geschätzt wurde, hing offenbar mit einer Mischung aus grundsätzlichem preußischem Pflichtgefühl gegenüber dem Kaiser, aber auch mit der Bewunderung für die Person Wilhelms II. zusammen. Denn nicht selten war er in der Lage, sogar seine Gegner zu beeindrucken, indem er ein ausgeprägtes Durchsetzungsvermögen und eine außergewöhnliche Energie an den Tag legte, aber auch ein hervorragendes Erinnerungsvermögen und eine Wortgewandtheit, mit der er jeden Gesprächspartner zu gewinnen vermochte.

Diese Fähigkeit seinen Willen durchzusetzen, erprobte Kaiser Wilhelm II. jedoch nicht nur auf der politischen Ebene, sondern auch auf vielen anderen Gebieten, wie auf dem der Naturwissenschaft, der Technik, der Architektur, der Malerei, im Gartenbau, aber auch bei Fragen des Schiffs- und Kanalbaus; in jedem noch so unbedeutenden Detail suchte der Kaiser den jeweiligen Spezialisten selbst zu instruieren.

Kaiser Wilhelm II. zeigte seit Beginn seiner Regierungszeit ein großes Interesse für die Kunst, wenngleich seine „Eingriffe", gerade, wenn es um die moderne Kunst ging, weniger zum Nutzen als zum Schaden waren: „Es war ein Nachteil für die moderne Kunst in Deutschland, daß Wilhelm II., anders als die meisten Monarchen und Präsidenten seiner Zeit, die Kunst ernst nahm."[24] Der Kaiser nutzte dabei die Tatsache aus, dass er auf dem Gebiet der Kunst, im Unterschied zu politischen Fragen, absolute Entscheidungsfreiheit besaß, denn kein Gremium oder Staatsministerium war hier zuständig, das seine Vorstellungen hätte billigen müssen. Doch seine inkompetenten Entscheidungen auf dem Gebiet der Kunst, die oft-

22 Cecil 1976, S. 327- 332.
23 Ebd., S. 165.
24 Paret 1997, S. 398.

mals von Günstlingen bei Hofe geprägt wurden, waren dann so verheerend wie seine Politik.

Der Kaiser war überzeugt von seiner Idee: „Die Kunst soll mithelfen, erzieherisch auf das Volk einzuwirken, sie soll auch den unteren Ständen nach harter Mühe und Arbeit die Möglichkeit geben, sich an den Idealen wieder aufzurichten.“[25] Die Künste sollten also seiner Meinung nach etwas Erhebendes in dem oft schwer zu ertragenden Alltag vieler Bevölkerungsschichten vermitteln. Der Kaiser glaubte offenbar tatsächlich daran, dass die verklärende Wirkung der Kunst mittels der Darstellung einer idealisierten Welt Sicherheit vermitteln würde und gleichzeitig natürlich zum Ruhm der Monarchie beitragen könne. Dies könnte seiner Meinung nach nur die „alte“ Kunst erreichen.

Der Kaiser und die Moderne

Der „Feldzug“ Wilhelms II. gegen die Moderne begann schon 1892, als er der Entscheidung seines „Hofmalers“ und engsten Beraters in künstlerischen Fragen Anton von Werner zustimmte, die Ausstellung mit Werken von Edvard Munch zu schließen. Als die Jury der Großen Berliner Kunstausstellung 1898 ein Landschaftsgemälde von Walter Leistikow ablehnte, war damit ein äußerer Anlass geliefert, die Berliner Sezession mit Max Liebermann als ihrem Präsidenten zu gründen. Aber nicht nur diese Künstlervereinigung „machte dem Kaiser zu schaffen“, sondern vor allem der 1896 neu berufene Direktor der Berliner Nationalgalerie Hugo von Tschudi (Abb. 95).[26] Mit ihm war ein neues Kapitel der modernen Kunst in der Hauptstadt eingeleitet worden und sehr bald sollte dieser ehemalige Assistent Wilhelm Bodes zu des Kaisers größtem Kontrahenten avancieren.

Kaiser Wilhelm II. mischte sich immer wieder in die Belange der Nationalgalerie ein, oftmals mit geradezu banal verklärenden Äußerungen über die Kunst und er erreichte schließlich doch nur das Gegenteil: Nun stärkten nicht nur prominente Künstler wie Lovis Corinth[27] oder Max Liebermann, sondern auch Bankiers und Großunternehmer wie Eduard Arnhold, der Jurist Carl Bernstein und sein Frau Felicie[28], aber auch der Literatur- und Kunsthistoriker Julius Elias[29] Hugo von Tschudi den Rücken. Politisch gesehen waren diese Persönlichkeiten, wie im Falle Arnholds, jedoch keines-

25 Röhl 2001, S. 987.
26 Hugo von Tschudi (1851-1911) war ein Schweizer Kunsthistoriker. Seit 1883 war er Assistent von Bode an der Berliner Gemäldegalerie und seit 1896 Direktor der Nationalgalerie. 1909 wurde er Direktor der Staatlichen Museen in München.
27 Lovis Corinth (1855-1925) war ein Maler, Zeichner und Grafiker, der zu den wichtigsten Vertretern des deutschen Impressionismus zählt.
28 Carl Bernstein (1842-1894) stammte aus Odessa (Russland) und war Privatdozent für römisches Recht. Er war gemeinsam mit seiner Frau Felicie Leonovna (1852-1908) nach Berlin gezogen, wo sie im Tiergartenviertel (Lennéstraße) einen Salon führten, an dem u. a. auch Bode teilnahm.
29 Julius Elias (1861-1927) war ein deutscher Schriftsteller, Kunstsammler und Übersetzer. Als Kunstkritiker setzte er sich für den Impressionismus ein.

wegs Feinde des Kaisers, eher folgten sie dem weithin geltenden Spruch „Gegen den Kaiser, mit ihm".[30]

Der einst von Bode so gelobte Tschudi war sein bester Schüler, wurde nun aber zunehmend zu seinem größten Konkurrenten. Harry Graf Kessler[31] bemerkt in der Zeit, als Tschudi noch Assistent (1884), dann seit 1890 Privatassistent Bodes in der Gemäldegalerie war: „Äußerlich auch kopiert er Bode; gemessen, diplomatisch, englischer Schneider."[32] Nicht nur die Arbeit am Museum verband die beiden Männer, sondern auch das gemeinsame Interesse an der Moderne, das bei Bode zweifellos eher verhalten war und sich vor allem auf die Werke Max Liebermanns erstreckte, mit dem er ja persönlich bekannt war.

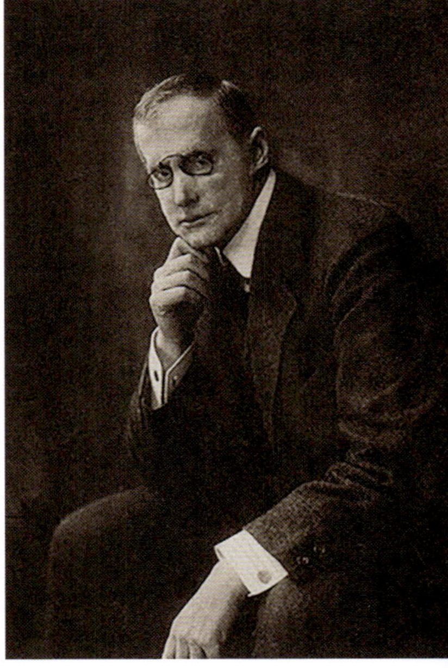

Abb. 95 | Hugo von Tschudi, 1895

Doch Tschudi übernahm für „seine" Nationalgalerie die Bode-Strategie: das ständige Reisen, die gute Vernetzung im Kunstmarkt, aber vor allem auch die Bekanntschaft mit vielen wichtigen Berliner Sammlern, die er, genauso wie Bode, dazu animieren wollte, der Nationalgalerie Werke zu spenden. Dabei handelte es sich um viele Persönlichkeiten, die bereits Bode umworben hatte: Eduard Arnhold, Ernst und Robert von Mendelssohn-Bartholdy, Hugo Oppenheim, Oscar Huldschinsky, um nur einige Namen zu nennen. Bode war außer sich über diesen ungebetenen Konkurrenten und machte seiner Wut öffentlich Luft, und soll, wie Liebermann angibt, über Tschudi gesagt haben: „Der nimmt einem ja das ganze Geld weg!"[33]

Wie bei der alten Kunst handelte es sich auch bei dem größten Teil der Sammler moderner Kunst, um Vertreter des jüdisch-deutschen Großbürgertums. James Simon war mit allen Stiftern der Nationalgalerie verwandt, so z. B. mit der Frau von Hugo Oppenheims Bruder Franz, Margarete Oppenheim, die, wie schon erwähnt wurde, in erster Ehe mit Simons Schwager Georg Reichenheim verheiratet war. Sie war es, die auf Anregung des Galeristen Paul Cassirer mit den Werken Paul Cézannes vertraut wurde und bald als die bedeutendste Sammlerin dieses Künstlers in Deutschland galt.[34] Auch ihre Tochter Charlotte Reichenheim, die mit Paul, dem Sohn von Ernst von Mendelssohn-Bartholdy, verheiratet war, sammelte Bilder von Cézanne, Degas, Van Gogh und von Toulouse-Lautrec. Simons enger Freund Eduard Arnhold galt als Schlüsselfigur unter den Stiftern der Nationalgalerie. Im Unterschied zu James Simon sammelte er zeitgenössische moderne Kunst und sollte zwischen 1881 und 1922 rund 270 Bilder und 70

30 Siehe Kiaulehn 1958, S. 326.
31 Harry Clemens Ulrich von Kessler (1868-1937) war Schriftsteller, Mäzen, Kunstsammler und Diplomat. Seine Tagebücher (1880-1937) gelten als bedeutende Zeitzeugnisse.
32 Schon zitiert bei Schuster 1997, S. 33.
33 Auch später sollte sich Bode disqualifizierend über Tschudi äußern, sogar noch ein Jahr nach dessen Tod 1911 polemisierte er, dass die Museumswelt der alten Kunst nicht in eine fatale Abhängigkeit von der Moderne geraten dürfe, vgl. Schuster 1997, S. 33-36.
34 Panwitz 2012, S. 120-136.

Plastiken erwerben.[35] Was die beiden Freunde jedoch miteinander verband war, dass sie in der Anfangszeit ihrer Sammeltätigkeit unter dem Eindruck Bodes standen, der sie beriet und sie anhielt, mit System zu sammeln. Tatsächlich war Arnhold seit 1892 auch Mitglied der von Bode gegründeten *Kunstgeschichtlichen Gesellschaft*.[36] Und in dieser Zeit kaufte er sogar auf Bodes Empfehlung ein Gemälde aus dem 17. Jahrhundert, das Bildnis des Bürgermeisters von Gerard ter Borch, doch offensichtlich war Arnhold nicht mit dem „Herzen dabei".[37]

Seine Leidenschaft galt dem Impressionismus, wenngleich man dieser Kunstrichtung in Berlin zunächst sehr ablehnend gegenüberstand, wie z. B. Adolf Menzels Entsetzen über die 1882 erstmals im Hause des Ehepaars Bernstein ausgestellten Bilder von Monet, Manet und anderen französischen Impressionisten bezeugt. 1896 sollte Eduard Arnhold seinen ersten Monet, *Ebbe bei Pourville* (1882), auf Anregung von Tschudi erwerben, der kurz zuvor mit der Bitte um Finanzierung seiner Ankäufe in Paris an ihn herangetreten war. – Mit dem Monet war ein Anfang für zahlreiche weitere französische Impressionisten gesetzt, und zwar vor allen Dingen bei dem 1898 in Berlin eröffneten *Kunstsalon Cassirer*, der zunächst von Paul und seinem Cousin Bruno, seit 1901 von Letzterem allein geführt wurde.[38] Arnhold sollte zwar auch Deutsch-Römer, wie Anselm Feuerbach, Hans von Marées und Arnold Böcklin oder die deutsche „Moderne" wie Max Liebermann oder Walter Leistikow für seine Sammlung erwerben, der Kauf Gemälde alter Meister kam für ihn jedoch nie wieder in Frage.

Darin bestand auch der entscheidende Unterschied zwischen den beiden Freunden Arnhold und Simon. Die Tatsache, dass James Simon selbst Hugo von Tschudi unterstützte und den Ankauf eines Werkes von Gustave Courbet, *Das Mühlenwehr* (1866, Berlin, Nationalgalerie, Abb. 96) finanzierte, darf nicht darüber hinwegtäuschen, dass er sich für diese Richtung der Malerei nicht wirklich begeistern konnte. Simon war Tschudi selbstverständlich aus der Zeit seiner Assistenz an der Gemäldegalerie bekannt und vermutlich war er es auch, der den Sammler für dieses düstere Bild Courbets gewinnen konnte. Tschudi bemerkt zu dem Ölbild: „In der energischen Behandlung und der trüben, aber konsequenten und sehr persönlichen Tonstimmung ist das Bild für Courbets Art charakteristisch."[39]

Natürlich schätzte Simon die Werke seines angeheirateten Verwandten Max Liebermann, er verzichtete während seines

35 Dorrmann 2002, S. 153-163; Becker 2019, S. 62f.
36 Matthes 2000, S. 149.
37 Dorrmann 2002, S. 123-147.
38 Paul Cassirer (1871-1926) war ein deutscher Verleger, Kunsthändler und Galerist und wie sein Cousin Bruno (1872-1941) Mitglied der Berliner Sezession. Der *Kunstsalon Cassirer* befand sich in der Viktoriastraße 35 (nahe am Kemperplatz) und war die führende Galerie französischer und deutscher Impressionisten in Berlin.
39 Tschudi 1896, Kat. Nr. 4; zitiert schon bei Wesenberg 1997, S. 56.

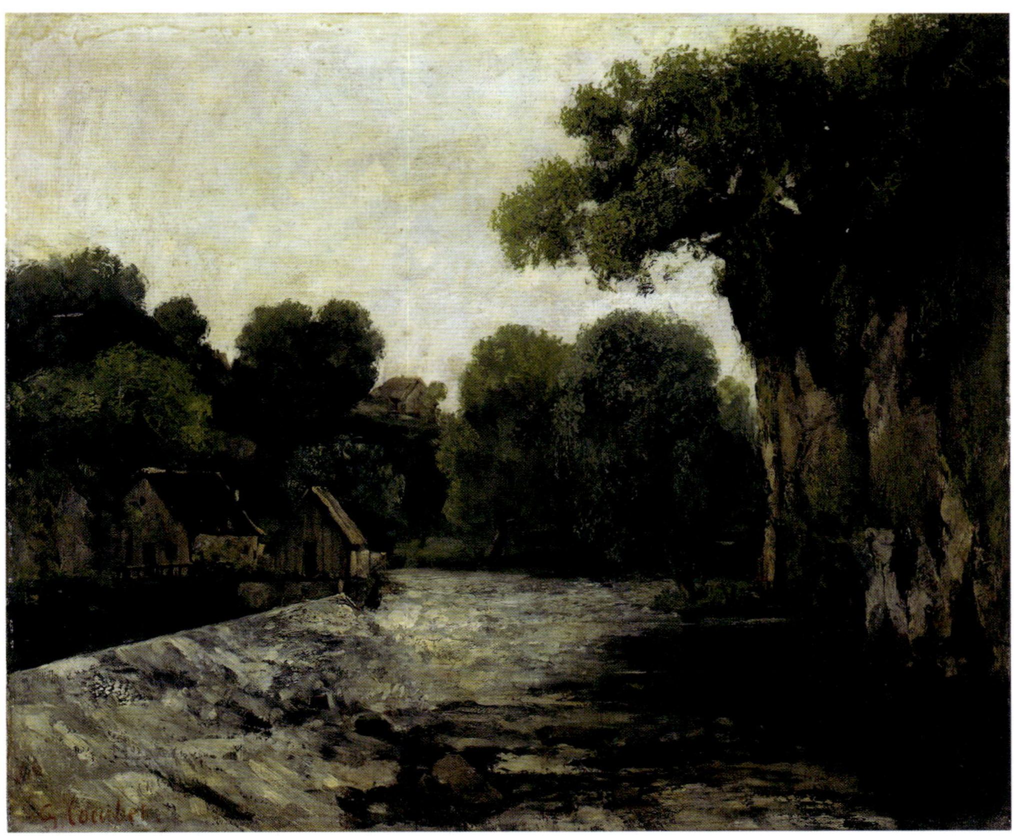

Abb. 96 | Gustave Courbet, Das Mühlenwehr, 1866 (Geschenk James Simon). Berlin, Alte Nationalgalerie

Hollandreise 1894 auch nicht darauf, den holländischen Maler und Graphiker Jozef Israëls[40] in seinem Atelier aufzusuchen.[41] Offensichtlich hatte ihn Liebermann dazu angeregt, da er Israëls seit seinem Besuch in Den Haag 1881 kannte.[42] Den Interessen von James Simon entsprach jedoch weitaus mehr ein Künstler wie der Bildhauer und Kunsttheoretiker Adolf von Hildebrand, ein Freund Hugo von Tschudis, zu dem er während seiner Florenz-Reisen 1892 und 1897 Kontakt hatte. Hildebrands Vorbilder waren die Bildhauer der Renaissance und es verwundert somit auch nicht, dass Simon für ihn die Bezeichnung „Künstler von Gottes Gnaden" fand, wie aus einem Brief an Bode hervorgeht.[43] Simons Interesse an der modernen Kunst ist also nachweisbar, eine Leidenschaft dafür hat er offenbar nie entwickeln können. Auch die Stiftung des Courbet ist ein Einzelfall geblieben. Sein persönlicher Geschmack war zweifellos auf andere Epochen gerichtet, die man vielleicht mit Stefan Zweig als die „solide Geschmacksrichtung der bürgerlichen Gesellschaft" bezeichnen könnte: „... jenes Zeitalter der

40 Jozef Israëls (1824-1911) war ein holländischer Maler, der vor allem Sujets einfacher Menschen, wie die der Fischer, malte.
41 Simon-Bode 2020, S. 158f., Brief-Nr. 125, Brief vom 10.8.1894; schon bei Matthes 2000, S. 303.
42 Gaethgens 1997, S. 88f.
43 Simon-Bode 2020, S. 226, Brief-Nr. 225, Brief vom 30.12.1906, allerdings beklagt Simon in dem Brief auch, dass Hildebrand eine Medaille, die er bestellt hatte, nicht mit dem Ausdruck des „Charakteristischen" versehen hätte, wie es sich der Sammler vorgestellt hatte. Hinweis auf den Brief schon bei Matthes 2000, S. 303.

Vorsicht liebte es nicht, vorzeitig seine Gunst auszuteilen, ehe man nicht durch langjährige ‚solide' Leistung sich bewährt hatte."[44]

Hugo von Tschudi gelang es trotz aller Schwierigkeiten, durch die Schenkungen eine ansehnliche Sammlung moderner Kunst aufzubauen, insbesondere der französischen Malerei, die 1898 eine Umhängung in der Nationalgalerie erforderlich machte, obwohl das Museum doch den meisten als „Kunsttempel" der deutschen Kunst galt. Der berühmte Besuch der Kaisers am 11. April 1899 mit dem Ausspruch: „Ich muß hier mal inspizieren" hatte fatale Auswirkungen für Tschudi. Die „Einmischung" des Kaisers, die eben auch immer nationalistische Züge trug, hatte Tschudi bereits in seiner berühmten Rede vom 27. Januar 1899 „Kunst und Publikum" scharf kritisiert, denn seiner Meinung nach werde die Qualität einer nationalen Kunst nicht durch die Wahl patriotischer Inhalte, den „Idealismus" oder die „Schönheit" garantiert.[45]

In dem kaiserlichen Erlass vom 29. August 1899 wurde jedoch verfügt, dass die Umhängung Tschudis rückgängig gemacht werden solle und die deutsche Malerei wieder an ihrem ursprünglichen Platz in der Nationalgalerie anzubringen sei; noch folgenschwerer war die im Erlass verfügte Anordnung, wonach alle Ankäufe Tschudis und die Schenkungen vom Kaiser persönlich genehmigt werden sollten. Dieser scharfe Eingriff in Tschudis Entscheidungsfreiheit war für ihn umso schmerzlicher, da ihm bereits großzügige Privatmittel von Seiten der Stifter zugesagt worden waren, die nun vom Wohlwollen des Kaisers abhängig waren.

Der Konflikt zwischen den Kontrahenten gipfelte schließlich 1908 in der Tschudi-Affäre: Zu dem Eklat kam es, als Tschudi zunächst die Genehmigung des Kaisers zum Ankauf einer Gruppe von Gemälden der Schule von Barbizon erhielt. Der Kaiser verleugnete jedoch später seine Zustimmung und nahm dies zum Anlass, den Direktor der Nationalgalerie vom Dienst zu suspendieren. Ein weiterer Missgriff des Kaisers war es, seinen Günstling, den Hofmaler Anton von Werner provisorisch mit der Leitung der Nationalgalerie zu beauftragen, ein wahrer „cultural coup d'état" (Paul Paret). Hugo von Tschudi zog es 1909 schließlich vor, die Berufung zum Direktor der Bayerischen Staatsgemäldesammlungen in München anzunehmen und sollte Berlin für immer verlassen.[46]

44 Zweig 2015, S. 43.
45 Paul 1993, S. 108.
46 Ebd., S. 253-276.

Der Kaiser und die „alte" Kunst

Was für die moderne Kunst gefährlich sein konnte, sollte sich auf dem Gebiet der alten Kunst als vorteilhaft erweisen. Der Kaiser bevorzugte die zurückliegenden Epochen – Romanik, Gotik und Renaissance –, die ihm bei seinen „Eingriffen" in den Kunstbetrieb vorschwebten. Schon im April 1889 gewährte Kaiser Wilhelm II. der Gemäldegalerie Sondermittel aus dem Allerhöchsten Dispositionsfonds, mit denen nicht nur die umfangreiche Sammlung von Frühwerken seines Lieblingsmalers Adolf von Menzel,[47] sondern auch Werke für die Islamische und Osteuropäische Abteilung angekauft wurden. Zudem finanzierte er wohl nicht nur aus politischer Motivation heraus, sondern aus persönlichen Vorlieben Expeditionen in die Türkei, nach Vorderasien und nach Ägypten.

Kaiser Wilhelm II. mischte sich jedoch immer und überall in die Belange der Kunst ein, ob es um den Bau von Regierungsgebäuden wie dem Reichstag, von Kirchen, u. a. den Dom in Berlin, ging oder um die 1895 begonnene und 1901 fertiggestellte Siegesallee, die als das persönlichste Kunstprojekt des Kaisers angesehen werden kann, als sein „Geschenk" (Walter Kiaulehn) an Berlin, mit dem das Volk die Hohenzollerndynastie verehren sollte. Die Siegesallee erstreckte sich auf Wunsch des Kaisers mit 32 Standbildern der Fürsten und Könige Preußens in zwei Reihen vom Königsplatz bis zum Kemperplatz im Tiergarten, also in unmittelbarer Nähe zu Simons Villa.[48] Als diese im Volksmund bespöttelte „Leichen- und Puppenallee" 1901 fertiggestellt war, bemerkte der Kaiser in seiner Rede: „Es zeigt, daß die Berliner Bildhauerschule auf einer Höhe steht, wie dies wohl kaum je in der Renaissancezeit schöner hätte sein können."[49] Der verantwortliche Bildhauer Reinhold Begas[50] wird sogar als Michelangelo seiner Zeit gerühmt.

Doch auch hier blieb die erhoffte pädagogische Wirkung der Siegesallee beim Volk aus. Stattdessen handelte sich der Kaiser unter den gebildeten Berlinern nur Hohn ein, so spricht Karl Scheffler von geist- und inhaltsloser Hofkunst, Max Liebermann geht noch weiter und sieht in der Siegesallee ein Verbrechen wider den guten Geschmack, die er „nur mit dunkler Brille anschauen könne".[51] Die Siegesallee spiegelte jedoch nicht nur den erzkonservativen Geschmack wider, sondern vermittelt auch einen Eindruck, wie sehr sich der Kaiser ab-

47 Adolf (von) Menzel (1815-1905) war ein deutscher Maler, Zeichner und Illustrator, der als Vertreter des Realismus gilt. In diesem Stil hielt Menzel auch historische Ereignisse der preußischen Geschichte fest.
48 Alle Angaben zur Siegesallee bei Röhl 2001, S. 1022.
49 Ebd.
50 Reinhold Begas (1831-1911) war ein Bildhauer des deutschen Neobarock.
51 Röhl 2001, S. 1022.

seits der Politik mit allergrößter Akribie in andere Projekte hineinarbeitete, dabei immer mit der Überzeugung, größte Kompetenz auf allen Gebieten zu besitzen und selbstverständlich keinen Widerspruch zu dulden.

James Simon und Kaiser Wilhelm II.

Die Begegnung mit James Simon fand erst am 24. Juni 1901 statt, als Simon dem Kaiser während der Kieler Woche auf der Yacht Hohenzollern vorgestellt wurde. Eine lang anhaltende Bekanntschaft begann. Simons Hausangestellte und Privatsekretärin Therese Marner bemerkt dazu später: „James Simon hat sich nicht um Hofgunst bemüht, aber als der Kaiser den Wunsch äußerte, ihn kennenzulernen, hat er sich nicht dagegen gesträubt. […] J. S. hat stets mit Hochachtung von dem umfassenden Wissen und guten Gedächtnis des vielgeschmähten Wilhelm II. gesprochen und betont, dass der Kaiser mit ihm verkehrt habe, wie ein jüngerer Bruder mit dem älteren.“[52]

Aber was verband diese beiden Männer? Ein größerer Gegensatz des feinsinnigen taktvollen James Simon zu dem leicht aufbrausenden, arroganten Kaiser, der sich gerade durch einen Mangel an Zurückhaltung, durch fehlende Bescheidenheit und oft würdelose Unachtsamkeit auszeichnete? Die gemeinsamen Interessen von Simon und dem Kaiser müssen jedoch manches aufgewogen haben. Simons preußischem Pflichtgefühl widersprach es selbstverständlich Kritik am Kaiser zu äußern und sein diplomatisches Geschick im Umgang mit aufbrausenden Persönlichkeiten war ihm im Umgang mit dem Monarchen zusätzlich von großem Nutzen. Auch der Kaiser zeigte höchste Anerkennung für James Simon, als er ihm 1903 eine gerahmte Fotografie mit eigenhändiger Widmung zukommen ließ, die in der Öffentlichkeit jedoch Unmut auslösen sollte.[53] Simon bezeugte seinerseits immer wieder mit gedankenvollen Geschenken, die meist im Zusammenhang mit der Geschichte der Hohenzollern standen, seine Loyalität. Es war bekannt, dass Wilhelm II. eine besondere Verehrung für Friedrich II. (d. Gr.) hatte und Simon suchte daher so häufig Objekte mit Darstellungen des preußischen Königs aus.[54]

Bezeichnend für das persönliche Verhältnis, das Simon und den Kaiser miteinander verband, war dessen Besuch zur Einweihung der neuen Synagoge in der Fasanenstraße im Jahr 1912, die als ein Erfolg von James Simon zu werten ist.[55]

52 Matthes 2019, S. 59.
53 Matthes 2000, S. 62f.
54 Ebd., S. 65.
55 Ebd., S. 70f.

Die von Anfang an dezidiert antisemitische Einstellung Wilhelms II. schloss nicht aus, sich als Privatmann mit jüdischen Unternehmern und Bankiers zu umgeben, gemeint ist die ihm nahestehende Gruppe, für die Chaim Weitzmann[56] später verächtlich den Begriff der sogenannten Kaiserjuden einführte.[57] Die gemeinsame Ebene mit diesen Männern, die meist jüdischer Abstammung und sehr wohlhabend waren und die ihre Erfolge abseits der politischen Intrigen verbuchen konnten, bestand in ihrer Bildung, die Wilhelm wie ihren Reichtum überaus zu schätzen wusste. Und auch James Simon war offenbar sehr geehrt, dass er dem privaten Kreis des Kaisers angehören durfte, wenngleich er sich dessen Eitelkeiten und Taktlosigkeiten bewusst gewesen sein muss.

Albert Ballin,[58] der General-Direktor der Hamburg-Amerika-Linie (HAPAG), war in diesem Kreis zweifellos derjenige, der dem Kaiser am nächsten stand, da er jederzeit Zugang zum Monarchen hatte und was besonders wichtig war, auch persönliche Auffassungen vortragen durfte, was bei Wilhelms II. aufbrausendem Gemüt, der jeden, der ihm widersprach „zerschmettern" wollte, als Privileg erachtet werden kann. Sicherlich hatte man während dieser Zusammenkünfte genauestens darauf zu achten, was gesagt wurde, denn wie Graf Zedlitz-Trützschler bemerkt: „Wer die Dinge so sah und darstellte, wie sie waren, d.h. wer die Wahrheit sagte, den empfand er [Kaiser] als unsympathisch und mied er."[59]

Wilhelm II. erwiderte die Bekanntschaft mit Ballin durch Gegenbesuche in Hamburg, und Ballin war es auch, der ihn mit dem Bankier Carl Fürstenberg bekannt machte, dem Leiter der Berliner Handelsgesellschaft und ehemaligen Mitarbeiter der *Gebrüder Simon*.

Auch der Kohleunternehmer und Freund Simons Eduard Arnhold zählte zu dieser Gruppe, sowie der Berliner Bankier Paul von Schwabach[60] und der Hamburger Bankier Moritz M. Warburg, der Vater des Kunsthistorikers Aby Warburg, sowie Emil und Walther Rathenau, Benjamin Liebermann, Ernst von Mendelssohn-Bartholdy und einige andere.[61]

Während dieser Treffen beim Kaiser, bei denen die Ehefrauen der Unternehmer und Bankiers stets ausgeschlossen waren,[62] ging es um sehr unterschiedliche Themen. Neben Wirtschaftsfragen, die die Mitglieder dieses Zirkels bestens zu beantworten wussten, mussten sie Kenntnisse vorweisen, die nicht nur ihre berufliche Position betrafen, sondern vor allem auch ihre Rolle als Mäzen oder als Kunstsammler.

56 Chaim Weitzmann (1874-1952) war Chemiker und Politiker, Mitbegründer des Staates Israel, dessen Präsident er 1949 wurde.

57 Matthes 2000, S. 55.

58 Albert Ballin (1857-1918) war ein Hamburger Reeder, der die Hamburg-Amerika-Linie (HAPAG) zur bedeutendsten Schifffahrtslinie der Welt machte. Er gilt als einer der wichtigsten Persönlichkeiten im Kaiserreich.

59 Matthes 2000, S. 58, Anm. 175.

60 Paul Hermann von Schwabach (1867-1938) war Historiker und Bankier im Bankhaus S. Bleichröder.

61 Matthes 2000, S. 55-70; dieser geradezu freundschaftliche Zirkel steht in starkem Gegensatz zu den Hasstiraden, die der Kaiser später aus seinem holländischen Exil in Doorn gegenüber Juden kundtat, siehe Cecil 1976, S. 344-347.

62 Vermutlich war dies auf den Antisemitismus der Kaiserin Auguste Viktoria zurückzuführen, die besonders gegenüber Ballin große Vorurteile hatte, vgl. Cecil 1976, S. 342.

Zusätzlich wurden auch immer wieder Gelehrte zu diesem Kreis hinzugebeten, so nicht nur Wilhelm von Bode, sondern auch der mit Simon bekannte Archäologe Theodor Wiegand[63] oder der Kirchenhistoriker Adolf von Harnack[64].

Bei jedem dieser Treffen hatte sich Wilhelm II. bestens auf die zu besprechenden Themen vorbereitet und konnte seine Zuhörer mit seinen „Kaiservorträgen" oftmals verblüffen, wenngleich diese ihm geistig weit überlegen waren. Nun war er in der Lage sich hervorzutun, indem er über jedes Gebiet mitreden und mitbestimmen wollte. Doch nicht nur der Kaiser zog Nutzen aus dem Wissen seiner Gesprächspartner, umgekehrt nahm man, wie im Falle der AEG, auch gerne die „kaiserliche Gnade" in Form von Stiftungen entgegen.

Bei den Treffen ging es dem Kaiser allerdings nicht nur darum, Vorteile aus der Gesellschaft der Reichen zu ziehen, sondern er wollte auch „unterhalten" werden: Humor und Witz in der Konversation waren ihm daher ebenso wichtig.[65] Der Bankier Carl Fürstenberg galt in diesem Zirkel als besonders talentiert.

Es mutet heute erstaunlich an, dass sich der Kaiser trotz seiner dezidiert antisemitischen Haltung einen Zirkel geschaffen hatte, in dem er sich fast wie in einer Parallelwelt bewegte. Dieser private Kreis muss Wilhelm II. jedoch geschätzt, wenn nicht sogar bewundert haben und das trotz seiner abstoßend antisemitischen Äußerungen, aus denen er keinen Hehl machte. Noch 1919, als der Kaiser längst im Exil war, sollte es Walter Rathenau vermeiden, ihn direkt zu kritisieren, vielmehr benennt er die Personen aus der Umgebung des Monarchen, wie den Grafen Waldersee, als Verantwortliche für den Antisemitismus des Kaisers. – Demgegenüber sind politische Äußerungen von Simon äußerst selten, in dem schon zitierten Brief an Bode bezeichnet er sich lediglich als „freisinnigen jüdischen Kaufmann".[66] Doch gerade die Freisinnigen waren dem Kaiser von Beginn seiner Regentschaft an ein Dorn im Auge. Vermutlich war sich James Simon seit 1888 stets bewusst, dass die Gefahr des Antisemitismus mit Wilhelm II. immer bedrohlicher wurde.[67]

Gemeinsam mit seinem Freund Eduard Arnhold war James Simon in dem Zirkel vornehmlich für Fragen der Kunst zuständig und nahm bald eine ähnlich bedeutende Rolle wie Ballin ein. Ein besonderes Projekt initiierte Wilhelm II. noch 1911, als er die Kaiser-Wilhelm-Gesellschaft zur Förderung der Wissenschaften gründete, bei der sich James Simon als

63 Theodor Wiegand (1864-1936) war ein deutscher klassischer Archäologe, Ausgrabungsleiter in Priene, Milet, Didyma, auf Samos, in Pergamon und Baalbek. 1899-1911 war Wiegand auswärtiger Direktor der Berliner Museen in Konstantinopel.. Von 1912-1930 war er Leiter der Antikenabteilung der Museen in Berlin, 1932-1935 Präsident des Deutschen Archäologischen Instituts in Berlin.
64 Adolf von Harnack (1851-1930) war ein deutscher Theologe und Kirchenhistoriker, der von 1888 bis 1924 in Berlin lehrte.
65 Matthes 2000, S. 58.
66 Ebd., S. 78.
67 Ebd., S. 79.

erster Spender mit 100.000 Mark beteiligte, seine Freunde und Bekannte wie Eduard Arnhold und die Gebrüder Franz und Robert von Mendelssohn allerdings mit noch höheren Beträgen hervortraten. James Simon war sein Leben lang um das Gemeinwohl der Gesellschaft bemüht, nicht nur indem er versuchte, den Hilfsbedürftigen und Ärmeren soziale Hilfe zukommen zu lassen, sondern auch, indem er ihnen Teilhabe an den Bildungsangeboten bieten wollte, sei es mittels organisierter und freier Aufführungen in der Berliner Philharmonie, in der Freien Volksbühne Berlin oder eben im Museum, wo Angehörige aller Berufsstände zu „edlem Kunstgenuß" vereint werden sollten.[68]

Im Gegensatz zu Simon war es bei Kaiser Wilhelm II. nie uneigennütziges Mäzenatentum, wenn er bei den Finanzierungen von Ankäufen einsprang, denn immer war Realpolitik mit im Spiel: Die Kunstsammlungen sollten als Ausdruck von der Großzügigkeit des Kaisers Dankbarkeit und Anerkennung beim Volk hervorrufen. „Bodes System", die Museen mit Schenkungen von Seiten der Privatsammler zu bereichern, kam daher dem Kaiser wie gerufen. Sie sollten zum Schenken animiert werden, vor allem aber um den Ruhm Wilhelms II. zu steigern und die Museen als Ausdruck einer erfolgreichen Weltmacht Deutschland zu vermitteln.

Doch der Kaiser suchte stets den persönlichen Kontakt mit den Privatsammlern: Berühmt sind seine plötzlichen Besuche bei Sammlern, die Bode ankündigen musste und bei denen der Monarch alle Details der jeweiligen Familie sowie deren Kunstwerke, sehr zum Erstaunen der Gastgeber, parat hatte, so wie es Kiaulehn beschreibt: „Seine Kaffeevisiten zeigten den Kaiser auf der Höhe seiner Virtuosität, die auch den Zivilisten fing."[69] Während der Besuche lobte er ausgewählte Objekte der Sammlung so eindringlich, dass sich die Besitzer später dazu verpflichtet fühlten, die Stücke dann dem Museum zu schenken. In Berlin kursierte daher der Spruch: „Wer mit dem Kaiser Kaffee trinkt, muß mit seinen Bildern abgerechnet haben".[70] Bode setzte sich jedoch vor einer solchen Schenkung am meisten dafür ein, dass der Betreffende auch einen Ausgleich zu seiner Schenkung erhielt, so wurden z. B. einige Sammler zum Kommerzienrat ernannt. Davon unterschied sich James Simon deutlich, indem er Orden grundsätzlich für „etwas Überholtes"[71] hielt, mit Ausnahme des Wilhelms-Ordens, den er 1904, vermutlich auch aus Rücksicht auf den Kaiser und nicht aus persönlicher Eitelkeit, entgegennahm. – Als

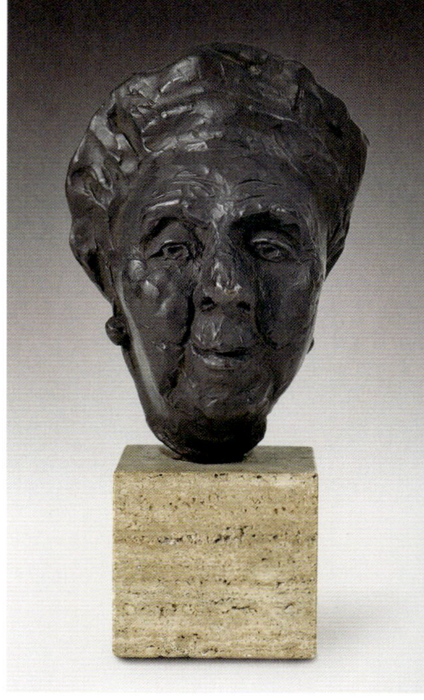

Abb. 97 | Rudolf Großmann, Hermine Feist-Wollheim, 1929, Bronze. Berlin, Jüdisches Museum

68 Matthes 2019, S. 37.
69 Kiaulehn 1958, S. 326.
70 Ebd., S. 326f.
71 Matthes 2000, S. 154.

ein anderer Sonderfall ist hier die bekannte Porzellansammlerin und Tochter des Kohlemagnaten Caesar Wollheim[72], Hermine Feist-Wollheim,[73] (Abb. 97), eine Verwandte von James Simons Ehefrau zu nennen. Die Porzellansammlung in der Villa Hermine Feists in Wannsee war von vorzüglicher Qualität und beschäftigte Wilhelm von Bode schon lange. Als er schließlich die Witwe Feist aufsuchte und ihr den Besuch des Kaisers ankündigen wollte, vermied sie es geschickt, indem sie eine Schwerhörigkeit vortäuschte: „Wer will bei mir Kaffee trinken? Wilhelm von Hohenzollern? Nein, nein! Wer bei den Koppels [Privatsammler] verkehrt, kommt nicht in mein Haus!“[74]

Es ist belegt, dass der Kaiser immer wieder auch die Villa Simon in der Tiergartenstraße 15a unangekündigt aufsuchte und James Simon dann oftmals binnen kürzester Zeit seine Firma verlassen musste, um bei dieser „Visite“ zugegen zu sein.

72 Caesar Wollheim (um 1813/1815-1882) war ein Fabrikant, der seit den 1860er Jahren auf den Handel mit schlesischer Steinkohle spezialisiert war.
73 Hermine Feist-Wollheim (1855-1933) war mit dem Sektfabrikanten Otto Feist (1847-1912) verheiratet. Von ihrem Vater Caesar Wollheim erbte sie die Villa in der Kolonie Ahlsen am Großen Wannsee in Berlin (Bergstraße 5), in der sie ihre umfangreiche Porzellansammlung präsentierte. Seit 1908 spendete sie immer wieder Objekte ihrer Sammlung an das Kunstgewerbemuseum in Berlin. Nach dem Ersten Weltkrieg war sie aufgrund der Wirtschaftskrisen stark verschuldet; 1933 wurden große Teile ihrer Sammlung an die Dresdner Bank überwiesen und gelangten in das Kunstgewerbemuseum in Berlin. 1939 und 1941 wurden andere Teile ihrer Sammlung zur Versteigerung angeboten.
74 Kiaulehn 1958, S. 327.

James Simon und der Orient

Die Gründung der Deutschen Orient-Gesellschaft

Trotz aller grundlegenden Unterschiede teilten James Simon und Kaiser Wilhelm II. eine besondere Leidenschaft: Die Begeisterung für den Orient.

Das Interesse am Orient gehörte zur Tradition der Familie Simon, denn bereits sein Onkel Louis Simon hatte 1886 die erste archäologische Expedition nach Südmesopotamien – Uruk und Ur – durch große Geldspenden ermöglicht. James' Vater Isaak sollte 1887 den Ankauf der Funde von Tell El-Amarna in Mittelägypten mitfinanzieren. Schon in seiner Gymnasialzeit war James Simon von seinem Lehrer, dem Altphilologen Johann Friedrich Bellermann[1], mit den antiken orientalischen Kulturen bekannt gemacht worden. Dieses Interesse gipfelte in

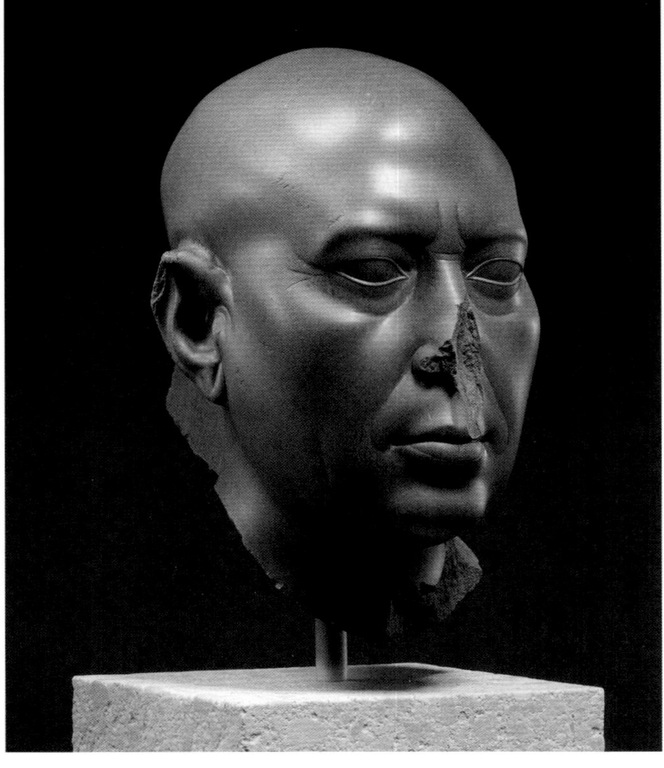

Abb. 98 | Der Berliner „Grüne Kopf", Grauwacke, 400 v. Chr. (ehem. Sammlung James Simon). Berlin, Ägyptisches Museum und Papyrussammlung

1 Johann Friedrich Bellermann (1795-1874) war ein Altphilologe, der seit 1819 am Gymnasium zum *Grauen Kloster* tätig war, ab 1847-1867 war er dort Direktor. Bellermann war ein Mitglied der Sing-Akademie zu Berlin.

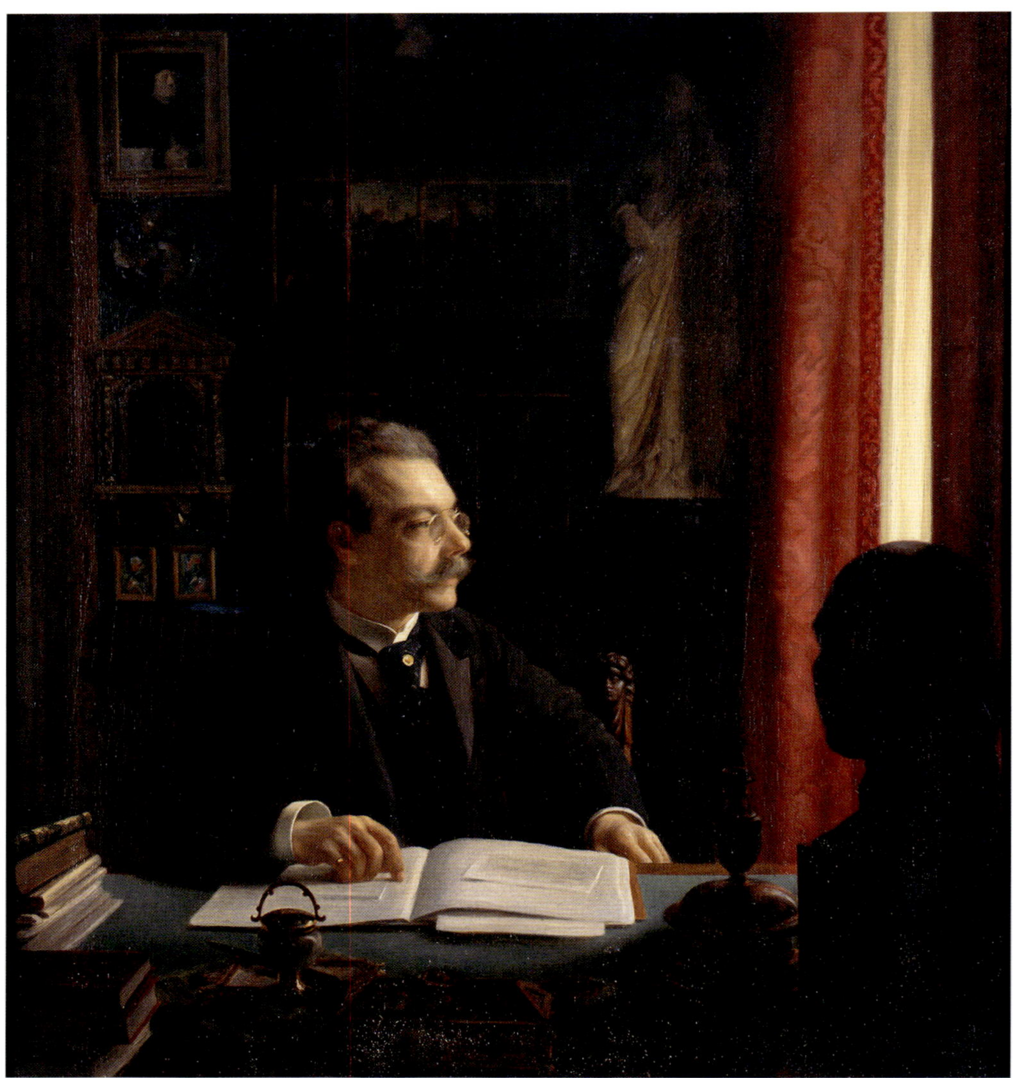

Abb. 99 | Willi Döring, James Simon in seinem Arbeitszimmer, 1901. Berlin, Gemäldegalerie, ausgestellt im Bode-Museum, James-Simon-Kabinett

einer Sammelleidenschaft, denn Simon vermachte dem Ägyptischen Museum schon seit 1888, der Vorderasiatischen Abteilung seit 1889 immer wieder Objekte seiner Sammlung zum Geschenk. Sicherlich nehmen diese Stiftungen im Vergleich zu seinen späteren Schenkungen keine vergleichbare Bedeutung ein, immerhin zählte beispielsweise ein ägyptisches Meisterwerk aus frühptolemäischer Zeit dazu, wie der berühmte Berliner *Grüne Kopf* (400 v. Chr., Grauwacke, Berlin, Ägyptisches Museum und Papyrussammlung, Abb. 98).[2]

2 Schultz 2006, S. 44f.; Matthes 2017(a), S. 40. Adolf Erman hatte schon Louis Simon überzeugen können, 1886/87 eine Grabungsexpedition nach Südbabylonien zu finanzieren. Isaak Simon konnte er dafür gewinnen, 30.000 Mark für den Ankauf des Keilschriftarchivs von Amarna zu spenden. Als der *Grüne Kopf* 1893 auf dem Londoner Kunstmarkt angeboten wurde, ermöglichte James Simon den Kauf mit ca. 37.000 Mark, 1887 gelangte der Kopf ins Ägyptische Museum.

Der Maler Willi Döring[3] porträtierte Simon im Jahr 1901 in seinem Arbeitszimmer (Berlin, Bode-Museum, Abb. 99) und man erkennt vor ihm auf dem Schreibtisch ebendiesen ägyptischen Kopf.[4] Es ist für Simons Großzügigkeit bezeichnend, dass er sich gerade von einem Kunstwerk zu trennen vermochte, zu dem er augenscheinlich eine besonders innige Beziehung hatte.

Adolf Erman,[5] der Direktor des Ägyptischen Museums, dürfte in diesem Zusammenhang eine für Simon sehr anregende Rolle gespielt haben. Er hatte 1887 das Orient-Comité gegründet, dem Simons Freund Richard von Kaufmann als Gründungsmitglied beitrat. Das Orient-Comité finanzierte ab 1888 die erste Expedition, eine „Versuchsgrabung"[6] nach Sendschirli (heute Zinčirli) im Südosten der Türkei und unterstützte auch die späteren Grabungskampagnen von 1890, 1891 und 1894 unter der Leitung des Anthropologen und Arztes Felix von Luschan,[7] an denen bereits der Bauforscher und Archäologe Robert Koldewey[8] (Abb. 100) beteiligt war. So gelang es, die Ruinen von Sam'al (Zinčirli), einem aramäischen Stadtstaat aus dem 1. Jahrtausend v. Chr., freizulegen.

Das Orient-Comité hatte es sich zum Ziel gesetzt, die durch die Mitglieder eingenommenen Gelder, mit denen man die Grabungen finanzierte, insofern wieder zurückzugewinnen, indem die gemachten Funde an die Museen verkauft wurden. Nach den anfänglichen Erfolgen in Zinčirli erwies sich dieses Prinzip des Orient-Comités jedoch aufgrund des äußerst bescheidenen Erwerbungsbudgets der Museen als aussichtslos. Auch wenn 1894 sogar Kaiser Wilhelm II. die Grabung in Zinčirli finanziell unterstützte, erkannte Simon sehr schnell, dass die Belastungen für den Museumsetat bei weitem zu groß waren und schlug daher vor, die Funde „gelegentlich auch schenkungsweise" den Museen zu überlassen.[9] Eine besondere Bedeutung hatte in diesem Zusammenhang die Realisierung der schon länger im Auftrag der Museen geplanten Expeditionen in den Süden Mesopotamiens, nach Uruk und Ur, die vom Vorstand des Orient-Comités jedoch nicht befürwortet wurden.

Simons Idee, eine eigene Grabungsgesellschaft zu gründen, muss vor diesem Hintergrund beurteilt werden und sein Vorhaben sollte sich schließlich verwirklichen, denn am 24. Januar 1898, dem Geburtstag Friedrichs II. (d. Gr.), wurde die Deutsche Orient-Gesellschaft (DOG) gegründet, die nun eng mit den Berliner Museen zusammenarbeiten sollte.

3 Willi Döring (1850-1919) war ein Berliner Maler, der auch bei der Innenausstattung von Simons Villa in der Tiergartenstraße 15a mitwirkte, vgl. Simon-Bode 2020, Anm. 209, S. 188.
4 Schultz 2006, S. 44f.
5 Adolf Erman (1854-1937) war ein deutscher Ägyptologe, von 1884-1914 leitete er das Ägyptische Museum in Berlin und war seit 1885 Professor für Ägyptologie an der Universität in Berlin. 1934 wurde er wegen seiner jüdischen Großmutter aus der Fakultät ausgeschlossen.
6 Andrae 1952, S. 52.
7 Felix von Luschan (1854-1924) war ein österreichischer Arzt, Anthropologe und Archäologe, der 1883 die Ruinenstätte Zinčirli in Südostanatolien entdeckt hatte und dort von 1888 bis 1902 die Ausgrabungen leitete; er war von 1904-1910 Direktor des Völkerkundemuseums in Berlin und hatte den Lehrstuhl für Anthropologie an der Charité in Berlin. Von Luschan war vor allem durch seine umfassenden anthropologischen Studien in Afrika, Australien und in den USA bekannt.
8 Robert Koldewey (1855-1925) war ein deutscher Bauforscher und einer der bedeutendsten Archäologen für Vorderasiatische Archäologie. Seit 1887 bereiste er Fundstätten in Mesopotamien. Im Winter 1897/98 versuchte er dort sowohl im Norden (Assur) als auch im Süden (Babylon, Uruk) des Landes Ruinen für die zukünftigen Ausgrabungen ausfindig zu machen.
9 Matthes 2000, S. 205.

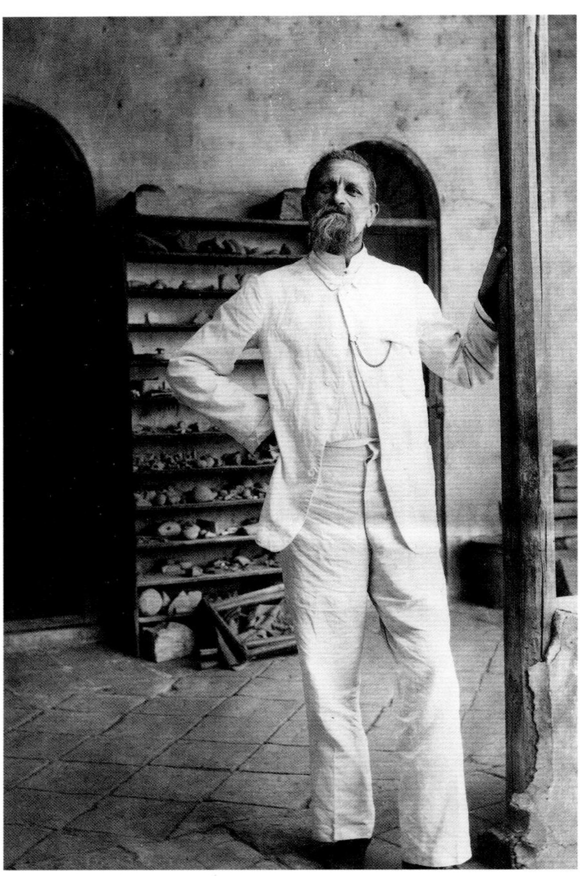

Abb. 100 | Robert Koldewey im Grabungshaus in Babylon, Foto Gertrude Bell 1909

James Simon trat auch hier wieder als ein ausgezeichneter Stratege hervor, der sehr wohl wusste, wie man Mitglieder aus sehr unterschiedlichen Bereichen der Gesellschaft für die DOG gewinnen konnte. So appellierte er an die patriotische Gesinnung der Bewerber, indem er an die Jahrzehnte andauernden Erfolge der französischen und englischen Ausgrabungen erinnerte, wohingegen von deutscher Seite bis 1898 nichts Vergleichbares vorzuweisen sei. Simon hatte damit nicht nur äußerst professionell gehandelt, sondern auch den Nerv der Zeit getroffen: Deutschlands unaufhaltsames Streben, eine Weltmacht auf allen Gebieten zu werden. Die Archäologie sollte von nun an zu einer „Eroberungswissenschaft" avancieren.[10]

Dem außerordentlichen diplomatischen Geschick Simons ist es zu verdanken, dass die wichtigsten Persönlichkeiten der Berliner Gesellschaft zur Mitgliedschaft in der DOG gewonnen werden konnten, darunter nicht nur Altertumswissenschaftler, Politiker aus dem Kultusministerium oder aus dem Auswärtigen Amt, sondern auch bedeutende Männer aus dem Bankenwesen, der Wirtschaftselite, der Aristokratie und der Kirche. Die Auswahl einiger dem Kaiser nahestehender Persönlichkeiten war besonders wichtig für die weitere Entwicklung der DOG. Zu den Mitgliedern zählten natürlich auch viele Freunde Simons wie Adolf Erman, Oscar Huldschinsky, Franz von Mendelssohn, Rudolf Mosse oder Emil Rathenau. Schon im Mai 1898 konnte die DOG, dank des unermüdlichen Einsatzes und der Werbung Simons, 500 Mitglieder vorweisen. Simons Strategie war von Erfolg gekrönt, denn schon 1899 veranlasste der orientbegeisterte Kaiser, obgleich er Simon noch nicht persönlich begegnet war, die erste Bezuschussung für die DOG.

Umgekehrt wurde das offiziell bekundete Interesse des Kaisers an der DOG auch für Simon ein wichtiges Argument

10 Zu dem Begriff vgl. Polaschegg/Weichenhan 2017, S. 11.

bei der Werbung neuer Mitglieder und so schreibt er am 8. Februar 1899 an seinen Freund Rudolf Mosse, den er zum Beitritt in die Gesellschaft bewegen möchte: „Sie wissen, daß Dr. Koldewey für die DOG in Babylon graben wird, daß sich der Kaiser für die Sache interessiert.“[11] – Mosse war ebenfalls ein Orientliebhaber, der zwischen 1892 und 1894 viele Funde aus den Grabungen in Hawara und in Sais in Ägypten finanziert hatte und die Grabungen somit fortgesetzt werden konnten; außerdem hatte Mosse die Forschungsreisen des österreichischen Orientalisten Eduard Glaser in den Jemen unterstützt.[12] Die Mitgliedschaft Rudolf Mosses in der DOG hatte aber für Simon noch eine andere wichtige Bedeutung, denn als Inhaber des *Berliner Tageblatts* war er im Stande, eine ausgezeichnete Öffentlichkeitsarbeit zu leisten. So wurde dort z. B. der erste Privatbrief Robert Koldeweys aus Babylon abgedruckt, offenbar, wie Simon schreibt, mit dem Ziel, ein breiteres Publikum für die archäologischen Aktivitäten zu gewinnen: „Auf diesem Wege dringt unser großes Unternehmen am sichersten ins Herz des Volkes ein u. umso [mehr] ist wirkliches Interesse zu erwecken über einen kleinen Gelehrten-Kreis hinaus.“[13]

Auch Simons Freund Paul Nathan war Mitglied der DOG, denn er besaß von jeher ein sehr starkes Interesse an der Kultur des Alten Orients; so lehrte sein Freund Eugen Mittwoch als Dozent für Orientkunde an der Berliner Universität und sein Privatsekretär, Alfred Wiener, war ein ausgebildeter Orientalist.[14] Ein weiterer Bekannter Simons, Paul Davidsohn, der Bruder seines Freundes Robert Davidsohn, wird seit 1900 unter den Mitgliedern der DOG verzeichnet.[15]

Dass Kaiser Wilhelm II. am 20. März 1901 zum Schutzherrn der DOG ernannt wurde, der dieser Gesellschaft bedeutende finanzielle Mittel zur Verfügung stellen sollte, dürfte James Simon für sich als einen außerordentlichen Erfolg verbucht haben. Die Gründungsphase der DOG war damit an ihrem Ziel angelangt. Die Mitgliedschaft des Kaisers gab freilich auch den entscheidenden Impuls für den Beitritt vieler weiterer Mitglieder in die DOG. James Simon war es nun tatsächlich gelungen, einmal völlig unabhängig von Bodes Drängen und Beraten seine eigene Strategie zu verfolgen.

Die Orientbegeisterung Wilhelms II. war allgemein bekannt und dass die Vorderasiatische Archäologie gegen Ende des 19. Jahrhunderts noch ein völlig neues Forschungsgebiet war, sollte dem Kaiser, der stets für alles Neue ein großes Interesse zeigte, besonders zusagen.[16] Als vorteilhaft erwies es sich,

11 Matthes 2000, S. 212.

12 Eduard Glaser (1855-1908) war Archäologe und Forschungsreisender und einer der bedeutendsten Orientalisten für Südarabien. 1882 bereiste er zum ersten Mal den Jemen. Glaser war zudem ein großer Freund von Theodor Herzl, dem Gründer des modernen Zionismus; laut einiger von ihm aufgefundener Inschriften, handelte es sich bei dem südarabischen Königreich der Himjariten um ein jüdisches Königreich. Dies war vielleicht ein zusätzlicher Grund für Mosse, die Vorhaben Glasers zu fördern. Glaser sammelte südarabische Inschriften und Kunstgegenstände, die er u. a. an die Museen in Berlin und in Wien verkaufte.

13 Brief Simons an Koldewey vom 17.7.1899, vgl. Matthes 2000, S. 216.

14 Jahr 2018, S. 174.

15 Baumeister/Fastenrath Vinattieri 2019, S. 318, Anm. 469.

16 Kaiser Wilhelm II. sollte dieses Interesse auch noch später in seinem Exil weiterverfolgen, als er 1938 die Schrift „Das Königtum im Alten Mesopotamien“ verfasste.

dass ein Freund des Kaisers, der Staatssekretär des Reichsmarineamtes Friedrich von Hollmann[17], ab 1906 das Amt des Ersten Vorsitzenden der DOG übernahm. Der Kaiser hatte ein auffallend kameradschaftliches Verhältnis zu Hollmann, den er sogar duzte, und daher war ihm eine Vertrauensperson in der DOG, die ihn über alle Grabungserfolge unterrichtete, überaus willkommen – für James Simon ein glücklicher Umstand!

Das Patronat des Kaisers war selbstverständlich auch aus politischen Gründen wichtig, wenn es darum ging, die diplomatische Unterstützung von Seiten des Auswärtigen Amtes zu erbitten, um beispielsweise Lizenzen für die Grabungen in Babylon zu erhalten, da Mesopotamien seinerzeit noch Teil des Osmanischen Reiches war.

Wilhelm II. verfolgte als Protektor der DOG vor allem auch seine eigenen politischen Ziele, denn nun würde man in der Lage sein, altorientalische Kunstobjekte für die Berliner Museen zu gewinnen, nachdem der Louvre in Paris oder das British Museum in London bereits mit bedeutenden Exponaten glänzen konnten. Dahinter stand freilich weit mehr: Die archäologischen Vorhaben waren Teil der Strategie, Deutschlands Machtposition in Mesopotamien weiter auszubauen. Vorausgegangen war Deutschlands Eintritt in die Orientpolitik im Jahr 1898, im gleichen Jahr, in dem die DOG gegründet wurde.

Den Anfangspunkt setzte die Orientreise des Kaisers im Herbst 1898 nach Konstantinopel, Haifa, Jerusalem, Bethlehem, Beirut und Damaskus.[18] Der äußerliche Anlass war zwar die Einweihung der Erlöserkirche in Jerusalem, doch handelte es sich bei der Reise zweifellos um ein politisches Zeichen, da Wilhelm II. auf diese Weise Sultan Abdul Hamid II.[19] seiner Freundschaft versichern wollte.[20] Als der Kaiser am 29. Oktober 1898 in Jerusalem eintraf, sind seine viel zitierten Worte überliefert: „Mit bloßem Reden ist im Orient nichts gethan. Worte helfen hier nicht, sondern Thaten."[21] Gerade dieser Ausspruch sollte von Frankreich und England mit großer Skepsis aufgenommen werden, beunruhigt war man jedoch darüber nicht, denn gerade die britische Regierung war seinerzeit vollkommen auf die Konfliktsituation in Ägypten konzentriert.[22]

Die Orientreise Wilhelms II. bleibt nach wie vor ein eigenartiges Unternehmen, da sich der Kaiser einerseits als Schutzherr aller Moslems bezeichnete – sehr zum Missfallen der Engländer – und andererseits bereit war, das Protektorat über einen jüdischen Staat zu übernehmen. Am 2. November 1898

17 Friedrich von Hollmann (1843-1913) war ein deutscher Admiral und ab 1890 Staatssekretär des Reichsmarineamtes.
18 „Das deutsche Kaiserpaar im Heiligen Lande im Herbst 1898. Mit Allerhöchster Ermächtigung Seiner Majestät des Kaisers und Königs bearbeitet nach authentischen Berichten und Akten", Berlin 1899.
19 Sultan Abdul Hamid (1842-1918) war von 1876 bis 1909 Sultan des Osmanischen Reiches. 1899 genehmigte er Kaiser Wilhelm II. den Bau der strategisch wichtigen Bagdadbahn.
20 Schöllgen 2000, S. 107-131.
21 „Das deutsche Kaiserpaar...1899" (wie Anm. 18), S. 202; Schöllgen 2000, S. 111.
22 Schöllgen 2000, S. 111.

fand in Haifa ein Treffen mit Theodor Herzl,[23] dem Gründer der zionistischen Bewegung, statt und der Kaiser versicherte, dass er sich beim Sultan für einen eigenen jüdischen Staat einsetzen werde.[24]

Doch ein wirkliches Zeichen deutschen Machtanspruchs in der Türkei bzw. in Mesopotamien bedeutete der Bau der Bagdadbahn. Das Vorhaben des Sultans, die anatolische Eisenbahn, die bisher nur von Konstantinopel bis nach Konia verlief, auch bis nach Bagdad auszubauen, kam der deutschen Expansionspolitik wie gerufen: Nun sollte die Konzession für den Eisenbahnbau erworben werden, den man selbstverständlich finanziell fördern würde. Tatsächlich sollte die Deutsche Bank der Osmanischen Regierung 1899 eine Anleihe über 200.000 Lire zusagen.[25] Der Erwerb der Konzession für den Bau der Bagdadbahn war nicht nur ein wirtschaftlicher, sondern vor allem auch ein politischer Erfolg, den der Kaiser für sich verbuchen konnte. Vermutlich beflügelte ihn der Erfolg dieses Unternehmens dazu – abgesehen von seinem Interesse an der Archäologie –, Mitglied der DOG zu werden und diese Gesellschaft gebührend zu unterstützen.

Von Berlin nach Babylon

James Simon hatte sich Mitte Juni 1898 mit dem Generaldirektor der Berliner Museen Richard Schöne über die Leitung der DOG-Grabungen beraten, der ihm Robert Koldewey als hervorragenden Ausgräber empfahl. Nach der ersten Begegnung mit Koldewey bemerkte Simon angetan: „Er hat mir einen ausgezeichneten Eindruck gemacht. Nichts für seine Person, alles für die Sache."[26] Ähnlich sollte sich auch Koldeweys Assistent Walter Andrae[27], der spätere Ausgräber von Assur im Norden Mesopotamiens, äußern: „Alle seine Betrachtungen und Beschreibungen halten sich auf der Höhe vollkommener Sachlichkeit. Das Wörtchen ‚ich' ist beinahe ängstlich vermieden."[28]

Ein glücklicher Umstand war es für James Simon, dass Robert Koldewey als hoch qualifizierter Ausgräber die Ansprüche der DOG nicht enttäuschte und zudem ein überaus gutes Verhältnis zum Kaiser hatte. Vor Aufbruch zu der ersten Ausgrabungsexpedition nach Babylon bestellte ihn Wilhelm II. nach Potsdam, wie Koldewey angibt: „... habe 1 Stunde mit Majestäten über Balbek geredet, das er untersucht haben will..."[29] Koldewey fuhr tatsächlich über Baalbek nach

23 Theodor Herzl (1860-1904) war ein österreichisch-ungarischer Publizist, Schriftsteller und Journalist. Berühmt wurde er mit seinem Buch *Der Judenstaat* (1896); 1897 organisierte er den *Ersten Zionistischen Kongress* und entwarf in seinem Roman *Altneuland* (1902) eine Vorstellung des künftigen jüdischen Staates.
24 Über die komplexen Beweggründe des bekanntlich antisemitisch eingestellten Kaisers siehe Röhl 2001, S. 1050-1060, dort auch die bedeutsame Äußerung Herzls: „Die Antisemiten werden unsere verlässlichsten Freunde." Ebd., S. 1052.
25 Schöllgen 2000, S. 121-131.
26 Matthes 2000, S. 230.
27 Walter Andrae (1875-1956) war ein deutscher Bauforscher und Archäologe. Er war schon 1898-1903 Mitarbeiter von Robert Koldewey in Babylon. Von 1903-1914 leitete Andrae die Ausgrabungen der Stadt Assur im Norden Mesopotamiens.
28 Andrae 1952, S. 59.
29 Brief vom 12.12.1898 Koldeweys an seinen Freund, den klassischen Archäologen Otto Puchstein (1856-1911), vgl. Koldewey 2018, S. 201.

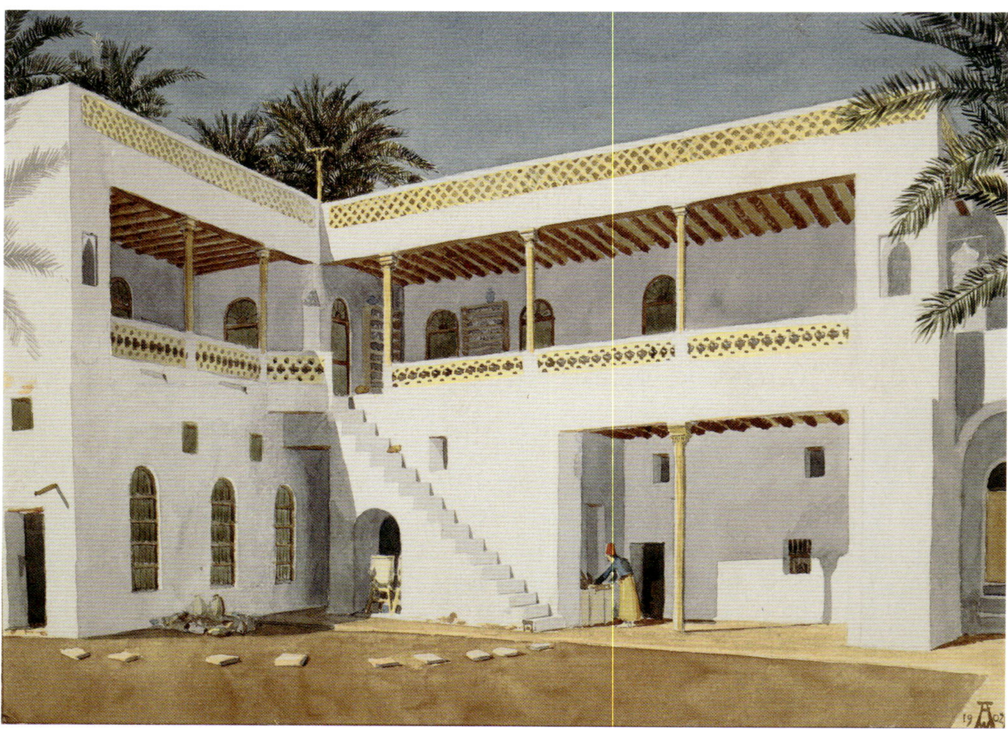

Abb. 101 | Walter Andrae, Grabungshaus in Babylon, Kuweiresch, Aquarell 1902

Babylon, wo er am 26. März 1899 mit der Grabungskampagne begann (Abb. 101).

Warum hatte man Babylon ausgewählt? Der geschichtsträchtige Ort aus der Bibel, der die Vorstellung der Künstler über Jahrhunderte hinweg beschäftigt hatte, stand im Widerspruch zu der Tatsache, dass im 19. Jahrhundert keinerlei konkrete Nachrichten über diese Stadt vorlagen. Das Interesse an Babylon und an Ur, das nach den Expeditionen des englischen Archäologen Sir Henry Rawlinson[30] als Geburtsstätte Abrahams angesehen wurde, war im Laufe des 19. Jahrhunderts jedoch stetig gewachsen. Zudem waren die 1849 gemachten Ausgrabungen des englischen Archäologen Austen Henry Layard auf dem Gebiet des alten Ninive nahe bei Mossul in Nord-Mesopotamien und die dabei gemachen Funde von Tontafeln mit Keilschrift ein bedeutender Erfolg. Die Keilschrifttafeln konnten schon um 1850 von englischen Wissenschaftlern entziffert werden. Einen sensationellen Erfolg sollte schließlich der englische Assyriologe George Smith[31] verbuchen, der vor der *Biblical Archeological Society* in London (1872) in einem Vortrag Teile des Gilgamesch-Epos mit der Erzählung der Großen Flut vorstellte, die bis in die Details mit der biblischen Erzäh-

30 Sir Henry Rawlinson (1810-1895) war ein britischer Archäologe und Assyriologe, der maßgeblich an der Entzifferung der Keilschrift beteiligt war.
31 George Smith (1840-1876) war ein britischer Archäologe, der nach 1872 die ersten Fragmente des Gilgamesch-Epos entzifferte und dadurch Weltruhm erlangte.

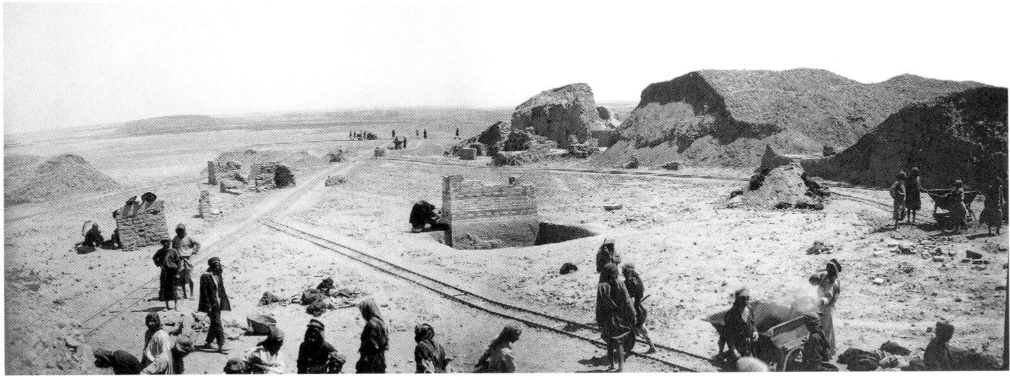

Abb. 102 | Ischtar-Tor zu Beginn der Ausgrabungen in Babylon, um 1899

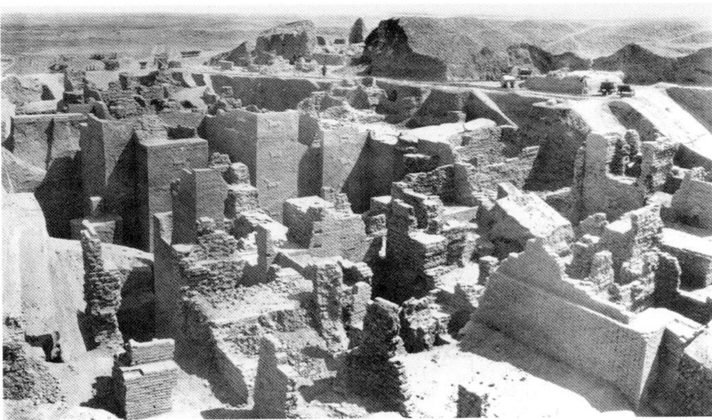

Abb. 103 | Ischtar-Tor am Ende der Ausgrabungen in Babylon, 1902

lung der Arche Noah vergleichbar ist. Die Keilschrifttexte des Gilgamesch-Epos konnten bis ins 3. Jahrtausend v. Chr. datiert werden. Mit dieser ältesten schriftlich überlieferten Dichtung konnte die gesamte Kulturgeschichte der Menschheit bis auf die babylonische Antike zurückgeführt werden. Die Weltöffentlichkeit war für Babylonien begeistert.

Doch der eigentliche Grund für die Auswahl dieses Grabungsortes von Seiten der DOG war offenbar das Urteil eines Fachmannes wie Koldewey, der schon während seiner Erkundungsreise 1897/1898 erkannt hatte, dass die Hauptstadt der neubabylonischen Könige für ein Grabungsvorhaben äußerst vielversprechend war. Das auszugrabende Gebiet war umfangreich und bereits während der ersten Expedition war man auf glasierte Ziegelfragmente gestoßen, die offenbar Teile bedeutender Bauwerke waren.[32] Dies versprach nicht nur Erfolge in der Öffentlichkeit, sondern konkret viele wertvolle Fundobjekte für die Berliner Museen.

Am 16. März 1899 begann Koldewey mit Mitarbeitern, das „Schuttgebirge", die ehemalige Burg Nebukadnezars II.

32 Van Ess 2008, S. 91-103.

auszugraben (Abb. 102).[33] Die nächsten Jahre arbeitete Koldewey unermüdlich an der Ausgrabung des Stadtgebietes von Babylon, darunter nicht nur der Palast Nebukadnezars, sondern auch die Prozessionsstraße des Gottes Marduk mit ihren Löwenreihen und dem Ischtar-Tor (Abb. 103). Was aber die Öffentlichkeit besonders begeisterte, waren die Grabungen an dem Ort, an dem sich noch Reste des babylonischen Turmes erhalten hatten. Somit wurde plötzlich ein Jahrhunderte alter Mythos zur Realität und sollte in Deutschland besonderes Aufsehen erregen. Walter Andrae bemerkte dazu: „Robert Koldewey, der Ausgräber, griff mit sicherer Hand gleich am ersten Tage seiner Tätigkeit in Babylon im Jahre 1899 die Prozessionsstraße an und fand, in tausend Stücke geschlagen, die farbigen Löwen wieder – ein Wink des Schicksals, das zwingend auf die weiteren Teile des Kleinods hinweisen wollte… Der Turm zu Babel, die hängenden Gärten, die Stadtmauern, auf denen man mit Wagen fahren konnte… Es wurde erst durch die deutsche Ausgrabung enthüllt.“[34]

Koldewey wandte dabei zum ersten Mal ein Grabungsprinzip an, das bis heute alle nachfolgenden Bauforscher beibehalten sollten: die stratigraphische Methode, d. h. das Freilegen der topographischen Anlage einer Stadt und ihrer Gebäude sowie der einzelnen Besiedlungsschichten.[35] Zur Durchführung der Grabungsarbeiten in Babylon sollte Koldewey zwischen 1899 und 1917 nur drei Mal nach Deutschland zurückkehren (1904, 1910 und 1914).[36] Wie aus dem erhaltenen Briefwechsel mit Walter Andrae hervorgeht, war Koldewey neben seinen glänzenden Fähigkeiten als Bauforscher besonders talentiert darin, sich in die orientalische Mentalität hineinzuversetzen, eine wichtige Bedingung für den Erfolg dieser Ausgrabungen.[37]

Entscheidend für die Aktivität der DOG war auch das Einbinden des Assyriologen Friedrich Delitzsch,[38] der 1895 an die Universität in Berlin berufen worden war und der den Aufruf *Ex Oriente Lux! Ein Wort zur Förderung der Deutschen Orientgesellschaft* (1898) verfassen sollte. Hier kommt wiederum Simons Absicht zum Ausdruck, alle seine Vorhaben, sei es das Sammeln von Kunst oder die Förderung der Archäologie, durch die Beratung mit Gelehrten wissenschaftlich zu untermauern. Delitzsch nahm aber auch noch eine andere bedeutende Rolle für Simon ein, denn er sollte, genauso wie Robert Koldewey, die Verbreitung von populären Abhandlungen, d. h. Mitteilungen über die Ausgrabungen übernehmen, also eine

33 Andrae 1952, S. 143.
34 Andrae, in: Koldewey/Hrouda 1990, S. 345.
35 Sack 2008, S. 176-187.
36 Vgl. Marzahn 2008, S. 18f..
37 Über das schwierige Verhältnis Koldeweys zu Osman Hamdi Bey (1842-1910), dem Generaldirektor des Osmanischen Museums in Istanbul, Matthes 2008, S. 76.
38 Friedrich Delitzsch (1850-1922) war ein deutscher Assyriologe, Gründer und Förderer der Deutschen Orient-Gesellschaft und ab 1899 Direktor der Vorderasiatischen Abteilung der Königlichen Museen in Berlin.

einflussreiche Öffentlichkeitsarbeit leisten. Zudem wollte man durch Vorträge weitere neue Mitglieder werben und natürlich auch den Kaiser begeistern. Die berühmten Lichtbildvorträge von Friedrich Delitzsch über *Babel und Bibel* (1902-1905) hatten eine ungeheure Resonanz in der Öffentlichkeit, denn diese Vorträge sollten die Unternehmungen der DOG für jedermann verständlich machen, wie er sagt: „Wozu diese Mühen im fernen, unwirtlichen, gefahrvollen Lande? Wozu dieses kostspielige Umwühlen vieltausendjährigen Schuttes bis hinab zum Grundwasser, wo doch kein Gold und kein Silber zu finden? Wozu der Wetteifer der Nationen sich je mehr je lieber von diesem öden Hügel für die Grabung zu sichern? ... Auf beider Fragen nennt Eine Antwort, wenn auch nicht erschöpfend, so doch zu einem guten Teil Ursache und Zweck: *die Bibel.*“ Und weiter heißt es: „... daß es für Deutschland höchste Zeit war, auch seinerseits an den palmenbekränzten Ufern des Paradiesstromes sein Zelt aufzuschlagen ...“.[39] Seine Vorträge waren zudem günstig im Druck zu erwerben und zeichneten sich vor allem durch ein überaus reiches Bildmaterial aus.

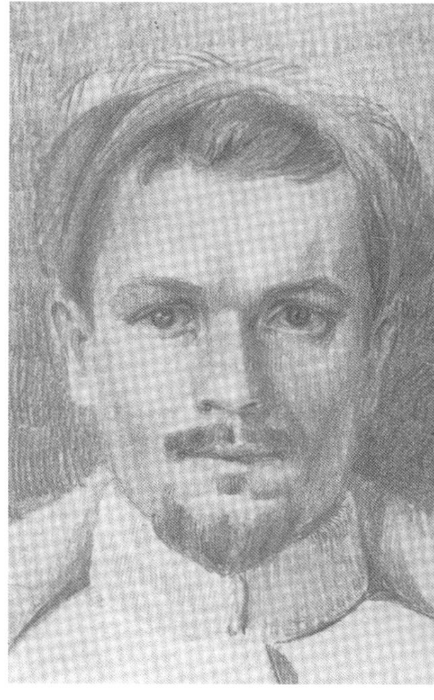

Abb. 104 | Walter Andrae, Selbstbildnis, Bleistiftzeichnung, um 1902, Privatbesitz.

Simons Wunsch, die Öffentlichkeit für die DOG zu begeistern, hatte also weit größere Kreise gezogen, denn schon seit den 1890er Jahren hatte die Babylon-Faszination einen regelrechten Boom ausgelöst, der nicht nur die Wissenschaft, sondern auch die Architektur, die Literatur und den Film erfassen sollte.[40] Bezeichnend dafür ist die von Kaiser Wilhelm II. in Auftrag gegebene Pantomime *Sardanapal*, die von Friedrich Delitzsch verfasst, von Walter Andrae mit Szenenbildern und Kostümen ausgestattet und am 1. September 1908 in der Königlichen Oper Unter den Linden uraufgeführt wurde.[41]

Dies geschah abseits der ernsthaften Grabungsvorhaben in Babylon, bei denen man 1902 den aufsehenerregenden Fund der Gesetzestafeln, den *Codex Hammurabi* des Herrschers Hammurabi I. (1800 v. Chr.) verbuchen konnte.

Bei der Ausgrabung von Babylon blieb es nicht, denn schon bei der Gründung der DOG hatte man andere antike Stätten, wie z. B. Uruk/Warka in Süd-Mesopotamien ins Auge gefasst, aber auch Assur im Norden des Landes, ein Ort, der Privatbesitz des osmanischen Sultans war und bei dem man für eine Grabungserlaubnis die Vermittlung des Kaisers benötigte, der natürlich diesen Wettstreit mit den englischen und französischen Ausgräbern gewinnen wollte. 1902 war es ihm tatsächlich gelungen, bei Sultan Abdul Hamid II. eine Grabungserlaubnis zu erhalten. Walter Andrae (Abb. 104),

39 Delitzsch 1902, S. 3, 10.
40 Siehe Polaschegg/Weichenhan 2017.
41 Andrae/Boehmer 1989, S. 21f., Anm. 34 ausführlich zu dem Fiasko dieser Aufführung.

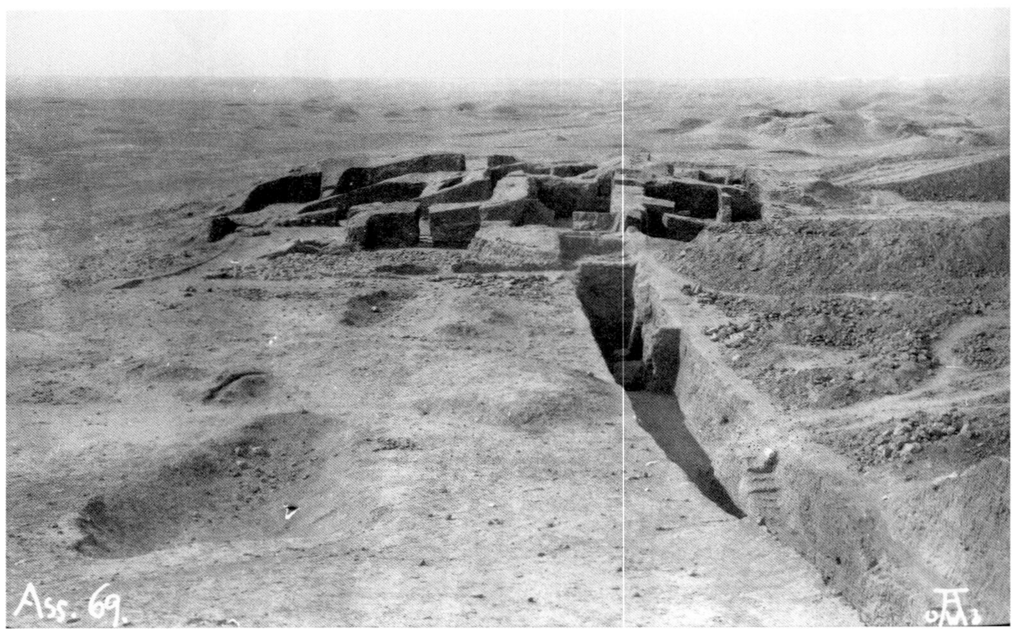

Abb. 105 | Ausgrabung in Assur, 1903

Koldeweys Assistent, wurde schließlich 1903 mit der Ausgrabung beauftragt und er bemerkt dazu: „Die Auswahl Assurs war weise. Es war keine Nachlese, die wir hielten, sondern etwas Neues, Fehlendes, lange Entbehrtes… Weise war die Wahl auch wegen der verhältnismäßig geringen Größe…“.[42] (Abb. 105)

Hinzu kamen Ausgrabungen in der hethitischen Hauptstadt Bogazköy (1906) und in Palästina, die zum größten Teil von Simon finanziert wurden, so z. B. die Synagogenexpedition in Galiläa (1907).

Der Erste Weltkrieg sollte den Grabungen jedoch ein jähes Ende bereiten, schon 1913 wurden die Arbeiten in Uruk eingestellt, 1914 musste die Grabung in Assur beendet und die Funde über Basra verschifft werden. Als die englischen Truppen 1917 nach Bagdad vorrückten, war auch Koldewey am 7. März 1917 gezwungen, Babylon zu verlassen. In dieser Zeit der englischen Okkupation, der Zwistigkeiten zwischen der osmanischen Regierung und den rebellierenden arabischen Stämmen, war es Koldewey unmöglich, den Transport von Fundstücken vorzunehmen. Schließlich musste er im Grabungshaus im Dorf Kuweiresch in Babylon (Abb. 101) 420 Kisten mit verpackten Antiken zurücklassen, darunter zahlreiche glasierte Ziegelreste, Inschriftenblöcke der Prozessionsstraße und Kleinfunde. Am 17. September 1917 traf Koldewey

42 Polaschegg/Weichenhan 2017, S. 148.

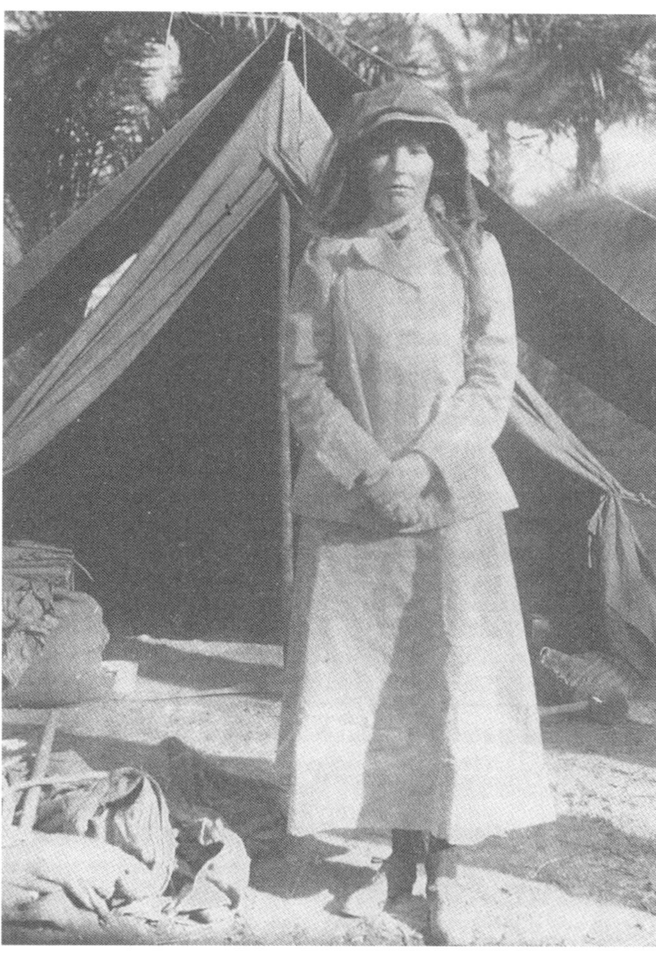

Abb. 106 | Gertrude Bell vor ihrem Zelt in Babylon, 1909

über Syrien und die Türkei schließlich in Berlin ein. In den folgenden Jahren sollte er die schon 1912 verfasste Publikation „Das wieder erstehende Babylon“ weiter überarbeiten und nahm bis zu seiner Pensionierung 1921 am Museum die Kustosstelle für „Auswärtige Angelegenheiten“ ein.[43]

Simon äußerte sich schließlich 1920 verbittert darüber, dass Koldewey in all den Jahren doch nicht so viel erreicht hätte, „... als mit der Arbeit u. den Mitteln hätte zu Wege gebracht werden sollen. Babylon ist steril. Das ist ja nicht mehr zu ändern. Die Engländer haben mit ihrer Ninive-Grabung mehr Glück gehabt.“[44]

Doch unverhofft sollte sich gerade eine Engländerin, die Archäologin und Begründerin des modernen Irak Gertrude Bell[45] (Abb. 106) dafür einsetzen, dass die in Babylon verbleibenden Kisten mit den Funden Robert Koldeweys nach Berlin

43 Andrae 1952, S. 241-245.
44 Simon-Bode 2019, S. 301, Brief-Nr. 271, Brief an Bode vom 10.8.1920; schon bei Matthes 2000, S. 234.
45 Gertrude Lowthian Bell (1868-1926) war eine britische Schriftstellerin, Historikerin und Archäologin, die ihre Reisen im Vorderen Orient durch zahlreiche Fotos dokumentierte. Nachdem die britischen Truppen 1917 Bagdad erobert hatten, war Gertrude Bell als große Kennerin des Irak entscheidend bei der politischen Neuordnung und Gründung des Königreiches Irak (1921) beteiligt.

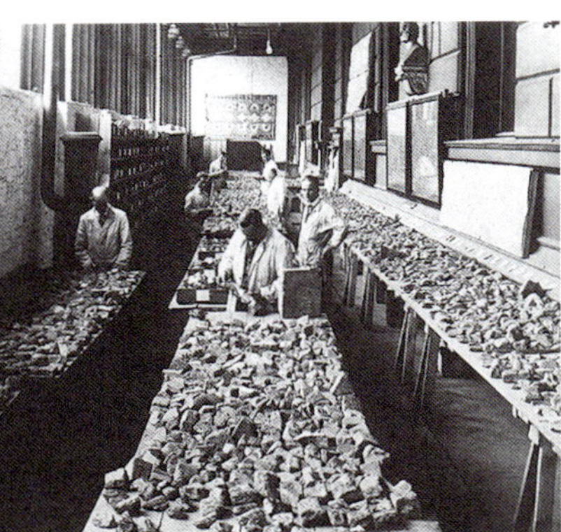

Abb. 107 | Berliner Museum, Ordnung der Babylon-Funde, um 1927

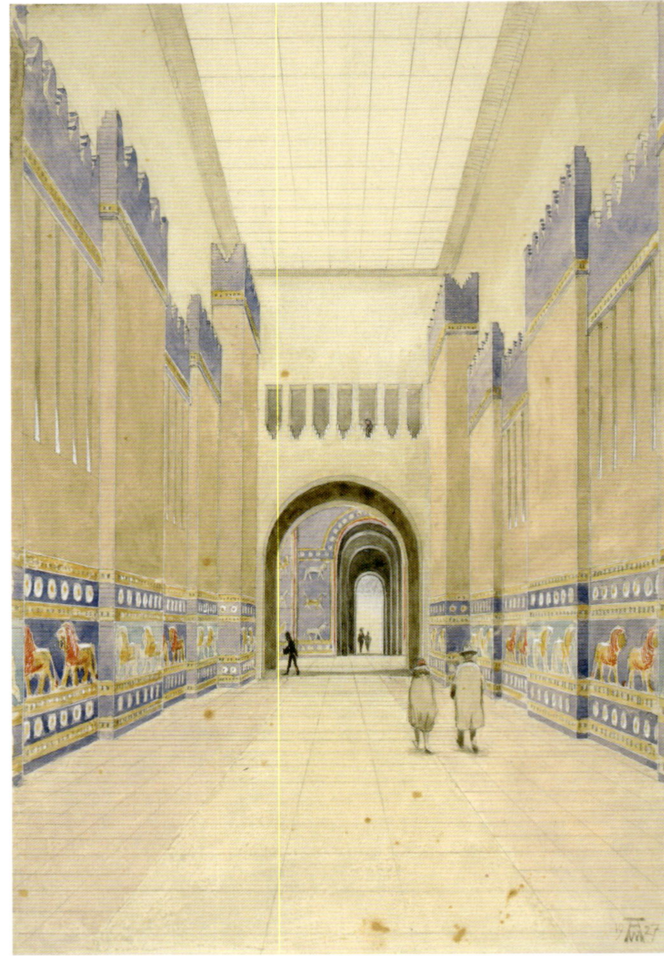

Abb. 108 | Walter Andrae, Aquarell der Prozessionsstraße, Rekonstruktion, 1927. Berlin, Staatsbibliothek

verschifft wurden.[46] Gertrude Bell war eine große Bewunderin Koldeweys, den sie in Babylon besucht hatte. Walter Andrae erwähnt diese Besuche der „weißen Königin" des Irak, die offenbar für ihren späteren Einsatz ausschlaggebend waren: „Von wissenschaftlicher und menschlicher Bedeutung war der Besuch der großen Engländerin Miß Gertrude Lowthian-Bell, die zweimal nach Babylon und nach Assur kam."[47]

1926 traf eine Nachricht von Gertrude Bell in Berlin ein, die seinerzeit das Museum in Bagdad leitete; danach sei die irakische Regierung bereit, die seit 1917 beschlagnahmten Kisten freizugeben und man möge eine Delegation nach Bagdad schicken.[48] Walter Andrae wurde nun damit beauftragt, zunächst den Transport der Assur-Funde von Lissabon und Oporto nach Berlin zu veranlassen, die die portugiesische Re-

46 Vgl. Cooper 2016, S. 234-240.
47 Andrae 1952, S. 233.
48 Andrae 1988, S. 175.

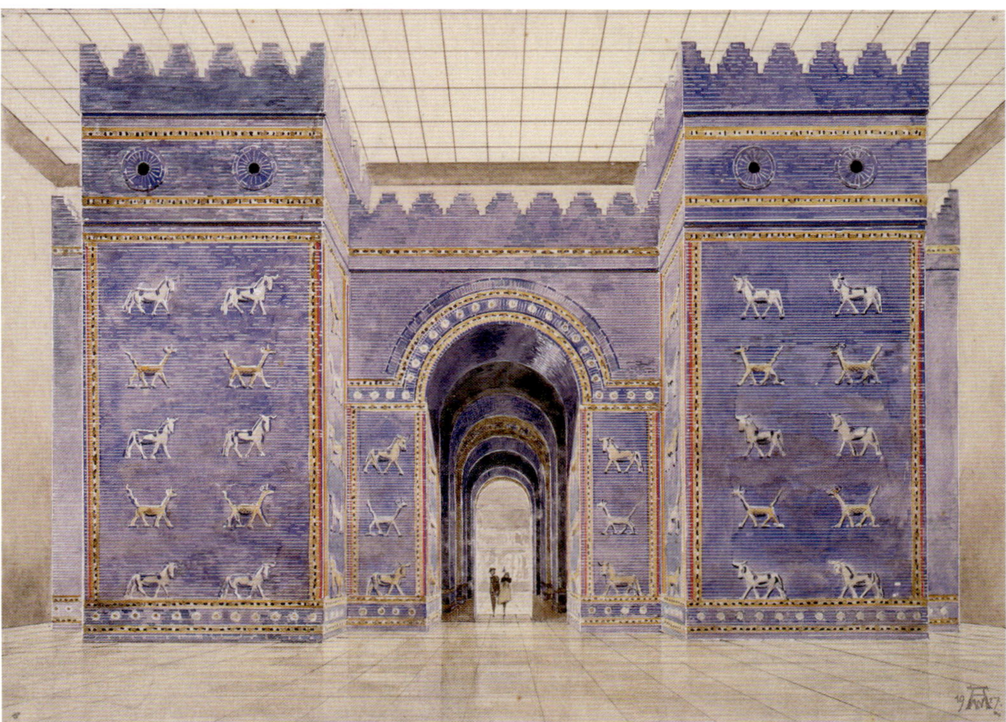

Abb. 109 | Walter Andrae, Aquarell des Ischtar-Tors, Rekonstruktion, 1927. Berlin, Staatsbibliothek

gierung herausgegeben hatte. Danach sollte er nach Bagdad fahren, um die Übernahmeverhandlungen für die 420 Kisten mit Funden aus Babylon zu übernehmen. Als er 1926 gemeinsam mit Koldeweys Assistenten Julius Jordan schließlich in Bagdad ankam, war Gertrude Bell kurz zuvor unerwartet verstorben. Sie war es, die veranlasst hatte, die Ausgrabungsfunde im ehemaligen Expeditionshaus in Kuweiresch/Babylon einmauern und bewachen zu lassen.[49]

Mit diesem umfangreichen Material, meist Bruchstücke, gelang es einige Jahre später (1927-1930), im Berliner Museum, dessen Südflügel seit 1926 der Vorderasiatischen Abteilung zur Verfügung stand (Abb. 107), das Ischtar-Tor und die Prozessionsstraße unter der Leitung von Walter Andrae zu rekonstruieren (Abb. 108, 109). Andrae bemerkte dazu anerkennend: „1926 konnte ich diese [Kisten] aus Babylon holen, so daß die Fertigstellung der Babylon-Säle des Berliner Museums z. T. Miss Bell zu verdanken ist.“[50] Der Eröffnung der Babylon-Säle 1930 konnte James Simon zu seiner großen Freude dann doch noch beiwohnen.

49 Ebd., S. 262-271.
50 Ebd., S. 175.

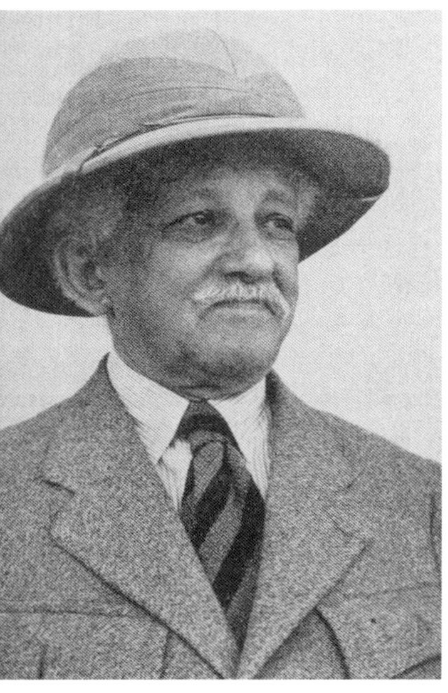

Abb. 110 | Ludwig Borchardt, 1931

Geschichten um die Entdeckung der Nofretete

Eine besondere „Neigung“ hatte James Simon stets für die ägyptische Kunst. Als 1901 die für die Ausgrabung im Pyramidenfeld Abusir bereitgestellten Gelder des Berliner Museums nicht mehr ausreichten, wandte sich der Grabungsleiter, der Bauforscher, Ägyptologe und wissenschaftliche Attaché beim deutschen Konsulat in Kairo, Ludwig Borchardt (Abb. 110) an die DOG. Hier war man jedoch angesichts der Unternehmungen in Babylonien eher abgeneigt und nur weil James Simon, seinerzeit Schatzmeister der DOG, als privater Geldgeber persönlich einspringen sollte, stimmte der Vorstand schließlich einer Unterstützung zu. Die Grabungen im Pyramiden-Bezirk Niuserre bei dem Dorf Abusir, die man schon von in den Jahren 1898-1901 unterstützt hatte, wurden von 1902 bis 1904 allein durch die Spenden von James Simon wieder aufgenommen. Dank der Initiative Simons konnte 1901 auch der Kaiser für die Grabung in Abusir gewonnen werden, zu dem Ludwig Borchardt ein gutes Verhältnis hatte. Borchardt bemerkt zu Simons Finanzierung: „Da trat der Stellvertretende Schatzmeister der Deutschen Orientgesellschaft, James Simon, dem die Museen schon so viel verdanken, und der auch seither unserer Wissenschaft ein stets hilfsbereiter, eifriger Förderer geblieben ist, für die Durchführung der Grabung ein, indem er dem Vorstande die Mittel dazu zur Verfügung stellte.“[51]

Im Unterschied zu den „Schuttresten“, die man in Babylon abtragen musste, um zu Ergebnissen zu gelangen, konnten in Abusir immer wieder reiche Funde vorgewiesen werden, die nach der Teilung mit dem ägyptischen Antikendienst und unter großem Aufsehen im Berliner Museum ausgestellt wurden. Simon war von der Fülle der Funde so begeistert, dass er auch die Grabungskampagnen unterstützte, die 1911-1914 in Amarna durchgeführt wurden, der Hauptstadt, die König Echnaton um 1350 v. Chr. *ex novo* erbauen ließ (Abb. 111). Simon unterschrieb die Grabungslizenz für die Grabungen in Amarna am 29. August 1911, damit war er selbst Vertragspartner der ägyptischen Altertumsverwaltung. Dieses persönliche Engagement Simons muss vor dem Hintergrund seiner Befürchtungen gedeutet werden, dass die in Geldnöten befindliche DOG jahrelang seine Spenden entgegennahm, ohne jedoch eine Schenkungssteuer entrichtet zu haben. Simon

51 Borchardt 1907, S. 3; siehe schon Wildung 2009, S. 75.

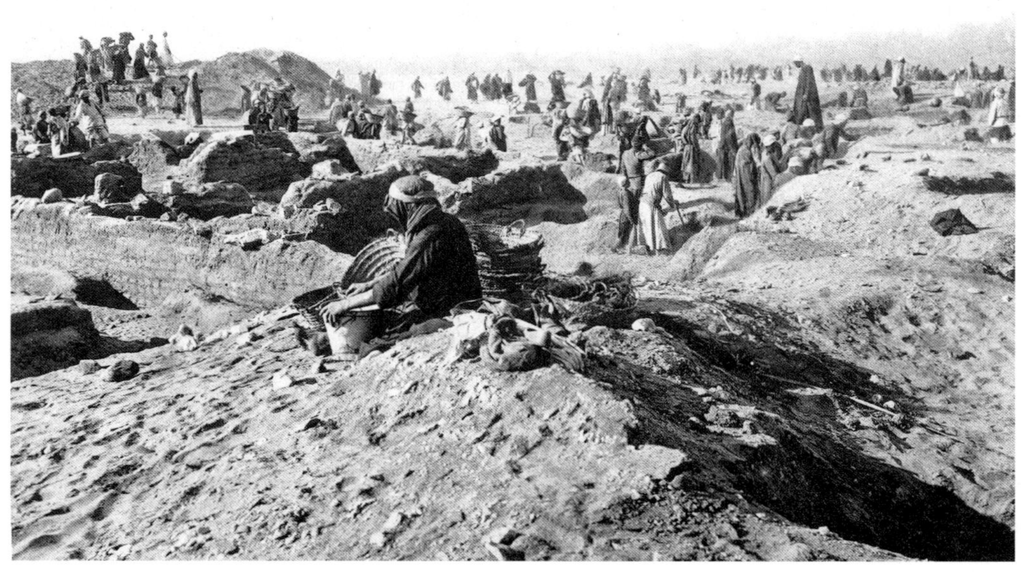

Abb. 111 | Ausgrabung in Tell El-Amarna, 1912-1913

fürchtete daher große Nachzahlungen von Seiten des Finanzamtes. Er unterschrieb daher die Grabungslizenz für Amarna und schloss mit der DOG einen Subunternehmervertrag ab. Damit beauftragte er den Verein, für ihn die Grabung – eine steuerfreie Privatgrabung – durchzuführen und wurde somit zum Konzessionspartner der ägyptischen Antikenverwaltung.[52] Es verwundert daher nicht, dass die in der Grabung in Amarna gemachten Funde also zunächst in Simons Eigentum übergingen.[53]

Der spektakulärste Fund gelang in der 3. Grabungskampagne im Winter 1912/1913, als man in einem Gebäudekomplex in Tell El-Amarna eine Bildhauerwerkstätte entdeckte und dabei 400 Fundstücke zutage kamen, vor allem ein Depot von Bildnisköpfen aus der Familie Echnatons in Stein und Stuck, darunter die berühmte Büste der Königin Nofretete (damals noch als Prinzessin bezeichnet, Abb. 112).[54] Am 6. Dezember 1912, dem Tag, als der Fund gemacht wurde (Abb. 113, 114), heißt es im Grabungstagebuch von Ludwig Borchardt: „Lebensgroße gemalte Büste der Königin, 47 cm hoch. Mit der oben gerade abgeschnittenen blauen Perücke [Helmkrone], die auf halber Höhe noch ein umgelegtes Band hat. Farben wie eben aufgelegt. Arbeit ganz hervorragend. Beschreiben nützt nichts, ansehen.“[55]

52 Dazu ausführlich Matthes 2012.
53 Wildung 2009, S. 76.
54 Wildung 2013, S. 15-19; Matthes 2012, S. 427-437.
55 Wildung 2013, S. 15.

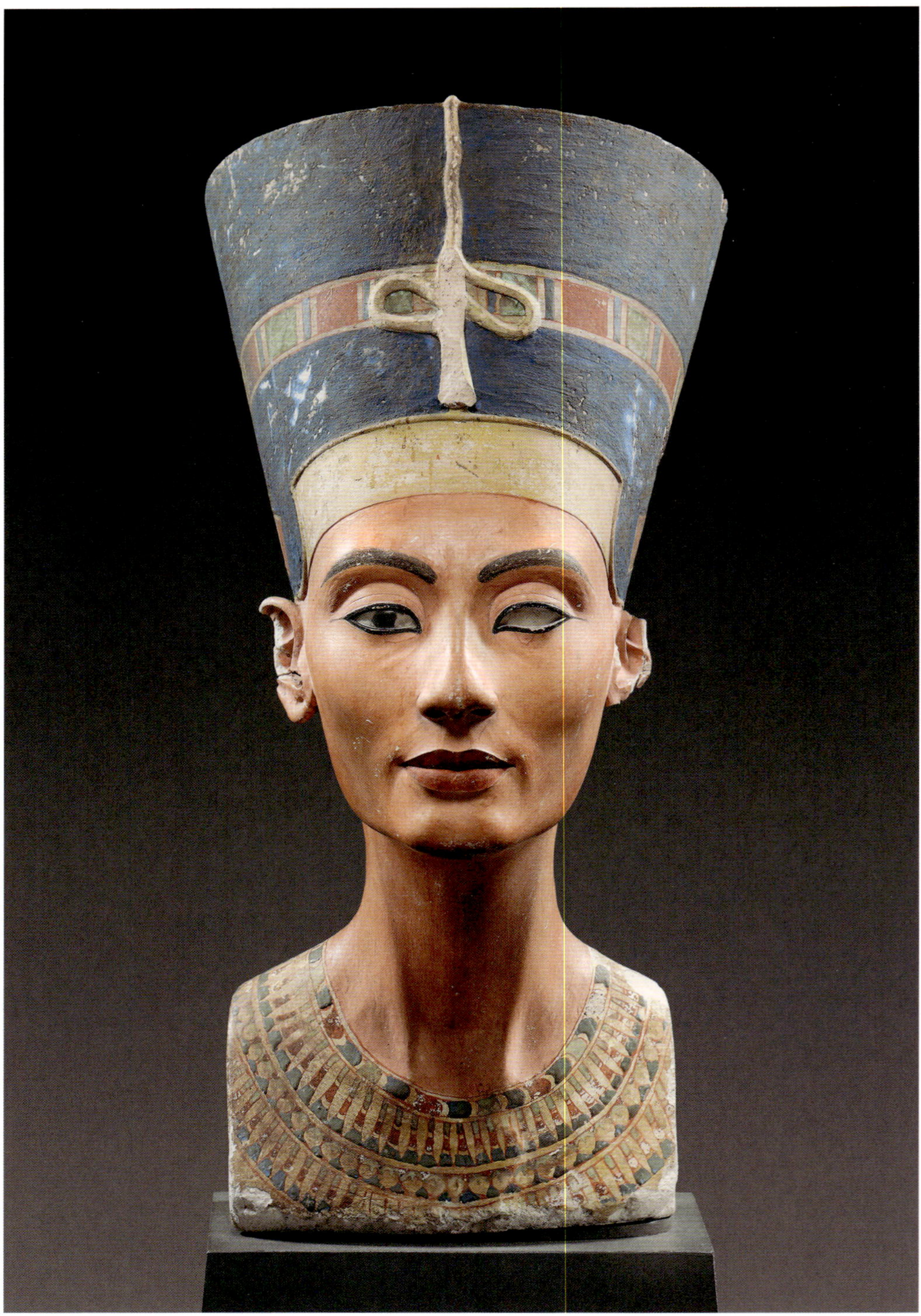

Abb. 112 | Königin Nofretete, 1340 v. Chr. (Geschenk James Simon). Berlin, Ägyptisches Museum und Papyrussammlung

Abb. 113 | Präsentation der Nofretete am 6. Dezember 1912 in Amarna im Beisein von Grabungsleiter Prof. Ranke und Vorarbeiter

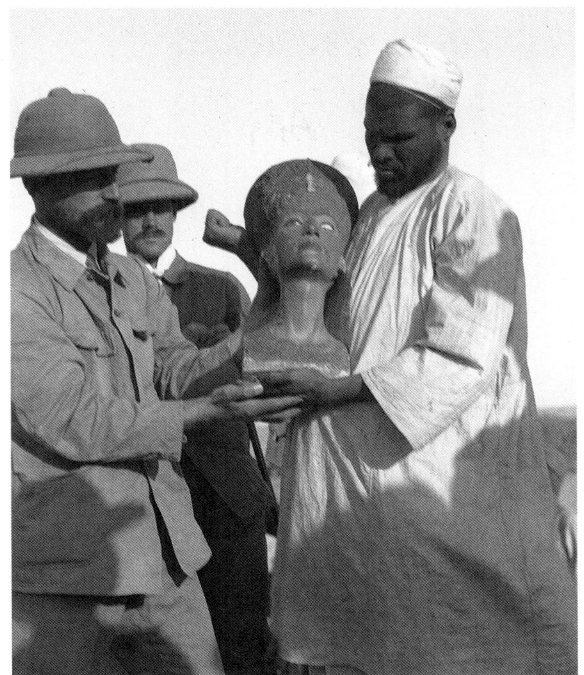

Borchardts Bericht und die ersten Fotos des Fundstücks, die er nach Berlin sandte, lösten eine große Begeisterung bei Simon aus. Bei der Teilung der Funde wollte er vor allem dieses Stück für das Museum in Berlin sichern und zu seiner Genugtuung gelang es Borchardt auch, unter Verzicht auf ein anderes Fundstück, einen Klappaltar (18. Dynastie, Amarna-Zeit, Kairo, Ägyptisches Museum), die Nofretete zu erwerben.[56]

Die Büste der Königin wurde jedoch nicht mit den übrigen Fundstücken der Ausgrabung per Schiff nach Berlin transportiert, sondern getrennt von allen übrigen Exponaten geschickt. Es wird vermutet, dass Simons Sohn Heinrich die Büste persönlich in Kairo abholte, wo sie seit dem 2. Februar 1913 in Borchardts Wohnhaus aufbewahrt wurde.[57] Bei der Ausstellung der Amarna-Funde 1913 wurde sie auf Anraten Borchardts, der eine Verschärfung des seit 1912 geltenden Fundteilungsrechtes fürchtete, nicht gezeigt.[58] Gerade dieses Taktieren Borchardts, aber auch sein in den Briefen geschilderter zu einem Geheimnis stilisierter Sieg der Fundteilung, sollte später immer wieder zu öffentlichem Misstrauen führen, da man annahm, dass der Erwerb nicht rechtmäßig vor sich gegangen sei.

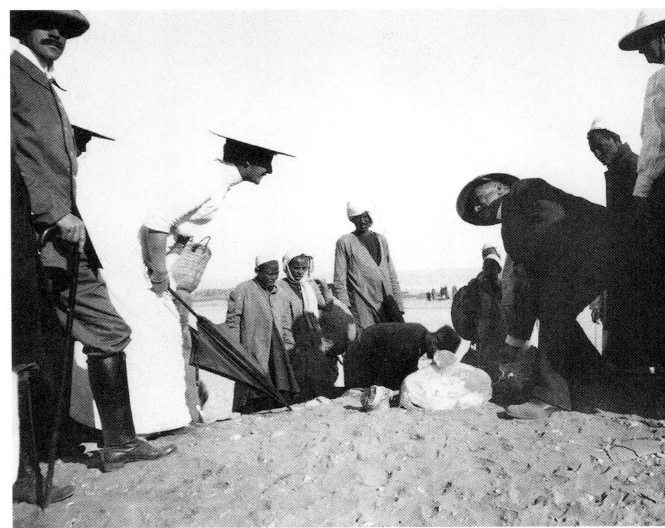

Abb. 114 | Präsentation der Nofretete am 7. Dezember 1912 in Amarna im Beisein von Ludwig Borchardt, Prinz Johann Georg von Sachsen und Gemahlin Prinzessin Mathilde

Die Wahrheit war jedoch etwas anders, denn die frankobritische Konkurrenz spielte bei der Teilung der Funde eine besonders wichtige Rolle: Ab 1904 unterstanden archäologi-

56 Matthes 2000, S. 261; Savoy 2011, S. 15-35.
57 Matthes 2012, S. 431f.
58 Vgl. Wildung 2013, S. 15-19.

sche Fragen Frankreich, genauer dem Direktor der französischen Altertümerverwaltung Gaston Maspero.[59] Dessen Abgesandter Gustave Lefèvre zeigte sich am 20. Januar 1913 keineswegs abgeneigt, die Hälfte der Amarna-Funde an die Berliner Museen abzugeben; augenscheinlich auch, weil er das farbig gefasste Relief der Königsfamilie als ausreichendes Äquivalent für die Büste der Nofretete erachtete.[60] Es war also alles rechtmäßig und den Prinzipien der Fundteilung entsprechend verlaufen. Die Büste der Nofretete erreichte Berlin Ende Februar 1913 und wurde für einige Monate in der Villa von James Simon aufgestellt; er sorgte dafür, dass die Nofretete und andere Fundstücke dem Kaiser am 20. Oktober 1913 in einer Privatausstellung in der Tiergartenstraße gezeigt wurden. Der Kaiser zeigte sich vor allem von der Büste begeistert.

Die der Öffentlichkeit zugängliche Ausstellung fand dann erst am 3. November 1913 statt, die der Kaiser im Beisein von Simon und anderen Mitgliedern der DOG vorab besichtigte und in der die Fundstücke aus Amarna – mit Ausnahme der Nofretete – nun im Säulenhof des Ägyptischen Museums auf der Museumsinsel Aufstellung fanden. Voller Enthusiasmus äußerte Wilhelm II., dass das Berliner Museum von nun an nach dem Museum in Kairo die bedeutendste Sammlung ägyptischer Kunst besäße und er versprach gleichzeitig, dass man neu ausgestaltete Räume für die Objekte einrichten werde.[61] James Simon vermachte ihm noch am gleichen Tag als Zeichen seiner Loyalität ein besonderes Geschenk: eine der zwei von der Bildhauerin Tina Haim-Wentscher angefertigten Steinkopien der Nofretete, die er selbst in Auftrag gegeben hatte. Der Dankesbrief von Kaiser Wilhelm II. zeugt von der großen Anerkennung, die er dem Mäzen entgegenbrachte, da dieser in fast zwanzig Jahren von 1899-1914 auf einzigartige Weise die deutsche Archäologie gefördert und die Berliner Museen mit Schenkungen bedacht hatte. – James Simon übergab schon damals, abgesehen von der Nofretete, auch die anderen Funde aus Amarna dem Ägyptischen Museum (heute Neues Museum). Die Nofretete sollte jedoch der Öffentlichkeit erst sehr viel später gezeigt werden.

Der Erfolg der Amarna-Funde beschränkte sich nicht nur auf den wissenschaftlichen Gewinn oder den Enthusiasmus der Kaisers, sondern löste auch beim breiten Publikum eine kaum zu überbietende Begeisterung aus, die alle Erwartungen übertreffen sollte. Unter anderem besuchte Rainer Maria Rilke[62] die Ausstellung mehrmals im März 1914. Er hatte sich

59 Gaston Maspero (1846-1916) war ein französischer Ägyptologe, der seit 1881 Direktor der französischen Altertümerverwaltung in Kairo war, wenngleich Ägypten seit 1882 unter britischer Militärverwaltung stand.

60 Ausführlich dazu Savoy 2011.

61 Matthes 2000, S. 263.

62 Rainer Maria Rilke (1875-1926) war einer der bedeutendsten deutschsprachigen Lyriker seiner Zeit. Rilkes Begeisterung für Ägypten setzte bereits 1907 in Paris ein, im Jahr 1911 unternahm er eine Reise nach Ägypten, 1913 begegnete er in Berlin Ludwig Borchardt.

seit 1907 intensiv mit Alt-Ägypten befasst und begeisterte sich derartig für die Amarna-Funde, dass ein Gedicht, Prosafragmente und zahlreiche Briefe und Gespräche entstanden, in denen er sich mit der besonderen Ästhetik der ausgestellten Werke auseinandersetzte.[63] Seine Freundin Lou Andreas-Salomé[64] erkennt ihn sogar in dem Relief König Echnatons wieder: „Besonders das eine dunkle Relief… wirkt direkt wie ein Portrait von einem Rainer-Traum."[65] So weit ging die Identifikation mit den Köpfen Amarnas und mit der „seelischen Heimat" Ägypten.

Die Kunstkritik der zeitgenössischen Moderne fühlte sich von dem Besuch der Amarna-Ausstellung ebenfalls inspiriert und heroisierte nun die ägyptische Kunst.[66] Diese außergewöhnliche Begeisterung für die Amarna-Ausstellung in der Öffentlichkeit bedeutete nicht nur einen überragenden Erfolg der DOG, sondern auch für die deutsche auswärtige Kulturpolitik: Nun war man offiziell in den Wettstreit mit den Museen der anderen Großmächte eingetreten.

Diese erfolgreiche Tätigkeit verdankte die DOG in erster Linie der Strategie James Simons, der es jahrzehntelang verstanden hatte, die kaiserliche und staatliche Unterstützung zu mobilisieren. Der Erste Weltkrieg bedeutete daher in jeder Hinsicht einen unwiederbringlichen Einschnitt.

Erst 1922 wurde die Büste der Nofretete zum ersten Mal in der Öffentlichkeit ausgestellt und besitzt seither eine bis heute anhaltende Popularität. Dennoch wurde ihr Auftreten zunächst nicht mehr als *das* Ereignis wahrgenommen, wie noch die Ausstellung mit den Amarna-Funden von 1913: Am 30. November 1922 hatte der englische Archäologe Howard Carter[67] das Grab von Nofretetes Schwiegersohn Tutanchamun entdeckt, das nun als *das* archäologische Weltereignis und als Jahrhundertfund gefeiert wurde.

In den späten zwanziger Jahren begannen jedoch auch die Diskussionen, in denen Ägypten die Rückführung der Nofretete forderte. Der damalige Direktor des Ägyptischen Museums Heinrich Schäfer[68] schlug tatsächlich einen Austausch der Büste gegen wertvolle Objekte aus dem ägyptischen Nationalmuseum vor. Erstaunlicherweise äußerte sich James Simon, dem der Erwerb der Büste so sehr am Herzen gelegen hatte, gerade zu diesem Vorgang am 28. Juni 1930 in einem offenen Brief an den Minister für Wissenschaft, Kunst und Volksbildung im *Berliner Tageblatt*, dort heißt es u. a.: „Obwohl ich der Büste einen gewissen Affektionswert beimesse

63 Grimm 1997, S. 9-14.

64 Lou (Louise) Andreas-Salomé (1861-1937) war eine Schriftstellerin und Psychoanalytikerin, die mit vielen bekannten Persönlichkeiten wie den Philosophen Paul Rée und Friedrich Nietzsche verkehrte. Verheiratet war sie mit dem Orientalisten Friedrich Carl Andreas. 1897 ist die erste Begegnung mit Rainer Maria Rilke verbürgt, mit dem sie bis zu seinem Tod 1926 befreundet war.

65 Grimm 1997, S. 15.

66 Ebd., S. 63; siehe auch Savoy 2012.

67 Howard Carter (1874-1939) war ein britischer Ägyptologe; 1922 gelang ihm die Entdeckung des Grabes von Tutanchamun im Tal der Könige in West-Theben. Carter führte die Ausgrabungen dank der Unterstützung von George Herbert Lord Carnarvon (1866-1923) durch.

68 Heinrich Schäfer (1866-1956) war ein deutscher Ägyptologe, der von 1914-1935 Direktor der Ägyptischen Abteilung der Staatlichen Museen zu Berlin war.

und mich ihrem eigenartigen Liebreiz nicht verschließe, habe ich doch, als vom Museum in Kairo unter Ausschaltung der Politik dem hiesigen Museum ein Tausch vorgeschlagen wurde, durch den das gespannte Verhältnis zwischen den beiden Instituten in glücklichster Weise beendet werden könnte, mich aus sachlichen Gründen warm dafür eingesetzt, daß dieses Angebot angenommen werden sollte.“[69] Er trägt seine sachlichen Gründe anschließend vor, man solle ein Kunstwerk wie das Standbild des Ranofer im Tausch mit dem Ägyptischen Nationalmuseum annehmen und zur Begründung fließen all seine Kenntnisse der altägyptischen Kunst und der internationalen Museen mit ein. Interessanterweise fügt Simon hinzu: „Und unter unserem Bestande gibt es so manches Stück, das künstlerisch von höherem Range ist als die elegante farbige Büste der Königin. Für deren Beliebtheit beim großen Publikum spricht doch manches andere mit. Die Dargestellte ist eben eine schöne Frau. Und man weiß ja, wie leicht der Laie dazu kommt, die Schönheit des Objektes mit dem Wert der künstlerischen Darstellung zu verwechseln. Überhaupt sollte man sich meiner Meinung nach davor hüten, auf den Geschmack des Publikums zu viel zu geben. … Die Vorliebe der großen Menge ist von je her dem Wechsel unterworfen …“.[70]

Warum der große Mäzen der deutschen Archäologie diese Meinung vertrat, führte er dann näher aus: Es ginge vor allen Dingen darum, dass ein gutes Licht auf Deutschland fällt, dessen internationale Reputation es gelte wieder herzustellen. Die Fortsetzung der archäologischen Grabungen würde nur durch ein Entgegenkommen von deutscher Seite möglich sein. Und eben die Förderung der deutschen Archäologie war für Simon immer eine „Herzenssache“ gewesen.

69 Wildung 2009, S. 78-81.
70 Wildung 2009, S. 80.

James Simon und der Orient

Die Gründung der Deutschen Orient-Gesellschaft

Trotz aller grundlegenden Unterschiede teilten James Simon und Kaiser Wilhelm II. eine besondere Leidenschaft: Die Begeisterung für den Orient.

Das Interesse am Orient gehörte zur Tradition der Familie Simon, denn bereits sein Onkel Louis Simon hatte 1886 die erste archäologische Expedition nach Südmesopotamien – Uruk und Ur – durch große Geldspenden ermöglicht. James' Vater Isaak sollte 1887 den Ankauf der Funde von Tell El-Amarna in Mittelägypten mitfinanzieren. Schon in seiner Gymnasialzeit war James Simon von seinem Lehrer, dem Altphilologen Johann Friedrich Bellermann[1], mit den antiken orientalischen Kulturen bekannt gemacht worden. Dieses Interesse gipfelte in

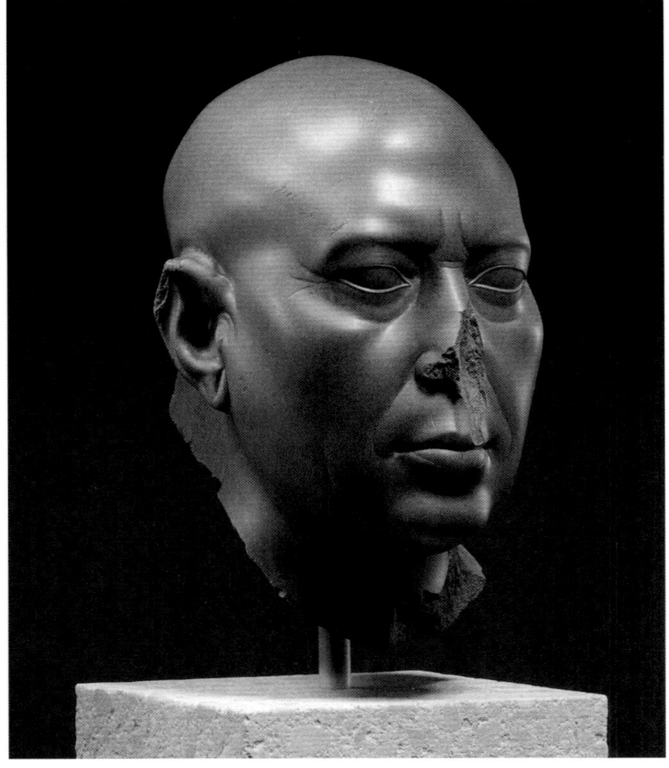

Abb. 98 | Der Berliner „Grüne Kopf", Grauwacke, 400 v. Chr. (ehem. Sammlung James Simon). Berlin, Ägyptisches Museum und Papyrussammlung

1 Johann Friedrich Bellermann (1795-1874) war ein Altphilologe, der seit 1819 am Gymnasium zum *Grauen Kloster* tätig war, ab 1847-1867 war er dort Direktor. Bellermann war ein Mitglied der Sing-Akademie zu Berlin.

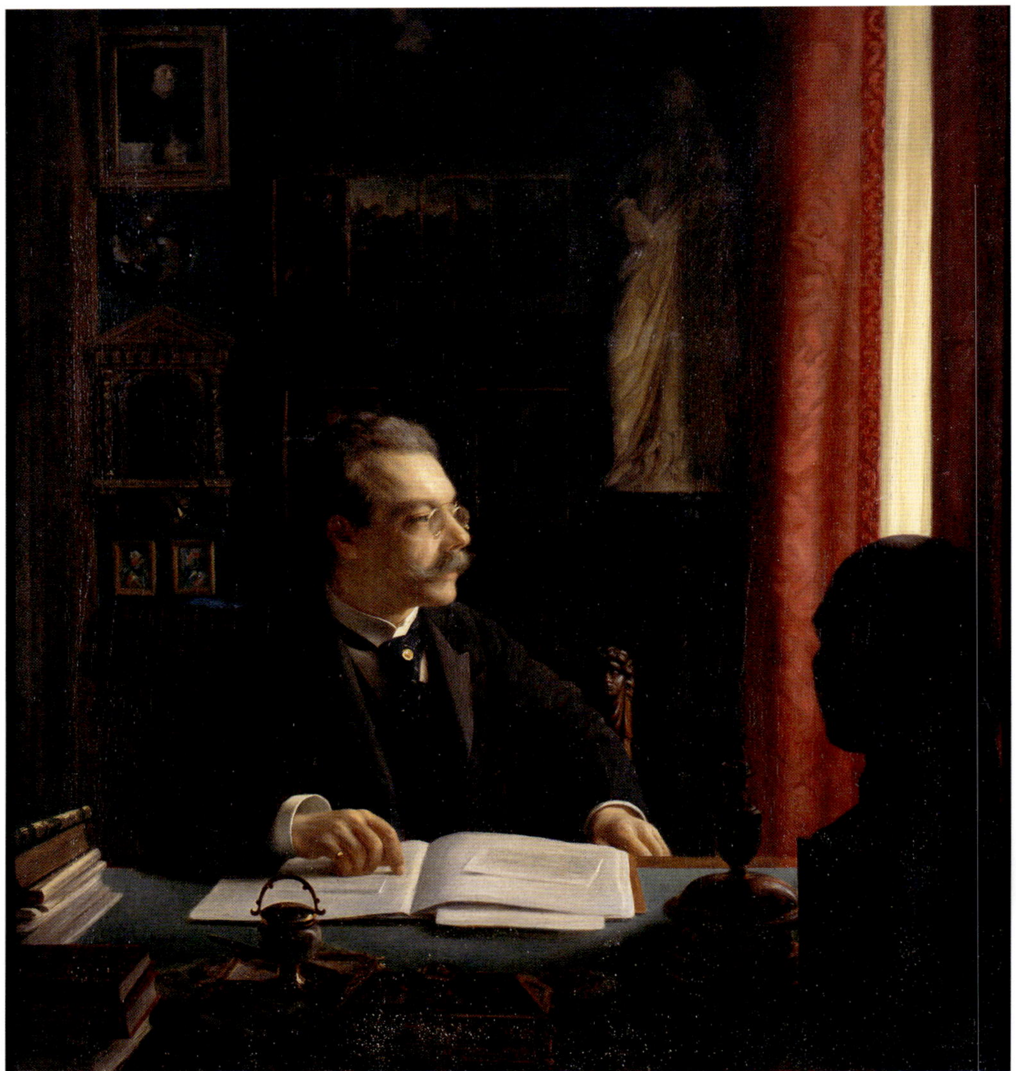

Abb. 99 | Willi Döring, James Simon in seinem Arbeitszimmer, 1901. Berlin, Gemäldegalerie, ausgestellt im Bode-Museum, James-Simon-Kabinett

einer Sammelleidenschaft, denn Simon vermachte dem Ägyptischen Museum schon seit 1888, der Vorderasiatischen Abteilung seit 1889 immer wieder Objekte seiner Sammlung zum Geschenk. Sicherlich nehmen diese Stiftungen im Vergleich zu seinen späteren Schenkungen keine vergleichbare Bedeutung ein, immerhin zählte beispielsweise ein ägyptisches Meisterwerk aus frühptolemäischer Zeit dazu, wie der berühmte Berliner *Grüne Kopf* (400 v. Chr., Grauwacke, Berlin, Ägyptisches Museum und Papyrussammlung, Abb. 98).[2]

2 Schultz 2006, S. 44f.; Matthes 2017(a), S. 40. Adolf Erman hatte schon Louis Simon überzeugen können, 1886/87 eine Grabungsexpedition nach Südbabylonien zu finanzieren. Isaak Simon konnte er dafür gewinnen, 30.000 Mark für den Ankauf des Keilschriftarchivs von Amarna zu spenden. Als der *Grüne Kopf* 1893 auf dem Londoner Kunstmarkt angeboten wurde, ermöglichte James Simon den Kauf mit ca. 37.000 Mark, 1887 gelangte der Kopf ins Ägyptische Museum.

Epilog

Das Ende einer Ära

Das Ende der Epoche, die Stefan Zweig treffend als das „Goldene Zeitalter der Sicherheit" bezeichnet, wurde durch den Ersten Weltkrieg jäh eingeleitet. Der verheerende Krieg hatte eine Verschlechterung der Wirtschaftslage zur Folge, die Unternehmen wie die AEG oder die *Gebrüder Simon* schon seit Beginn des Weltkrieges zu spüren bekamen. Allerdings waren diese unangenehmen Einbrüche nicht, wie man zunächst annahm, vorübergehender Natur, sondern drangen weit tiefer in die gesamte Gesellschaftsstruktur ein.

Die Novemberrevolution 1918 besiegelte das Ende des Wilhelminischen Zeitalters nur äußerlich. Am 9. November trägt Harry Graf Kessler in sein Tagebuch ein: „Der Kaiser hat abgedankt. Die Revolution hat in Berlin gesiegt… Die Leipziger Straße war menschenleer, die Friedrichstraße mäßig belebt… die Linden gegen die Oper dunkel. In der Schinkelschen Wache sah man im hellen Licht Qualm und viele Soldaten. Auf der Schloßbrücke niemand… Im Schlosse waren einzelne Säle hell beleuchtet, aber alles still."[1] Diese Stille nach den Straßengefechten, die während der Revolutionstage ausgetragen wurden, verblüffte auch einen Zeitzeugen wie Graf Kessler, es ist die Ruhe vor dem Sturm der nächsten Jahrzehnte. Am 11. November, an dem Tag, an dem Deutschland die Waffenstillstandsbedingungen unterschrieb, floh Kaiser Wilhelm II. nach Holland. Berlin erlebte eine „ungeheure, welterschütternde Umwälzung".[2] Doch wie reagierte James Simon auf diese „Umwälzung"?

Im Weltkrieg und in den Nachkriegsjahren war der Niedergang des Familienunternehmens der *Gebrüder Simon* nicht mehr aufzuhalten, allerdings nicht nur wegen der allgemein schlechten Wirtschaftslage Deutschlands, sondern auch aufgrund einer veränderten Nachfrage, denn in den 1920er Jahren waren in der Textilindustrie nun ganz neue Materialien, wie Viskose oder Kunstseide gefragt, die wegen der sinkenden Preise für Baumwolle das traditionelle Baumwollunternehmen in größte Schwierigkeiten brachten. Die Inflation besiegelte schließlich den Niedergang der renommierten Firma, das

1 Kessler 2017, S.16ff.
2 Ebd., S. 23.

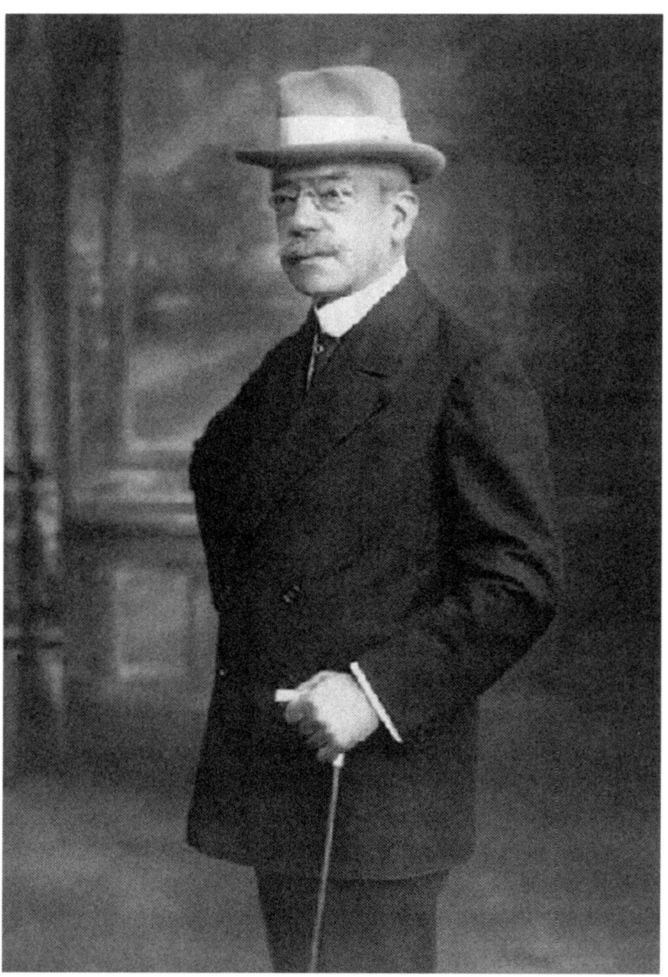

Abb. 115 | James Simon, um 1920

Geld verlor täglich an Wert, Zahlungen der Kunden blieben aus und Investitionen in Material, Maschinen und Personal wurden für die *Gebrüder Simon* immer schwieriger, wenn nicht unmöglich. Im Unterschied zu anderen Unternehmen, die in der Inflationszeit ihre Produkte zurückhielten, leerte man in der Firma Simon die umfangreichen Baumwollmagazine und musste schließlich den Verlust des Kapitals und, was besonders bitter war, Geschäftsschulden hinnehmen.

Die Firma *Gebrüder Simon* war in diesem Punkt nicht allein, eine Ausnahme bildete jedoch die Reaktion von James Simon auf die Situation. Schon während des Ersten Weltkrieges, als die Finanzlage seines Unternehmens schwächelte, hatte er sich 1916 zu seiner zweiten Schenkung entschlossen, die Kunstsammlung war nun für das noch im Bau befindliche Deutsche Museum bestimmt. Simon setzte ein Zeichen gegen die Zeit größter Unsicherheit oder wie es Bode umschreibt „Verstörung". Der Einsatz James Simons für das Museum zeigt noch einmal in aller Deutlichkeit, dass es ihm immer um die Sache ging, dass er ein Mäzen war, dem das Gemeinwohl unter noch so schwierigen äußeren Umständen weitaus mehr bedeutete als sein eigener Ruhm. Seine großzügige Geste sollte andere Privatsammler ermutigen es ihm nachzutun, doch blieb die Reaktion wegen der äußerst schlechten Wirtschaftslage und der politischen Unsicherheit aus. Simon zeigte also auch in Krisenzeiten seine Loyalität gegenüber der Institution und damit auch gegenüber einer längst nicht mehr existierenden Staatsordnung, der wilhelminischen Monarchie (Abb. 115).

Die „Umwälzung" in den Nachkriegsjahren betraf das gesamte internationale Klima, in dem sich vor allem Museumsmänner wie Wilhelm von Bode (Abb. 116) und „seine" Privatsammler bewegten. Diese Zeit galt Bode als Demütigung und was für ihn besonders schmerzlich war: „So kümmerte man sich gar nicht um das Kaiser-Friedrich-Museum …".[3]

Er konzentrierte sich nun auf die „abseits" liegenden Anliegen, wie das während des Ersten Weltkrieges geschlossene *Kunsthistorische Institut in Florenz*, das wiedereröffnet werden sollte, und auf seine eigenen wissenschaftlichen Arbeiten: „Die schwere Kriegspsychose und die Ausschaltung aus meiner gewohnten Tätigkeit für unsere Sammlungen, Vereine und Privatsammler, die alle stillagen, zwangen mich geradezu, Zerstreuung und Beruhigung in wissenschaftlicher Arbeit zu suchen."[4] Doch das unangenehme Klima dieser Zeit war überall spürbar, denn selbst ein Museumsmann wie Bode ließ sich in den 1920er Jahren nun zunehmend zu absurden chauvinistischen Äußerungen hinreißen, die nicht nur gegen das „feindliche Ausland" und gegen alle politisch links eingestellten Persönlichkeiten (z. B. gegen den Kunsthändler Paul Cassirer) und Bewegungen, vor allem aber gegen die jüdischen Bürger gerichtet waren.[5] Ohne ihre Schenkungen und insbesondere die Großzügigkeit von James Simon hätte er jedoch weder das Kaiser-Friedrich-Museum noch das Deutsche Museum aufbauen können, hätte das heutige Pergamonmuseum nie diesen Weltrang erreicht. Simon wird dieser nun unverhohlen geäußerte Antisemitismus Bodes ebenso bekannt gewesen sein wie die Äußerungen

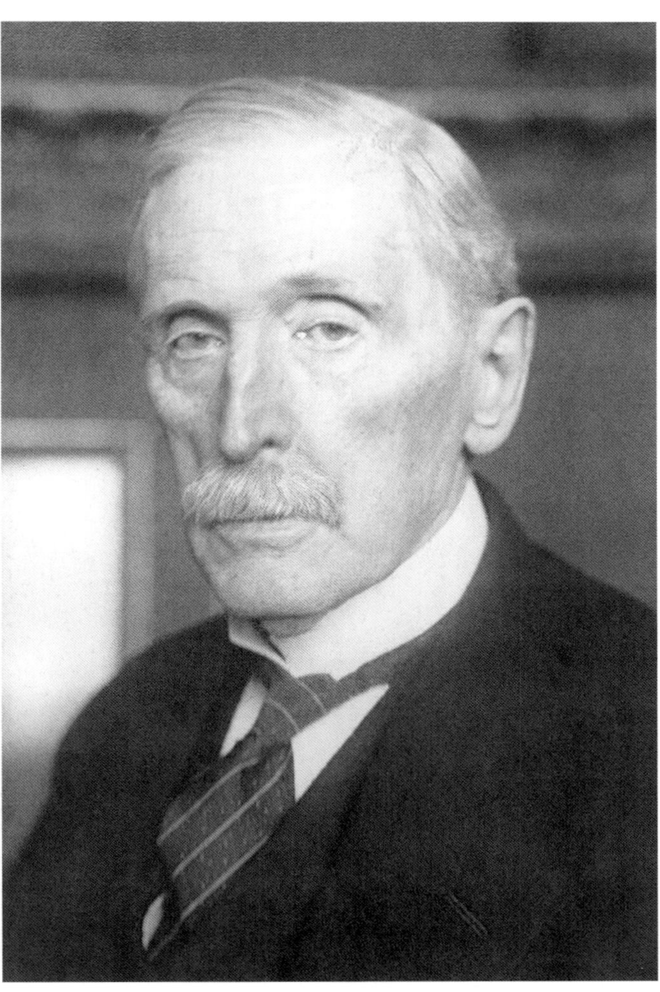

Abb. 116 | Wilhelm von Bode, um 1920

3 Bode/Gaethgens/Paul 1997, I, S. 432-443.
4 Ebd., S. 445.
5 Vgl. bereits die stark antisemitischen Äußerungen Bodes über die Weihnachstage 1918 in Bode/Gaethgens/Paul 1997, I, S. 409.

des im Exil weilenden Wilhelms II., dessen Rassismus nun geradezu aus den Fugen geraten war. 1923 in seinem fünfundsiebzigsten Lebensjahr stehend, erbat Bode schließlich seinen Rücktritt als Generaldirektor, wenngleich er noch als Berater zur Verfügung stand. Auch für die Berliner Museen ging damit eine ihrer bedeutendsten Epochen zu Ende.

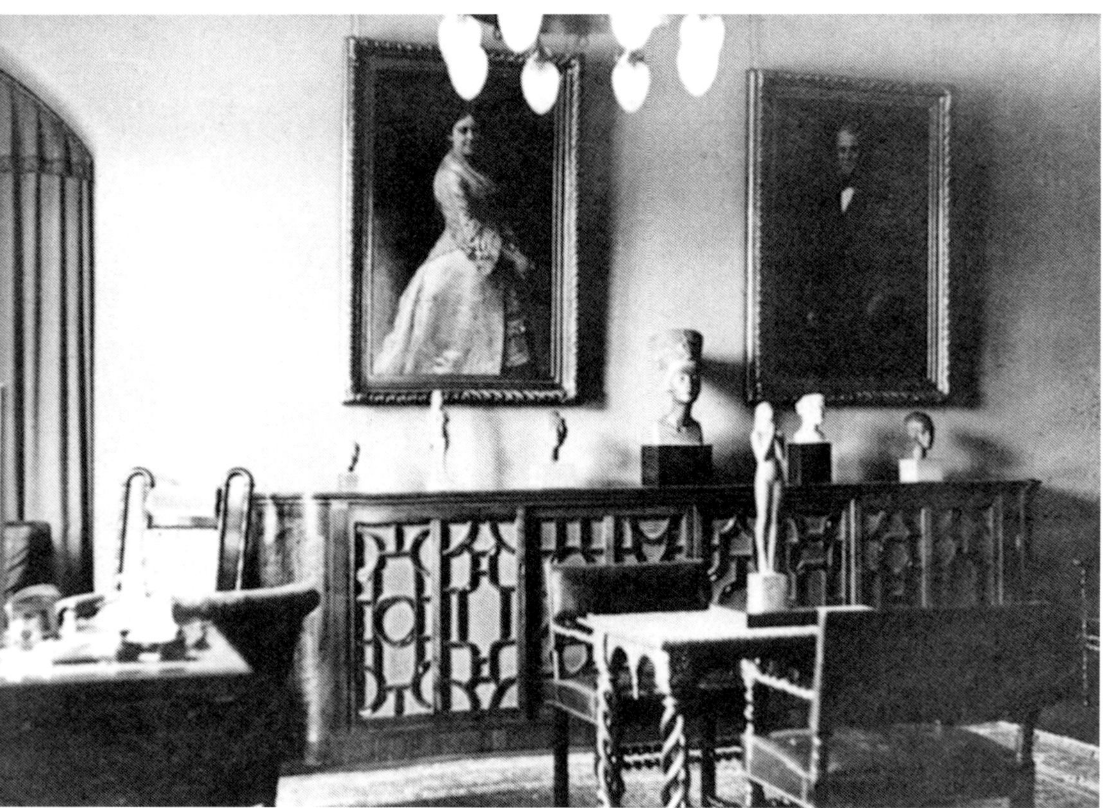

Abb. 117 | Berlin, Wohnung von James Simon in der Kaiserallee 23 (heute: Bundesallee)

Nach seiner zweiten Schenkung war es James Simon unmöglich, weiterhin als Mäzen für die Berliner Museen aktiv zu sein. Die Schulden der Firma suchte er zwar seit 1919 zu tilgen, einmal durch den Verkauf des Firmengebäudes in der Klosterstraße, das er zusätzlich durch eine Hypothek in Höhe von 4,6 Mio. Mark belasten musste, zum anderen durch die Veräußerung seiner Kunstwerke, doch war der Niedergang unaufhaltsam. 1927 war die Firma *Gebrüder Simon* gezwungen, Bankrott anzumelden.

Das Ende der Privatsammlung Simons war beileibe kein Einzelfall, wie Max J. Friedländer 1925 beklagt: „Wer von unserem Standpunkte, nämlich aus den gegenwärtigen deutschen Nöten, auf das Kunstsammeln den Blick richtet, sieht in der Nähe Rückgang, Verkümmerung und Minderung...“.[6] Friedländer führt weiter aus, dass diese durch die Währungsreform verursachte Not ein ganz neues Bewusstsein der Privatsammler hat entstehen lassen. Nun stünden nicht mehr das Bestreben nach sozialer Anerkennung oder eine Sammelleidenschaft im Vordergrund, es ginge vielmehr ganz nüchtern um Sachwerte, die Kunstwerke zur Geldanlage umfunktionierten. Dabei fürchtete man besonders die kaufkräftigen amerikanischen Privatsammler, die inzwischen den Kunstmarkt beherrschten.

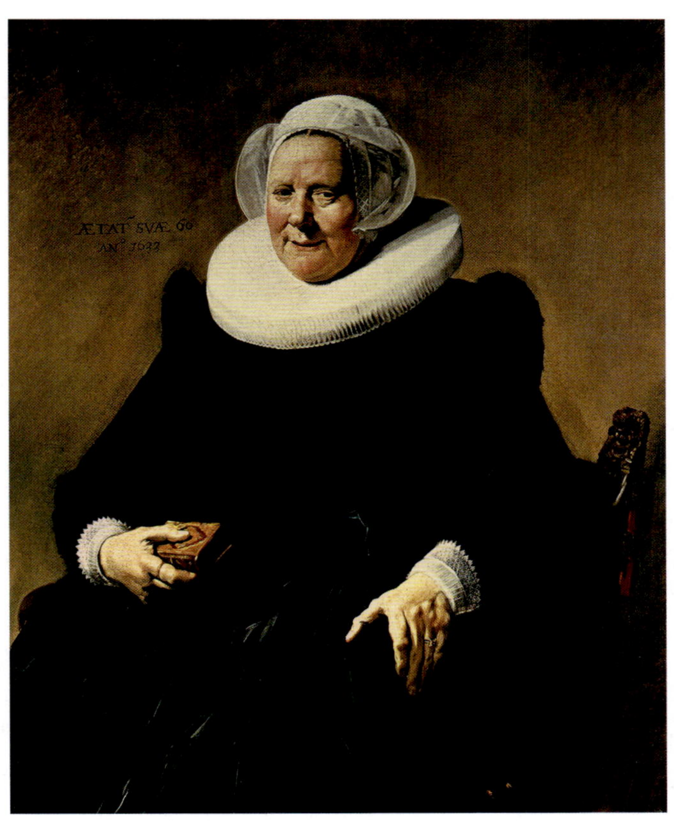

Abb. 118 | Frans Hals, Porträt einer älteren Dame, 1633 (ehem. Sammlung James Simon). Washington, National Gallery of Art

Nach dem Tod seiner Frau Agnes 1921 entschloss sich James Simon wegen der schlechten Finanzlage, die Villa in der Tiergartenstraße zu verkaufen, und war 1927 schließlich dazu gezwungen, den wichtigsten Teil seiner noch verbleibenden Kunstsammlung zu veräußern, er bezog nun eine Wohnung in der Kaiserallee 23 (heute Bundesallee) (Abb. 117). Simon sollte sich in diesem Zusammenhang noch einmal mit der Beteuerung an Bode wenden, wie leid es ihm täte, die Bilder ausführen zu müssen, da er beispielsweise niederländische Bilder von Philips de Koninck, Hercules Seghers oder Adriaen Brouwer viel lieber der Gemäldegalerie geschenkt hätte.[7] Bode zeigte sich jedoch gegenüber dem großzügigsten Mäzen, den die Berliner Museen je hatten, verständnisvoll und stimmte der Ausfuhr dieser Gemälde zu.

Der Mäzen, der jahrzehntelang durch seine Schenkungen an die Berliner Museen hervorgetreten war, musste sich nun auch von zwei seiner wertvollsten Gemälde, dem *Porträt einer älteren Dame* (1633, Abb. 118) von Frans Hals[8] und

6 Friedländer 1925, S. 253.
7 Matthes 2000, S. 95.
8 Frans Hals (1580/85-1666) war einer der bedeutendsten holländischen Porträtmaler der Barockzeit.

Jan Vermeers *Briefschreiberin und Dienstmagd* (um 1666/67, Abb. 119) trennen. Einen Sammler wie James Simon, der sein Leben lang „mit dem ganzen Herzen dabei" war, wenn er Kunstwerke ankaufte, muss es tief getroffen haben, dass er nicht nach seinem eigenen Prinzip handeln konnte, ein Sammlerstück wie das *Bildnis einer älteren Dame* von Frans Hals an die Berliner Museen zu verschenken und es somit der Allgemeinheit zugänglich zu machen; nun war er zum Verkauf des Bildes gezwungen. Er hatte das Gemälde erst 1905 bei Charles Sedelmeyer in Paris gekauft. Seine über die Jahre ausgezeichneten Kontakte auf dem Kunstmarkt ließen ihn das Bild spätestens Anfang Mai 1919 an den Kunsthändler Abraham Preyer[9] in Amsterdam veräußern, der es an die Galerie der *Duveen Brothers* in London verkaufte. Schon 1920 erwarb es der amerikanische Bankier, Unternehmer und Politiker Andrew W. Mellon[10] aus Pittsburgh, der es 1934 der National Gallery of Art in Washington vermachte, und so wurde das Bild schließlich, wenngleich James Simon dies nicht mehr erleben durfte, doch noch der Öffentlichkeit zugänglich. Auch Andrew W. Mellon war fünf Jahrzehnte lang ein leidenschaftlicher Sammler; sein erstes Gemälde hatte er 1880 auf der gemeinsam mit seinem langjährigen Freund, dem Stahlmagnaten Henry Clay Frick[11] gemachten Europa-Reise erworben. – Bezeichnenderweise gelangte das zweite wertvolle Bild Simons, Vermeers *Briefschreiberin und Dienstmagd,* in die Sammlung von Henry Clay Frick! James Simon hatte den Vermeer um 1906 erworben und es über die alteingesessene New Yorker Galerie *M. Knoedler & Co*[12] schließlich 1919 an Frick verkauft; Henry Clay Frick konnte auf diese Weise die zwei Bilder Vermeers seiner Sammlung um ein drittes bereichern.[13]

Der Hauptbestand von Simons Gemäldesammlung wurde von der Berliner Kunsthandlung *Karl Haberstock*[14] erworben, darunter vor allem holländische Gemälde, aber auch eine *Heilige Cäcilie* von Giambattista Tiepolo sowie eine „vollsignierte Boucher Tapisserie aus dem Jahre 1761 mit der puttenreichen Apotheose der Künste".[15]

Der Erste Weltkrieg hatte natürlich auch große Folgen für Simons Engagement im Nahen Osten und die Förderung der Archäologie. Nun war die politische Landschaft im Vorderen Orient völlig verändert, die den *Jüdischen Hilfsverein* nach 1918 zum Verkauf des *Technikums* in Haifa zwang; 1920 konnte es das *Zionistische Arbeitskomitee* erwerben. Auch die Ausgrabungen in Mesopotamien waren durch das Ende des

9 Abraham Preyer (1863-1927); Simon hatte den Erwerb des Hals 1904 in einem Brief an Bode erwähnt, vgl. Simon-Bode 2019, S. 220, Brief-Nr. 191, Brief vom 6. Juni 1904.

10 Andrew W. Mellon (1855-1937) war ein amerikanischer Bankier, Politiker und Philanthrop. Als Teilhaber der väterlichen Bank *T. Mellon & Sons' Bank* begann er in Eisenbahnen, Stahl und Kohle zu investieren. Mellon war ein bedeutender Kunstsammler, der zum Bau der National Gallery of Art in Washington beitrug. Seit 1941 wird seine Sammlung dort aufbewahrt.

11 Henry Clay Frick (1849-1919) war einer der wichtigsten amerikanischen Unternehmer im Koks- und Stahlgeschäft. Durch die Fusionierung mit seinem besten Kunden Andrew Carnegie wurde Frick schon sehr früh Millionär. 1905 siedelte er von Pittsburgh nach New York um und ließ dort nach 1913 an der Fifth Avenue seine Villa erbauen, gleichzeitg begann er mit dem Aufbau seiner bedeutenden Kunstsammlung.

12 Michel Knoedler (1823-1878) war ein deutscher Kunsthändler; die 1857 in New York gegründete Kunsthandlung *M Knoedler & Co* leitete er gemeinsam mit seinen Söhnen. Die Galerie war eine der führenden Häuser, in der alte Meister gehandelt wurden. Die wichtigsten Industriellen und Museen von Weltrang gehörten zu Knoedlers Kunden. Die traditionsreiche Kunsthandlung musste 2011 nach Fälschungsskandalen schließen.

13 Die drei Gemälde Jan Vermeers (1632-1675, einem der bedeutendsten holländischen Barockmaler) befinden sich noch heute in der Frick Collection in New York: neben dem erwähnten Bild aus der Sammlung James Simon handelt es sich um *Der Soldat und das lachende Mädchen* (1658) und *Die unterbrochene Musikstunde* (1660/61).

14 Karl Haberstock (1878-1976) war ein deutscher Kunsthändler, der in den 1920er Jahren vor allem mit alten Meistern handelte. Nach 1933 war er Mitglied der NSDAP und der wichtigste Kunsthändler für den „Sonderauftrag Linz", wurde jedoch nach 1945 trotz zweier Prozesse nie dafür belangt.

15 Vermerk im *Berliner Lokal-Anzeiger*, „Sammlung James Simon. Die verkauften Werke", 14.2.1919.

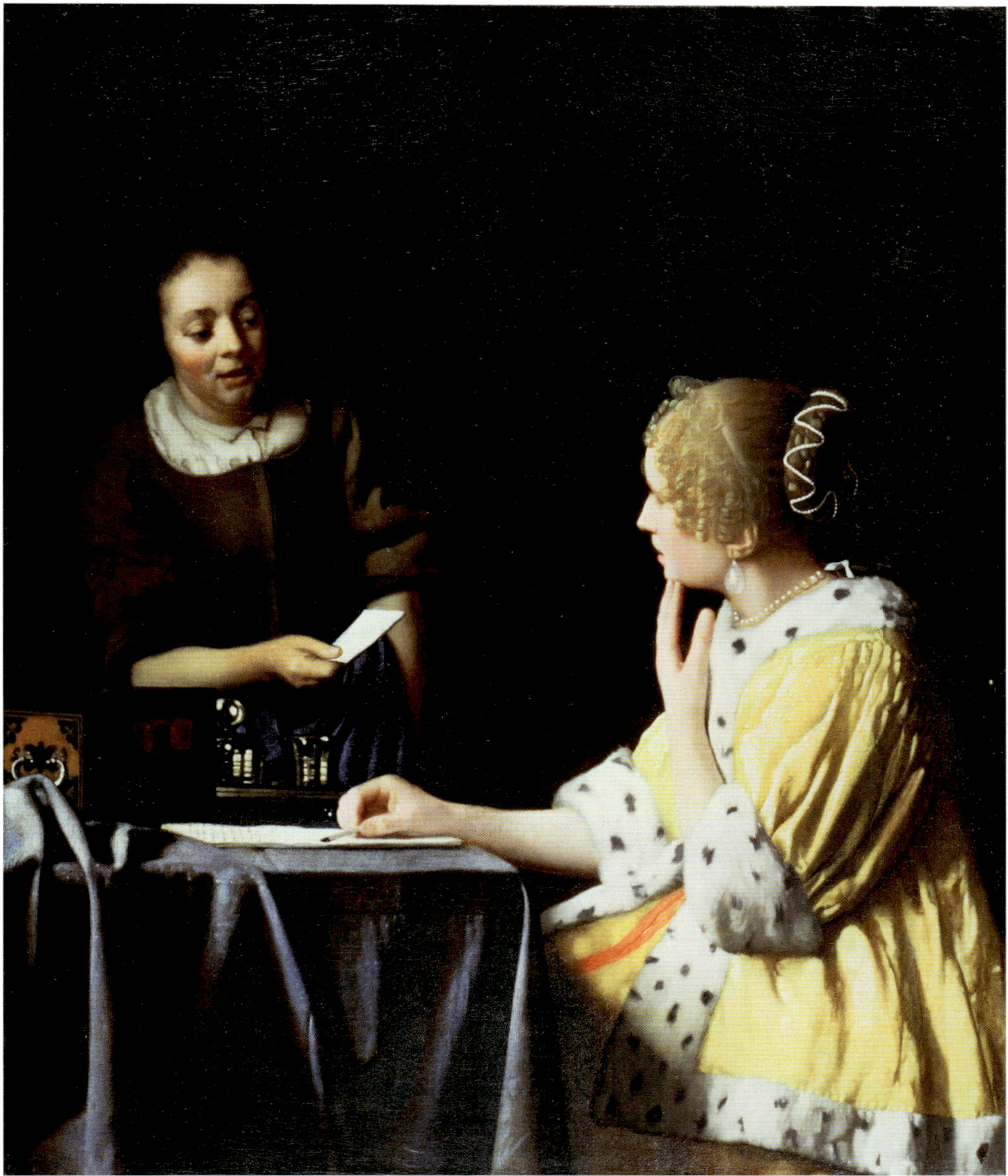

Abb. 119 | Jan Vermeer, Briefschreiberin und Dienstmagd, 1666 (ehem. Sammlung James Simon). New York, The Frick Collection

Osmanischen Reiches jäh beendet worden. Das Zweistromland wurde zunächst britisches Protektorat und schließlich 1922 zu dem modernen Staat Irak. Die Grabungskampagnen in Tell El-Amarna in Ägypten konnten schon seit 1915 wegen des Ersten Weltkrieges nicht mehr fortgesetzt werden.

Zu seinem 80. Geburtstag 1931 (Abb. 120) würdigte die Ägyptische Abteilung der Berliner Museen James Simon noch mit einer großen Inschrift über dem Eingang zum Amarna-

Saal im Neuen Museum: „1907 1908 AMARNA 1911-1914 DR. PHIL. H.C. JAMES SIMON SCHENKTE DER DEUTSCHEN ORIENT-GESELLSCHAFT DIE GRABUNGEN DEM MUSEUM DIE FUNDE". Die Inschrift wurde jedoch schon 1933 vom Naziregime wieder entfernt. Das Simon-Kabinett im Kaiser-Friedrich-Museum wurde 1939 endgültig aufgelöst. Danach begann die lange Zeit des Vergessens, auch noch viele Jahrzehnte nach Ende des Zweiten Weltkrieges.

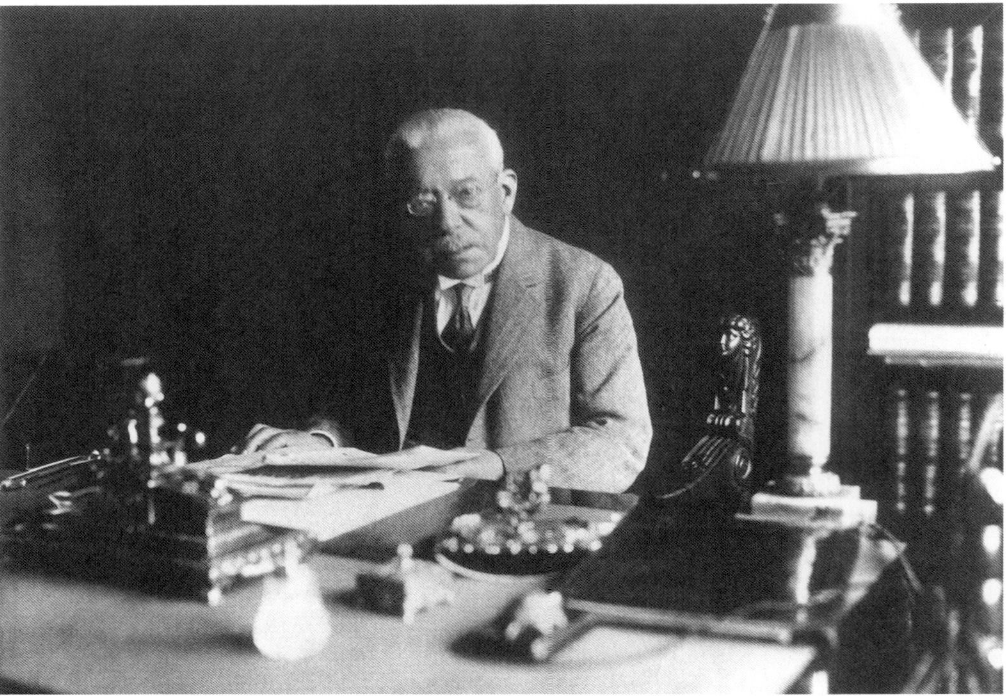

Abb. 120 | James Simon, um 1930

In den letzten Jahren wurde dank der James-Simon-Stiftung wieder eine angemessene Würdigung dieses feinsinnigen Humanisten, des großzügigsten Mäzens der Berliner Museen und leidenschaftlichen Philanthropen in die Wege geleitet. 2019 konnte James Simon mit der Eröffnung der James-Simon-Galerie und dem neu rekonstruierten James-Simon-Kabinett endlich wieder stärker in das Bewusstsein der Öffentlichkeit gerückt werden und es bleibt zu hoffen, dass die Erinnerung an diesen außergewöhnlichen Menschen auch dadurch weiterhin wachgehalten wird.

Dank

Die vorliegende Publikation verdankt ihr Zustandekommen der Anregung meines Vaters Jürgen Schmidt, der die Ausgrabungen in Babylon und Uruk-Warka im Auftrag des Deutschen Archäologischen Instituts über viele Jahre leitete und der mein großes Interesse an James Simon geweckt hat.

Für viele wichtige Hinweise möchte ich vor allem Wolfgang Wolters danken, der die Publikation stets engagiert unterstützt hat. Detlef Heikamp und Volker Krahn sei für viele Anregungen zur Geschichte der Berliner Privatsammlungen und Museen vielmals gedankt. Peter Reichenheim möchte ich für wertvolle Hinweise zur Familiengeschichte sehr herzlich danken. Bernd Schultz unterstützte meine Arbeit mit großem Engagement, wofür ich ihm überaus dankbar bin. Die Publikation des Textes begleitete Rudolf Feurer von Anfang an mit zahlreichen Ratschlägen und Korrekturen, ihm schulde ich ganz besonderen Dank.

Für fachliche Informationen und die Großzügigkeit kostenfreier Reproduktionsgenehmigungen sei herzlich gedankt: Caris-Beatrice Arnst, Monica Benguigui, Inka Bertz, Brigit Blass-Simmen, Roberto Contini, Jonathan Davies, Heather Dawson-Mains, Beatrice Ebelt-Borchert, Wiebke Fastenrath Vinattieri, Alrun Gutow, Claus-Peter Haase, Alexander Hofman, Bruno Jahn, Stephan Kemperdick, Hans-Ulrich Kessler, Francesco Lelli, Olaf Matthes, Tim A. Osswald, Lars Petersen, Artur Rosenauer, Neville Rowley, Reinhard Schmook, Margarete van Ess und Dietrich Wildung.

Anke von Schalscha-Ehrenfeld gebührt großer Dank für die grafische Gestaltung dieses Buches.

Für den unermüdlichen Einsatz bei der Beschaffung von Reproduktionen sei Federica Brivio und Cristina Seghi (Florenz, Scala Group S.p.A.) vielmals gedankt.

Die Unterstützung meiner Mutter und von Federico hat auf einmalige Weise zur Veröffentlichung des Bandes beigetragen, ihnen sei aufs Herzlichste gedankt!

Literaturverzeichnis

Adelson 1975
Adelson, Howard: The Origins of the Concept of Moral Justice, Chicago 1975.

Andrae 1952
Andrae, Walter: Die versunkene Weltstadt Babylon und ihr Ausgräber Robert Koldewey, Berlin 1952.

Andrae 1988
Andrae, Walter: Lebenserinnerungen eines Ausgräbers, hrsg. von K. Bittel und E. Heinrich, Stuttgart 1988.

Andrae 1990
Andrae, Walter: Das Kleinod von Babylon. Löwenstraße, Ischtar-Tor und Thronsaalfront, in: Robert Koldewey, Das wieder erstehende Babylon, neu hrsg. von B. Hrouda, München 1990, S. 343-352.

Andrae/Boehmer 1989
Andrae, Ernst Walter / Boehmer, Rainer Michael: Bilder eines Ausgräbers. Die Orientbilder von Walter Andrae 1898-1919, Sketches by an Excavator, Berlin 1989.

Arendt 1997
Arendt, Hannah: Rahel Varnhagen. Lebensgeschichte einer deutschen Jüdin aus der Romantik, München/Zürich 1997.

Arnhold 1928
Arnhold, Johanna (Hrsg.): Eduard Arnhold. Ein Gedenkbuch, Berlin 1928.

Augustin/Ludewig 2016
Augustin, Anna-Carolin / Ludewig, Anna-Dorothea: Kunst und Leben. Die Sammlerinnen Felicie Bernstein und Margarete Oppenheim, in: Salondamen und Frauenzimmer. Selbstemanzipation deutsch-jüdischer Frauen in zwei Jahrhunderten, hrsg. von E.-V. Kotowski. (= Europäisch-jüdische Studien, Beiträge, Band 5), Berlin/München/Boston 2016, S. 67-88.

Babelon 2012
Babelon, Jean- Pierre: Une passion commune pour l'art. Nélie Jacquemart et Édouard André, Florenz 2012.

Baker 1996
Baker, Malcolm: Bode and Museum Display: the Arrangement of the Kaiser-Friedrich-Museum and the South Kensington Response, in: Jahrbuch der Berliner Museen N.F. 38, 1996 (= „Kennerschaft". Kolloquium zum 150sten Geburtstag von Wilhelm von Bode, hrsg. von Th. W. Gaethgens und P.-K. Schuster), S. 143-153.

Baldass 1929
Baldass, Ludwig: Die Gemälde der Sammlung Figdor, in: Pantheon 4, 1929, S. 465-472.

Barkan 2016
Barkan, Leonard: Berlin for Jews. A Twenty-First-Century Companion, Chicago/London 2016.

Baumeister/Fastenrath Vinattieri 2019
Davidsohn, Robert: Menschen, die ich kannte. Erinnerungen eines Achtzigjährigen, hrsg. von M. Baumeister und W. Fastenrath Vinattieri, unter Mitarbeit von W. Knäbich, in: Deutsche Geschichtsquellen des 19. und 20. Jahrhunderts, hrsg. von der Bayerischen Akademie der Wissenschaften H. Ch. Kraus, Band 76, Berlin 2019.

Becker 2019
Becker, Peter von: Eduard Arnhold. Reichtum verpflichtet – Unternehmer und Kunstmäzen, in: Jüdische Miniaturen, Bd. 237, Berlin/Leipzig 2019.

Bedoire 2004
Bedoire, Frederic: The Jewish Contribution to Modern Architecture, 1830-1930, Jersey City 2004.

Benjamin 1987
Benjamin, Walter: Die Siegessäule, in: Berliner Kindheit um neunzehnhundert, Fassung letzter Hand, Frankfurt a.M. 1987, S. 16f.

Bernstein 1994
Bernstein, Eduard: Wie ich als Jude in der Diaspora aufwuchs, in: L. Heid/J. H. Schoeps (Hrsg.), Juden in Deutschland. Von der Aufklärung bis zur Gegenwart, München/Zürich 1994, S. 142-152.

Bilski 2007
Bilski, Emily D.: „Nichts als Kultur" – Die Pringsheims / „Only culture" – The Pringsheims, Ausstellungskatalog Jüdisches Museum München, München 2007.

Bloch 1967
Bloch, Vitale: Max J. Friedländer (1867-1967), in: The Burlington Magazine 109, 1967, S. 359f.

Bode 1871
Bode, Wilhelm: Frans Hals und seine Schule. Ein Beitrag zu einer kritischen Behandlung der holländischen Malerei, Diss. Leipzig 1871.

Bode 1891
Bode, Wilhelm: The Berlin Renaissance-Museum, in: Fortnightly Review 50, N.S., 1891, S. 506-515.

Bode 1904-1905
Bode, Wilhelm: Das Kabinett Simon. Die Stiftung des Herrn James Simon im Kaiser-Friedrich-Museum zu Berlin, in: Kunst und Künstler 3, 1904-1905, S. 61-70.

Bode 1905
Bode, Wilhelm: Erwerbungen im Jahre 1904/1905, in: Kaiser-Friedrichs-Museums-Verein zu Berlin. Bericht über das Geschäftsjahr 1904-1905, Berlin 1905, S. 15-18.

Bode 1905 (a)
Bode, Wilhelm: Amtliche Berichte, in: Jahrbuch der Königlich Preußischen Kunstsammlungen 26, 1905, S.77.

Bode 1906
Bode, Wilhelm: Die Sammlung Oscar Hainauer, herausgegeben mit Fachgenossen von Wilhelm Bode, Berlin 1897 / The collection Oscar Hainauer by Wilhelm Bode assisted by his professional colleagues, London 1906.

Bode 1915
Bode, Wilhelm von: Die Majolikasammlung Alfred Pringsheim in München, in: Zeitschrift für Bildende Kunst, 1915, S. 307f.

Bode 1917
Bode, Wilhelm von: Die Sammlung Richard von Kaufmann. Versteigerungskatalog, Berlin 1917.

Bode 1920
Bode, Wilhelm von: Die Zweite Schenkung von Dr. James Simon ans Kaiser-Friedrich-Museum, Berliner Museen, in: Berichte aus den Preußischen Kunstsammlungen 51, 1920, Sp. 183.

Bode 1920 (a)
Bode, Wilhelm von: Die zweite Sammlung Simon im Kaiser-Friedrich-Museum zu Berlin, Berlin 1920.

Bode 1922/23
Bode, Wilhelm von: Die ältesten Privatsammlungen in Berlin und die Bildung neuerer Sammlungen nach dem Kriege 1870, II, in: Der Kunstwanderer, 1922/23, S. 7.

Bode 1927
Bode, Wilhelm von: Einleitung zum Versteigerungskatalog James Simon (25./26. Oktober 1927 von A. W. M. Mensing, Auktionshaus Fredrik Muller & Co. Amsterdam), Amsterdam 1927.

Bode/Dohme 1883
Bode, Wilhelm/Dohme, Rudolph: Die Ausstellung von Gemälden älterer Meister in Berliner Privatbesitz, in: Jahrbuch der Königlich Preußischen Kunstsammlungen 4, 1883, S. 119-151, 191-236.

Bode/Friedländer 1912
Die Gemälde-Sammlung des Herrn Carl von Hollitscher in Berlin, hrsg. von W. Bode und M. J. Friedländer, Berlin 1912.

Bode/Gaethgens/Paul 1997
Bode, Wilhelm von: Mein Leben, hrsg. von Th. W. Gaethgens und B. Paul, 2 Bände, Berlin 1997.

Bode/Ludwig 1903
Bode, Wilhelm/Ludwig, Gustav: Sul quadro d'altare della chiesa di S. Michele di Murano e la Resurrezione di Giambellino nel Museo di Berlino, in: Rassegna d'Arte 3, 1903, S. 131-162.

Borchardt 1907
Borchardt, Ludwig: Das Grabdenkmal des Ne-user-Re, (= Ausgrabungen der Deutschen Orientgesellschaft in Abusir 1902-1904, Band 1), Leipzig 1907.

Braun 1993
Braun, Günter/Braun, Waltraud (Hrsg.): Mäzenatentum in Berlin. Bürgersinn und kulturelle Kompetenz unter sich verändernden Bedingungen, Berlin/New York 1993.

Brisch 1996
Brisch, Klaus: Wilhelm von Bode und sein Verhältnis zur islamischen und ostasiatischen Kunst, in: Jahrbuch der Berliner Museen N.F. 38, 1996 (= „Kennerschaft". Kolloquium zum 150sten Geburtstag von Wilhelm von Bode, hrsg. von Th. W. Gaethgens und P.-K. Schuster), S. 33-48.

Bröhan 2002
Bröhan, Nicole: Max Liebermann. Eine Biographie, Berlin 2002.

Buschbeck 1927
Buschbeck, Ernst H.: Albert Figdor. Zur Sammlung, in: Belvedere 11, Juli/Dezember 1927, S. 3-6.

Catterson 2014
Catterson, Lynn: Finding, Fixing, Faking: Supplying Sculpture in '400 Florence, Todi 2014.

Catterson 2020
Catterson, Lynn (Hrsg.): Florence, Berlin and Beyond: Late Nineteenth-Century Art Markets and their Social Networks, Leiden/Boston 2020.

Cecil 1976
Cecil, Lamar: Wilhelm II. und die Juden, in: Juden im Wilhelminischen Deutschland 1890-1914, hrsg. von W. Mosse, Tübingen 1976, S. 325ff.

Clark 1995
Clark, Christopher: The Politics of Conversion. Missionary Protestantism and the Jews in Prussia, 1728-1941, Oxford 1995.

Cooper 2016
Cooper, Lisa: In Search of Kings and Conquerors. Gertrude Bell and the Archaeology of the Middle East, London/New York 2016.

Cordera 2014
Cordera, Paola: La fabbrica del Rinascimento. Frédéric Spitzer mercante d'arte e collezionista nell' Europa delle nuove Nazioni, Bologna 2014.

Cordera 2020
Cordera, Paola: Art for Sale and Display: German Acquisitions from the Spitzer Collection "Sale of the Century", in: Florence, Berlin and Beyond: Late Nineteenth-Century Art Markets and their Social Networks, hrsg. von L. Catterson, Leiden/Boston 2020, S. 121-153.

Dagan 1997
Dagan, Hanoch: Unjust Enrichment: A Study of Private Law and Private Values, Cambridge 1997.

Delitzsch 1902
Delitzsch, Friedrich: Babel und Bibel. Ein Vortrag, Leipzig 1902.

Dietl 1993
Dietl, Maria: The Picture Gallery of Berlin: the Formation of the Solly Collection, in: Giovanni Morelli e la cultura dei conoscitori (= Akten des internationalen Kongresses in Bergamo, 4.-7. Juni 1987, hrsg. von G. Agosti, M. E. Manca und M. Panzeri), Bergamo 1993, S. 49-59.

Dietrich 1961
Dietrich, Richard: Berlins Weg zur Industrie- und Handelsstadt, in: Berlin. Neun Kapitel seiner Geschichte, Berlin 1961, S. 159-198.

Dohme 1883
Dohme, Rudolf: Die Ausstellung von Gemälden älterer Meister in Berliner Privatbesitz, in: Jahrbuch der Königlich Preußischen Kunstsammlungen 4, 1883, S. 120f.

Donath 1925
Donath, Adolph: Alte Meister aus Berliner Privatbesitz, in: Der Kunstwanderer 1-2, 1925, S. 422-425.

Donath 1925 (a)
Donath, Adolph: Bode und die Privatsammler, in: Der Kunstwanderer 7, 1925, S. 150ff.

Donath 1927
Donath, Adolph: Friedländer und das Kunstsammeln, in: Der Kunstwanderer 1-2, 1927, S. 403-407.

Donath 1929
Donath, Adolph: Der Berliner Kaufmann als Kunstfreund, in: Berlins Aufstieg zur Weltstadt, Berlin 1929.

Donath 1929 (a)
Donath, Adolph: James Simon. Zum Tode des großen Kunstmäzens, in: Der Kunstwanderer 14, 1932, S. 276.

Dorrmann 2002
Dorrmann, Michael: Eduard Arnhold (1849-1925). Eine biographische Studie zu Unternehmer- und Mäzenatentum im Deutschen Kaiserreich, Berlin 2002.

Elson 2016
Elson, Simon: Der Kunstkenner Max J. Friedländer. Biographische Skizzen, (= Kunstwissenschaftliche Bibliothek 47), Köln 2016.

Enderlein 1995
Enderlein, Volkmar: Wilhelm von Bode und die Berliner Teppichsammlung (= Bilderhefte der Staatlichen Museen Preußischer Kulturbesitz, Heft 1), Berlin 1995.

Ess 2008
Ess, Margarete van: Auf dem Weg nach Babylon. Robert Koldewey – Ein Archäologenleben, hrsg. von R.-B. Wartke, Staatliche Museen zu Berlin Vorderasiatisches Museum, Mainz 2008, S. 91-103.

Ess 2013
Ess, Margarete van: Uruk – Verortung in Raum und Zeit, in: Uruk – 500 Jahre Megacity, Ausstellungskatalog Pergamonmuseum – Staatliche Museen zu Berlin Vorderasiatisches Museum 25.4.-8.9.2013, hrsg. von N. Crüsemann, M. van Ess, M. Hilgert und B. Salje, Petersberg 2013, S. 39-45.

Falke 1929
Falke, Otto von: Aus der Sammlung Figdor, I. Kunstgewerbe, in: Pantheon 4, 1929, S. 325-334.

Feder 1965
Feder, Ernst (u. a.): James Simon, Industrialist, Art Collector, Philantropist, in: Leo Baeck Institute Year Book 10, 1965, S. 3-23.

Feder 1971
Feder, Ernst: Heute sprach ich mit... Tagebücher eines Berliner Publizisten 1926-1932, hrsg. von C. Löwenthal-Hensel und A. Paucker, Stuttgart 1971.

Fiderer Moskowitz 2015
Fiderer Moskowitz, Anita: Stefano Bardini „Principe degli Antiquari". Prolegomena to a Biography, Florenz 2015.

Friedländer 1891
Friedländer, Max J.: Albrecht Altdorfer. Der Maler von Regensburg, Diss. Leipzig 1891.

Friedländer 1901
Friedländer, Max J.: Gemälde des XIV. und XV. Jahrhunderts aus der Sammlung von Richard von Kaufmann, mit einem Vorwort von Richard von Kaufmann, bearbeitet auf der Grundlage von M. J. Friedländer, Berlin 1901.

Friedländer 1925
Friedländer, Max J.: Der Sammler und seine Zukunft in Deutschland, in: Der Kunstwanderer 1-2, 1925, S. 253ff.

Friedländer 1928
Friedländer, Max J.: Die Sammlung Oscar Huldschinsky, in: Cicerone 20, 1928, S. 1-7.

Friedländer 1929
Katalog Sammlung Dr. Eduard Simon, eingeleitet von Max J. Friedländer, bearbeitet von M. J. Friedländer, E. F. Bange, F. Schottmüller, E. Kühnel und C. F. Foerster, Berlin 1929.

Friedländer 1934
Friedländer, Max J.: Geertgen van Haarlem und Hieronymus Bosch, in: Die Altniederländische Malerei, Band 5, Leiden 1934.

Friedländer 1946
Friedländer, Max J.: Von Kunst und Kennerschaft, Oxford/ Zürich 1946.

Friedländer 1967
Friedländer, Max J.: Erinnerungen und Aufzeichnungen, aus dem Nachlaß hrsg. von R. L. Heilbrunn, Mainz 1967.

Fürstenberg 1931
Fürstenberg, Hans (Hrsg.): Carl Fürstenberg. Die Lebensgeschichte eines deutschen Bankiers, 1870-1914, Berlin o. J. [1931].

Gaethgens 1992
Gaethgens, Thomas W.: Die Museumsinsel im Deutschen Kaiserreich, München 1992.

Gaethgens 1993
Gaethgens, Thomas W.: Wilhelm von Bode und seine Sammler, in: Sammler, Stifter und Museen: Kunstförderung in Deutschland im 19. und 20. Jahrhundert, hrsg. von E. Mai und P. Paret, Köln/Weimar/Wien 1993, S. 153-172.

Gaethgens 1997
Gaethgens, Barbara: Holland als Vorbild, in: Max Liebermann. Jahrhundertwende, Ausstellungskatalog Nationalgalerie Berlin, hrsg. von A. Wesenberg, Berlin 1997, S. 83-92.

Gaethgens 1998
Gaethgens, Thomas W.: Der Mäzen als Bürger, Opladen 1998.

Gaethgens/Schieder 1998
Gaethgens Th. W./Schieder, M. (Hrsg.): Mäzenatisches Handeln. Studien zur Kultur des Bürgersinns in der Gesellschaft, Festschrift für Günter Braun zum 70. Geburtstag, Zwickau 1998.

Gaier 2005
Gaier, Martin: „Die Heilige Ursula hängt mir schon ellenlang zum Hals heraus". Gustav Ludwig tra storia artistica e culturale 1895, in: Presenze tedesche a Venezia. Centro tedesco di Studi veneziani, hrsg. von S. Winter, Rom 2005, S. 131-175.

Geismeier 1989
Geismeier, Irene: James Simon – Mäzen der Berliner Museen, in: „Und lehrt sie: Gedächtnis!", Ausstellungskatalog, Martin-Gropius-Bau, Berlin 1989, S. 56-59.

Gertzen 2015
Gertzen, Thomas L., Jean Pierre Adolphe Erman und die Begründung der Ägyptologie als Wissenschaft, Jüdische Miniaturen, Band 180, hrsg. von H. Simon, Berlin 2015.

Gertzen 2017
Gertzen, Thomas L., Rudolf Mosse, Mäzen im „Goldenen Zeitalter" (1882-1914) der Ägyptologie, in: Mosse im Museum. Die Stiftungstätigkeit des Berliner Verlegers Rudolf Mosse (1843-1920) für das Ägyptische Museum in Berlin, hrsg. v. J. Helmbold-Doyé und Th. L. Gertzen, Berlin 2017, S. 10-20.

Girardet 1982
Girardet, Cella M.: James Simon, in: Jahrbuch Preußischer Kulturbesitz 19, 1982, S. 77-98.

Girardet 1997
Girardet, Cella M.: Jüdische Mäzene für die Preußischen Museen zu Berlin. Eine Studie zum Mäzenatentum im deutschen Kaiserreich und in der Weimarer Republik, 2 Bände, Egelsbach/Frankfurt a. M. 1997.

Goethe 2007
Goethe, August von: Wir waren sehr heiter. Reisetagebuch 1819, hrsg. von G. Radecke, Berlin 2007.

Goldschmidt 1902
Goldschmidt, Adolf: Gemälde des XIV. bis XV. Jhs. aus der Sammlung von Richard von Kaufmann, in: Zeitschrift für Bildende Kunst 13, 1902, S. 239-242.

Grimm 1997
Grimm, Alfred: Rilke und Ägypten, München 1997.

Grodzinski 2011
Grodzinski, Veronica: Wilhelm II., Hugo von Tschudi and Jewish Patronage of French Modern Art, in: Jüdische Sammler und ihr Beitrag zur Kultur der Moderne / Jewish Collectors and their Contribution to modern Culture (= Schriften der Hochschule für jüdische Studien Heidelberg, Band 14, hrsg. von A. Weber und J. Radjai-Ordoubadi), Heidelberg 2011, S. 119-132.

Haase 2004
Haase, Claus Peter: Islamische Kunst in Berliner Museen, in: Islamische Kunst in Berliner Sammlungen, hrsg. von J. Kröger unter Mitarbeit von D. Heiden, Berlin 2004, S. 12-17.

Haase 2009
Haase, Claus Peter: Das Museum für Islamische Kunst und seine Sammler. Frühe Begegnungen mit der islamischen Kunst – das Bild des Orients und das Fremde, in: Zum Lob der Sammler, hrsg. von A. Bärnreuther und P.-K. Schuster, Berlin 2009, S. 122-139.

Hagedorn 2002
Hagedorn, Annette: James Simon. Sammler und Mäzen für die Staatlichen Museen zu Berlin, in: Museumsjournal 1/2002, S. 46-49.

Hall 2007
Hall, Michael: Bric à Brac – A Rothschild's Memoir of Collecting, in: Apollo, July/August 2007, S. 50-77.

Hall 2011
Hall, Michael: Bric-a-Brac – A Rothschild's Memoir of Collecting [An Introduction], in: Jüdische Sammler und ihr Beitrag zur Kultur der Moderne / Jewish Collectors and their Contribution to modern Culture (= Schriften der Hochschule für jüdische Studien Heidelberg, Band 14, hrsg. von A. Weber und J. Radjai-Ordoubadi), Heidelberg 2011, S. 21-38.

Hamburger 1968
Hamburger, Ernest: Juden im öffentlichen Leben Deutschlands: Regierungsmitglieder, Beamte und Parlamentarier in der monarchischen Zeit 1848-1918, Tübingen 1968.

Hancke 1914
Hancke, Erich: Max Liebermann. Sein Leben und seine Werke, Berlin 1914.

Haskell 1999
Haskell, Francis: Exhibiting the Renaissance at the End of the Nineteenth Century, in: Storia dell'arte e politica culturale intorno al 1900, hrsg. von M. Seidel, Venedig 1999, S. 111-117.

Haskell 2000
Haskell, Francis: The Ephemeral Museum. Old Master Paintings and the Rise of the Art Exhibition, New Haven 2000.

Heil 2011
Heil, Johannes: Stahlwerker und Tuchhändler als Sammler und Mäzene. Kunst, Kultur und Politik im Spiegel der Häuser und Sammlungen Krupp und James Simon, in: Jüdische Sammler und ihr Beitrag zur Kultur der Moderne / Jewish Collectors and their Contribution to modern Culture (= Schriften der Hochschule für jüdische Studien Heidelberg, Band 14, hrsg. von A. Weber und J. Radjai-Ordoubadi), Heidelberg 2011, S. 83-104.

Heine 1969
Heine, Heinrich: Memoiren, in: Sämtliche Werke II, Dichterische Prosa, Dramatisches, München 1969.

Helmbold-Doyé/Gertzen 2017
Helmbold-Doyé, Jana/Gertzen, Thomas L. (Hrsg.): Mosse im Museum. Die Stiftungstätigkeit des Berliner Verlegers Mosse (1843-1920) für das Ägyptische Museum in Berlin, Berlin 2017.

Helmecke 2004
Helmecke, Gisela: Historisches zu Sammlern und Vermittlern islamischer Kunst in Berlin, in: Islamische Kunst in Berliner Sammlungen, hrsg. von J. Kröger unter Mitarbeit von D. Heiden, Berlin 2004, S. 18-26.

Hensel 1891
Hensel, Sebastian: Die Familie Mendelssohn. 1729-1847. Nach Briefen und Tagebüchern, Berlin 1891.

Herrmann 2002
Herrmann, Frank: Edward Solly, in: The English as Collectors. A documentary Sourcebook, selected, introduced and annotated by F. Herrmann, Nottingham 2002.

Hertz 2010
Hertz, Deborah: Wie Juden Deutsche wurden. Die Welt jüdischer Konvertiten vom 17. bis zum 19. Jahrhundert, Frankfurt a.M. 2010.

Herz 1936
Herz, Ludwig: N. Reichenheim und Sohn. Geschichte eines Werkes und einer Familie, Berlin 1936.

Heuberger 1994
Heuberger, Georg: The Rothschilds, Essays on the History of an European Family, Frankfurt a. M. 1994.

Heuberger 1997
Heuberger, Georg: Jüdisches Mäzenatentum – von der religiösen Pflicht zum Faktor gesellschaftlicher Anerkennung, in: Stadt und Mäzenatentum, hrsg. von B. Kirchgässner und H.-P. Becht, Sigmaringen 1997, S. 65-74.

Hubert 1997
Hubert, Hans W.: Das Kunsthistorische Institut in Florenz. Von der Gründung bis zum hundertjährigen Jubiläum (1897-1997), Florenz 1997.

Jahn 2018
Jahn, Bruno: Der Kaiser Friedrich Museumsvereins (KFMV) und seine ehemaligen jüdischen Mitglieder/Mitglieder jüdischer Herkunft, hrsg. vom Kaiser Friedrich Museumsverein, Berlin 2018.

Jahr 2018
Jahr, Christoph: Paul Nathan. Publizist, Politiker und Philanthrop 1857-1927, Göttingen 2018.

Jochmann 1976
Jochmann, Walter: Struktur und Funktion des deutschen Antisemitismus, in: Juden im Wilhelminischen Deutschland 1890-1914, hrsg. von W. Mosse, Tübingen 1976, S. 412-453.

Kaegi 1967
Kaegi, Werner: Jacob Burckhardt – Eine Biographie, 1947-82, Bd. 4.: Das Historische Amt und die späten Reisen, Bern 1967.

Kerr 1997
Kerr, Alfred: Wo liegt Berlin? Briefe aus der Reichshauptstadt 1895-1900, hrsg. von G. Rühle, (1895), Berlin 1997.

Kessler 2017
Kessler, Harry Graf: Tagebücher 1918 bis 1937, hrsg. von W. Pfeiffer-Belli, Frankfurt a. M. /Leipzig 2017.

Kiaulehn 1958
Kiaulehn, Walter: Berlin. Schicksal einer Weltstadt, München 1958.

Koldewey 2018
Koldewey, Robert: Bauforscher und Ausgräber. Briefe aus Kleinasien, Italien, Deutschland und dem Vorderen Orient von 1882 bis 1922, hrsg. von U. Quatember und H. Bankel, Wien 2018.

Kooomann 1999
Koopmann, Helmut: Renaissancekult in der deutschen Literatur um 1900, in: Storia dell'arte e politica culturale intorno al 1900, La fondazione dell'Istituto Germanico di storia dell'arte di Firenze, hrsg. von M. Seidel, Florenz 1999, S. 13-24.

Kotowski 2016
Kotowski, Elke-Vera (Hrsg.): Salondamen und Frauenzimmer. Selbstemanzipation deutsch-jüdischer Frauen in zwei Jahrhunderten (= Europäisch-jüdische Studien, Beiträge, Band 5), Berlin/München/Boston 2016.

Krahn 2005
Krahn, Volker: Ein seltsamer Lichtblick aus einer besseren Welt. Ausstattungsstücke der Renaissance aus der Sammlung Eduard Simon in der italienischen Botschaft, in: Die italienische Botschaft in Berlin, hrsg. von S. Fagiolo u. a., Berlin 2005, S. 65-76.

Krahn 2005 (a)
Krahn, Volker: Venedig an der Spree. Der Bronzenraum im Kaiser-Friedrich-Museum, in: Der Unbestechliche Blick / Lo sguardo incorruttibile, Festschrift zu Ehren von/ in onore di Wolfgang Wolters, Trier 2005, S. 85-92.

Kraus 1999
Kraus, Elisabeth: Die Familie Mosse. Deutsch-jüdisches Bürgertum im 19. und 20. Jahrhundert, München 1999.

Krauß 1988
Krauß, Rolf: 1913-1988: 75 Jahre Büste der Nofretete/ Nefret-iti in Berlin, in: Jahrbuch Preußischer Kulturbesitz XXIV 1987, Berlin 1988, S. 87-124.

Krauß 1992
Krauß, Rolf: 1913-1988: 75 Jahre Büste der Nofretete/ Nefret-iti in Berlin, in: Jahrbuch Preußischer Kulturbesitz XXVIII 1987, Berlin 1992, S. 123-154.

Kuhrau 1998
Kuhrau, Sven: Der Kunstsammler als Mäzen. Sammeln und Stiften als Praxis der „kulturellen Elite" im wilhelminischen Berlin, in: Mäzenatisches Handeln. Studien zur Kultur des Bürgersinns in der Gesellschaft. Festschrift für Günter Braun zum 70. Geburtstag, hrsg. von Th. W. Gaethgens und M. Schneider, Berlin 1998, S. 39-59.

Kuhrau 2005
Kuhrau, Sven: Der Kunstsammler im Kaiserreich. Kunst und Repräsentation in der Berliner Privatsammlerkultur, Kiel 2005.

Lepper 1988/89
Lepper, Herbert: Kunsttransfer aus der Rheinprovinz in die Reichshauptstadt. Der Erwerb der Gemälde-Sammlung

des Aachener Industriellen Barthold Suermondt durch die Königlichen Museen zu Berlin im Jahre 1874. – Ein Beitrag zur Museumspolitik Preußens nach der Reichsgründung, in: Aachener Kunstblätter 56/57, 1988/89, S. 183-342.

Liebermann 1978
Liebermann, Max: Die Phantasie in der Malerei. Schriften und Reden, hrsg. von G. Busch, Berlin 1978.

Lindau 1903
Lindau, Paul: Der Zug in den Westen, Berlin 1903.

Maaz 2009
Maaz, Bernhard: „Belebt und gefördert": Schinkel im Austausch mit Goethe, in: Jahrbuch der Berliner Museen N.F. Bd. 51, 2009, S. 111-118.

Marzahn 2008
Marzahn, Joachim: Robert Koldewey – ein Lebensbild, in: Auf dem Weg nach Babylon, Robert Koldewey – Ein Archäologenleben, hrsg. von R.-B. Wartke, Staatliche Museen zu Berlin Vorderasiatisches Museum, Mainz 2008, S. 8-23.

Matthes 1998
Matthes, Olaf: Theodor Wiegand und der Erwerb der „Thronenden Göttin" für das Berliner Antikenmuseum, in: Mäzenatisches Handeln. Studien zur Kultur des Bürgersinns in der Gesellschaft. Festschrift für Günter Braun zum 70. Geburtstag, hrsg. von Th. W. Gaethgens und M. Schneider, Berlin 1998, S. 82-104.

Matthes 2000
Matthes, Olaf: James Simon. Mäzen im Wilhelminischen Zeitalter, Berlin 2000.

Matthes 2008
Matthes, Olaf: Robert Koldewey im Orient, in: Auf dem Weg nach Babylon, Robert Koldewey – Ein Archäologenleben, hrsg. von R.-B. Wartke, Staatliche Museen zu Berlin Vorderasiatisches Museum, Mainz 2008, S. 70-89.

Matthes 2011
Matthes, Olaf: James Simon. Die Kunst des sinnvollen Gebens, in: Jüdische Miniaturen, Band 117, hrsg. von H. Simon, Berlin 2011.

Matthes 2012
Matthes, Olaf: Ludwig Borchardt, James Simon und der Umgang mit der bunten Nofretete-Büste im ersten Jahr nach ihrer Entdeckung, in: Im Licht von Amarna. 100 Jahre Fund der Nofretete, hrsg. von F. Seyfried, Berlin 2012, S. 427-437.

Matthes 2017
Dandy, Komparse, Koch. Die Lebenserinnerungen von Theodor Simon (1897-1965), hrsg. von O. Matthes, Berlin 2017.

Matthes 2017(a)
Matthes, Olaf: Jüdische Mäzene und der Alte Orient, in: Mosse im Museum. Die Stiftungstätigkeit des Berliner Verlegers Rudolf Mosse (1843-1920) für das Ägyptische Museum in Berlin, hrsg. v. J. Helmbold-Doyé und Th. L. Gertzen, Berlin 2017, S. 37-43.

Matthes 2019
Matthes, Olaf: James Simon. Die Kunst des sinnvollen Gebens (Sonderausgabe), Berlin/Leipzig 2019.

Matthes 2020
Matthes, Olaf: James Simon und Wilhelm Bode. Eine fruchtbar-ambivalente Beziehung, in: James Simon. Briefe an Wilhelm von Bode 1885-1927. Für das Zentralarchiv – Staatliche Museen zu Berlin hrsg. und komm. von O. Matthes, mit einem Beitrag von N. Rowley, Wien/Köln/Weimar 2020, S. 9-29.

Mendelssohn 1971
Mendelssohn, Moses: Gesammelte Schriften. Jubiläumsausgabe, Stuttgart 1971.

Mosse 1976
Mosse, Werner E. (Hrsg.): Juden im Wilhelminischen Deutschland 1890-1914, Tübingen 1976.

Nachama/Schoeps/Simon 2002
Nachama, Andreas / Schoeps, Julius H. / Simon, Hermann: Juden in Berlin, Berlin 2002.

Naef 1955
Naef, Hans: Besuch bei Max J. Friedländer, in: Du 15, 1955, S. 21.

Niemeyer Chini 2009
Niemeyer Chini, Valerie: Stefano Bardini e Wilhelm Bode, Mercanti e connaisseur fra Ottocento e Novecento, Florenz 2009.

Nützmann 1993
Nützmann, Hannelore: Die Sammlung Thiem im Kaiser-Friedrich-Museum. Zur Geschichte der Berliner Gemäldegalerie, in: Jahrbuch Preußischer Kulturbesitz 30, 1993, S. 119-126.

Panwitz 2007
Panwitz, Sebastian: Die Gesellschaft der Freunde 1792-1935. Berliner Juden zwischen Aufklärung und Hochfinanz, Hildesheim/Zürich/New York 2007.

Panwitz 2012
Panwitz, Sebastian: „...das Departement Kunst untersteht meiner Frau". Margarete Oppenheim und ihre Sammlung, in: Aufbruch in die Moderne. Sammler, Mäzene und Kunsthändler in Berlin, 1880-1933, hrsg. von A.-D. Ludewig, J. H. Schoeps und I. Sonder, Köln 2012, S. 120-136.

Paret 1997
Paret, Paul: Die Tschudi-Affäre, in: Manet bis van Gogh. Hugo von Tschudi und der Kampf um die Moderne, hrsg. von J. G. Prinz von Hohenzollern und P.-K. Schuster, Berlin/München 1997, S. 396-401.

Paul 1993
Paul, Barbara: „Das Kollektionieren ist die edelste aller Leidenschaften!" – Wilhelm von Bode und das Verhältnis zwischen Museen, Kunsthandel und Privatsammlern, in: Kritische Berichte 21/3, 1993, S. 41-64.

Paul 1993 (a)
Paul, Barbara: Hugo von Tschudi und die moderne französische Kunst im Deutschen Kaiserreich (= Berliner Schriften zur Kunst, Band 4), Mainz 1993.

Petersen 2012
Petersen, Lars: Nofretete im Fokus. Die ersten Fotografien der Nofretete-Büste, in: Im Licht von Amarna. 100 Jahre Fund der Nofretete, hrsg. von F. Seyfried, Berlin 2012, S. 445-451.

Picht 1997
Picht, Clemens: „Er will der Messias der Juden werden". Walther Rathenau zwischen Antisemitismus und jüdischer Prophetie, in: Walther Rathenau 1867-1922. Die Extreme berühren sich. Eine Ausstellung des Deutschen Historischen Museums in Zusammenarbeit mit dem Leo Baeck Institute, New York, hrsg. von H. Wilderotter, Deutsches Historisches Museum, Berlin 1997, S. 117-128.

Planiscig 1930
Planiscig, Leo: Italienische Bronzestatuetten aus der Sammlung Figdor, in: Belvedere 9, 1930, S. 1-8.

Polaschegg/Weichenhan 2017
Polaschegg, Andrea/Weichenhan, Michael (Hrsg.), Berlin-Babylon. Eine deutsche Faszination, Berlin 2017.

Rathenau 1922
Rathenau, Walther: Staat und Judentum: Eine Polemik (1911), in: Walter Rathenau, Gesammelte Schriften, Band 6, Berlin 1922.

Read 1902
Read, Charles H.: The Waddesdon Bequest. Catalogue of Works of Art bequeathed to the British Museum by Baron Ferdinand Rothschild 1898, London 1902.

Roeck 2001
Roeck, Bernd: Florenz 1900. Die Suche nach Arkadien, München 2001.

Röhl 1993
Röhl, John C. G.: Wilhelm II. Die Jugend des Kaisers 1859-1888, München 1993.

Röhl 1995
Röhl, John C. G.: Kaiser, Hof und Staat. Wilhelm II. und die deutsche Politik, München 1987 (1995).

Röhl 2001
Röhl, John C. G.: Wilhelm II. Der Aufbau der persönlichen Monarchie, München 2001.

Rothschild 1885
Rothschild, Ferdinand de: Wealth and the Expansion of Art, in: Fortnightly Review 37, 1885, S. 55-69.

Rowley 2020
Rowley, Neville: Das James-Simon-Kabinett. Zur Geschichte eines Raumes in Wilhelm Bodes „Renaissance-Museum", in: James Simon. Briefe an Wilhelm von Bode 1885-1927. Für das Zentralarchiv – Staatliche Museen zu Berlin hrsg. und komm. von O. Matthes, mit einem Beitrag von N. Rowley, Wien/Köln/Weimar 2020, S. 31-59.

Rürop 1976
Rürop, Reinhard: Emanzipation und Krise. Zur Geschichte der „Judenfrage" in Deutschland vor 1890, in: Mosse, W. E. (Hrsg.), Juden im Wilhelminischen Deutschland 1890-1914, Tübingen 1976, S. 1-56.

Sack 2008
Sack, Dorothée: Robert Koldewey – Eine Methode lebt weiter, in: Auf dem Weg nach Babylon, Robert Koldewey – Ein Archäologenleben, hrsg. von R.-B. Wartke, Staatliche Museen zu Berlin Vorderasiatisches Museum, Mainz 2008, S.176-187.

Sainte Fare Garnot 2013
Sainte Fare Garnot, Nicolas: Nélie Jacquemart e Stefano Bardini, un legame particolare, in: Il Rinascimento da Firenze a Parigi. Andata e ritorno, Ausstellungskatalog Florenz, Villa Bardini, 6.9.- 31.12. 2013, hrsg. von M. Tamassia, Florenz 2013, S. 34-45.

Savoy 2011
Savoy, Beatrice (Hrsg.), Nofretete – Eine deutsch-französische Affäre 1912-1931, Köln/Weimar/Wien 2011.

Savoy 2017
Savoy, Beatrice, „Futuristen, senkt euer Haupt!" Amarnafieber in Berlin, 1913/4, in: Im Licht von Amarna. 100 Jahre Fund der Nofretete, hrsg. von F. Seyfried, Berlin 2012, S. 452-459.

Schmidt 1981
Schmidt, Hans: Das Tiergartenviertel. Baugeschichte eines Berliner Villenviertels, Teil I, 1790-1870, Berlin 1981.

Schmidt Arcangeli 2015
Schmidt Arcangeli, Catarina: Giovanni Bellini e la pittura veneta a Berlino. Le collezioni di James Simon e Edward Solly alla Gemäldegalerie, Verona 2015.

Schmidt Arcangeli 2019
Schmidt Arcangeli, Catarina: Giovanni Bellini nella collezione di Edward Solly a Berlino. Tra gli acquisti e la passione di un inglese eccentrico, in: Giovanni Bellini „...il migliore nella pittura" (= Atti del convegno internazionale di studi, Venezia, Fondazione Giorgio Cini, hrsg. von P. Humfrey, V. Mancini, A. Tempestini und G. C. F. Villa), Venedig 2019, S. 229-247.

Scholem 2016
Scholem, Gershom: Walter Benjamin – die Geschichte einer Freundschaft, Frankfurt a. M. 1975, 2016.

Scholem 2017
Scholem, Gershom: Von Berlin nach Jerusalem. Jugenderinnerungen, Frankfurt a. M. 2017.

Schöllgen 2000
Schöllgen, Gregor: Imperialismus und Gleichgewicht. Deutschland, England und die orientalische Frage 1871-1914, München 2000.

Schottmüller 1929
Schottmüller, Frida: Bildwerke und Ausstattungsstücke der Sammlung Eduard Simon, in: Cicerone 21, 1929, S. 489f.

Schultz 2006
Schultz, Bernd (Hrsg.): James Simon. Philanthrop und Kunstmäzen, München [u. a.] 2006.

Schuster 1997
Schuster, Peter-Klaus: Hugo von Tschudi und der Kampf um die Moderne, in: Manet bis van Gogh. Hugo von Tschudi

und der Kampf um die Moderne, hrsg. von J. G. Prinz von Hohenzollern und P.-K. Schuster, Berlin/München 1997, S. 21-40.

Schuster 2001
Schuster, Peter-Klaus (Hrsg.): James Simon. Sammler und Mäzen für die Staatlichen Museen zu Berlin, Berlin 2001.

Schütz 2001
Schütz, Chana: Die Kaiserzeit (1871-1918), in: Nachama, Andreas / Schoeps, Julius H. / Simon, Hermann (Hrsg.): Juden in Berlin, Berlin 2001, S. 89-136.

Schütz 2010
Schütz, Chana: Max Liebermann. Impressionistischer Maler – Gründer der Berliner Secession, in: Jüdische Miniaturen, Bd. 3, Berlin 2010.

Seidel 1999
Seidel, Max: Das Renaissance-Museum. Wilhelm Bode als „Schüler" Jacob Burckhardts, in: Storia dell'arte e politica culturale intorno al 1900, La fondazione dell'Istituto Germanico di storia dell'arte di Firenze, hrsg. von M. Seidel, Florenz 1999, S. 55-109.

Shirley/Thornton 2017
Shirley, Pippa/Thornton, Dora (Hrsg.): A Rothschild Renaissance. A New Look at the Waddesdon Bequest in the British Museum, The Trustees of the British Museum, London 2017.

Simon 1997
Simon, Hermann (Hrsg.): Was vom Leben übrig bleibt, sind Bilder und Geschichten. Max Liebermann zum 150. Geburtstag. Rekonstruktion der Gedächtnisausstellung des Berliner Jüdischen Museums von 1936, Berlin 1997.

Simon-Bode 2020
James Simon. Briefe an Wilhelm von Bode 1885-1927. Für das Zentralarchiv – Staatliche Museen zu Berlin hrsg. und komm. von O. Matthes, mit einem Beitrag von N. Rowley, Wien/Köln/Weimar 2020.

Skwirblies 2009
Skwirblies, Robert: „Ein Nationalgut, auf das jeder Einwohner stolz sein dürfte". Die Sammlung Solly als Grundlage der Berliner Gemäldegalerie, in: Jahrbuch der Berliner Museen N. F. 51, 2009, S. 69 -97.

Stockhausen 2000
Stockhausen, Tilman von: Gemäldegalerie Berlin. Die Geschichte ihrer Erwerbungspolitik 1830-1904, Berlin 2000.

Thornton 2015
Thornton, Dora: A Rothschild Renaissance. Treasures from the Waddesdon Bequest, The British Museum, London 2015.

Troelenburg 2014
Troelenburg, Eva-Maria: Mschatta in Berlin. Grundsteine islamischer Kunst, Berlin 2014.

Tucker 2017
Tucker, Paul: A Connoisseur and his Clients: the Correspondence of Charles Fairfax Murray with Frederic Burton, Wilhelm Bode and Julius Meyer (1867-1914), Oxford 2017.

Volkov 2012
Volkov, Sulamith: Walther Rathenau. Ein jüdisches Leben in Deutschland 1867-1922, München 2012.

Waetzoldt 1932
Waetzoldt, Wilhelm: Trilogie der Museumsleidenschaft. Bode, Tschudi, Lichtwark, in: Zeitschrift für Kunstgeschichte 1, 1932, S. 5-12.

Waldmann 1929/30
Waldmann, Ernst: Die ehemalige Sammlung von Hollitscher, in: Kunst und Künstler 18, 1929/30, S. 529-536.

Warren 1996
Warren, Jeremy: Bode and the British, in: Jahrbuch der Berliner Museen N.F. 38, 1996 (= „Kennerschaft". Kolloquium zum 150sten Geburtstag von Wilhelm von Bode, hrsg. von Th. W. Gaethgens und P.-K. Schuster), S. 121-142.

Wartke 2008
Wartke, Ralf-B. (Hrsg.): Auf dem Weg nach Babylon. Robert Koldewey – Ein Archäologenleben, Staatliche Museen zu Berlin Vorderasiatisches Museum, Mainz 2008.

Weber/Radjai-Ordoubadi 2011
Weber, Annette/Radjai-Ordoubadi, Jihan (Hrsg.): Jüdische Sammler und ihr Beitrag zur Kultur der Moderne /Jewish Collectors and their Contribution to modern Culture (= Schriften der Hochschule für jüdische Studien Heidelberg Band 14), Heidelberg 2011.

Wehry 2015
Wehry, Katrin: Quer durchs Tiergartenviertel. Das historische Quartier und seine Bewohner, Berlin 2015.

Wescher 1929
Wescher, Paul: Die Gemälde der Sammlung Eduard Simon, in: Pantheon 4, 1929, S. 444- 451.

Wesenberg 1992
Wesenberg, Angelika: Raczyński in Berlin, in: Sammlung Graf Raczyński. Malerei der Spätromantik aus dem Nationalmuseum Poznań, hrsg. von K. Kalinowski und Ch. Heilmann, München 1992, S. 70-84.

Wesenberg 1997
Wesenberg, Angelika (Hrsg.): Max Liebermann – Jahrhundertwende, Ausstellungskatalog Alte Nationalgalerie, Berlin 1997.

Wildung 2009
Wildung, Dietrich: James Simon, in: Zum Lob der Sammler, hrsg. von A. Bärnreuther und P.-K. Schuster, Berlin 2009, S. 61-82.

Wildung 2012
Wildung, Dietrich: Die vielen Gesichter der Nofretete (arabisch/deutsch), Ostfildern 2012.

Winter/Grabowski 2014
Winter, Petra/Grabowski, Jörg (Hrsg.): Zum Kriegsdienst einberufen. Die Königlichen Museen zu Berlin und der Erste Weltkrieg, Köln/Weimar/Wien 2014.

Zweig 2015
Zweig, Stefan: Die Welt von Gestern. Erinnerungen eines Europäers, Stockholm 1942, vollständige Neuausgabe Berlin 2015.

Bildnachweise

Archiv Autorin: Abb. 9, 11, 12, 13, 14, 15, 16, 17, 18, 19, 22, 53, 107

Archiv Olaf Matthes: Abb. 3, 4, 5, 7, 35, 73, 74

Archiv Tim Osswald: Abb. 42

Bad Freienwalde, Bildarchiv der Walter-Rathenau-Stift gGmbh: Abb. 8

Berlin, Deutsches Archäologisches Institut, Orientabteilung, Foto Nr. AN00052: Abb.101

Berlin, Jüdisches Museum: Abb. 52, 97

Berlin, Staatliche Museen zu Berlin, Ägyptisches Museum und Papyrussammlung, Fotos Jürgen Liepe: Abb. 41, 49, 98

Berlin, Staatliche Museen zu Berlin, Museum für Asiatische Kunst, Foto Jürgen Liepe: Abb. 6

Berlin, Staatliche Museen zu Berlin, Skulpturensammlung und Museum für Byzantinische Kunst (Bode-Museum), Fotos Antje Voigt: Umschlagabbildung Rückseite (Büste von Andrea Bregno), Abb. 84, 85, 88, 89

Berlin, Staatliche Museen zu Berlin, Gemäldegalerie, Foto Jörg Anders: Abb. 46

Berlin, Staatliche Museen zu Berlin, Gemäldegalerie, Fotos Christoph Schmidt: Umschlagabbildung Rückseite (Gemälde von Andrea Mantegna), Abb. 57, 58, 62, 63, 64, 65, 66, 68, 72, 80, 99

Berlin, Staatliche Museen zu Berlin, Kupferstichkabinett, Foto Dietmar Katz: Abb. 25

Berlin, Staatliche Museen zu Berlin, Museum für Islamische Kunst, Foto Georg Niedermeier: Abb. 77, Foto Ingrid Geske: Abb. 78, Foto Johannes Krame: Abb. 79

Berlin, Staatliche Museen zu Berlin, Neues Museum, Foto Margarete Büsing: Abb. 2

Berlin, Staatliche Museen zu Berlin, Vorderasiatisches Museum, Archiv DOG, Fotograf Gertrude Bell: Abb. 100

Berlin, Staatliche Museen zu Berlin, Vorderasiatisches Museum, Archiv DOG, Fotograf unbekannt, 1902; Fotomontage Olaf M. Teßmer: Abb. 102, 103

Berlin, Staatliche Museen zu Berlin, Zentralarchiv: Abb. 39, 47, 54, 55, 67, 70, 81, 82, 83, 90, 91, 92

Florenz, Fototeca dei Musei Civici Fiorentini, Archivio Stefano Bardini: Abb. 59, 60, 61

Florenz, Scala Firenze/Bpk, Bildagentur für Kunst, Kultur und Geschichte, Berlin: Umschlagabbildungen Vorderseite (Porträt James Simon, Nofretete, Ausgrabungen Babylon), Umschlagabbildungen Rückseite (Kabinett Simon), Frontispiz (Porträt James Simon), Abb. 1, 6, 21, 26, 27, 34, 51, 71, 96, 105, 108, 110, 111, 114, 115, 119

Scan aus Andrae/Boehmer 1989: Abb. 104

Scan aus Korbacher 2008: Abb. 69

Scans aus Niemeyer 2009: Abb. 38, 45, 75, 76

Waddesdon Manor, Waddesdon Image Library: Abb. 30

Wikipedia: https:/commons.wikimedia, org/wiki. Gemeinfrei: Abb. 10, 10a, 20, 23, 24, 28, 29, 31, 32, 33, 36, 37, 40, 43, 44, 48, 50, 86, 87, 93, 94, 95, 106

Trotz intensiver Recherchen war es nicht in allen Fällen möglich, die Rechteinhaber von Fotografien ausfindig zu machen. Berechtigte Ansprüche werden selbstverständlich im Rahmen der üblichen Vereinbarungen abgegolten.

Personenregister

J

K

L

M

N

O

P

R

S